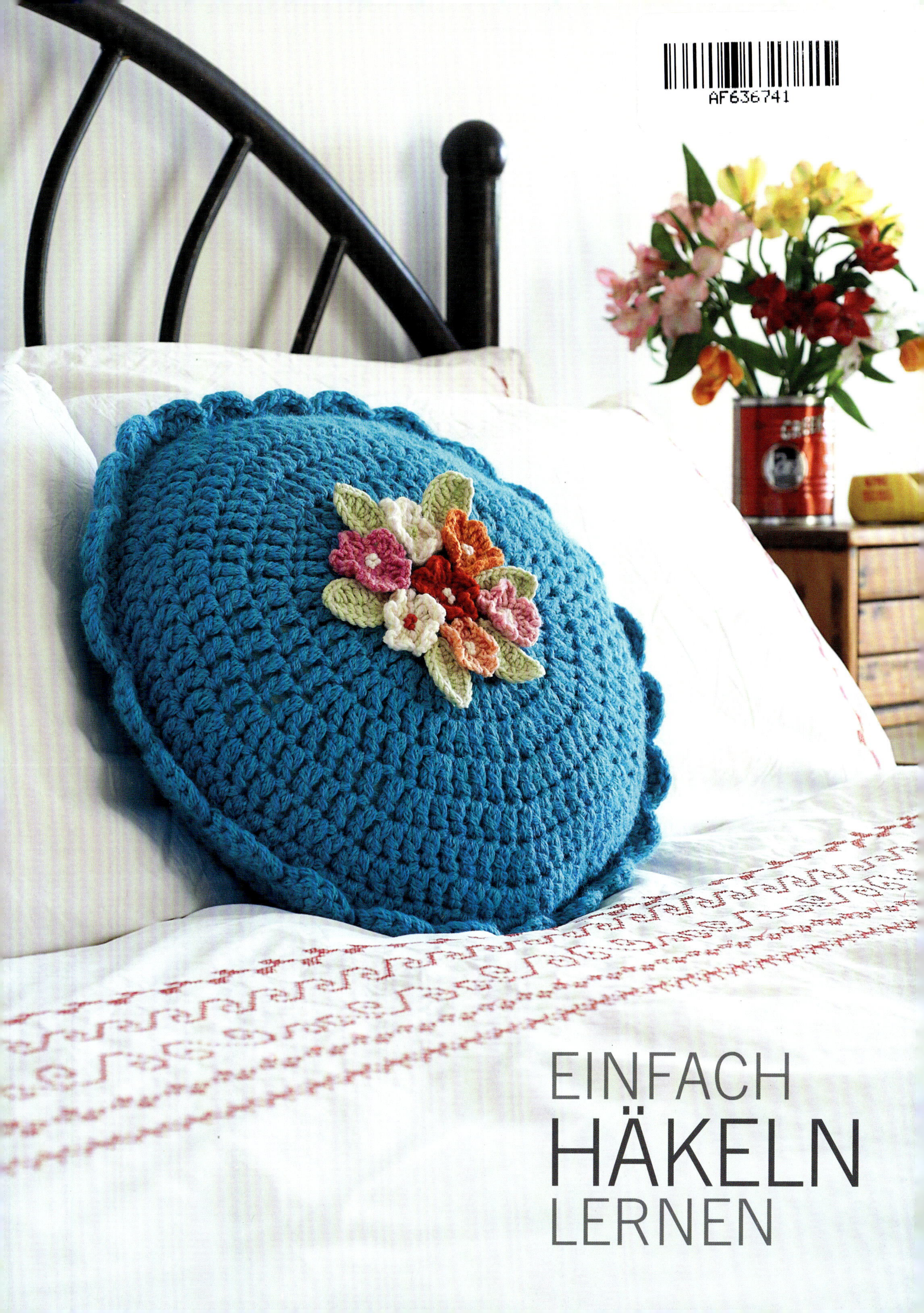

EINFACH HÄKELN LERNEN

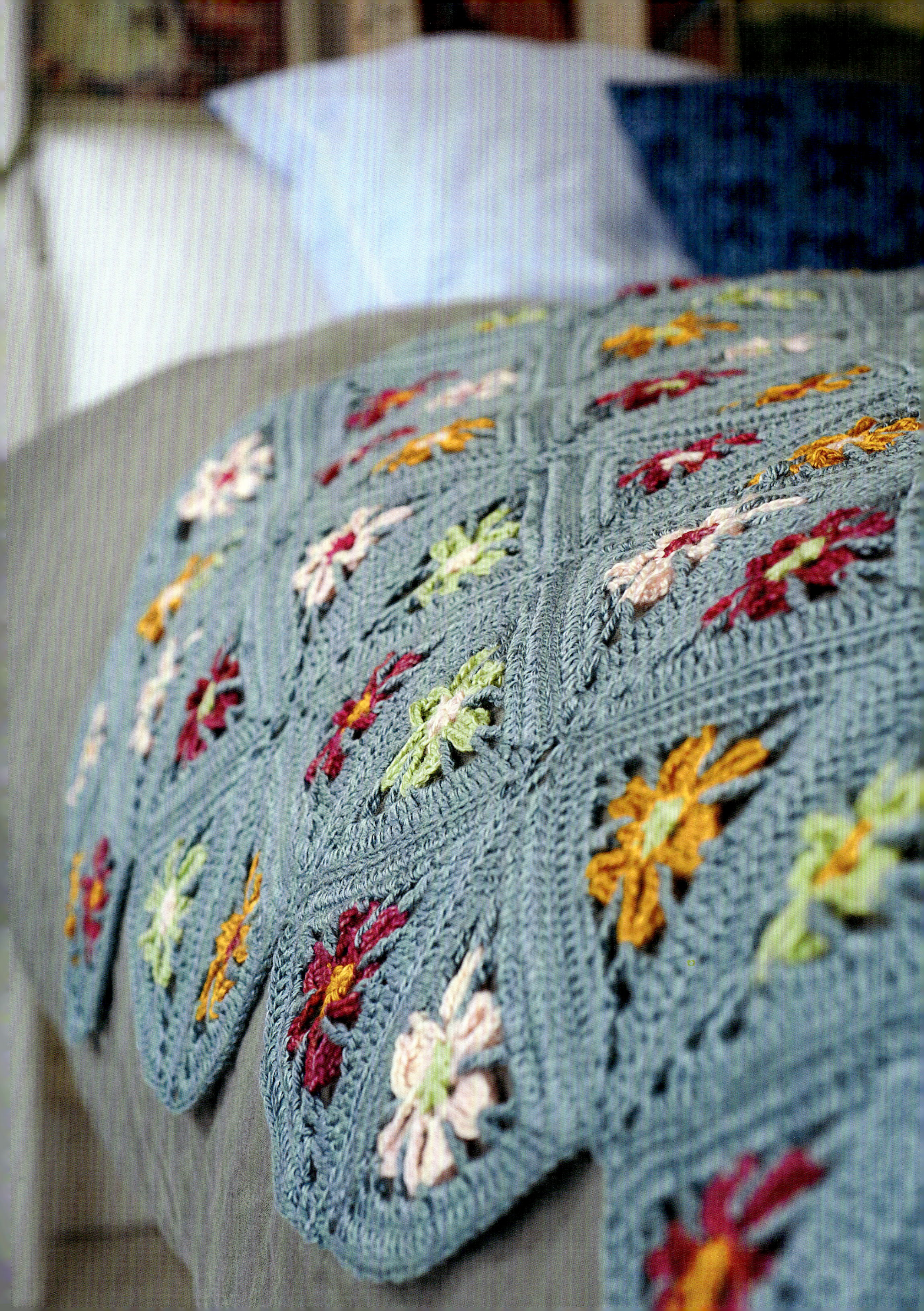

EINFACH HÄKELN LERNEN

Schritt-für-Schritt in 20 Workshops

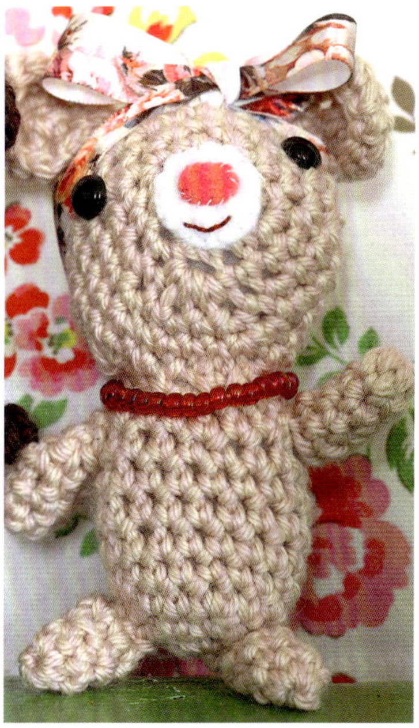

Nicki Trench

Leopold Stocker Verlag
Graz – Stuttgart

Umschlaggestaltung: DSR Werbeagentur Rypka GmbH, 8143 Dobl, www.rypka.at
Bildnachweis: James Gardiner, S. 121 und 123: Emma Mitchell

Titel der Originalausgabe: Nicki Trench: Crochet Basics. A Step-by-Step Course for First-Time Stitchers

Aus dem Englischen ins Deutsche übertragen von Dr. Claudia Tancsits.

Bibliografische Information der Deutschen Nationalbibliothek
Die Deutsche Nationalbibliothek verzeichnet diese Publikation in der Deutschen Nationalbibliografie; detaillierte bibliografische Daten sind im Internet unter http://dnb.d-nb.de abrufbar.

Hinweis: Dieses Buch wurde auf chlorfrei gebleichtem Papier gedruckt. Die zum Schutz vor Verschmutzung verwendete Einschweißfolie ist aus Polyethylen chlor- und schwefelfrei hergestellt. Diese umweltfreundliche Folie verhält sich grundwasserneutral, ist voll recyclingfähig und verbrennt in Müllverbrennungsanlagen völlig ungiftig.

Auf Wunsch senden wir Ihnen gerne kostenlos unser Verlagsverzeichnis zu:
Leopold Stocker Verlag GmbH
Hofgasse 5/Postfach 438
A-8011 Graz
Tel.: +43 (0)316/82 16 36
Fax: +43 (0)316/83 56 12
E-Mail: stocker-verlag@stocker-verlag.com
www.stocker-verlag.com

ISBN 978-3-7020-1549-7

Printed in China

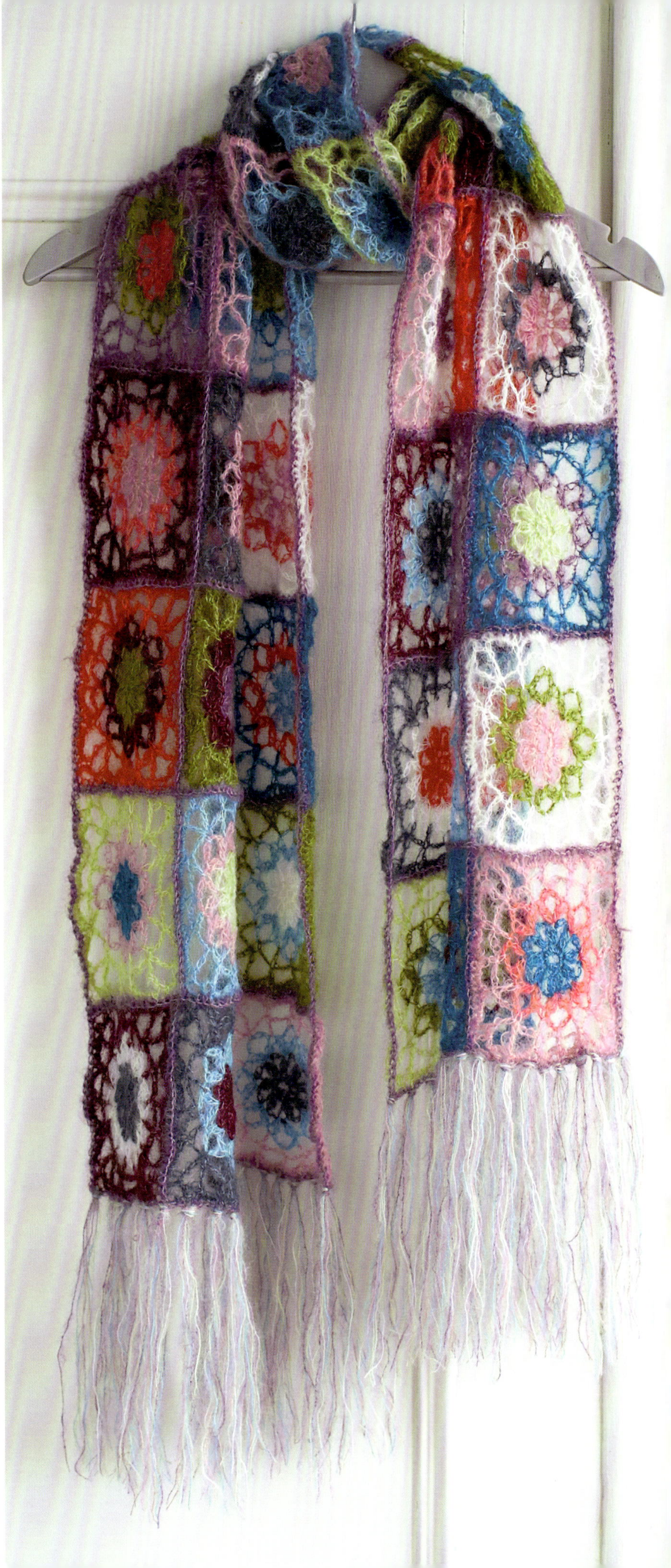

Inhalt

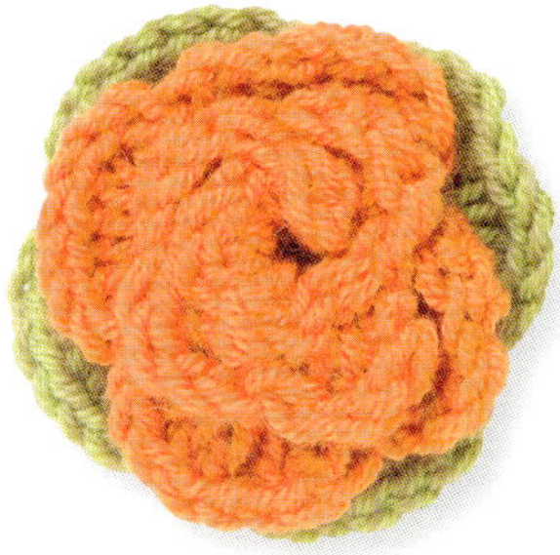
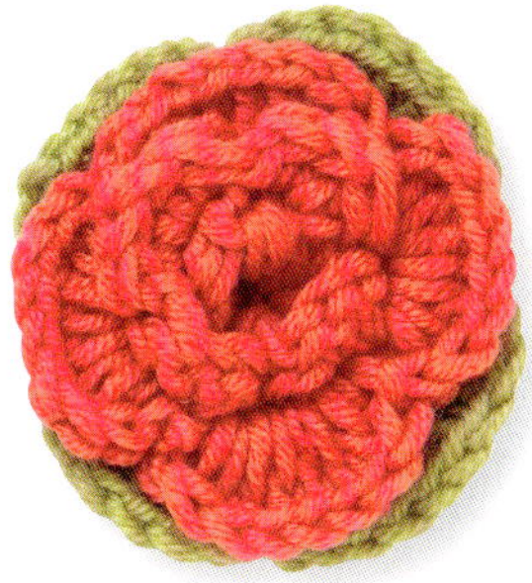
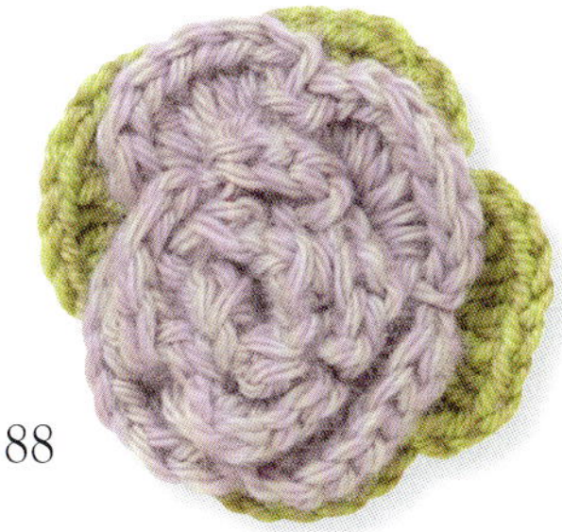

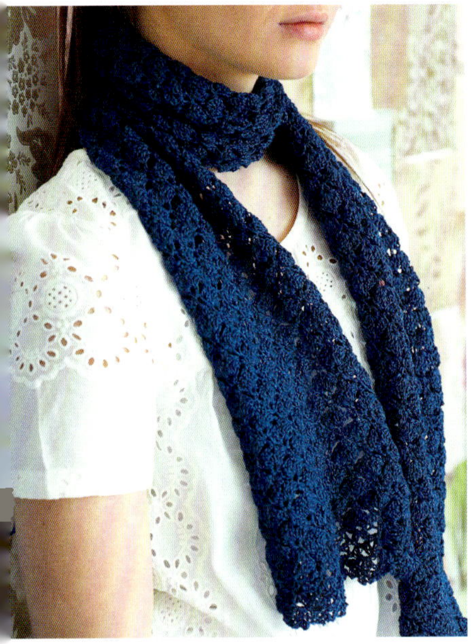

Einleitung

Vor nicht allzu langer Zeit galt Häkeln als verzopft und altmodisch, inzwischen ist es jedoch zum beliebten Hobby mit Kultfaktor geworden. Vintage-Mode und Retro-Welle haben dazu ebenso beigetragen wie der allgemeine Trend zum Selbermachen und zum Selbstgemachten. Außerdem gibt es heutzutage eine nie dagewesene Fülle an schmeichelweichen Garnen in allen erdenklichen Farben. Und während man früher auf ein paar kleine Handarbeitsläden angewiesen war, die immer weniger wurden, kann man das gewünschte Garn heute bequem von zu Hause oder auch vom Arbeitsplatz aus per Internet bestellen.

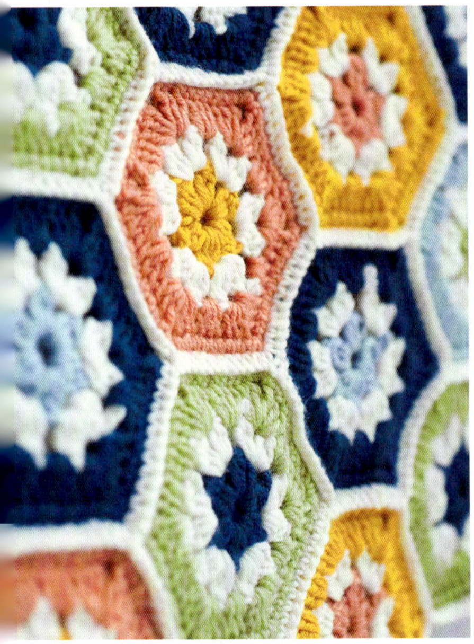

Häkelarbeiten mit ihrer einzigartigen Vielfalt an Strukturen und Farben haben den Sprung in die Designermode geschafft. Auch in der Welt der Wohntextilien ist Gehäkeltes allgegenwärtig.

Am Häkeln finde ich besonders faszinierend, dass es alle Altersgruppen anspricht. Vielen (auch jüngeren) Menschen, die beruflich stark gefordert sind, bietet dieses Hobby einen entspannenden, kreativen Ausgleich zum hektischen Arbeitsalltag.

Noch ein großer Vorteil: Häkeln kann man überall. Auch eine Tasche, in der zwei Garnknäuel, eine Häkelnadel und eine Schere Platz haben, lässt sich überallhin mitnehmen. Im Wartezimmer oder im Zugabteil kann ich dann jederzeit meine Häkelarbeit zur Hand nehmen. Anders als beim Stricken werden die Sitznachbarn nicht durch lange Nadeln in ihrer Bewegungsfreiheit eingeschränkt.

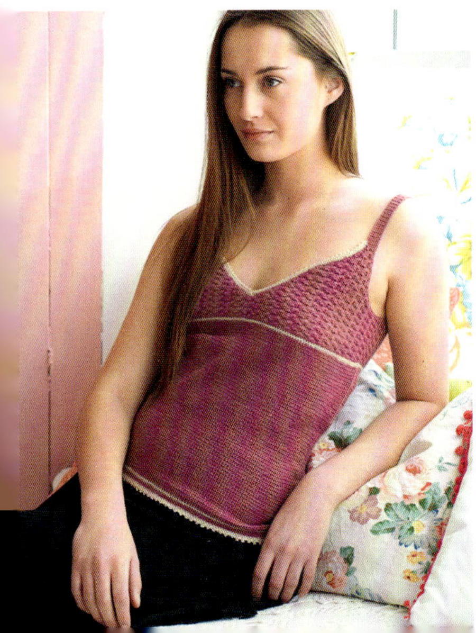

Schon seit Jahren leite ich Handarbeitskurse. In diesem Buch habe ich die vielfältigen Erfahrungen zusammengetragen, die ich bei meinen Häkelkursen gesammelt habe. Die notwendigen Fertigkeiten möchte ich Ihnen in ganz kleinen, leicht verständlichen Einheiten mit detaillierten Erklärungen nahebringen. Dazu habe ich eine ganze Anzahl von Arbeitsprojekten für Sie entworfen, damit Sie die neu erworbenen Fertigkeiten perfektionieren können. Die Projekte sind aber nicht nur zum Üben gedacht – ich hoffe, dass Sie dadurch „auf den Geschmack kommen" und am Häkeln so großen Gefallen finden, dass Sie die Häkelnadel gar nicht wieder aus der Hand legen wollen.

Entdecken Sie anhand dieses Buches das Häkeln als kreatives, anregendes Hobby, das Sie ein Leben lang begleiten kann!

Über dieses Buch

1. Abschnitt: Zu Beginn

Im ersten Abschnitt lernen Sie die Grundlagen des Häkelns kennen. Damit Sie sich in der verwirrenden Fülle der im Handel angebotenen Garne zurechtfinden, werden die gängigsten Garnstärken vorgestellt. Außerdem erfahren Sie, was die Angaben auf der Banderole bedeuten. Dazu werden alle Gegenstände aufgelistet, die zur Grundausstattung gehören – es sind nicht allzu viele. Auch nützliche Tipps für Einsteiger fehlen nicht.

Im Anschluss daran wird in Wort und Bild erklärt, wie man Garn und Häkelnadel hält. Die grundlegenden Maschenarten werden erläutert, Sie erhalten Informationen zum Lesen von Arbeitsanleitungen, zu den gebräuchlichsten Abkürzungen und zur Pflege von Häkelarbeiten, Garnen und Ausrüstungsgegenständen.

Wenn Sie die in diesem Abschnitt gezeigten grundlegenden Maschen und Fertigkeiten beherrschen, können Sie die neu erworbenen Kenntnisse gleich an den Projekten des nächsten Abschnitts erproben.

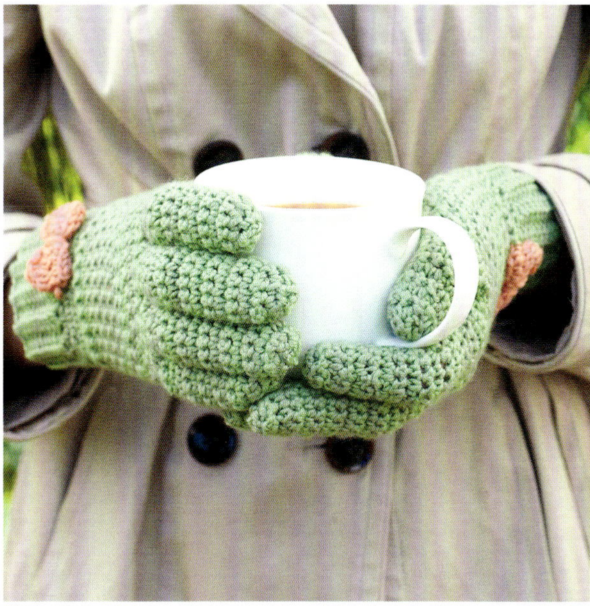

2. Abschnitt: Häkel-Workshops und Projekte

Der zweite Abschnitt enthält 20 Häkel-Workshops. In jedem Workshop werden Schritt für Schritt alle Techniken erklärt, die Sie brauchen, um das nächste „Level" zu erreichen. Zu jedem Häkel-Workshop gehört ein Projekt, an dem Sie die Häkeltechniken üben können, die Sie schon beherrschen. Als Einsteiger ohne Vorkenntnisse beginnen Sie am besten beim Häkel-Workshop 1 und nehmen dann alle Workshops nach und nach in Angriff. Wenn Sie schon Vorkenntnisse mitbringen, wählen Sie einen Workshop aus, der Ihrem Können entspricht.

Die Projekte, die ich entworfen habe, sind aber auch für Häkel-Profis gedacht, die schon alle Häkeltechniken beherrschen. Gustieren Sie! Auch einfache Projekte haben oft einen ganz besonderen Charme!

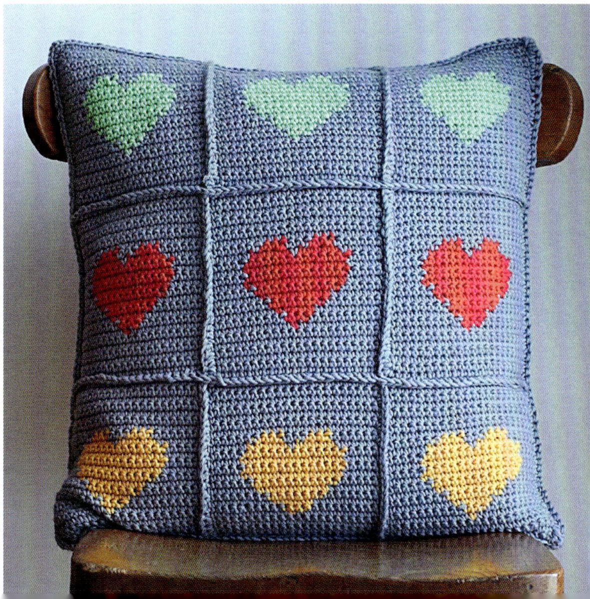

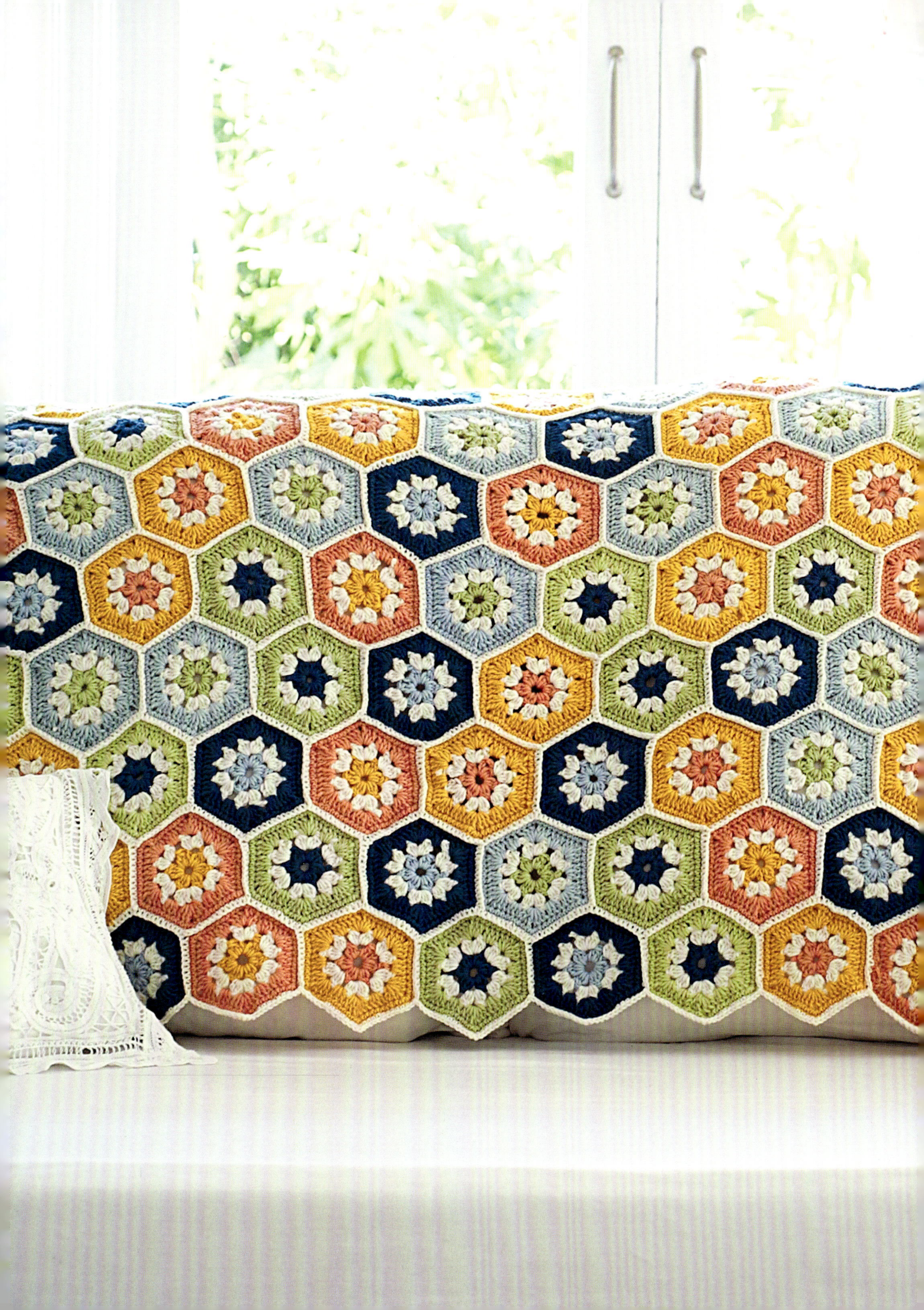

1. Abschnitt

Zu Beginn

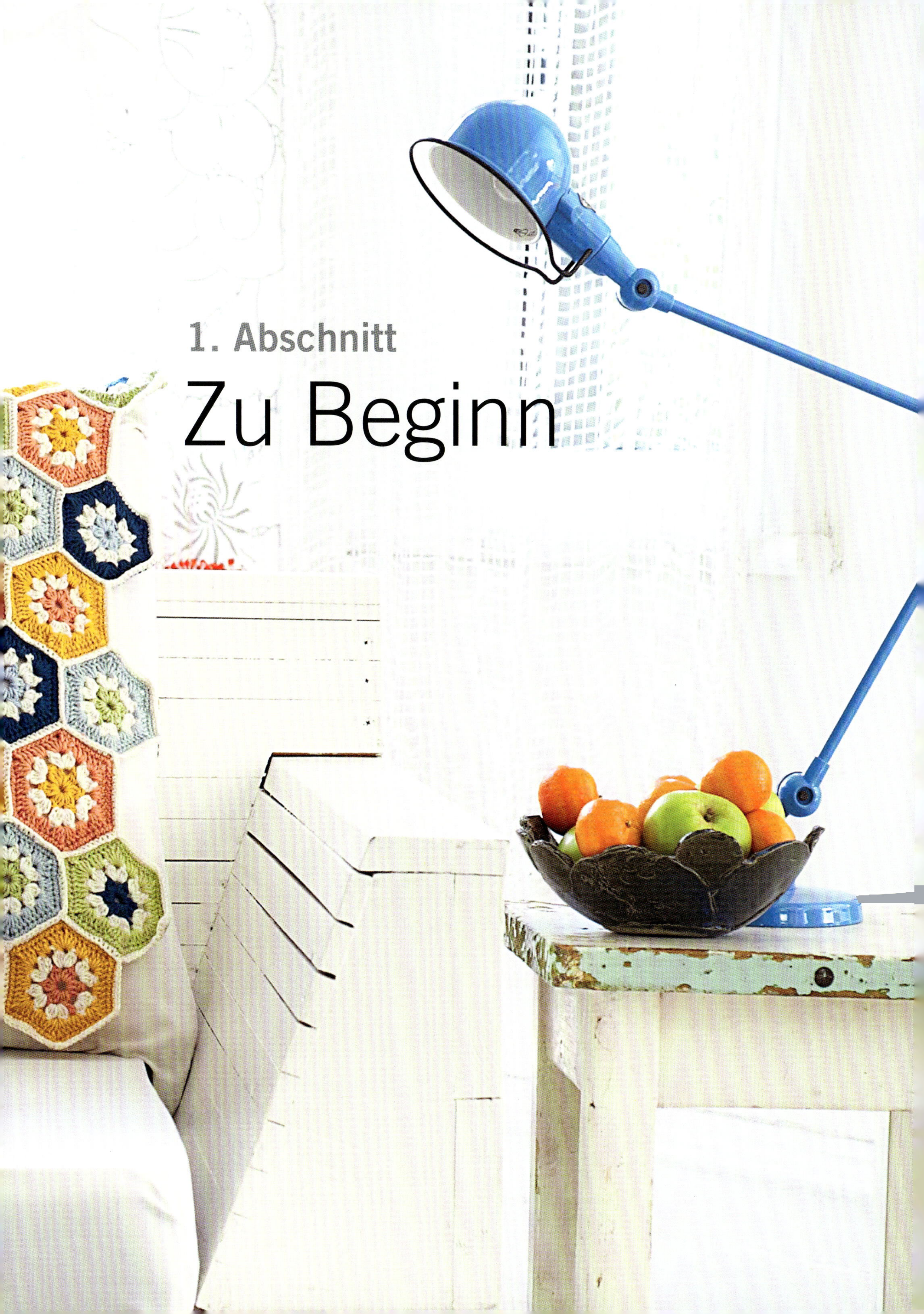

Zu Beginn

Mit Hilfe der Tipps auf den folgenden Seiten wird es Ihnen nicht schwerfallen, sich das geeignete Garn und das notwendige Arbeitsgerät zuzulegen. Detaillierte Schritt-für-Schritt-Anleitungen helfen Ihnen, die wichtigsten Maschenarten im Nu zu meistern. Sie erfahren auch, wie man eine Arbeitsanleitung liest.

Garne

Im Handel ist eine schier unendliche Vielfalt an Garnen erhältlich. Mit fest gezwirnten Garnen, bei denen sich der Faden nicht aufspaltet, fällt das Häkeln leichter. Wenn Sie mehr Übung haben, werden Sie gewiss mit den neuartigen, weichen Garnen arbeiten wollen, die allerdings recht locker gezwirnt sind. Der Trick besteht darin, nicht zu fest zu häkeln. Bei lockeren Maschen passiert es nicht so leicht, dass der Faden beim Durchziehen in der Häkelnadel hängenbleibt und sich aufspaltet. Unter den weichen, neuartigen Garnen habe ich 4-fädiges Garn, DK-Garn oder Aran in matten Farben am liebsten. Bei diesen Garnen fällt das Maschenzählen leichter und die Auswahl an angenehm weichen Strukturen und schönen Farben ist besonders groß.

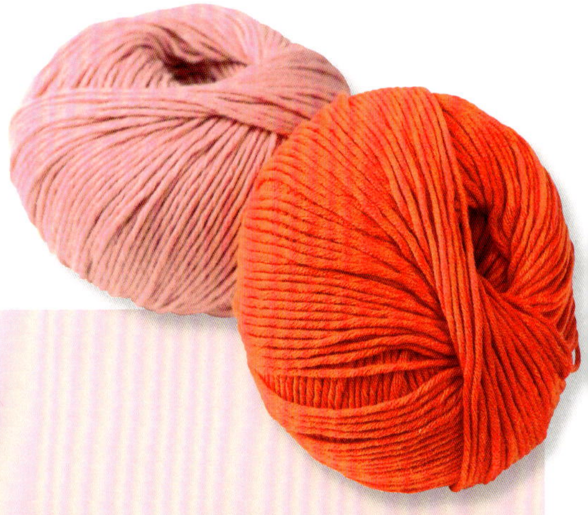

Gängige Garnstärken
Garntypen und empfohlene Nadelstärken

Garnstärke (Symbol, Garnkategorie)	LACE (Spitze) 0	SUPER FINE (Hauchfein) 1	FINE (Fein) 2	LIGHT (Dünn) 3	MEDIUM (Mittel) 4	BULKY (Dick) 5	SUPER BULKY (Sehr dick) 6
Garntypen (innerhalb der Kategorie)*	10-count crochet thread, Fingering	4-fädiges Garn, Sockenwolle, Baby, Fingering	Baby, Sport	DK, Light Worsted	Worsted, Afghan, Aran	Craft, Rug, Chunky	Bulky, Roving, Super Chunky
Empfohlene Häkelnadelgröße (metrisch)	1,6–2,25 mm	2,25–3,5 mm	3,5–4,5 mm	4,5–5,5 mm	5,5–6,5 mm	6,5–9 mm	9 mm und größer
Empfohlene Häkelnadelstärke (USA)	6, 7, 8 (Stahl), B-1	B-1 bis E-4	E-4 bis 7	7 bis I-9	I-9 bis K-10 ½	K-10 ½ bis M-13	M-13 und größer

* In England und den USA werden Garne und Wollen nach der tatsächlichen Dicke ihres Fadens eingeteilt. Die dafür üblichen Bezeichnungen sehen Sie oben in der Tabelle. In Europa erfolgt die Einteilung nach dem Gewicht eines Wollknäuels und seiner Lauflänge, wobei manche Garnfirmen mittlerweile auch die angloamerikanischen Bezeichnungen verwenden. Sollten Sie Zweifel haben, in welche Kategorie Ihr ausgewähltes Garn fällt, orientieren Sie sich bitte an den Angaben auf der Banderole zu Nadelstärke bzw. Maschenprobe. Der Wollhändler Ihres Vertrauens wird Ihnen sicher auch gerne weiterhelfen.

Beim Häkeln ist es ganz einfach, Farben wirkungsvoll einzusetzen. Meine Lieblingsfarben wechseln von Zeit zu Zeit. Im Moment habe ich eine besondere Vorliebe für kühle Blau- und Rosatöne, die ich gern mit Orange oder Rot kombiniere. Wenn Sie sich bei der Auswahl der Farben unsicher sind, machen Sie es wie ich und wählen Sie eine Ihrer Lieblingsfarben als Ausgangspunkt, dann wird Ihnen die Wahl viel leichter fallen.

Als Häkel-Einsteiger sollten Sie bedenken, dass manche Garne sich nicht gut zum Häkeln eignen. Im Handel sind viele modische Effektgarne erhältlich. Sie können ungleichmäßige Verdickungen aufweisen, manchmal sind glitzernde Lurexfäden oder Perlen mit eingesponnen. Natürlich lässt sich bei einem glatten Garn mit gleichmäßiger Stärke der Arbeitsfaden leichter durch die Masche auf der Häkelnadel ziehen. Bei einem ungleichmäßig starken Garn fallen auch die Maschen unterschiedlich groß aus. Ein verdicktes Garn durch eine kleine Masche aus dünnem Garn zu ziehen, ist kein Vergnügen! Auch Bouclégarn sollten Sie meiden: es besteht aus einem glatten Faden, um den ein Schlingenfaden gedreht wurde. Beim Häkeln bedeutet dies nichts als Frust.

Es gibt jedoch Garne, die trotz der schwierigen Verarbeitung zu empfehlen sind. Mohair und andere Flauschgarne sind nicht leicht zu verhäkeln, die fertige Arbeit erhält jedoch eine wunderschöne Struktur (siehe Seite 114). Mohair ist allerdings nichts für Mutlose: es ist schwer aufzutrennen, dadurch lassen sich Fehler kaum korrigieren. Am besten üben Sie das betreffende Muster oder Motiv zuerst mit DK- oder Aran-Garn. Wenn Sie dann zu Mohair übergehen, empfiehlt es sich, sehr locker zu häkeln.

Verschiedene Garntypen

Zahllose Garntypen aus verschiedensten Fasern stehen zur Auswahl. Die gängigsten werden im Folgenden kurz beschrieben.

Naturfasern

100 % Wolle (reine Wolle)

Diese Bezeichnung bedeutet, dass das Garn zu 100 Prozent aus Tierhaaren, meist aus Schafwolle, besteht. Die Bezeichnung „Merino“ auf der Banderole bedeutet Wolle vom Merinoschaf, deren Fasern besonders fein und weich sind. Auch andere Schafrassen, z. B. die englische Rasse Bluefaced Leicester, liefern wunderbar weiche Wolle.

Alpaka

Alpakawolle gewinnt man aus den Haaren des Alpaka, eines Verwandten der Lamas. Meist wird 50 Prozent Alpakawolle mit 50 Prozent Merinowolle gemischt. Je nachdem, wie sie versponnen wird, entsteht leichtes oder schweres Garn. Es ist in verschiedenen Stärken erhältlich und hält besser warm als Schafwolle. Alpakawolle ist lanolinfrei und daher für Allergiker zu empfehlen.

Kaschmir

Diese feinen, weichen, seidigen Fasern werden aus dem Unterfell der Kaschmirziege gewonnen. Kaschmirwolle wärmt sehr gut und wird meist zu einem feinen Garn versponnen. Da reine Kaschmirwolle sehr teuer ist, wird sie meist mit Schafwolle gemischt.

Baumwolle

Garne aus dieser Naturfaser gibt es in vielen verschiedenen Stärken. Ganz dünne Baumwollgarne waren vor Jahren zum Häkeln von Wohnaccessoires sehr beliebt. Heute liegen stärkere Baumwollgarne im Trend, die sich für sommerliche Häkelprojekte gut eignen. Baumwolle wird oft mit Acryl oder Wolle gemischt, wodurch ein weicheres Garn entsteht.

Mohair

Das flauschige, seidige Mohair wird aus den Haaren der Angoraziege gewonnen. Oft wird es mit Seide und Wolle gemischt. Es lässt sich gut färben und ist in besonders schönen, leuchtenden Farben erhältlich. Mohair ist teurer als Wolle. Es wird zu einem feinen Garn versponnen, das sich jedoch mit relativ starken Häkelnadeln zu einer dichten, wärmenden textilen Fläche verarbeiten lässt.

Bambus

Das weiche Bambusgarn wird, wie der Name schon sagt, aus Bambusfasern hergestellt und oft mit Baumwoll- oder anderen Fasern gemischt.

Synthetikfasern

Acryl

Acryl ist eine Kunstfaser, die der Wolle nachempfunden ist. Sie ist billiger als Wolle und kann meist problemlos in der Waschmaschine gewaschen werden. Oft wird Acryl mit Wolle gemischt. Dadurch erhält man ein preisgünstiges, pflegeleichtes Material, das zumindest einen Teil der wärmenden Eigenschaften reiner Wolle aufweist.

Effektgarne

Dieser Sammelbegriff umfasst allerlei modische Garne, die üblicherweise aus einer Acrylmischung bestehen. Beliebt sind flauschige Garne mit eingesponnenen Lurexfäden oder Pailletten. Es gibt aber noch andere Effektgarne:

Bändchengarn ist ein zu einem Knäuel aufgewickeltes, dünnes Bändchen. Leicht elastisches Bändchengarn eignet sich zum Häkeln besonders gut. Die fertige Arbeit hat eine interessante Struktur, oft entsteht ein „Rüscheneffekt“.

Stoffstreifen, die knäuelweise erhältlich sind, eignen sich für große Häkelprojekte wie Teppiche oder Sitzkissen. Man braucht dazu eine große Häkelnadel – bei manchen Projekten muss sie so dick wie ein Besenstiel sein.

„Fellgarn“ wird gerne zum Stricken verwendet – zum Häkeln empfehle ich es nicht, weil sich der Faden wegen der langen Fasern nur schwer durch die Masche auf der Häkelnadel ziehen lässt.

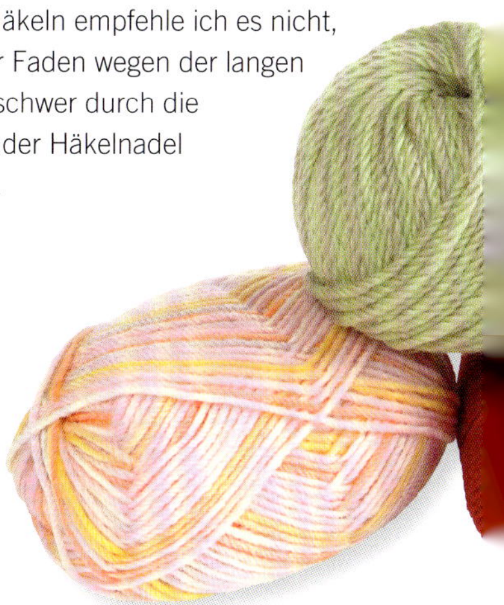

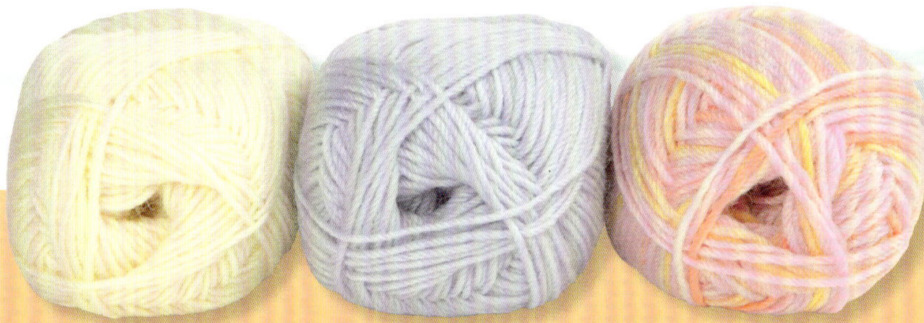

Garnknäuel und Garnstrang

Aus optischen Gründen sind die angebotenen Garnknäuel manchmal rund (ringförmig), manchmal oval.

Eines der beiden Fadenenden befindet sich an der Außenseite des Knäuels. Ich empfehle, mit diesem Ende zu arbeiten. Sie können auch das andere Ende nehmen, das im Inneren des Knäuels zu finden ist. Ich persönlich arbeite nicht gerne mit diesem Ende, da sich das Garn dabei gern verwickelt.

Oft wird das Garn auch in Strängen verkauft. Den Garnstrang müssen Sie zu einem Knäuel aufwickeln, bevor Sie zu arbeiten beginnen, weil sich das Garn sonst bald stark verheddert.

Garnstärken

Zum Häkeln können Sie jede Garnstärke verwenden. Früher waren feine Garne besonders beliebt, aus denen Spitzendeckchen gearbeitet wurden. Heutzutage sind stärkere, weiche Garne gefragt, die für Kleidung und Accessoires ideal geeignet sind. Mir persönlich hatten es früher die superdicken Garne besonders angetan, aus denen man im Nu eine schicke Mütze oder einen hippen Schal häkeln kann. Inzwischen habe ich an feineren Arbeiten Gefallen gefunden und häkle jetzt am liebsten mit DK- oder 4-fädigem Garn.

Für Einsteiger ist die Stärke DK oder Aran und eine Häkelnadel der Stärke 3,5 bis 5,5 am besten geeignet. Diese Nadelstärken sind angenehm zum Arbeiten und die Maschen erleichtern durch ihre Größe das Zählen.

Die Tabelle auf Seite 10 hilft Ihnen, einen Überblick über die verwirrende Vielzahl von Garnstärken zu gewinnen. Sie enthält die gängigsten Garnstärken, nach Gruppen gegliedert. Wenn Sie das in einer Anleitung empfohlene Garn durch ein anderes ersetzen möchten, wählen Sie ein Garn, für das dieselbe Nadelstärke empfohlen wird (siehe Tabelle) und das dieselbe Maschenprobe hat. Die Maschenprobe (Maschenzahl pro 10 cm) ist in der jeweiligen Arbeitsanleitung angegeben.

Knäuel aufwickeln

Bitten Sie eine zweite Person mit starken Armen um Hilfe. Legen Sie ihr den Wollstrang, wie abgebildet, über die mit den Daumen nach oben gehaltenen Hände. Wenn der Strang mit einem Faden zusammengebunden ist, entfernen Sie diesen, bevor Sie mit dem Aufwickeln beginnen. Wenn Sie keinen Helfer haben, stellen Sie zwei Stühle mit den Rückenlehnen aneinander und wickeln Sie den Strang fest um die Stuhllehnen. Wenn Sie öfters Wollstränge aufwickeln müssen, kaufen Sie sich am besten einen der im Handel erhältlichen Wollwickler.

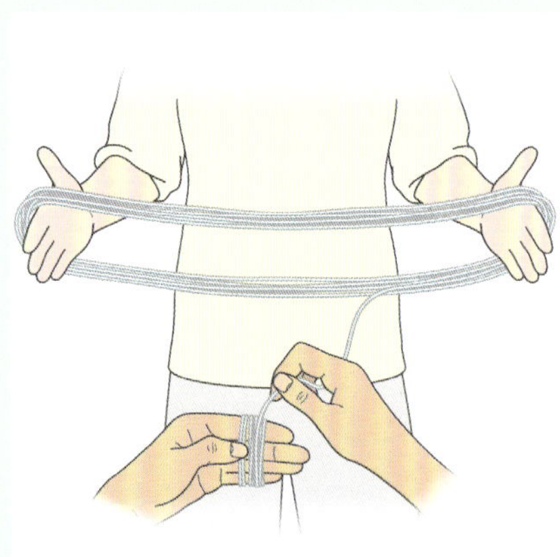

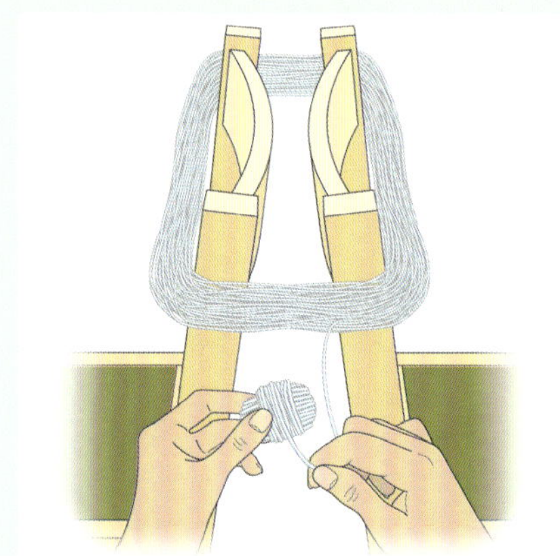

So wickeln Sie die Wolle vom Strang zu einem Knäuel:

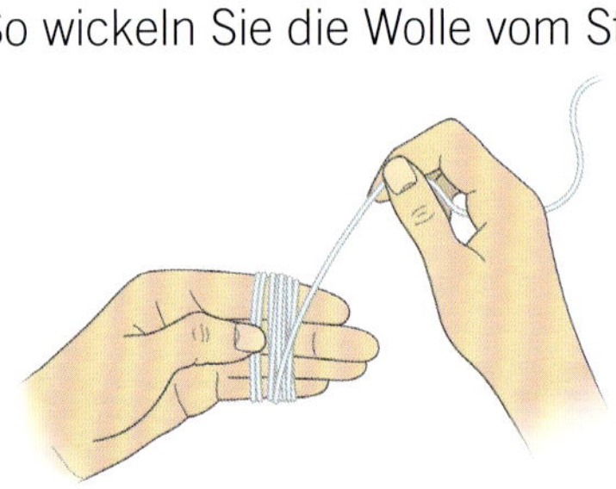

1 Wickeln Sie ein Garnende von Ihrem Wollstrang mehrmals um Ihre Finger.

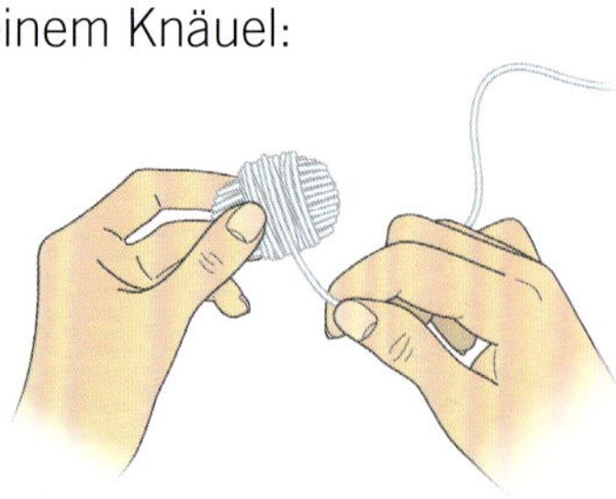

2 Nehmen Sie das Garnschlaufen-„Paket" von den Fingern, drehen Sie es und wickeln Sie den Faden in der anderen Richtung um das „Paket" herum.

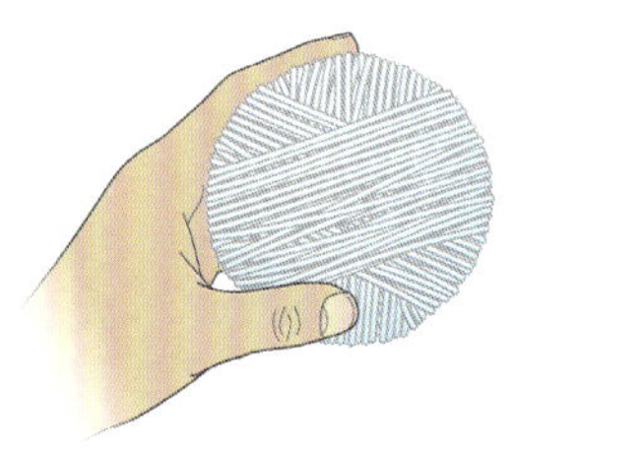

3 Fahren Sie ebenso fort (drehen Sie dabei das Knäuel von Zeit zu Zeit und ändern Sie die Wickelrichtung), bis der ganze Wollstrang aufgewickelt ist.

Welche Infos stehen auf der Banderole?

Wenn Sie Garn kaufen, wird das Knäuel oder der Strang durch einen Papierstreifen (Banderole) zusammengehalten. Auf der Banderole (manchmal auch auf einem Etikett) finden Sie die folgenden Informationen über das Garn:

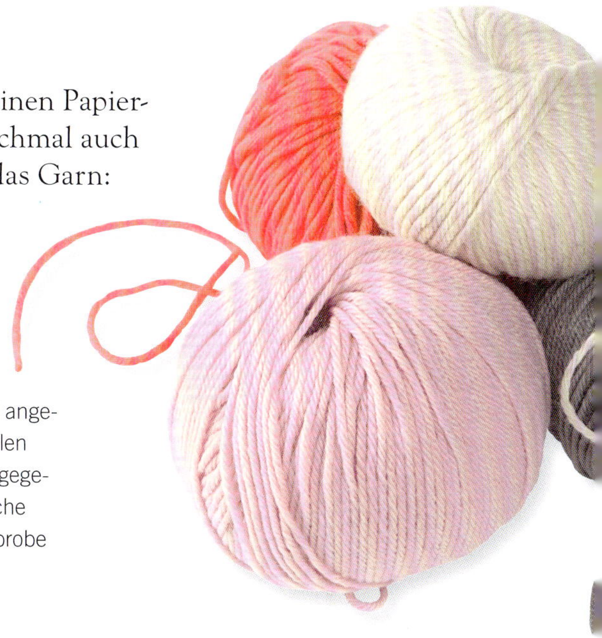

- **Herstellerfirma** oder Marke und Bezeichnung des Garns.

- **Lauflänge (in m) und Gewicht (in g):** z. B. „50 g/115 m“. Ein Knäuel enthält meist 50 g Garn, manchmal auch 25 g oder 100 g.

- **Waschanleitung:** Meist enthält die Banderole auch die entsprechenden Pflegesymbole für das Garn. Reine Wolle wäscht man im Allgemeinen am besten mit der Hand. Manche Garne können mit dem Wollprogramm der Waschmaschine gewaschen werden. Aber Vorsicht: Eine falsche Einstellung – und Ihre mühsam gehäkelte Arbeit schrumpft und verfilzt sich, sodass sie nur mehr als Spielzeug für die Katze zu gebrauchen ist! Am besten häkeln Sie ein Probestück, waschen Sie es und vergewissern Sie sich, dass es nicht eingeht. Auch wenn Sie sicher sind, dass Ihre Häkelarbeit waschmaschinengeeignet ist, stellen Sie unbedingt immer die niedrigste Waschtemperatur ein.

- **Empfohlene Nadelstärke:** Meist enthält die Banderole nur eine Angabe für die Stricknadelstärke. Auch wenn eine Häkelnadelstärke angegeben ist, bedenken Sie, dass dies nur eine Empfehlung ist. Sie sollten immer die in der Arbeitsanleitung angegebene Nadelstärke wählen, denn diese Angabe hat einen guten Grund. Zum Beispiel ist das Strukturmuster des Kissenbezuges auf Seite 58 eigentlich ein Spitzenmuster, für das ich ein dickes Garn gewählt habe. Um die Häkelarbeit dichter und kompakter zu machen, habe ich eine kleinere Häkelnadelstärke genommen, als auf der Banderole angegeben.

- **Maschenprobe:** Die Maschenprobe gibt die Größe der Maschen an, die mit dem betreffenden Garn gearbeitet werden. Wieder bezieht sich die Angabe auf der Banderole meist auf eine gestrickte Maschenprobe, d. h. es wird angegeben, wie viele Strickreihen zu wie vielen Maschen mit der auf der Banderole angegebenen Nadelgröße eine bestimmte Fläche ausmachen. (Genaueres zur Maschenprobe auf Seite 22.)

- **Faserzusammensetzung:** Hier ist entweder nur eine Faser angegeben (z. B. 100 % Wolle) oder eine Fasermischung (z. B. 50 % Alpaka/50 % Merino).

- **Farbnummer, Farbbezeichnung:** Die Hersteller kennzeichnen die einzelnen Garnfarben mit Nummern, die auch auf der Banderole aufscheinen. Daneben kann die Farbe auch eine Bezeichnung haben, die meist der aktuellen Kollektion entstammt und die betreffende Farbe nicht immer genau beschreibt. Am besten orientiert man sich an der Farbnummer, weil sich die Bezeichnungen auch manchmal ändern. Da Farbtöne manchmal aus der Mode kommen, besteht immer die Möglichkeit, dass ein bestimmter Farbton nicht mehr hergestellt wird. Daher sind die diesbezüglichen Angaben in den Anleitungen nur als Empfehlungen gedacht. Wenn die in einer Anleitung angegebene Garnfarbe nicht mehr erhältlich ist, finden Sie in der neuen Kollektion der Herstellerfirma meist einen ähnlichen Farbton.

- **Partienummer:** Diese Nummer gibt an, in welchem Farbbad das betreffende Knäuel seine Farbe erhalten hat. Von Partie zu Partie sind deutliche Abweichungen möglich. Bei einer einfarbigen Häkelarbeit achten Sie darauf, dass alle Knäuel dieselbe Partienummer haben – bei mehrfarbigen Arbeiten ist dies nicht so wichtig. Wenn Sie Garn im Internet bestellen oder in einem Geschäft kaufen, wird meist darauf geachtet, dass alle Knäuel in derselben Farbe aus derselben Partie stammen. Kaufen Sie lieber ein Knäuel extra – die Mengenangabe in der Anleitung ist nur eine Richtschnur, der tatsächliche Verbrauch hängt von Ihrer persönlichen Maschenprobe ab.

- **Ursprungsland:** Manche Hersteller geben an, in welchem Land das Garn hergestellt wurde, manchmal findet sich die Webadresse der Herstellerfirma auf der Banderole.

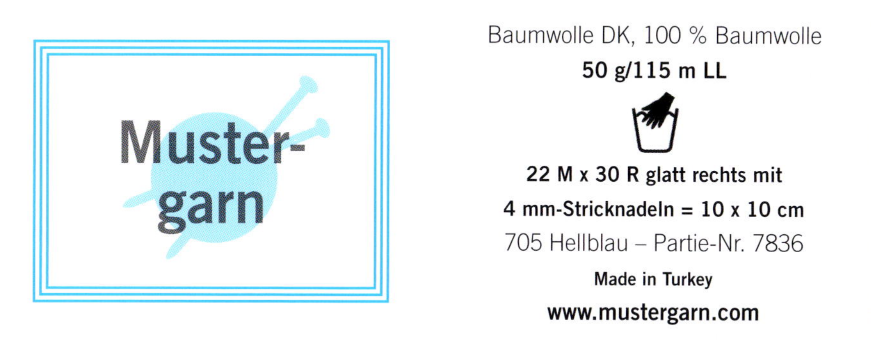

Häkelnadeln

Häkelnadeln gibt es in verschiedenen Stärken. Die Stärke der Nadel hängt von der Stärke des Garns und von der Angabe in der Arbeitsanleitung ab. Wenn Sie sich Ihre erste Häkelnadel zum Üben kaufen wollen, nehmen Sie für DK-Garn eine 4-mm-Nadel und für Aran-Garn eine 5-mm-Nadel.

In der Vergangenheit wurden Häkelnadeln aus Knochen (Bein), Stahl, Stachelschweinborsten oder Elfenbein hergestellt. Heutzutage bekommt man Häkelnadeln aus Holz, Bambus, Aluminium, Stahl, herkömmlichem Kunststoff oder Kasein-Kunststoff. Manche Häkelnadeln aus Metall haben einen Griff aus Kunststoff, bei anderen hat der Griff eine Abflachung, die als Daumenauflage (Führungsfläche) dient.

Obwohl ich zum Stricken hölzerne Nadeln nehme, verwende ich keine Bambushäkelnadeln, weil sich der Lack an diesen Nadeln nach einiger Zeit abreibt und dann das Garn an der Nadel hängenbleibt. Meine Lieblingshäkelnadel ist ein deutsches Fabrikat aus Metall mit einem runden Plastikgriff, der angenehm in der Hand liegt, während der lange metallene Schaft sich für Muster mit vielen Umschlägen (z. B. Büschelmaschen) gut eignet. Praktisch finde ich auch die farbcodierten Griffe dieser Nadeln, bei denen jede Farbe einer Nadelstärke zugeordnet ist.

Welche Nadel Sie auch wählen – der Haken muss unbedingt schön glatt sein, und allein aus diesem Grund zahlt sich ein teureres Markenprodukt aus. Probieren Sie mehrere Fabrikate, bevor Sie sich entscheiden. Bezugsquellen finden Sie auf Seite 155.

Wenn Sie Ihre Nadeln pfleglich behandeln, halten sie ein Leben lang. Damit ich sie nicht verliere, hebe ich meine Häkelnadeln in einem Futteral auf oder stelle sie griffbereit in einen Bleistiftständer.

Die Häkelnadel: Teile

Eine Häkelnadel ist ein einfaches Werkzeug. Der Griff soll gut in der Hand liegen, der Haken mühelos durch die Garnschlingen gleiten. Nicht alle Häkelnadeln derselben Stärke sind genau gleich geformt. Die gängigste Form ist hier abgebildet. Die so geformten Nadeln bestehen meist zur Gänze aus Metall oder Kunststoff. Der abgeflachte Bereich dient als Daumenauflage (Führungsfläche).

Standard-Häkelnadel

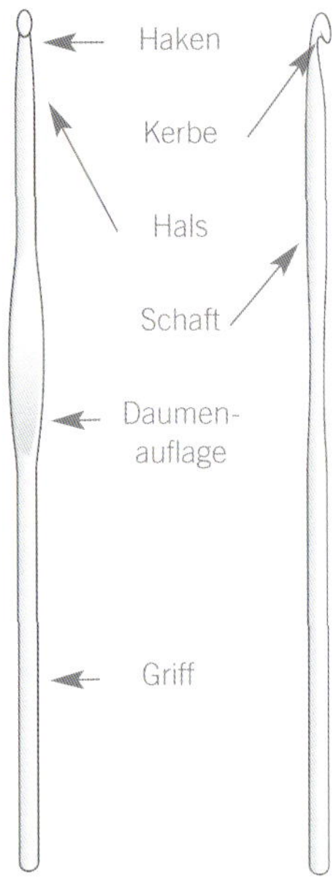

Es gibt auch Häkelnadeln, bei denen der Griff aus Kunststoff, Schaft und Haken aber aus Metall bestehen. Der Griff kann rund, oval oder flach sein.

Häkelnadel mit Kunststoffgriff

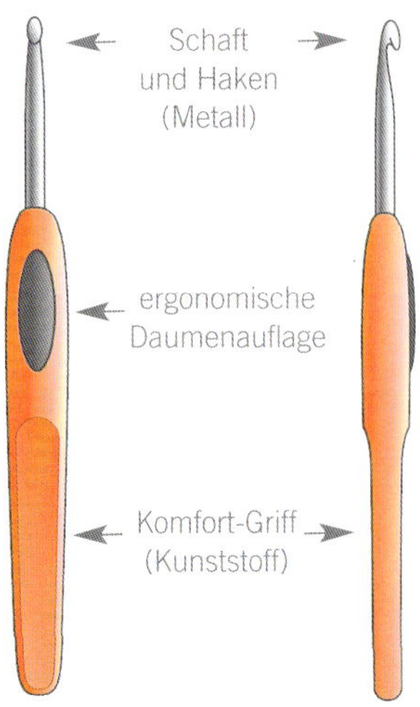

Häkelnadelstärken

In der folgenden Tabelle werden die metrischen, die in den USA üblichen sowie die früher in England verwendeten Häkelnadelstärken einander gegenübergestellt.

Metrisch	USA	UK
1,25 mm	7 (Stahl)	
1,5 mm	6 (Stahl)	
1,75 mm	5 (Stahl)	
2 mm		14
2,25 mm	B-1	
2,5 mm		12
2,75 mm	C-2	
3 mm		11
3,25 mm	D-3	10
3,5 mm	E-4	9
3,75 mm	F-5	
4 mm	G-6	8
4,5 mm	7	7
5 mm	H-8	6
5,5 mm	I-9	5
6 mm	J-10	4
6,5 mm	K-10 ½	3
7 mm		2
8 mm	L-11	0
9 mm	M-13	00
10 mm	N-15	000
12 mm	P	
15 mm	Q (16 mm)	
20 mm	S (19 mm)	
25 mm	U	

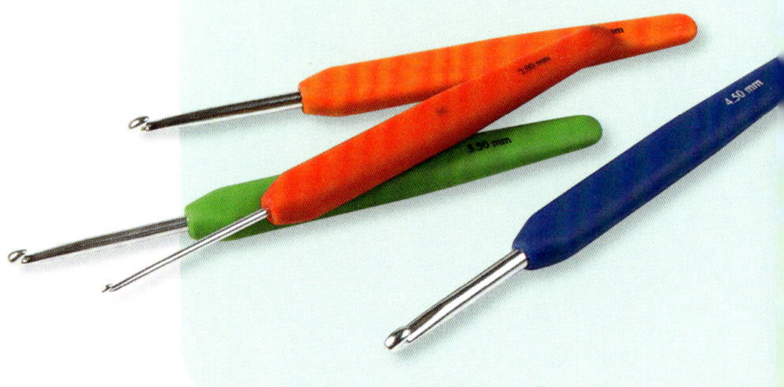

Sonstige Ausrüstungsgegenstände

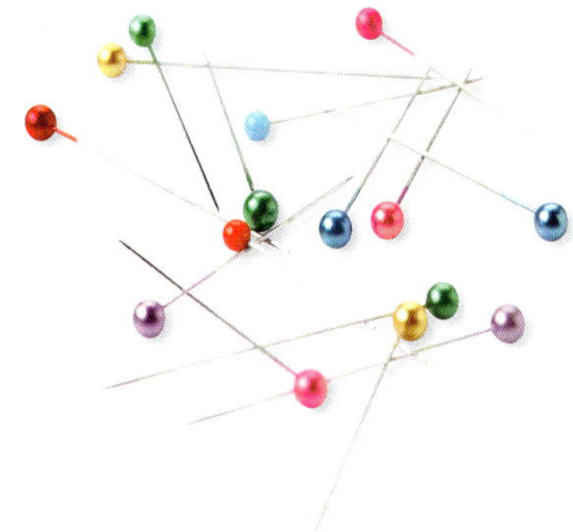

Eine Schere und eine Wollnadel sollten Sie beim Häkeln immer griffbereit haben; Stecknadeln und ein Maßband werden Sie ebenfalls brauchen. Ich verwende eine kleine, scharfe Stickschere und kennzeichne sie mit einem Stückchen Band, damit die anderen Familienmitglieder wissen, dass das „meine" Schere ist! Für meine Entwürfe, zu denen auch große Überwurfdecken gehören, brauche ich ein extralanges Maßband. Ich besitze aber außerdem noch etwa zehn Maßbänder, die in der ganzen Wohnung verstreut sind, weil ich sie immer wieder irgendwo liegenlasse.

Schere

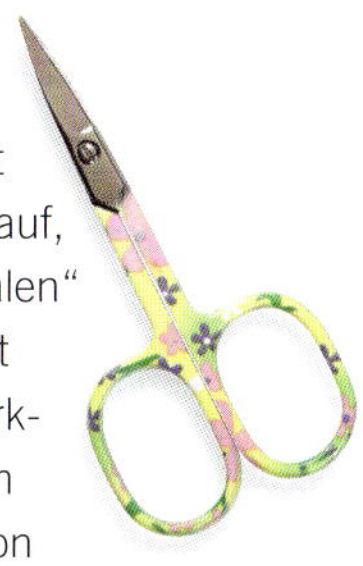

Eine kleine, scharfe Schere ist unverzichtbar. Achten Sie darauf, dass sie nicht mit den „normalen" Haushaltsscheren verwechselt wird, und benutzen Sie sie wirklich nur zum Abschneiden von Fäden, nicht für Papier – davon wird sie schnell stumpf.

Wollnadeln

Um Fadenenden zu vernähen oder Teile der Häkelarbeit zusammenzufügen, brauchen Sie Wollnadeln (auch „Stopfnadeln" oder „Gobelinnadeln" genannt). Sie sind länger als gewöhnliche Nähnadeln und haben ein größeres Öhr, sodass Sie auch stärkeres Garn leicht einfädeln können. Manche haben eine stumpfe Spitze, um das Garn nicht zu spalten. Sie sind in verschiedenen Größen erhältlich. Kaufen Sie am besten mehrere Größen, die zu verschiedenen Garnstärken passen. (Tipps zum Einfädeln siehe Seite 24.)

Maßband

Ein Maßband ist ein preisgünstiges, unentbehrliches Helferlein. Sie brauchen es, um die Häkelarbeit und die Maschenprobe abzumessen. Ein Maßband mit metrischen Maßen auf der einen und Zoll-Maßen auf der anderen Seite ist besonders praktisch.

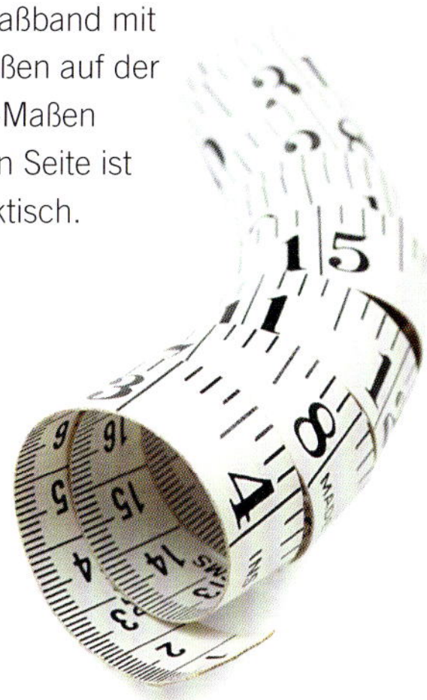

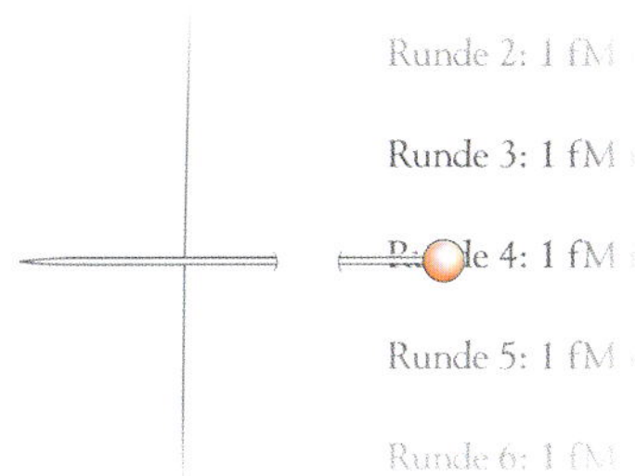

Markierer für die Häkelanleitung

Markieren Sie in der Häkelanleitung unbedingt jede abgeschlossene Reihe oder Runde. Wenn Sie ein neues Muster ausprobieren, sollten Sie sogar jede fertig gehäkelte Masche in der Anleitung markieren. Ich verwende dazu eine Stecknadel mit einem großen, farbigen Kopf – deshalb sind meine Anleitungen voller Nadelstiche. Ich finde diese Methode aber praktischer als das Markieren mit Bleistift oder Tinte. Wenn Sie einen Scanner oder Kopierer zu Hause haben, können Sie die Anleitung kopieren oder ausdrucken, sodass Sie darauf Notizen und Markierungen (mit Bleistift, Tinte oder Stecknadeln) anbringen können.

Maschenmarkierer

Maschenmarkierer sind beim Häkeln sehr wichtig. Zu kaufen gibt es sie aus Kunststoff oder aus Metall. Bei dekorativen Maschenmarkierern achten Sie darauf, dass sie keine scharfen Kanten haben, die am Garn hängenbleiben könnten.

Die gekauften Maschenmarkierer gehen bei mir oft verloren – sie rutschen in die Polstermöbel hinein oder landen im Staubsauger … Ich verwende stattdessen meist ein 10 cm langes Stück kontrastierendes Garn.

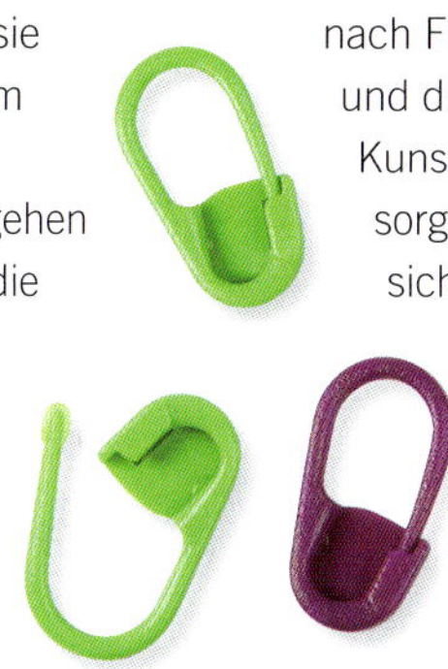

Markieren Sie immer die linke bzw. rechte Seite der Arbeit, beim Häkeln in Spiralrunden auch den Anfang und das Ende der Runde.

Gebogene Sicherheitsnadeln zum Quilten sind als Maschenmarkierer hervorragend geeignet. Ich verwende sie vor allem bei Bordüren: Wenn eine Anleitung z. B. vorschreibt, 20 feste Maschen gleichmäßig entlang der Kante zu verteilen, markiere ich die Mitte der Kante mit einer Sicherheitsnadel, teile sie mit zwei weiteren Markierungen in vier gleiche Teile und verteile dann je 5 Maschen gleichmäßig zwischen den Markierungen.

Stecknadeln

Ich fixiere die Teile einer Häkelarbeit immer mit Stecknadeln aneinander, bevor ich sie zusammennähe oder zusammenhäkle. Nehmen Sie Stecknadeln mit großen Köpfen aus Glas oder Plastik, damit die Nadeln nicht in der Häkelarbeit „verloren gehen". Kaufen Sie zusätzlich Schneider-Stecknadeln zum Spannen und Dämpfen: Plastikköpfe können nämlich durch die Hitze des Bügeleisens schmelzen.

Aufbewahrung und Ordnung

Beim Häkeln bleiben immer wieder Garnreste übrig, die verstaut werden müssen. Ein Korb sieht zwar hübsch aus, ist dazu aber nicht optimal geeignet, da das Garn daran hängenbleiben kann. Ich verstaue meine Garnreste nach Farben geordnet in Plastiksäcken und die Plastiksäcke wiederum in Kunststoffkisten. Das Garn muss dabei sorgfältig aufgewickelt werden, damit sich die verschiedenen Garne im Plastiksack nicht verheddern!

Die wichtigsten Maschen

Beim Häkeln gibt es nur ganz wenige grundlegende Maschen – wenn Sie diese beherrschen, können Sie alle weiteren Maschen daraus ableiten. Üben Sie die grundlegenden Maschen, bevor Sie Ihr erstes Häkelmuster in Angriff nehmen. Es kann dabei nicht viel schiefgehen: Häkelarbeiten sind leicht aufzutrennen, weil Sie immer nur eine Schlinge auf der Häkelnadel haben. Häkeln Sie beim Üben möglichst locker – später können Sie auf eine gleichmäßige Festigkeit der Maschen hinarbeiten.

Häkelnadel und Garn halten

Die richtige Haltung von Häkelnadel und Garn ist sehr wichtig und trägt zu einem gleichmäßigen Maschenbild entscheidend bei.

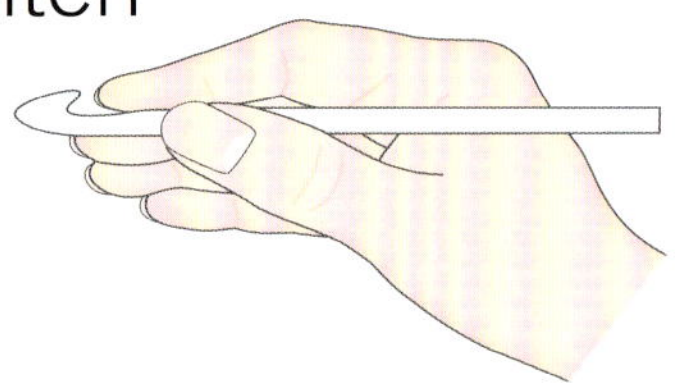

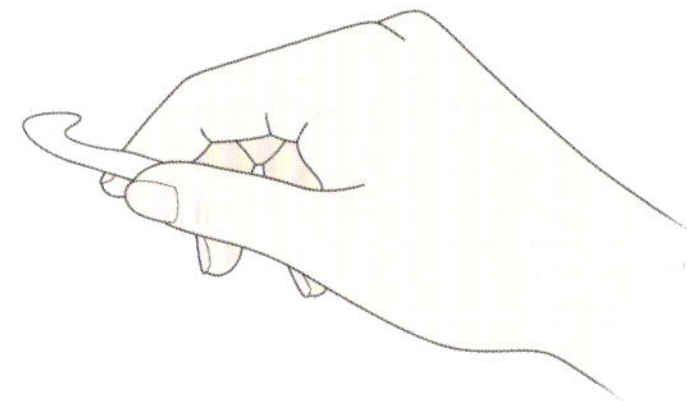

Häkelnadel halten

Dabei gibt es zwei Methoden. Ich empfehle, die Häkelnadel wie einen Bleistift zu halten. Das ist bequemer, Sie können Arm und Schulter dabei besser entspannen.

Bleistiftmethode: Halten Sie die Häkelnadel wie einen Bleistift. Balancieren Sie sie locker in der Hand, sodass sie zwischen Daumen und Zeigefinger liegt und der Haken nach oben zeigt.

Messermethode: Dieser Methode wähle ich manchmal, wenn ich sehr dickes Garn und eine dicke Häkelnadel verwende. Wichtig ist vor allem eine entspannte Haltung beim Häkeln, damit Arm und Schulter auf lange Sicht nicht Schaden nehmen. Machen Sie genügend Arbeitspausen!

Garn halten

Heben Sie mit dem kleinen Finger der Hand, die nicht die Häkelnadel hält, das Garn an. Die Handfläche zeigt dabei zu Ihnen, das kurze Fadenende liegt vor dem Finger und der Faden zwischen kleinem Finger und Ringfinger. Drehen Sie die Hand, sodass die Handfläche nach unten zeigt (linke Abbildung). Das lange Fadenende verläuft über dem Zeigefinger, unter dem Mittelfinger und Ringfinger hindurch um den kleinen Finger herum. Drehen Sie die Hand nochmals, sodass die Handfläche Ihnen zugewandt ist (rechte Abbildung) und Sie die Häkelarbeit mit Daumen und Mittelfinger festhalten können.

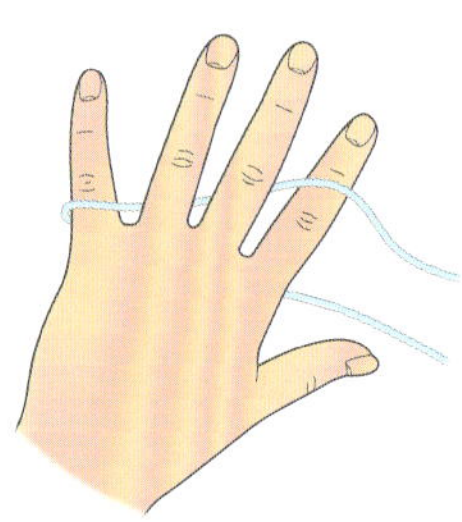

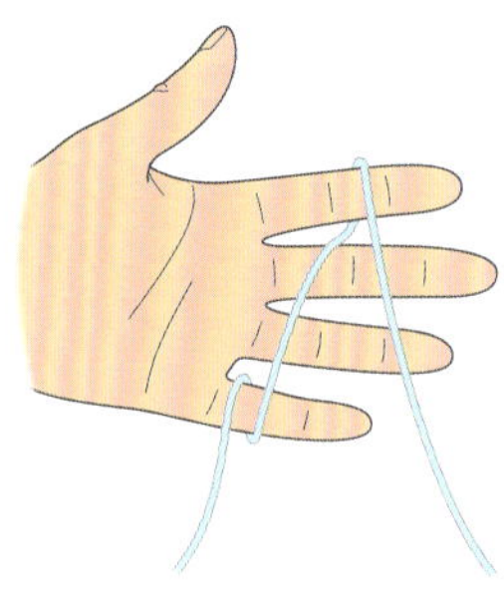

Handhaltung beim Häkeln

Halten Sie den Zeigefinger, um den das Garn geschlungen ist, etwas gekrümmt. Halten Sie die Arbeit (bzw. die Anfangsschlinge) mit Daumen und Mittelfinger derselben Hand direkt unterhalb der Häkelnadel und der auf der Nadel befindlichen Schlinge. Beim Durchziehen der Schlinge lassen Sie den Faden auf dem Zeigefinger locker, damit die Schlinge auf der Häkelnadel locker bleibt. Wenn Sie den Faden mit dem Finger zu stark anziehen, wird auch die Schlinge auf der Häkelnadel so fest angezogen, dass Sie den Faden nicht durchziehen können.

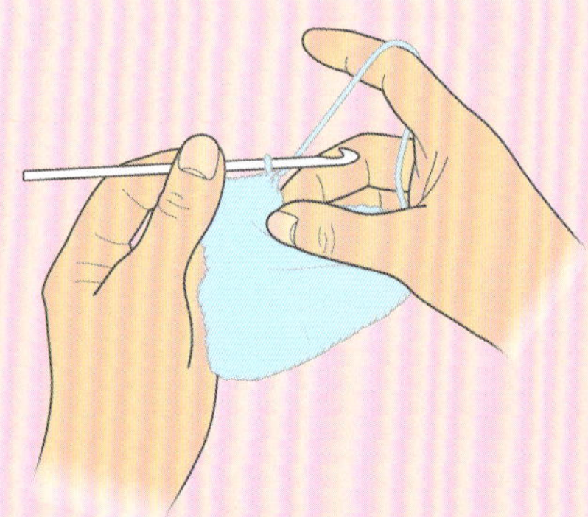

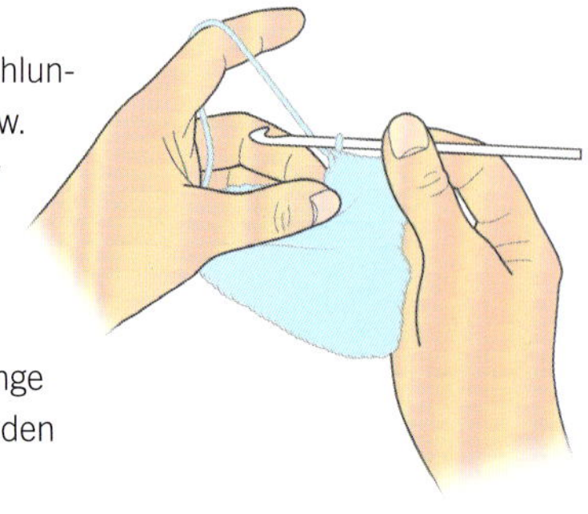

Handhaltung für Linkshänder

Manche Linkshänder halten Garn und Häkelnadel wie Rechtshänder, manche umgekehrt – mit der Häkelnadel in der linken und dem Garn in der rechten Hand.

Anfangsschlinge

Jede Häkelarbeit beginnt mit der Anfangsschlinge auf der Häkelnadel.

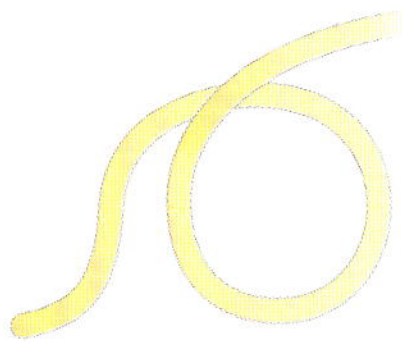

1 Mit dem Garn eine Schlinge bilden.

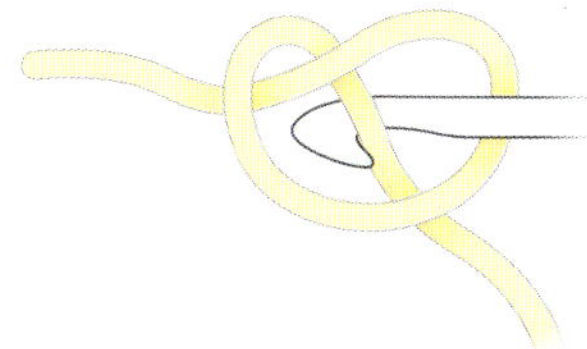

2 Die Schlinge mit einer Hand oben festhalten, das Garnende hinter der Schlinge herunterhängen lassen. Mit der freien Hand oder mit der Spitze der Häkelnadel das Garn durch die Schlinge ziehen …

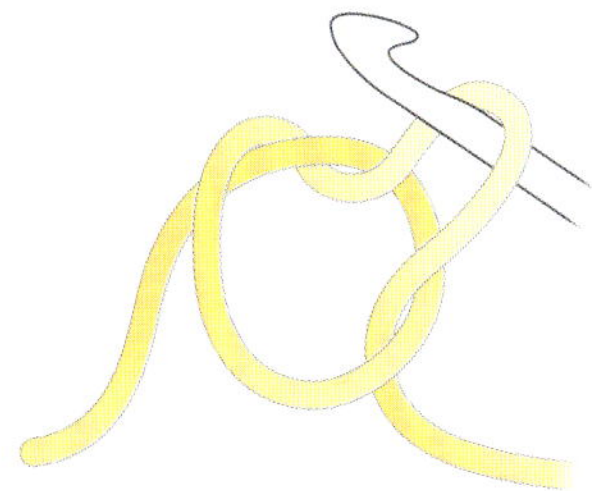

3 … und eine ganz lockere Schlinge auf der Häkelnadel bilden.

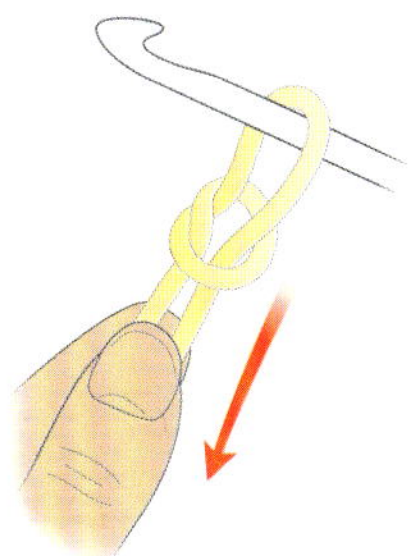

4 Vorsichtig an beiden Garnenden ziehen, sodass die Schlinge am Schaft der Häkelnadel fester wird …

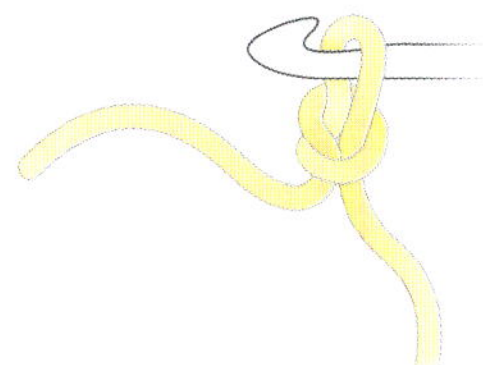

5 … aber nicht zu fest – sie soll sich leicht am Schaft hin- und herbewegen lassen.

Luftmaschen (Abkürzung: Lm)

Als Erstes müssen Sie Luftmaschen üben, denn in eine Reihe Luftmaschen (Luftmaschenkette) wird die erste Maschenreihe gearbeitet. Beim Üben gewöhnen Sie sich auch daran, Garn und Häkelnadel richtig zu halten.

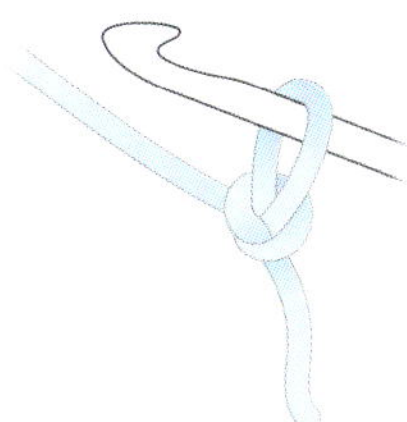

1 Die Häkelnadel mit der Spitze nach oben halten. Die Anfangsschlinge sitzt locker auf der Nadel, sodass Sie genügend Spielraum zum Durchziehen des Fadens haben.

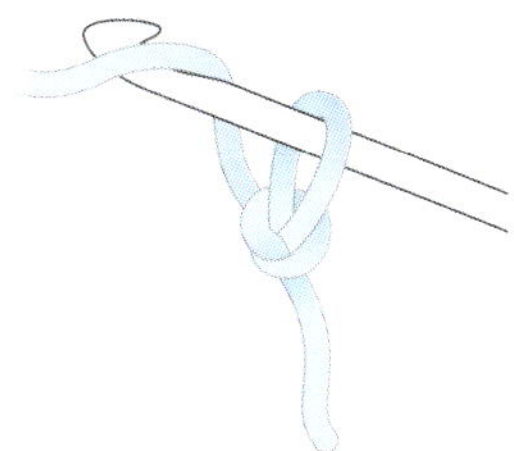

2 Mit einer Drehbewegung der Häkelnadel den Faden holen …

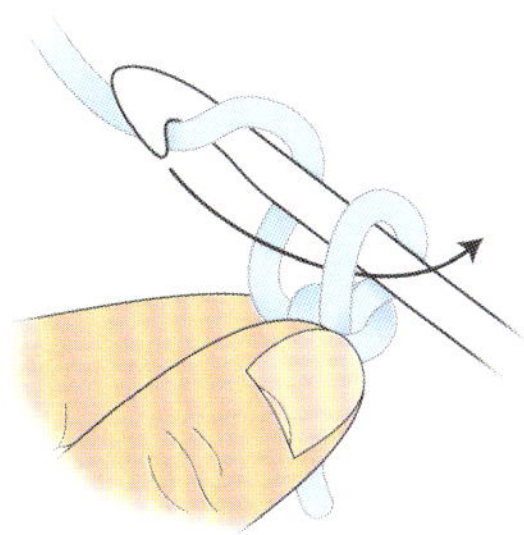

3 … dabei den Haken nach unten drehen und mit Daumen und Zeigefinger der linken Hand den Knoten direkt unterhalb der auf der Häkelnadel sitzenden Schlinge festhalten.

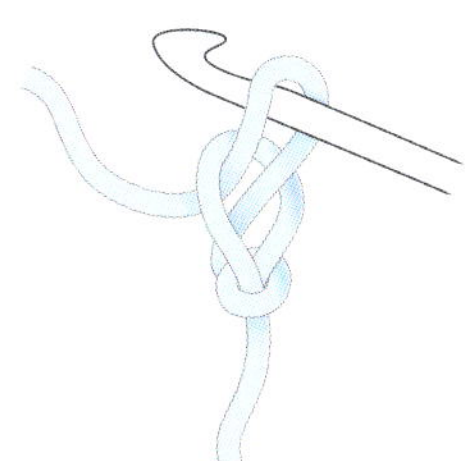

4 Nun den Faden vorsichtig durch die Schlinge auf der Häkelnadel ziehen. Die Häkelnadel sofort aufwärts richten, sobald Sie sie durch die Schlinge gezogen haben.

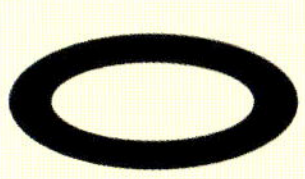

Luftmasche in der Häkelschrift

In der Häkelschrift (siehe Seite 26) wird die Luftmasche durch ein ovales Symbol dargestellt. Jedes Oval bedeutet 1 Luftmasche.

Luftmaschenkette

Beim Häkeln in Reihen beginnt man mit einer Luftmaschenkette. Die erste Maschenreihe wird in die Luftmaschenkette gearbeitet. Es ist wichtig, immer mit der richtigen Luftmaschenanzahl zu beginnen – ein Fehler wirkt sich auf das gesamte Muster aus, auch weil beim Häkeln oft mit Vielfachen und Maschengruppen gearbeitet wird. Auch das richtige Zählen der Luftmaschen will gelernt sein.

Luftmaschenkette von vorne

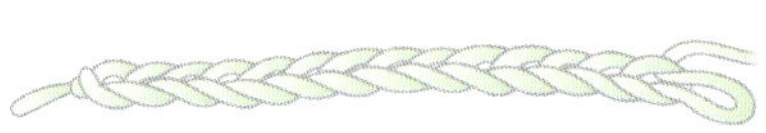

Die vordere (rechte) Seite ist die glatte Seite – jede Luftmasche ist als kleines „V" zu erkennen.

Luftmaschenkette von hinten

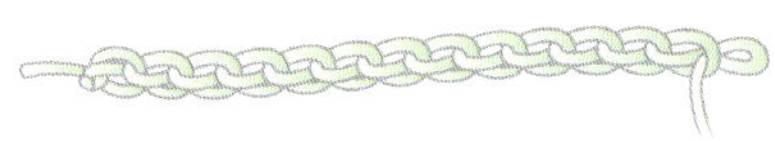

Die Rückseite (linke Seite) hat eine wellige, rippenartige Oberfläche.

In die Luftmaschenkette arbeiten

Für die erste Maschenreihe, die in die Luftmaschenkette gearbeitet wird, schreibt die Häkelanleitung vor, die erste Masche in die zweite, in die dritte oder in die vierte Luftmasche zu arbeiten – je nach der Höhe der Masche(n) in der ersten Reihe. Für eine feste Masche stechen Sie meist in die zweite Luftmasche ein, für ein halbes Stäbchen in die dritte, für ein Stäbchen in die vierte. Die Schlinge, die sich auf der Häkelnadel befindet, wird dabei nicht mitgezählt. (Aus der ersten Masche von der Häkelnadel aus kommt der Faden, der die Schlinge auf der Häkelnadel bildet – in diese Masche können Sie nicht einstechen, da sie sich sonst auftrennt.)

Die Arbeitsanleitung kann von dieser Grundregel jedoch abweichen, wenn das Muster es erfordert – folgen Sie daher immer genau der Anleitung!

Luftmaschen zählen

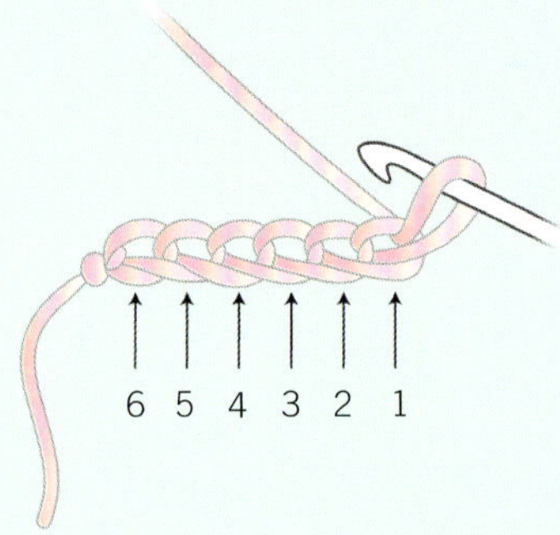

Zum Maschenzählen legen Sie die Luftmaschenkette mit der rechten Seite nach oben auf einer ebenen Oberfläche auf. Jedes „V" zählt als eine Masche. Beginnen Sie immer von oben (von der Häkelnadel) zu zählen. Die Schlinge auf der Häkelnadel wird nicht mitgezählt.

Tipps für das Häkeln in die Luftmaschenkette

Das Arbeiten in die Luftmaschenkette ist der kniffligste Teil der ganzen Häkelarbeit. Es ist gar nicht so einfach, die dünne Luftmaschenkette so festzuhalten, dass sie sich nicht verdreht, damit Sie auch immer von vorne in die Luftmaschen einstechen!

Um die erste Masche in die Luftmaschenkette zu arbeiten, stechen Sie mit der Spitze der Häkelnadel in die Mitte der angegebenen Luftmasche ein, neigen Sie die Nadel dabei leicht zur Seite und holen Sie dann am oberen Ende der Luftmaschenkette den Faden.

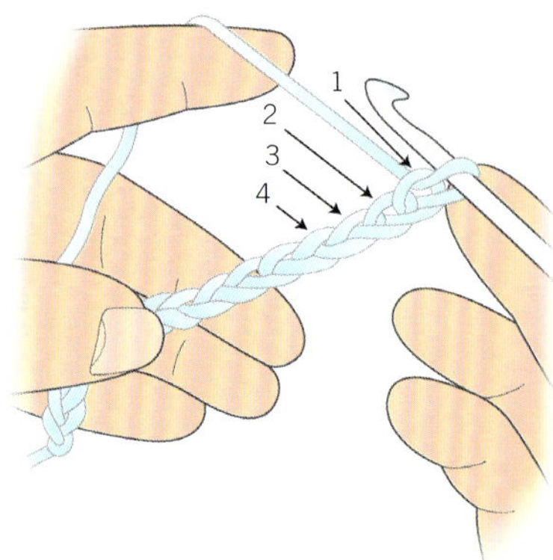

Wendeluftmaschen

Wendeluftmaschen werden am Anfang jeder neuen Reihe oder Runde gehäkelt, um die Häkelnadel in die richtige Höhe für die Maschenart zu bringen, die Sie als nächstes häkeln werden. Die Arbeitsanleitung gibt an, ob diese Luftmaschen als erste Masche gezählt werden oder nicht. Wenn in Ihrer Arbeitsanleitung eine andere Anzahl an Wendeluftmaschen angegeben ist als in der nebenstehenden Tabelle, dann halten Sie sich an die Arbeitsanleitung.

Feste Masche:	1 Wendeluftmasche
Halbes Stäbchen:	2 Wendeluftmaschen
Stäbchen:	3 Wendeluftmaschen
Doppelstäbchen:	4 Wendeluftmaschen
Dreifachstäbchen:	5 Wendeluftmaschen

Kettmasche (Abkürzung: Km)

Die Kettmasche ist die kleinste aller Häkelmaschen. Sie wird meist nicht in die Luftmaschenkette, sondern in andere Maschen gearbeitet. Oft dient sie dazu, eine Runde zu schließen oder über andere Maschen an eine bestimmte Stelle zu gelangen, ohne den Faden zu verwahren und neu einzuhäkeln. Im ersten Häkel-Workshop (Seite 30) wird die Kettmasche zum Schließen der Bordüre verwendet.

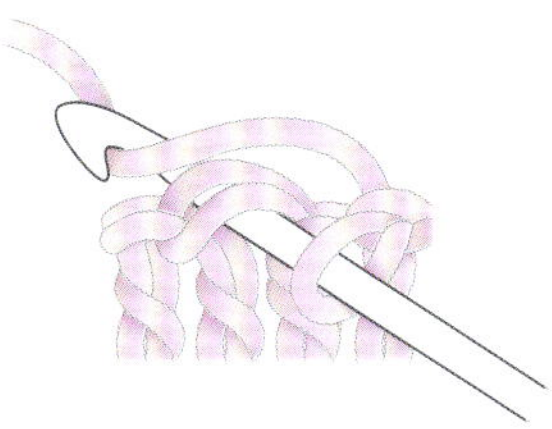

1 In die gewünschte Masche (oder in den gewünschten Luftmaschenbogen) einstechen und den Faden holen.

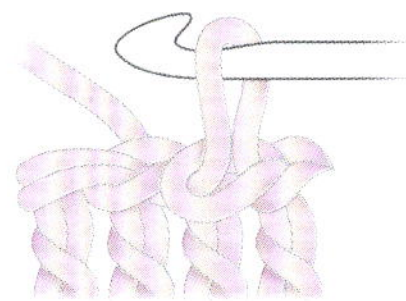

2 Den Faden gleichzeitig durch die Masche (bzw. den Luftmaschenbogen) und durch die Schlinge auf der Nadel ziehen, sodass 1 Schlinge auf der Nadel verbleibt.

Kettmasche in der Häkelschrift

In der Häkelschrift (siehe Seite 26) bedeutet jeder schwarze Punkt 1 Kettmasche.

Feste Masche (Abkürzung: fM)

Feste Maschen sind die gebräuchlichsten Häkelmaschen. Sie ergeben eine dichte, kompakte Häkelarbeit. Einsteiger beginnen am besten mit dieser Masche, weil sie am leichtesten zu arbeiten ist.

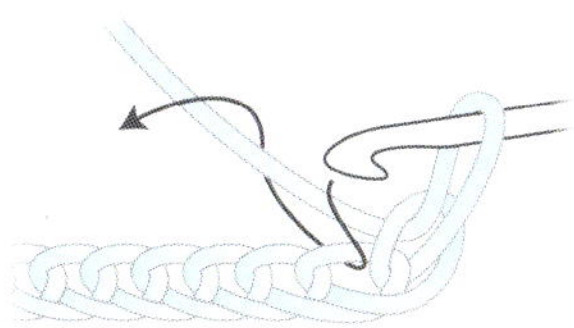

1 Eine Luftmaschenkette häkeln, dann in die 2. Masche von der Häkelnadel aus einstechen. Faden holen (den Faden von hinten mit der Häkelnadel erfassen). Mit der abwärts zeigenden Häkelnadel den Faden nur durch die Luftmasche ziehen. Nach dem Durchziehen die Häkelnadel sofort aufwärts richten, damit die Masche nicht von der Nadel rutscht. Die Häkelnadel waagrecht halten.

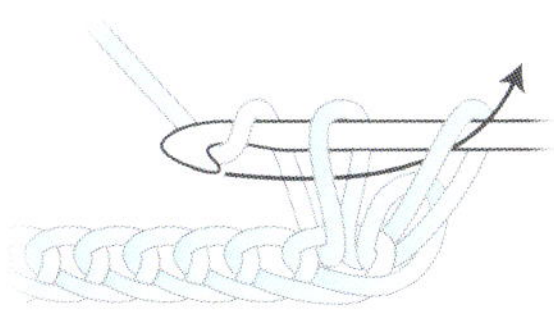

2 Sie haben nun zwei Schlingen auf der Nadel. Die Nadel liegt vor dem Garn. Nochmals Faden holen, die Häkelnadel abwärts richten und den Faden durch beide Schlingen ziehen. Nach dem Durchziehen die Häkelnadel sofort aufwärts richten.

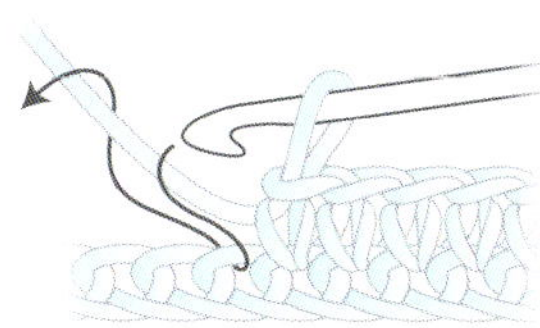

3 Jetzt haben Sie noch eine Schlinge auf der Nadel. Die Nadel aufwärts gerichtet halten (diese Position ist eine Art „Grundstellung", bis Sie eine neue Masche häkeln). Bis zum Ende der Luftmaschenkette eine feste Masche in jede Luftmasche arbeiten.

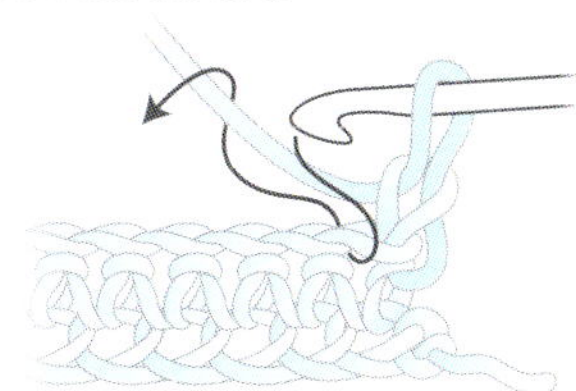

4 Die Arbeit wenden und die nächste Reihe beginnen. Eine Wendeluftmasche häkeln und die erste feste Masche in die erste feste Masche der Vorreihe arbeiten (dabei unter den beiden Garnschlingen am oberen Rand der Masche einstechen). Bis zum Ende der Reihe eine feste Masche in jede feste Masche der Vorreihe arbeiten.

5 Schritt 4 in den folgenden Reihen wiederholen.

Feste Masche in der Häkelschrift

Im Häkeldiagramm rechts bedeutet jedes Oval eine Luftmasche und das Kreuz darüber eine feste Masche, die in die Luftmasche gearbeitet wird. Gearbeitet wird von unten nach oben, beginnend bei dem kleinen schwarzen Dreieck. Bei dem hellen, schwarz umrandeten Dreieck links oben endet die Arbeit. Auf Seite 26 erfahren Sie mehr über die Häkelschrift.

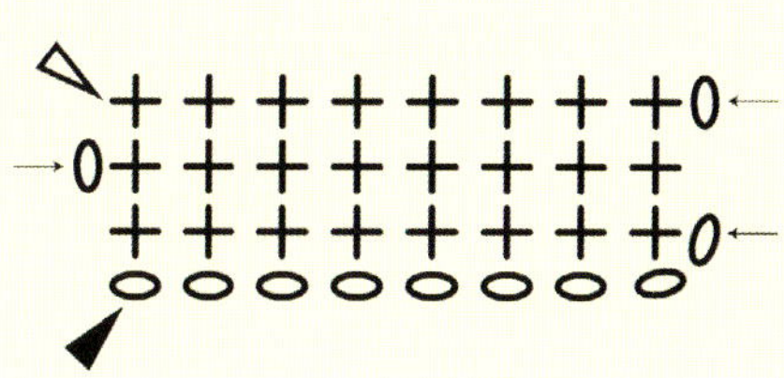

Halbes Stäbchen (Abkürzung: hStb)

Ein halbes Stäbchen ist etwas höher als eine feste Masche. Der Faden wird vor dem Einstechen in die Masche oder in den Zwischenraum (Luftmaschenbogen) einmal um die Nadel geschlungen („Umschlag“). Nach dem Durchziehen befinden sich daher drei Schlingen auf der Nadel (die mittlere Schlinge entsteht durch den Umschlag). Bevor Sie den Faden durch alle drei Schlingen ziehen, um die Masche abzuschließen, vergewissern Sie sich, dass die Schlingen gerade und locker auf der Nadel sitzen.

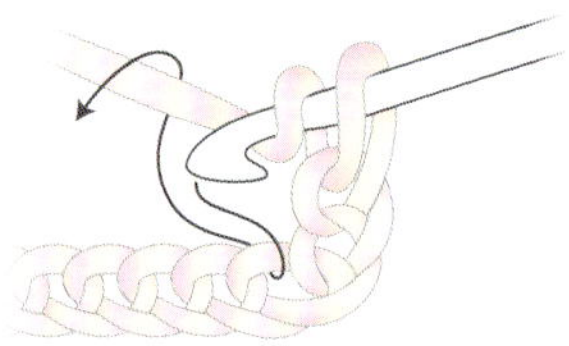

1 Wie gewohnt die Luftmaschenkette häkeln. Den Faden um die Häkelnadel schlingen und erst dann in die 3. Luftmasche von der Häkelnadel aus einstechen. Nochmals den Faden holen (siehe den Pfeil in der Abbildung).

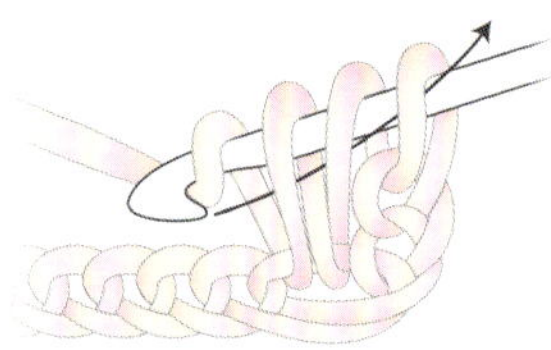

2 Den Faden durch die Luftmasche ziehen. Sie haben nun 3 Schlingen auf der Nadel. Nochmals den Faden holen und ihn durch alle 3 Schlingen auf der Häkelnadel ziehen.

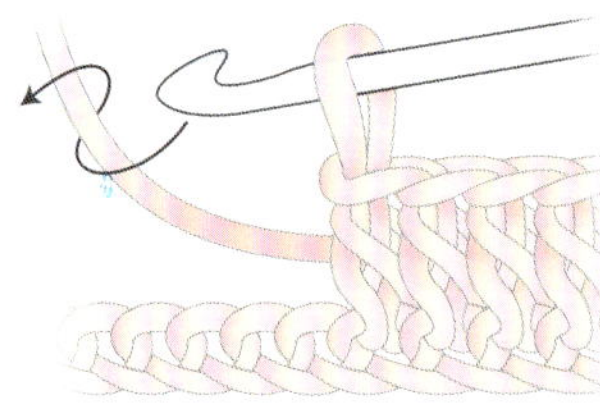

3 Sie haben nun 1 Schlinge auf der Nadel. Bis zum Ende der Luftmaschenkette ein halbes Stäbchen in jede Luftmasche arbeiten.

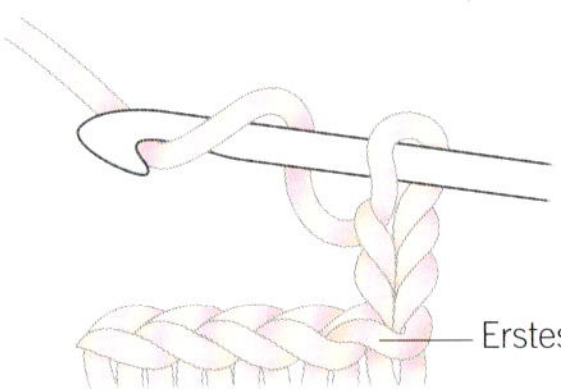

4 Die Arbeit wenden und die nächste Reihe beginnen. 2 Wendeluftmaschen häkeln und bis zum Ende der Reihe ein hStb in jedes hStb der Vorreihe arbeiten.

5 Schritt 4 in den folgenden Reihen wiederholen.

Halbes Stäbchen in der Häkelschrift

In der Häkelschrift sieht das Symbol für ein halbes Stäbchen aus wie ein T. Es ist höher als das Kreuzsymbol der festen Masche, aber nicht so hoch wie das Stäbchen-Symbol (siehe nächste Seite). Für die mit diesen Symbolen dargestellten Maschen gilt das gleiche Größenverhältnis.

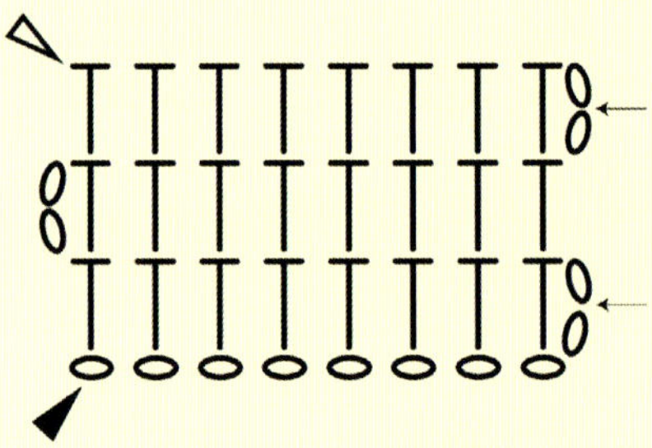

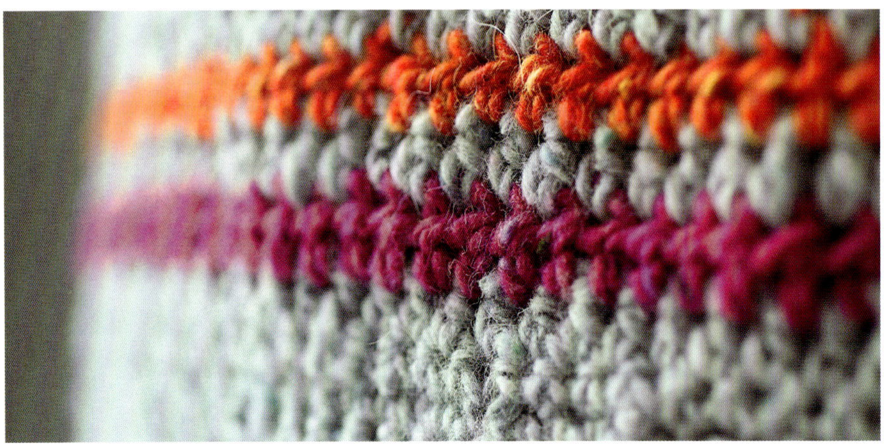

Stäbchen (Abkürzung: Stb)

Eine sehr gebräuchliche Masche ist das Stäbchen, das etwas höher ist als das halbe Stäbchen. Während feste Maschen und halbe Stäbchen ein dichtes Maschenbild ergeben, sieht eine Häkelarbeit aus Stäbchen fast wie ein Lochmuster aus. Wie beim halben Stäbchen wird der Faden vor dem Einstechen um die Häkelnadel geschlungen und dann einmal durchgezogen, sodass sich drei Schlingen auf der Nadel befinden (mittlere Schlinge = Umschlag). Bevor Sie den Faden durch zwei Schlingen ziehen, achten Sie darauf, dass die Schlingen gerade und locker auf der Häkelnadel sitzen.

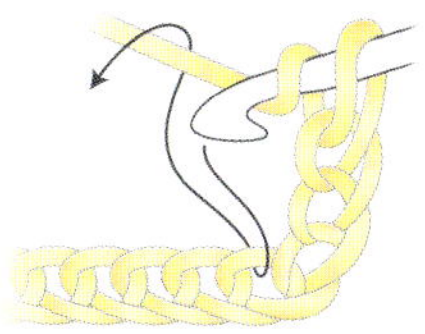

1 Den Faden um die Häkelnadel schlingen und erst dann in die 4. Luftmasche von der Häkelnadel aus einstechen. Nochmals den Faden holen (siehe den Pfeil in der Abbildung).

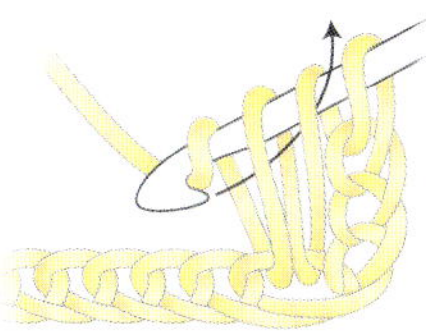

2 Den Faden durch die Luftmasche ziehen. Sie haben nun 3 Schlingen auf der Nadel. Nochmals den Faden holen und ihn durch die ersten 2 Schlingen auf der Häkelnadel ziehen.

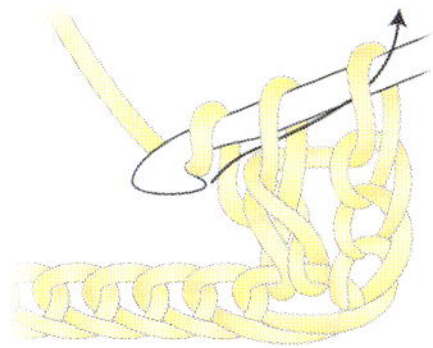

3 Sie haben nun 2 Schlingen auf der Nadel. Nochmals den Faden holen und durch die restlichen beiden Schlingen auf der Nadel ziehen.

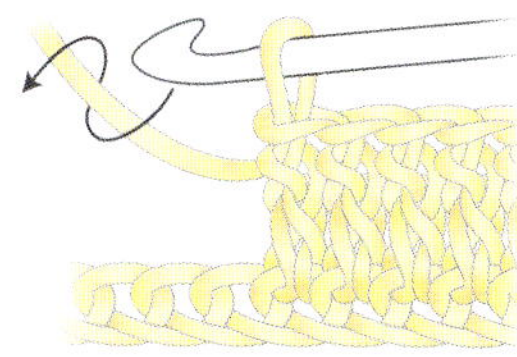

4 Sie haben nun 1 Schlinge auf der Nadel. Bis zum Ende der Luftmaschenkette ein Stäbchen in jede Luftmasche arbeiten.

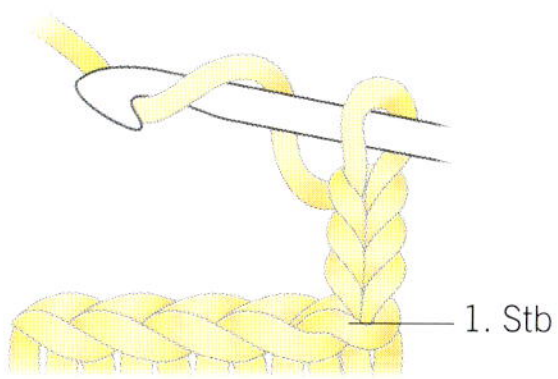

5 Die Arbeit wenden und die nächste Reihe beginnen. 3 Wendeluftmaschen häkeln und bis zum Ende der Reihe ein Stäbchen in jedes Stäbchen der Vorreihe arbeiten.

6 Schritt 5 in den folgenden Reihen wiederholen.

Stäbchen in der Häkelschrift

Das Stäbchen-Symbol sieht aus wie ein T mit einem kurzen diagonalen Querstrich auf halber Höhe. Es ist höher als das Kreuzsymbol für die feste Masche und das T-Symbol für das halbe Stäbchen. Für die mit diesen Symbolen dargestellten Maschen gilt das gleiche Größenverhältnis.

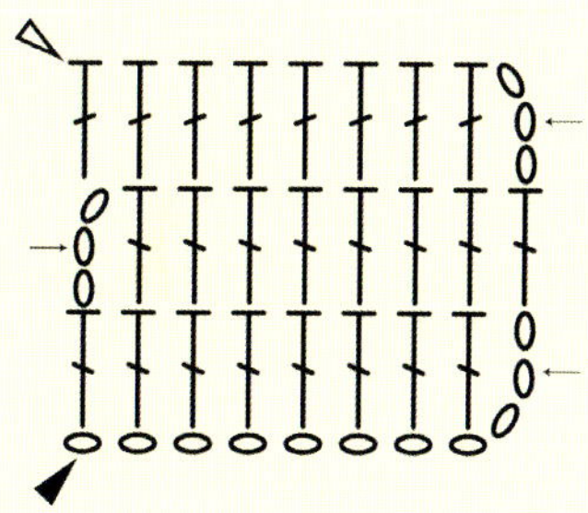

Zunahmen

Für eine Zunahme häkelt man zwei oder drei Maschen in eine Masche oder einen Luftmaschenbogen der Vorreihe. Die Abbildung zeigt, wie 2 Stäbchen zugenommen werden.

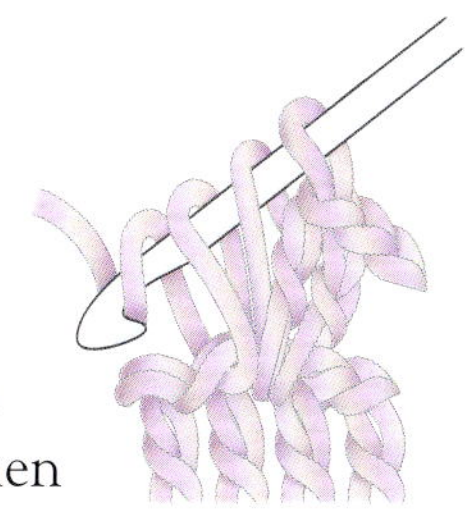

Abnahmen

Für eine Abnahme kann man eine Masche überspringen oder zwei oder mehr Maschen zusammenhäkeln (zusammen abmaschen). Das Zusammenhäkeln funktioniert bei allen Maschenarten gleich. Rechts wird gezeigt, wie 2 feste Maschen zusammen abgemascht werden (2 fM zus).

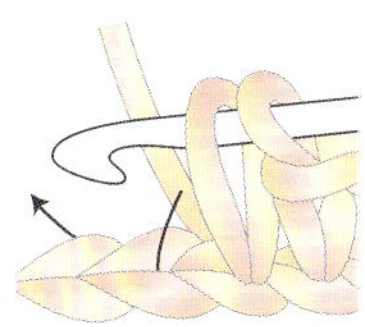

1 Einstechen, Faden holen und durchziehen (2 Schlingen auf der Nadel), in die nächste Masche einstechen, Faden holen und durchziehen.

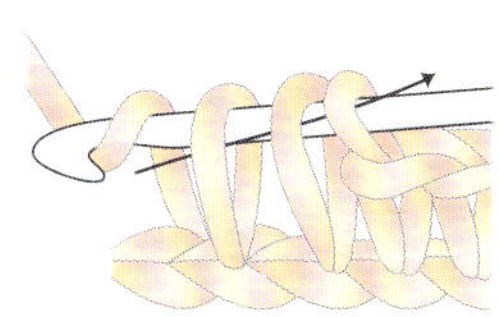

2 Nochmals Faden holen und durch alle 3 Schlingen auf der Nadel ziehen. Sie haben nun 1 Schlinge auf der Nadel.

Wichtige Häkeltipps

Hier erfahren Sie alles Notwendige, um Ihre ersten Häkelarbeiten in Angriff zu nehmen, einer Arbeitsanleitung zu folgen und die Arbeit abzuschließen.

An der richtigen Stelle einstechen

Wie man richtig in eine Masche der Vorreihe oder Vorrunde einsticht, um eine neue Masche zu arbeiten, ist eines der wichtigsten Dinge, die Einsteiger lernen müssen.

Die Grundregel besagt, dass man unter den beiden oberen, v-förmigen Garnschlaufen der Masche einsticht, um in diese Masche eine neue Masche zu arbeiten. Die Anleitung kann jedoch vorschreiben, dass nur ins vordere oder nur ins hintere Maschenglied eingestochen werden soll. Dadurch bekommt die Häkelarbeit eine andere Struktur.

In beide Maschenglieder einstechen

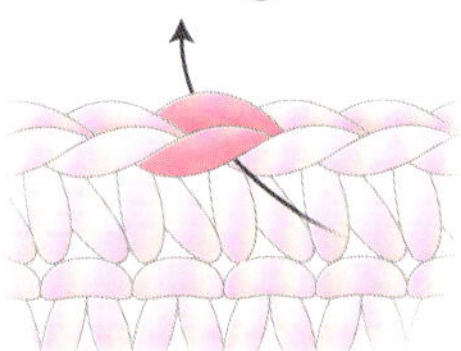

Wenn nicht anders angegeben, wird die Häkelnadel unter den beiden oberen Garnschlaufen der Masche eingestochen.

Ins vordere Maschenglied einstechen

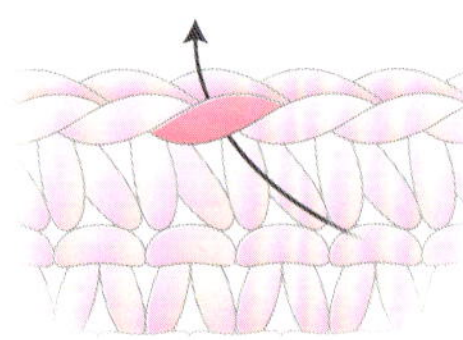

Hier wird die Häkelnadel unter dem Maschenglied an der Vorderseite der Arbeit eingestochen.

Ins hintere Maschenglied einstechen

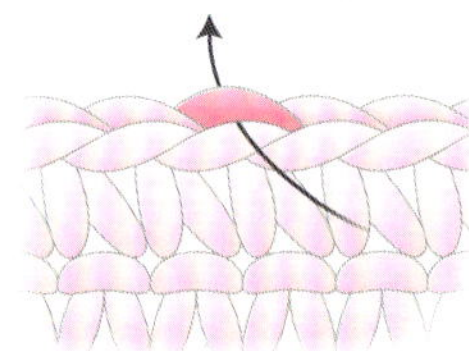

Hier wird die Häkelnadel von vorne unter dem hinteren Maschenglied (also zwischen den beiden Maschengliedern) eingestochen.

Die Maschenprobe

Häkeln Sie eine ca. 13–15 cm lange Luftmaschenkette in dem Garn und mit der Häkelnadelstärke, die in der Arbeitsanleitung empfohlen werden. Häkeln Sie so viele Reihen, dass ein Quadrat entsteht, und verwahren Sie den Faden.

Legen Sie ein Maßband oder ein Lineal waagrecht auf die Häkelarbeit und markieren Sie eine Strecke von 10 cm links und rechts mit Stecknadeln. Zählen Sie die Maschen zwischen den Markierungen. Dann legen Sie das Maßband senkrecht auf die Arbeit auf und zählen Sie die Anzahl der Reihen auf einer Strecke von 10 cm.

Stimmt die Maschen- und Reihenanzahl mit der Maschenprobe Ihrer Anleitung überein, dann können Sie mit diesem Garn und dieser Häkelnadelgröße das gewünschte Ergebnis erzielen. Wenn Sie mehr Maschen gehäkelt haben als angegeben, ist Ihre Arbeit zu fest und Sie brauchen eine größere Nadel. Wenn Sie weniger Maschen gehäkelt haben, ist Ihre Arbeit zu locker und Sie brauchen eine kleinere Nadel. Wiederholen Sie das Ganze mit anderen Häkelnadelgrößen, bis Sie die angegebene Maschenzahl erreicht haben, und verwenden Sie die so ermittelte Nadelgröße für das Projekt.

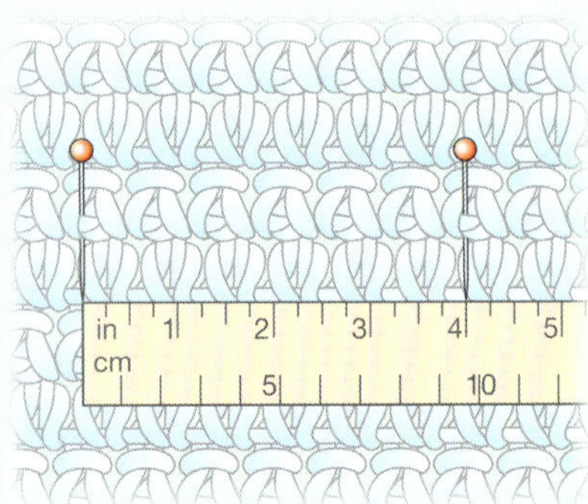

Die Bedeutung der Maschenprobe

Die meisten Anleitungen enthalten eine Maschenprobe. Sie orientiert sich meist an der Arbeit der Person, die das Projekt mit der empfohlenen Nadelgröße gehäkelt hat. Jeder häkelt etwas anders, manche fester, manche lockerer. Nur wenn Ihre Maschenprobe mit jener in der Anleitung übereinstimmt, wird das fertige Projekt auch die richtigen Maße haben. Wenn Sie z. B. ein Kleidungsstück häkeln und die angegebene Maschenprobe fester ist als Ihre Häkelarbeit, dann wird das fertige Kleidungsstück größer sein als angegeben.

Manchmal ist die Maschenprobe nicht wichtig. Bei Häkelblumen macht es z. B. nichts aus, wenn sie etwas größer oder kleiner ausfallen. Aber bei einem Kleidungsstück oder auch einem Kissenbezug müssen die Maße stimmen.

Faden verwahren

Das Verwahren des Fadens ist wichtig, damit sich die Arbeit nicht auftrennt. Schneiden Sie den Faden zuerst ab und fädeln Sie ihn dann durch die letzte Masche. Ziehen Sie die Masche fest und lassen Sie ein ausreichend langes Fadenende zum Vernähen stehen. Kürzer als 10–15 cm sollte das Fadenende aber nicht sein – bei dickem Garn ist ein etwas längeres Fadenende zu empfehlen.

„Faden abschneiden“

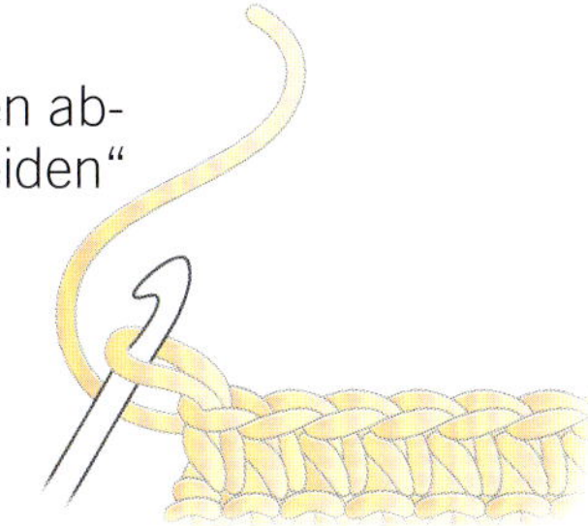

Die Anleitung schreibt vor, den Faden abzuschneiden, wenn die Arbeit noch nicht beendet ist und eine andere Farbe eingehäkelt werden muss. Den Faden abschneiden (mind. 10 cm stehenlassen), die Masche auf der Häkelnadel lassen (Faden nicht durchziehen). Dann nach der Anleitung fortfahren.

„Faden verwahren“

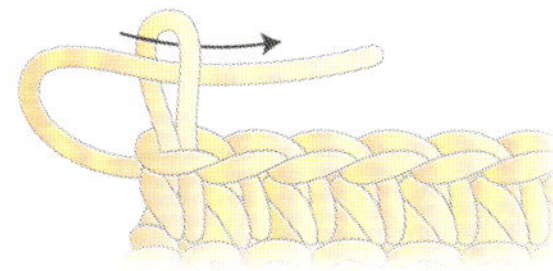

Den Faden abschneiden (ca. 10 cm stehenlassen), das Fadenende mit der Häkelnadel durch die Masche ziehen und fest anziehen.

Neuen Faden einhäkeln

Sie müssen einen neuen Faden einhäkeln, um die Farbe zu wechseln, oder wenn das ursprüngliche Garnknäuel zu Ende geht. In diesem Fall häkeln Sie den neuen Faden nach Möglichkeit am Ende einer Reihe ein.

Garn am Ende der Reihe/Runde wechseln

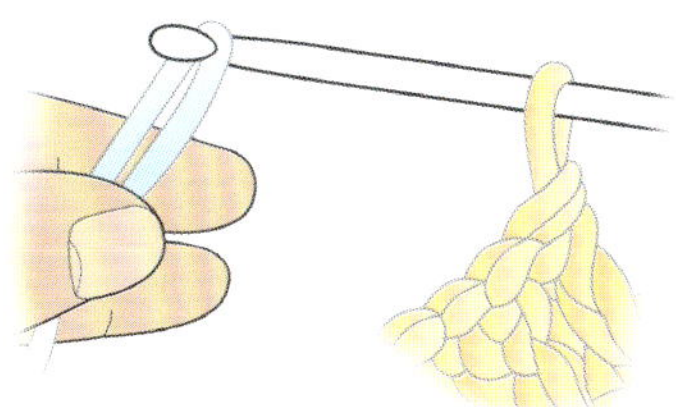

1 Die „alte“ Garnschlinge auf der Nadel lassen. Das („alte“) Garnende hängen lassen. Mit dem neuen Garn eine Schlinge bilden und diese mit der Häkelnadel erfassen.

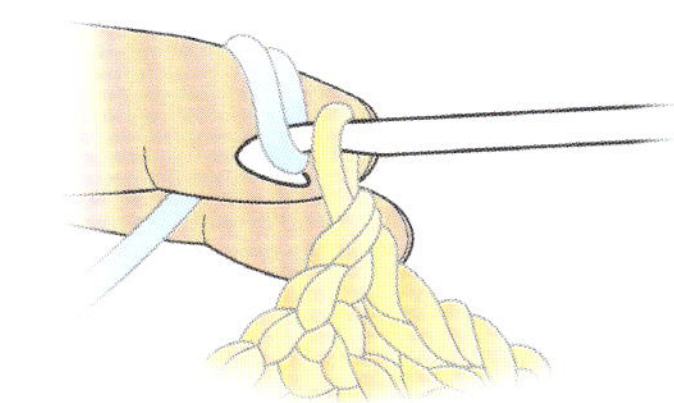

2 Das neue Garn durch die Schlinge auf der Häkelnadel ziehen, die „alte“ Garnschlinge dabei fest angezogen lassen.

Garn mitten in der Reihe wechseln

Manchmal geht das alte Garnknäuel mitten in der Reihe aus. Auch Farbwechsel können nach der Anleitung mitten in der Reihe nötig sein. In diesem Fall beginnen Sie eine Masche mit dem alten Garn zu häkeln und fahren Sie mit dem neuen Garn fort (siehe Anleitung „Garnwechsel bei festen Maschen“).

Garnwechsel bei festen Maschen

Beginnen Sie, wie gewohnt, eine feste Masche zu häkeln. Wenn Sie zwei Schlingen auf der Nadel haben, lassen Sie den alten Faden fallen, erfassen Sie den neuen Faden mit der Häkelnadel, ziehen Sie ihn durch die zwei Schlingen auf der Nadel und schließen Sie die Masche ab.

Arbeiten Sie mit dem neuen Garn weiter. Schneiden Sie den alten Faden bis auf ein ca. 15 cm langes Fadenende ab. Lassen Sie das Fadenende an der Rückseite der Arbeit herunterhängen und vernähen Sie es später.

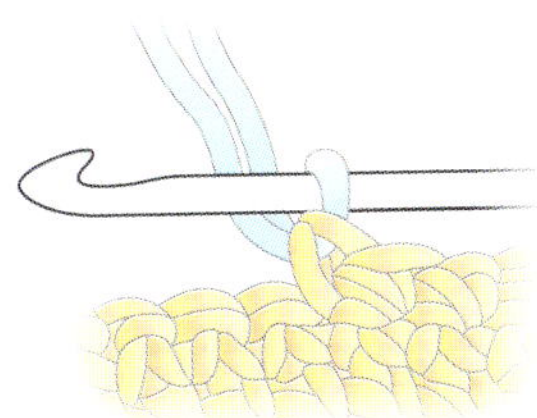

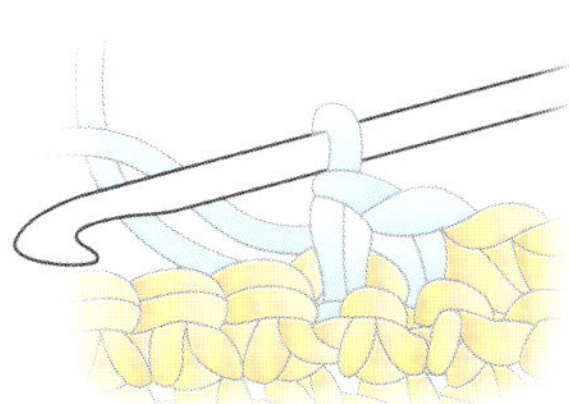

TIPP

Wenn das alte und das neue Garn nach dem Garnwechsel zu locker sind, verknoten Sie sie auf der linken Seite der Arbeit. Machen Sie nur einen einfachen, keinen doppelten Knoten. Die Fadenenden werden später vernäht.

Fadenenden vernähen

Zur Fertigstellung der Häkelarbeit gehört das Vernähen von Fadenenden. Beim Häkeln arbeitet man oft mit vielen Farben, dabei bleiben jede Menge Fadenenden stehen. Vor allem bei größeren Projekten, z. B. bei Häkeldecken, empfiehlt es sich, schon im Laufe der Häkelarbeit immer wieder Fadenenden zu vernähen. Betrachten Sie das Vernähen nicht als lästige Routine, sondern als Teil der schöpferischen Arbeit. Benutzen Sie die Fadenenden, um dem Projekt einen professionellen Gesamteindruck zu geben und (bei rundgehäkelten Arbeiten wie Häkelblumen) unerwünschte Lücken zu schließen.

Wollnadel einfädeln

Nehmen Sie zum Vernähen von Fadenenden eine Wollnadel. Achten Sie darauf, dass das Öhr für Ihr Garn groß genug ist.

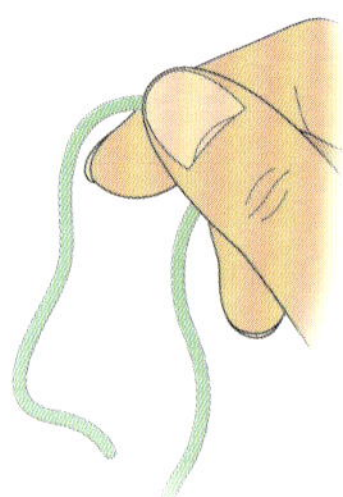

1 Den Faden ca. 5 cm vom Fadenende festhalten.

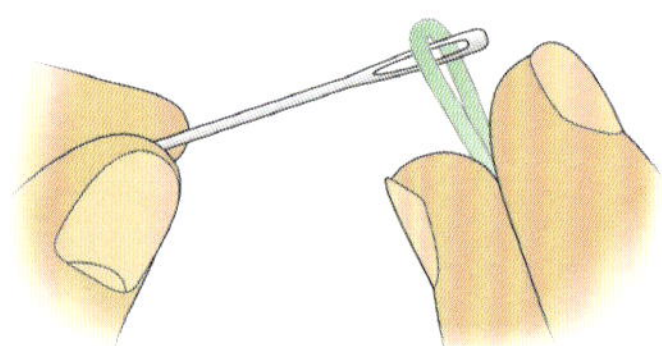

2 Eine kleine Schlinge bilden, das Nadelöhr in die Schlinge einführen.

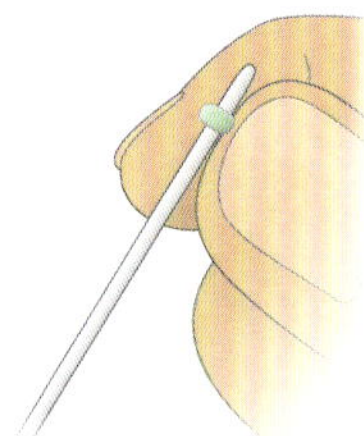

3 Die Schlinge am flachen Teil des Öhrs mit Daumen und Zeigefinger fest zusammendrücken.

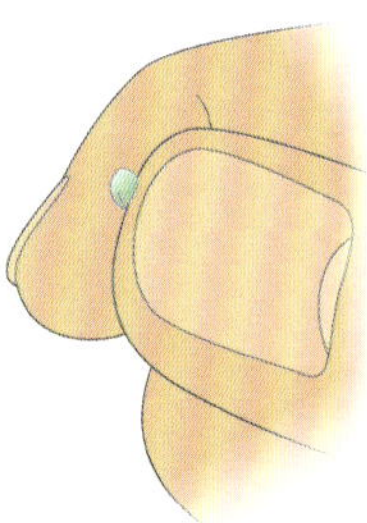

4 Die Nadel herausziehen, das Garn weiter fest zusammengedrückt halten.

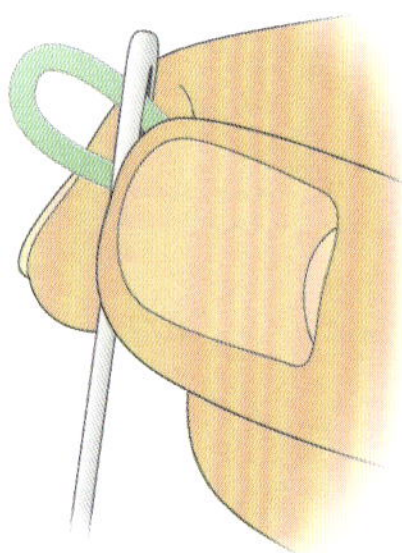

5 Mit der anderen Hand das Nadelöhr zwischen Daumen und Zeigefinger schieben und das Garn gleichzeitig in das Öhr einführen.

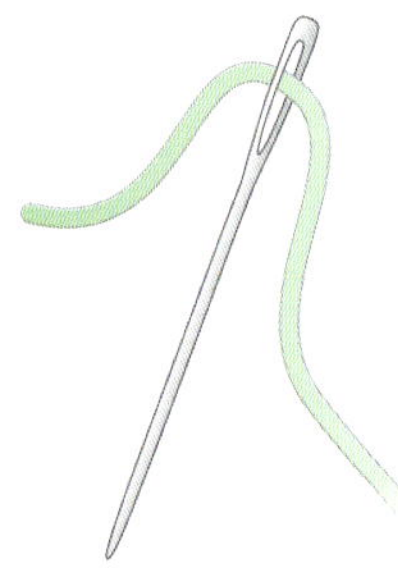

6 Die Nadel über die Schlinge hinweg am Garn hinaufschieben.

Fadenenden vernähen

„Verweben" Sie das Fadenende auf einer Länge von ca. 5 cm auf der linken Seite der Häkelarbeit in einem Bereich, der dieselbe Farbe hat wie das Fadenende.

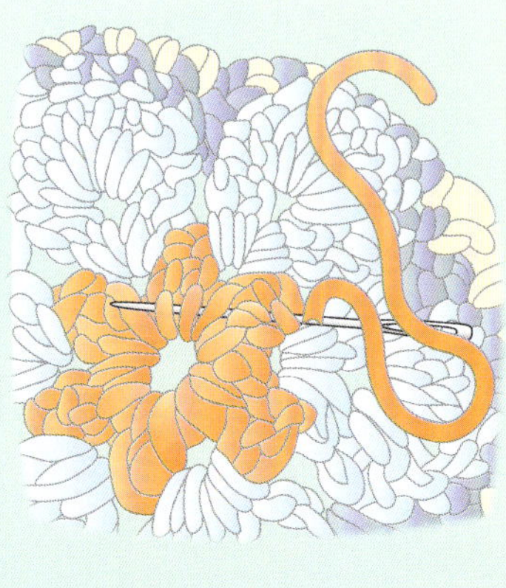

Anleitungen lesen

Häkelanleitungen wirken oft abschreckend – doch das muss nicht sein! In diesem Buch wird ganz besonders auf verständliche Projektanleitungen geachtet. Die Abkürzungen sind einfach und leicht nachvollziehbar. Die wenigen „Spezial-Abkürzungen“ werden im entsprechenden Häkel-Workshop ausführlich erklärt.

Bei jedem Projekt finden Sie nach der Überschrift (dem Namen des Projekts) und ein paar erklärenden Bemerkungen folgende weitere Angaben:

Maße

Die Maße des fertigen Häkelprojekts werden in Zentimetern angegeben.

Materialliste

Sie erfahren genau, was Sie für das Projekt brauchen.

Garn: Zuerst werden Markenname und Garntyp angegeben. Bedenken Sie, dass dies nur eine Empfehlung ist; Sie können andere Marken verwenden, solange die Stärke und der Garntyp sowie die Maschenprobe stimmen (zur Maschenprobe siehe Seite 22).

Benötigte Garnmenge: Die Anleitung gibt an, wie viele Garnknäuel (oder -stränge) Sie in etwa brauchen. Ein Knäuel bzw. ein Strang wiegt meist 50 oder 100 g. Manche Spezialgarne werden in Knäueln zu 25 g verkauft (dies ist z. B. bei Mohair der Fall, weil es sehr leicht ist). Oft ist die benötigte Lauflänge von jedem Garn ebenfalls in der Anleitung angegeben. Wenn Sie sich für eine andere Marke entscheiden, kaufen Sie unbedingt die angegebene Lauflänge, denn ein anderes Garn kann eine andere Lauflänge pro Knäuel haben.

Garnfarben: Wenn mehrere Farben verwendet werden, sind sie meist mit Buchstaben bezeichnet (zum Beispiel A, B, C, D). Wenn das Projekt eine Hauptfarbe hat, ist sie mit HF bezeichnet.

Häkelnadel: Die angegebene (metrische) Häkelnadelstärke ist eine Empfehlung aufgrund der Maschenprobe (siehe Seite 22). Die richtige Häkelnadelstärke hängt jedoch auch von Ihrer persönlichen Maschenprobe ab.

Zusätzliches Material: Für manche Projekte brauchen Sie außer Garn, Häkelnadel und Schere noch weiteres Material. Für den Kissenbezug brauchen Sie z. B. eine Kisseneinlage. Ich nehme immer Kisseneinlagen aus Federn, obwohl ich auf Federn allergisch bin. Sie halten länger und sind nur ein bisschen teurer als Kisseneinlagen mit Polyesterfüllung, die nach einiger Zeit ihre Form verlieren. Bänder sind als Verzierung für Häkelarbeiten ideal geeignet, weil sie sich bei durchbrochenen Mustern – die beim Häkeln häufig vorkommen – durchziehen lassen. Knöpfe werden häufig als Verschluss für Kleidungsstücke oder als Verzierung gebraucht. Wenn Sie auch Knopflöcher anbringen, bedenken Sie, dass das Häkelgarn elastisch ist, und achten Sie bei den Knöpfen auf eine ausreichende Größe – sonst „verschwinden“ sie in der Häkelarbeit.

Perlen sind ein schöner Schmuck für Häkelarbeiten. Zu feinem Garn passen sie meiner Meinung nach besser als zu stärkerem. Ich nehme gern die so genannten „Saatperlen“ (auch Rocailles), kleine Glasperlen, deren Form an Samenkörner erinnert. Achten Sie beim Kauf von Perlen darauf, dass das Loch in der Perle groß genug für das verwendete Garn ist.

Da die Häkelarbeit elastisch ist, sollten Sie bei gehäkelten Hand- oder Tragetaschen ein Futter einnähen. Auch die Henkel meiner gehäkelten Taschen bekommen ein Futter, weil man sonst nicht allzu viel in die Tasche hineingeben kann.

Gebräuchliche Häkelabkürzungen

Diese Liste enthält alle gängigen Abkürzungen. Beim Lesen der Anleitung ergibt sich die Bedeutung der Abkürzungen jedoch meist von selbst. „Spezial-Abkürzungen“ werden in der jeweiligen Anleitung erklärt.

M	Masche
Lm	Luftmasche
fM	feste Masche
Km	Kettmasche
hStb	halbes Stäbchen
Stb	Stäbchen
DStb	Doppelstäbchen
DreifStb	Dreifachstäbchen
VierfStb	Vierfachstäbchen
R	Reihe
Rd	Runde
wdh	wiederholen
HF	Hauptfarbe
KF	Kontrastfarbe
Zun	Zunahme
Abn	Abnahme
RS	rechte Seite

Maschenprobe

Die Maschenprobe für das Projekt wird unter Nennung der Nadelstärke, des Garns und der Maschenart angegeben (zur Maschenprobe siehe Seite 22).

Häkelanleitung

Hier wird Reihe für Reihe, Runde für Runde und Arbeitsschritt für Arbeitsschritt angegeben, wie die einzelnen Teile gehäkelt werden. Folgen Sie der Anleitung Masche für Masche und Zeile für Zeile. Bringen Sie unbedingt Markierungen in der Anleitung an, damit Sie immer wissen, wie weit Sie gekommen sind. Halten Sie sich auch an die angegebene Reihenfolge der Arbeitsschritte.

Oft ist am Ende jeder Reihe oder Runde die Anzahl der Maschen kursiv angegeben. Es ist vor allem für Einsteiger oder Ungeübte wirklich sinnvoll, am Ende der Reihe oder Runde die Maschen zu zählen. Wenn Sie mit einer unrichtigen Maschenzahl weiterarbeiten, wirkt sich das auf die folgenden Reihen/Runden katastrophal aus.

Runde und eckige Klammern, Sterne

Wenn eine Anleitung von Klammern und Sternen strotzt, sieht das nicht ermutigend aus. Dabei sind diese Zeichen zum besseren Verständnis der Anleitung gedacht. Runde Klammern enthalten meist Zusatzinformationen; eckige Klammern bedeuten eine Wiederholung oder kennzeichnen eine Maschengruppe.

Eckige Klammern fassen oft Maschen zusammen, die in dieselbe Masche oder denselben Luftmaschenbogen gearbeitet werden. Ein Beispiel: *3 Lm, [2 Stb, 2 Lm, 3 Stb] in Lm-Bogen an der Ecke.* Eine eckige Klammer kann auch eine Wiederholung bedeuten, z. B. *[4 Lm, 1 fM in nächsten Lm-Bogen] 2-mal.* Hier führen Sie den Arbeitsschritt in der Klammer nochmals aus, bevor Sie weiterarbeiten.

Runde Klammern enthalten meist Zusatzinformationen, z. B.: *4 Lm (zählt als 1 DStb).*

Sterne (* oder **) zeigen den Anfang (und manchmal auch das Ende) von Arbeitsschritten an, die wiederholt werden. Innerhalb der Sterne können sich eckige Klammern befinden, die Maschengruppen oder wiederholte Arbeitsschritte anzeigen.

Fertigstellung

Am Ende des Projekts stehen Anweisungen zum Zusammenfügen der Teile, zum Anbringen von Zierelementen und manchmal auch zum Bügeln der Arbeit.

Häkeldiagramm

Zu vielen Anleitungen gibt es ein Diagramm in Häkelschrift. Früher habe ich die Häkelschrift eher vermieden, weil sie mir zu kompliziert vorkam. Jetzt komme ich nicht mehr ohne Häkelschrift aus – sie ist viel einfacher, als sie aussieht! Das kleine Oval, das die Luftmasche darstellt, sieht wirklich wie eine Luftmasche aus. Eine feste Masche wird durch ein kleines Kreuz dargestellt. Danach werden die Symbole immer höher, je höher die betreffende Masche ist. Das Häkeldiagramm ist eine große Hilfe, weil man den Platz jeder Masche in der jeweiligen Reihe oder Runde genau erkennen kann. Es gibt auch Diagramme mit etwas anderen Symbolen von anderen Häkeldesignern und aus anderen Ländern. Zum Beispiel gibt es derzeit viele interessante Häkelanleitungen aus Japan – nach der Häkelschrift können Sie diese Entwürfe arbeiten, ohne erst Japanisch zu lernen …

Bei jeder Arbeitsanleitung werden die verwendeten Häkelschrift-Symbole erklärt. In der rechten Spalte sehen Sie die wichtigsten Symbole der Häkelschrift auf einen Blick.

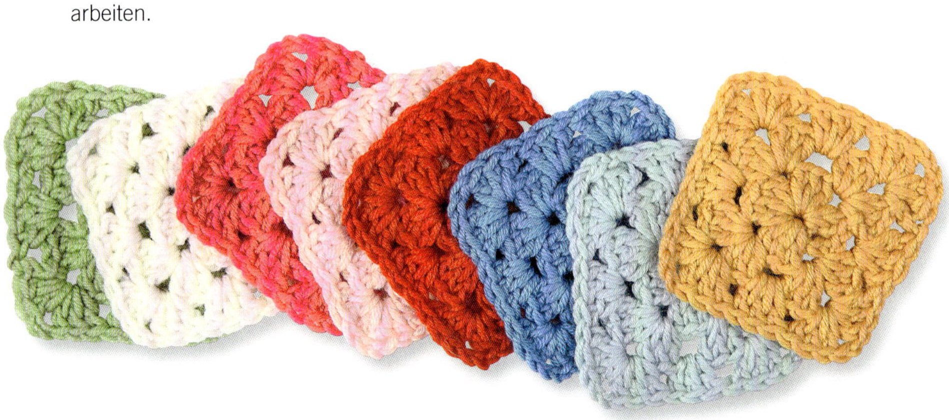

Häkelschrift

Häkeldiagramme können einen optischen Gesamteindruck vom jeweiligen Muster vermitteln. Man sieht wirklich auf einen Blick, wo jede Masche hingehört. Wenn ein Symbol auf einen Luftmaschenbogen zeigt, wird die entsprechende Masche in den Luftmaschenbogen und nicht direkt in die Luftmasche gearbeitet. Die wichtigsten Symbole der Häkelschrift finden Sie in der untenstehenden Tabelle. Spezielle Symbole werden bei der jeweiligen Arbeitsanleitung erklärt.

	**Lm** Luftmasche
	Km Kettmasche
	**fM** feste Masche
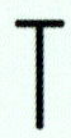	**hStb** halbes Stäbchen
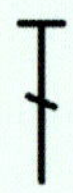	**Stb** Stäbchen
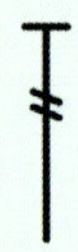	**DStb** Doppelstäbchen
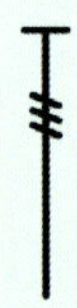	**DreifStb** Dreifachstäbchen
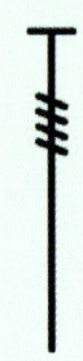	**VierfStb** Vierfachstäbchen
	Beginn des Musters
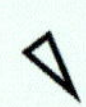	Ende des Musters

Spannen, Dämpfen und Bügeln

Die Zeiten, wo ich in meiner Ungeduld die fertig gehäkelten Teile sofort zusammengenäht habe, sind längst vorbei. Jetzt geht nichts mehr ohne Spannen, Dämpfen und Bügeln. Der Unterschied ist gewaltig: Unebenheiten und wellige oder eingerollte Ränder verschwinden, die Arbeit sieht richtig gekonnt aus.

Beim Spannen wird die fertige Häkelarbeit mit Stecknadeln auf einer geeigneten Unterlage festgesteckt, damit sie die richtige, gleichmäßige Form erhält. Ob die Arbeit gedämpft oder gebügelt wird, hängt vom verwendeten Garn ab. Beachten Sie unbedingt die Pflegehinweise auf der Banderole. Mohair und manche Acrylgarne sollten weder gedämpft noch gebügelt werden. Wenn Sie nicht sicher sind, versuchen Sie zuerst ein Probestück (die Maschenprobe) zu spannen.

Zum Spannen brauchen Sie eine ebene, gepolsterte Unterlage, zum Beispiel ein Bügelbrett. Manche Handarbeitsfans kaufen ein eigenes Spannbrett oder stellen es selbst her. Ich finde, dass ein Bügelbrett für die meisten Projekte genügt. Für größere Projekte lege ich als Unterlage einige Handtücher übereinander auf einem Tisch auf – sogar der Teppichboden kann zur Not als Unterlage verwendet werden.

Ziehen Sie die Häkelarbeit vorsichtig in die richtige Form. Verwenden Sie dabei immer ein Maßband, damit die Abmessungen auch stimmen.

Verwenden Sie zum Dämpfen Stecknadeln mit großen Glas- oder Plastikköpfen. Beim Bügeln dürfen Sie keine Nadeln mit Plastikköpfen verwenden, da diese durch die Hitze des Bügeleisens schmelzen können.

Dämpfen

Spannen Sie zuerst die Arbeit – in den meisten Fällen wird sie dabei mit der linken Seite nach oben festgesteckt. Stellen Sie die Dampffunktion ein, halten Sie das Bügeleisen etwa 2,5 cm über der Arbeit, drücken Sie den Dampfknopf und befeuchten Sie die Häkelarbeit mit dem Dampf, ohne sie mit dem Eisen zu berühren. Nun muss die Häkelarbeit an der Luft trocknen. Lassen Sie sie nach Möglichkeit über Nacht aufgespannt.

Bügeln

Spannen Sie die Arbeit mit der linken Seite nach oben. Legen Sie ein feuchtes Baumwolltuch über die Arbeit und setzen Sie das Bügeleisen immer nur ganz kurz und vorsichtig darauf. Das Eisen darf das Garn nicht berühren. Dämpfen ist jedoch besser, da durch das Bügeln die Fasern platt gedrückt werden können.

Spannen ohne Bügeleisen

Wenn Sie Acrylfasern oder Mohair verwendet haben, stecken Sie die Arbeit, wie beschrieben, auf, bedecken Sie sie mit einem feuchten Handtuch und lassen Sie sie an der Luft trocknen.

Die richtige Pflege

Ihre schöne Häkelarbeit soll auch möglichst lange schön bleiben. Durch längere direkte Sonneneinstrahlung können Farben ausbleichen. Beim Häkeln kommen häufig durchbrochene Muster vor, an denen man leicht hängenbleibt; dadurch wird das gute Stück ausgeleiert. Wenn z. B. eine Häkeldecke nicht in Gebrauch ist, sollte sie gefaltet und beiseite gelegt werden.

Folgen Sie immer der Waschanleitung auf der Banderole. Reine Wolle sollte man mit der Hand waschen. Den Pullover, den ich als Probestück für dieses Buch gehäkelt habe (siehe Seite 72), steckte ich unklugerweise in die Waschmaschine. Trotz der niedrigen Temperatur ging er ein – und ich bin derzeit auf Diät, damit ich wieder „hineinwachse"!

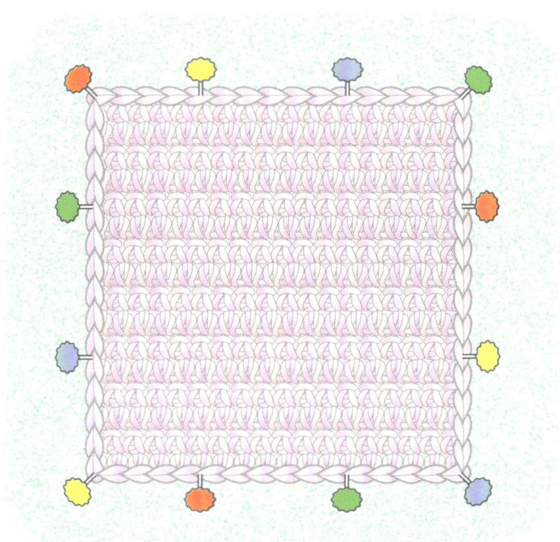

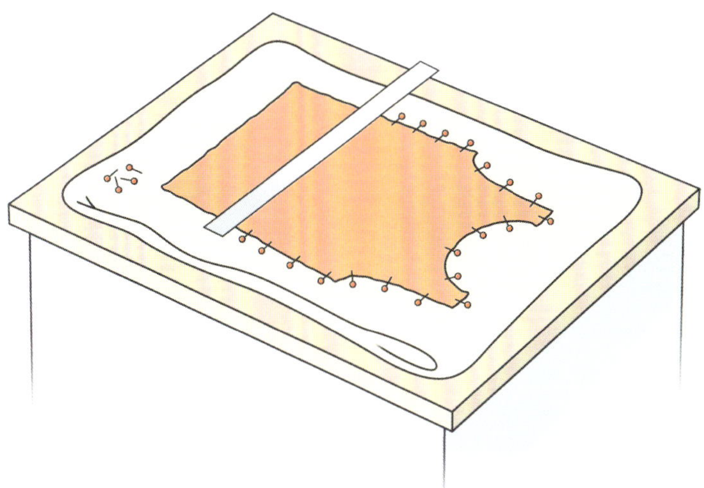

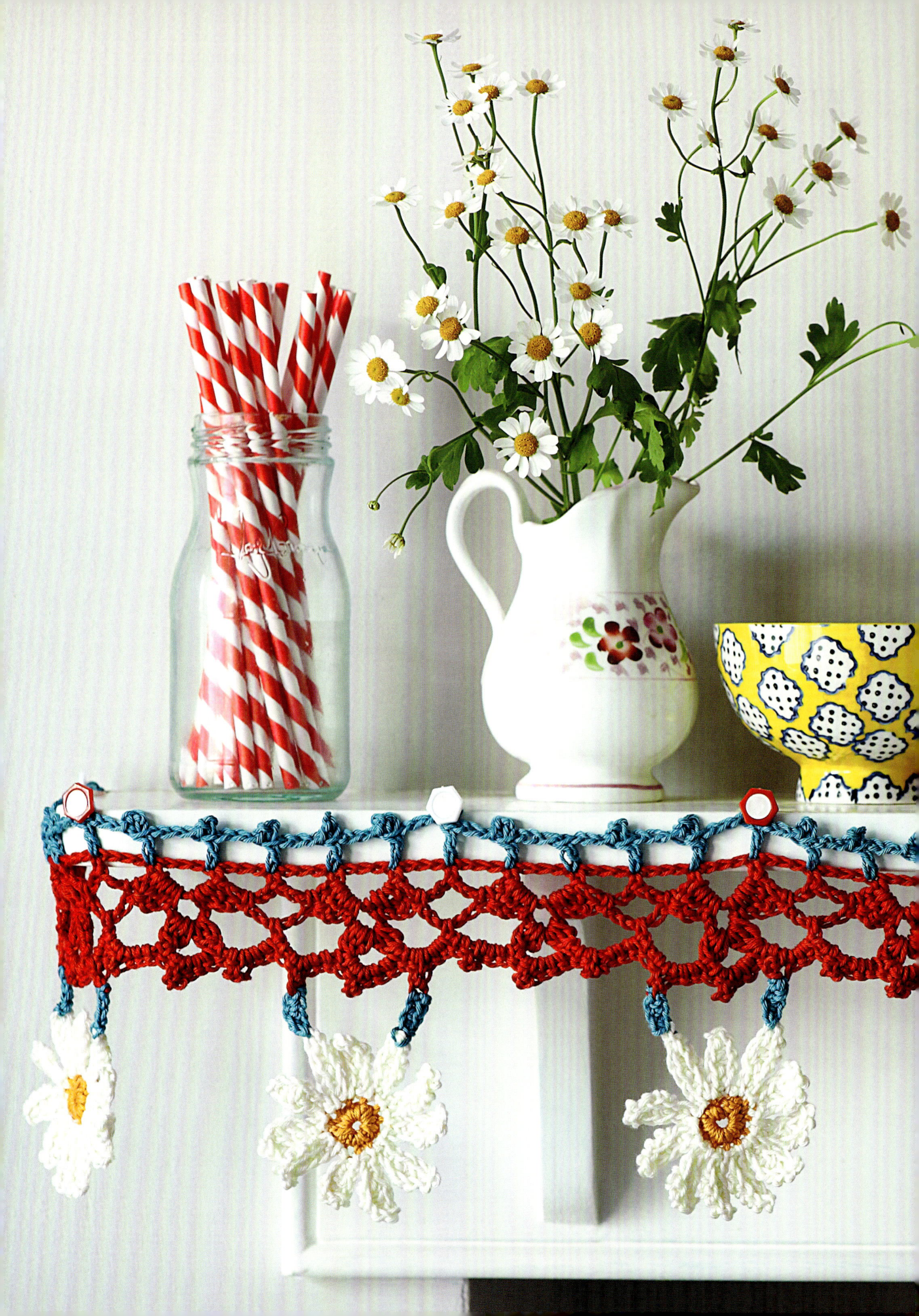

2. Abschnitt:

Übungen und Projekte

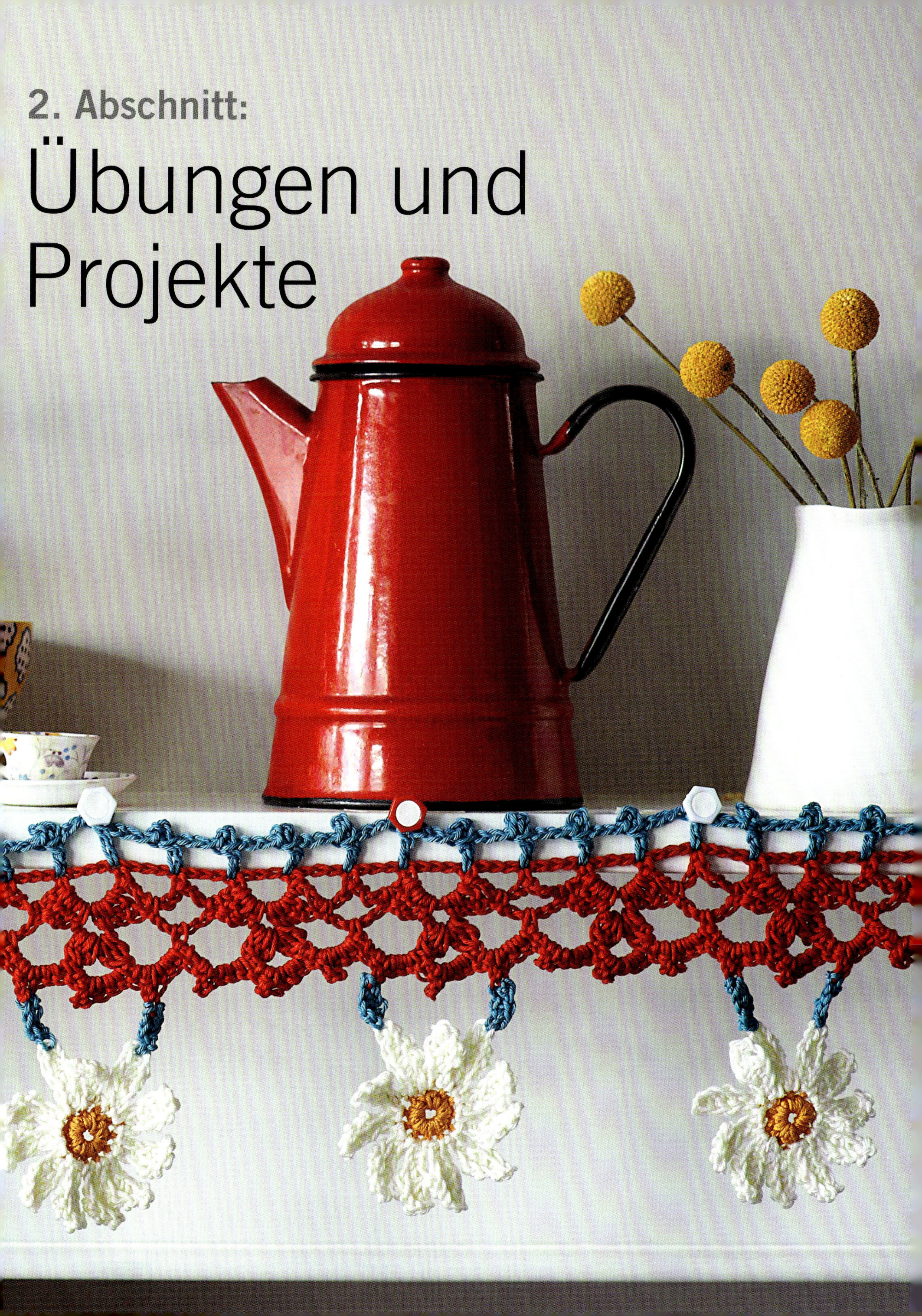

Häkel-Workshop 1

Grundlagen

Ganz wichtig: Achten Sie auf gerade Kanten. Stechen Sie unbedingt auch in die erste und in die letzte Masche ein, damit Sie nicht „ungewollt" Maschen abnehmen und die Kanten der Häkelarbeit schräg verlaufen. Manchmal müssen Sie laut Anleitung in eine der Wendeluftmaschen der Vorreihe häkeln. Dass Sie die rechte und die linke Seite der Arbeit unterscheiden lernen, ist ebenfalls wichtig. Außerdem lernen Sie in diesem Workshop eine einfache Bordüre, die als Verzierung für Ihr erstes Projekt – ein Tischset – zum Einsatz kommt.

In die erste und letzte Masche häkeln

Am Anfang oder am Ende jeder Reihe wird laut Anleitung eine Wendeluftmasche gehäkelt, um die Häkelnadel auf die richtige Höhe zu bringen (zu Wendeluftmaschen siehe Seite 18).

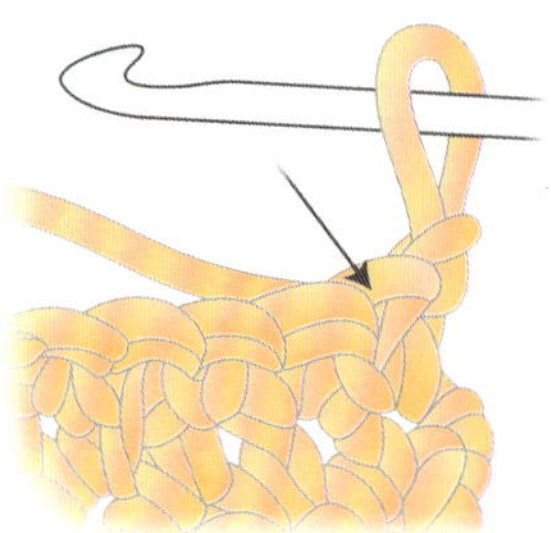

So häkeln Sie in die erste Masche einer fM-Reihe …

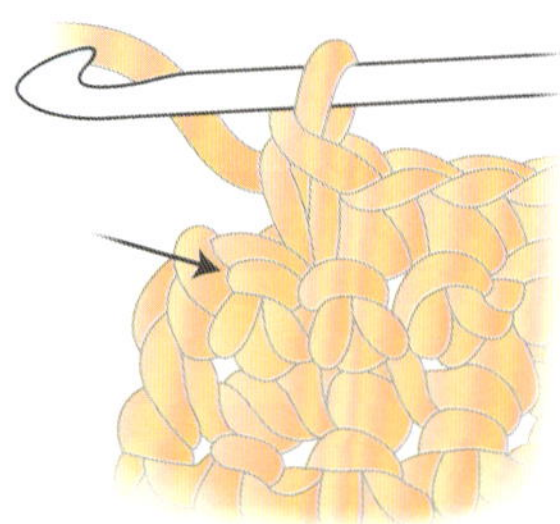

… und in die letzte Masche einer fM-Reihe.

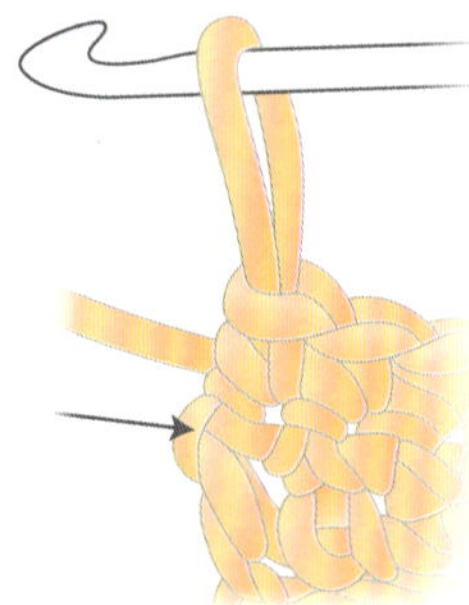

So häkeln Sie die letzte Masche am Ende einer fM-Reihe in die Wendeluftmasche.

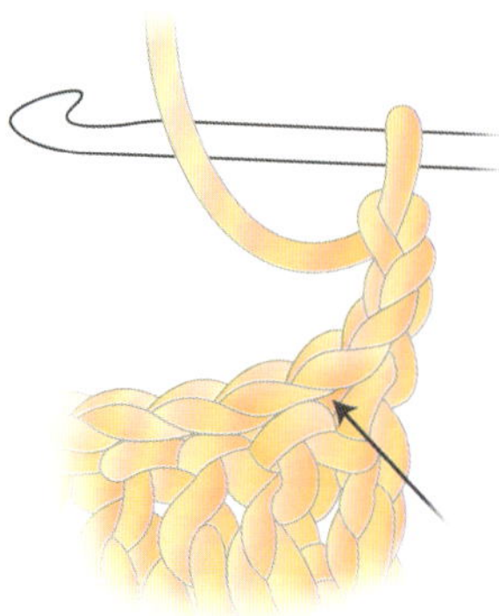

So häkeln Sie in die erste Masche einer Stb-Reihe …

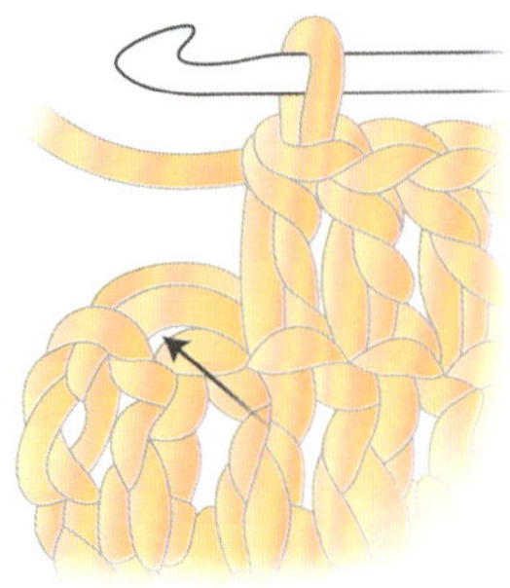

… und in die letzte Masche einer Stb-Reihe.

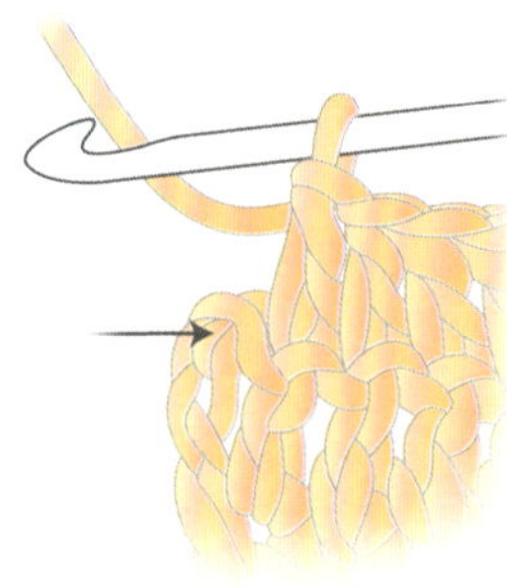

So häkeln Sie die letzte Masche am Ende einer Stb-Reihe in die Wendeluftmasche.

Linke und rechte Seite

Im Allgemeinen hat die rechte Seite eine glattere, die linke Seite eine wellige Struktur. Die beiden Seiten sind aber nicht immer leicht zu unterscheiden, besonders bei festen Maschen, da die einzelnen Maschen klein und schwer zu erkennen sind.

Ich erkenne die rechte Seite meist an der Luftmaschenkette: Die einzelnen, eng aneinanderliegenden Luftmaschen erinnern an ein Seil und die Luftmaschenkette steht auf der rechten Seite auch etwas weiter vor als auf der linken Seite.

TIPP

Am besten markieren Sie die rechte Seite mit einem Stück buntem Garn, das Sie durch eine Masche ziehen, mit einem Maschenmarkierer oder einem Aufkleber.

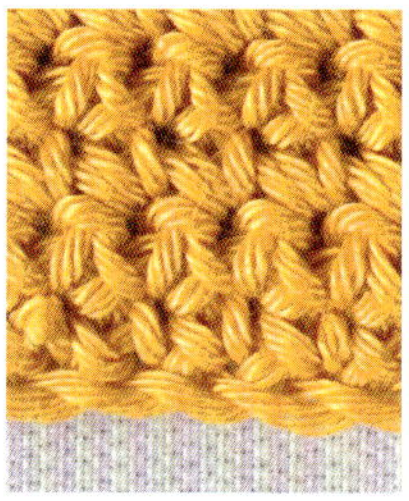

Feste Maschen (rechte Seite)

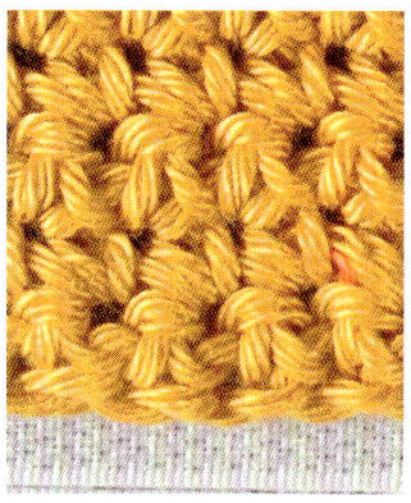

Feste Maschen (linke Seite)

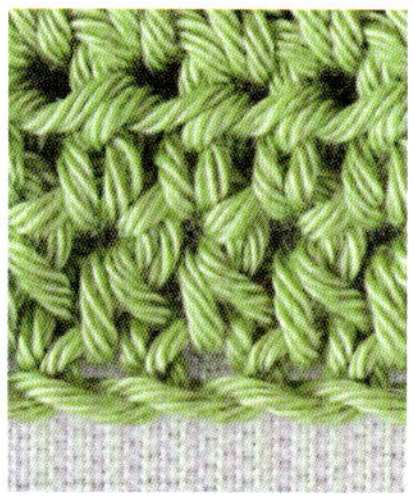

Halbe Stäbchen (rechte Seite)

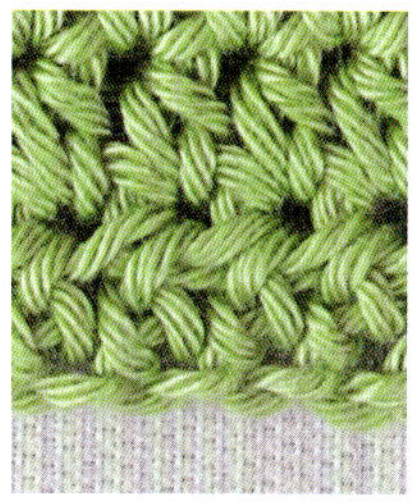

Halbe Stäbchen (linke Seite)

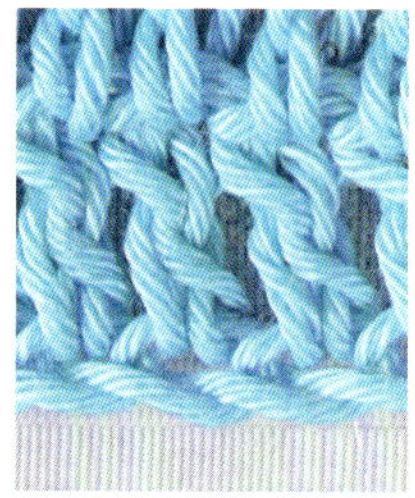

Stäbchen (rechte Seite)

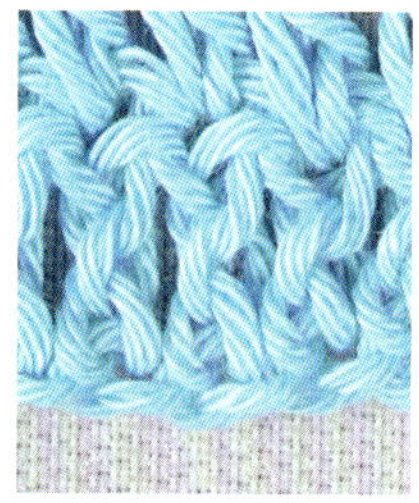

Stäbchen (linke Seite)

Bordüre aus festen Maschen

Mit einer einfachen Bordüre aus festen Maschen erhält die Arbeit schöne, saubere Kanten. Eine kontrastfarbige Bordüre setzt einen interessanten optischen Akzent.

Eine solche Bordüre wird in der Regel auf der rechten Seite des Projekts gearbeitet und beginnt an einer Ecke. Die Ecke wird meist von zwei oder drei Maschen gebildet und die Anleitung gibt genau an, wo Sie den Faden für die Bordüre einhäkeln sollen. Dann fahren Sie nach der Anleitung entlang der Kante und um die nächste Ecke fort, bis Sie die ganze Arbeit mit festen Maschen umhäkelt haben.

Nicht immer ist eindeutig erkennbar, wo Sie einstechen müssen und wie Sie die Maschen gleichmäßig an der Kante verteilen können. Ich markiere meist die Mitte der Kante und „halbiere“ die so entstandenen Hälften mit weiteren Markierungen. Dann dividiere ich die Maschenanzahl, die entlang der Kante gehäkelt werden muss, durch vier. Wenn ich beim Erreichen einer Markierung die richtige Maschenzahl gehäkelt habe, weiß ich, dass die Maschen gleichmäßig verteilt sind.

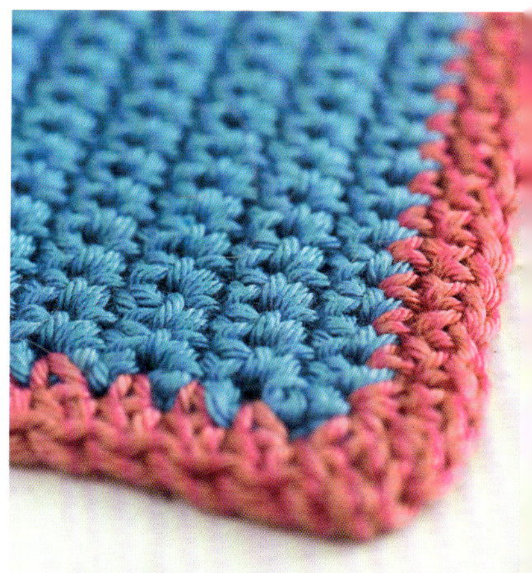

Mit Kettmasche schließen

Wenn Sie das ganze Tischset umhäkelt haben, müssen Sie mit einer Kettmasche das Ende der Bordüre mit dem Anfang verbinden. Beim Häkeln in Runden kommt die gleiche Technik zum Einsatz, um die letzte mit der ersten Masche zu verbinden und so die Runde zu schließen. Die Anleitung schreibt vor, wo Sie einstechen müssen.

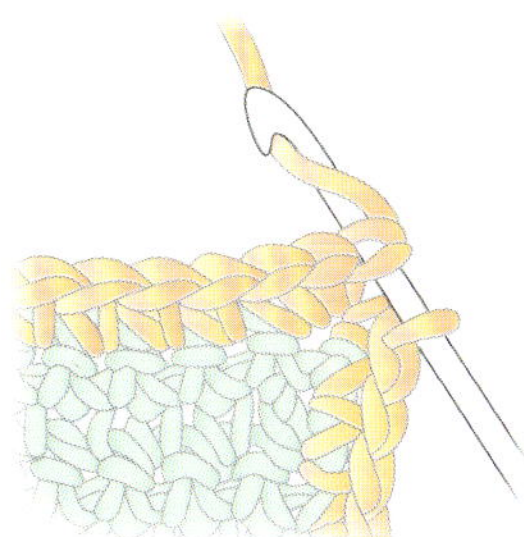

1 Die letzte Masche der Bordüre abschließen, oben in die erste Masche einstechen und den Faden holen.

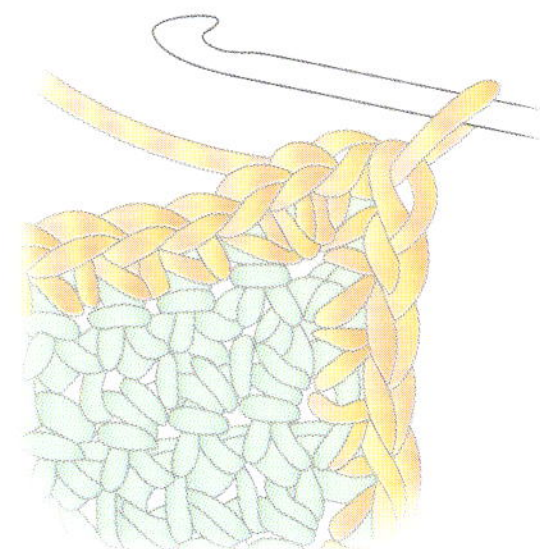

2 Den Faden sowohl durch die Masche als auch durch die Schlinge auf der Häkelnadel ziehen (1 Schlinge verbleibt auf der Nadel). Den Faden verwahren (siehe Seite 23).

Tischsets aus Baumwolle

Ein ideales Einsteigerprojekt: Sie häkeln nur feste Maschen in geraden Reihen. Variieren Sie die Farbkombinationen für Tischset und Bordüre nach Ihrem persönlichen Geschmack. Als Material wurde Baumwollgarn gewählt, Waschen ist daher kein Problem!

Fertigkeiten

Maschenart: feste Masche

Ein einfaches Rechteck häkeln

Ein Rechteck mit einer 2-reihigen Bordüre aus festen Maschen umhäkeln

Runde mit Kettmasche schließen

Maße

Das fertige Tischset misst inkl. Bordüre 30,5 x 23,5 cm

Garn

Rowan Cotton Glacé
(DK, 100 % Baumwolle)

Für 6 Tischsets:
je 2 x 50 g (ca. 230 m Lauflänge) in folgenden sechs Farben:

A 724 Bubbles (Rosa)
B 849 Winsor (Petrol)
C 749 Sky (Hellblau)
D 833 Ochre (Ockergelb)
E 725 Ecru (Cremeweiß)
F 841 Garnet (Dunkelviolett)

Häkelnadel

3,5 mm

Maschenprobe

19 M x 24 R feste Maschen mit 3,5-mm-Nadel = 10 x 10 cm

Abkürzungen

Lm	Luftmasche
fM	feste Masche
wdh	wiederholen
R	Reihe
Rd	Runde
Hin-R	Hinreihe
Hin-Rd	Hinrunde
Km	Kettmasche
M	Masche
Rück-R	Rückreihe

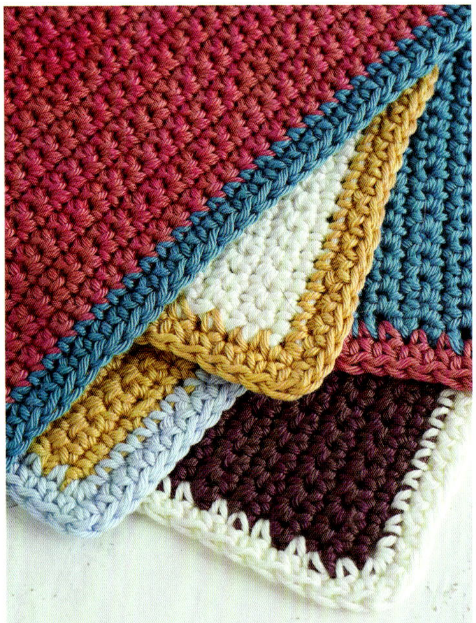

Farbkombinationen

Jedes Tischset ist in einer anderen Farbe gearbeitet und hat eine kontrastierende Bordüre:
Kombination 1: Tischset Farbe A, Bordüre Farbe B
Kombination 2: Tischset Farbe B, Bordüre Farbe A
Kombination 3: Tischset Farbe C, Bordüre Farbe A
Kombination 4: Tischset Farbe D, Bordüre Farbe C
Kombination 5: Tischset Farbe E, Bordüre Farbe D
Kombination 6: Tischset Farbe F, Bordüre Farbe E

Tischset

(je 1 Tischset in Farbe A, B, C, D, E und F häkeln)
Lm-Kette: 55 Lm.
1. R (Hin-R): 1 fM in 2. Lm von der Nadel aus, 1 fM in jede Lm bis zum Ende. *54 fM*
2. R: 1 Lm, 1 fM in jede fM bis zum Ende.
(Die rechte Seite mit Faden in Kontrastfarbe markieren, um Hinreihen und Rückreihen unterscheiden zu können.)
2. R wdh, bis die Arbeit 21,5 cm misst, mit einer Rück-R abschließen.
Faden abschneiden, aber nicht verwahren.

Bordüre aus festen Maschen

Die Schlinge nach der letzten R auf der Nadel lassen. Mit der rechten Seite nach vorn eine Bordüre aus fM in einer Kontrastfarbe in Runden arbeiten.
1. Rd (RS):
Oberkante des Tischsets: 1 Lm häkeln, um den neuen Faden durch die M auf der Nadel zu ziehen, 3 fM in erste fM (Eck-Masche des Tischsets). An der Oberkante entlang 1 fM in jede fM bis zur letzten fM (nächste Eck-Masche), 3 fM in Eck-M.
Erste Seitenkante: * Mittelpunkt der Seitenkante ausmessen und markieren, 17 fM in gleichmäßigen Abständen bis zur Markierung, ebenso 17 fM bis zur nächsten Eck-M.**
Unterkante: 3 fM in Eck-M, 52 fM (1 fM in jede Lm an der Unterseite der Lm-Kette) bis zur nächsten Ecke.
Zweite Seitenkante: 3 fM in Eck-M; wie an der ersten Seitenkante von * bis ** arbeiten. Mit Km in die 1. fM die Runde schließen.
Arbeit nicht wenden, mit der rechten Seite nach vorn weiterarbeiten.
2. Rd (RS): 1 Lm, 1 fM in erste fM, 2 fM in nächste fM (Eck-M), 1 fM in jede fM bis zur nächsten Eck-M (fM in die mittlere M der 3-fM-Gruppe), * 2 fM in die mittlere M an der Ecke, 1 fM in jede fM bis zur nächsten Eck-M; von * bis zum Ende wdh, Km in erste fM. Faden verwahren.

Fertigstellung

Mit einer Wollnadel alle Fadenenden vernähen. Spannen und von der linken Seite mit einem feuchten Tuch bügeln.

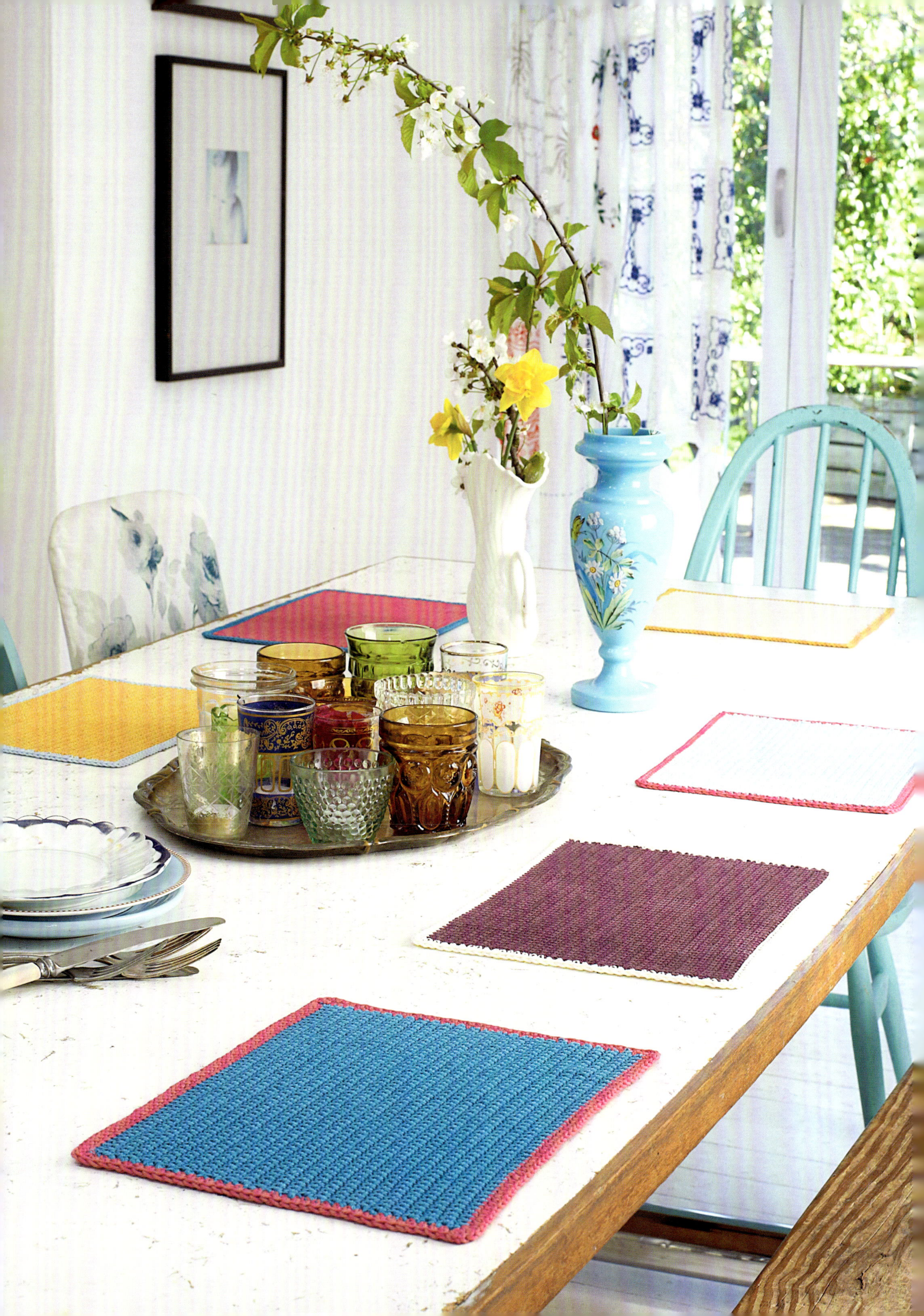

Häkel-Workshop 2

Klassisches Granny Square

Für die beliebten Häkelquadrate gibt es Hunderte von Mustern. Oft werden sie in Runden gehäkelt. Das gilt auch für das klassische Granny Square, das sich für ein Einsteigerprojekt gut eignet. Ich zeige Ihnen hier, wie ein Luftmaschenring entsteht, wie man in den Ring häkelt und die Runde mit einer Kettmasche schließt, und erkläre, was ein Luftmaschenbogen ist. Sie bekommen Tipps zum Maschenzählen, Sie erfahren, wie Sie die Häkelquadrate zu einem Projekt zusammenfügen können und wie man eine Bordüre aus Stäbchengruppen arbeitet. An einer zarten Babydecke können Sie alle diese Fertigkeiten üben.

Luftmaschenring

Je nachdem, wie viel Platz Sie für die erste Maschenrunde brauchen, besteht der Luftmaschenring aus 4–6 Luftmaschen.

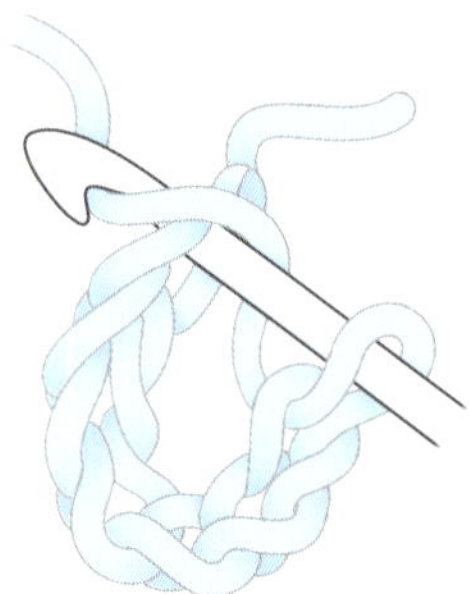

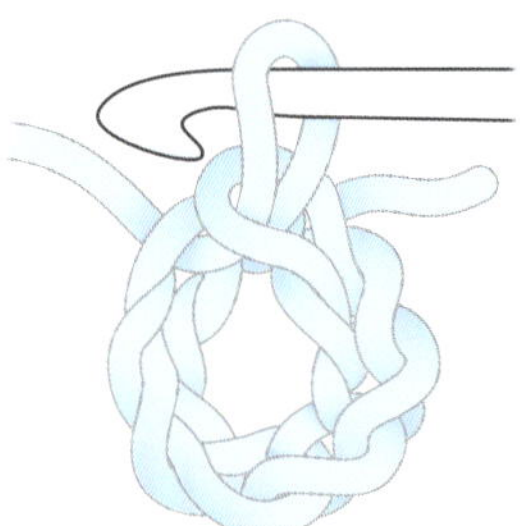

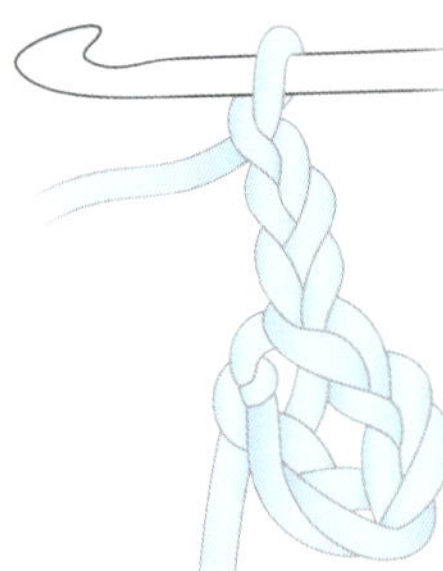

1 Nach der Anfangsschlinge häkeln Sie so viele Luftmaschen, wie in der Anleitung angegeben. Stechen Sie in die erste dieser Luftmaschen ein (nicht in die Anfangsschlinge), holen Sie den Faden und ziehen Sie ihn gleichzeitig durch die Luftmasche und durch die Schlinge auf der Nadel (= Kettmasche), um den Ring zu schließen.

2 Mit diesem Luftmaschenring können Sie nun weiterarbeiten.

3 Gemäß der Anleitung folgen nun einige Luftmaschen, damit Sie die erforderliche Höhe erreichen, um die erste Masche der ersten Runde zu häkeln. Wir arbeiten bei diesem Projekt mit Stäbchen, also häkeln Sie 3 Luftmaschen.

In den Ring häkeln

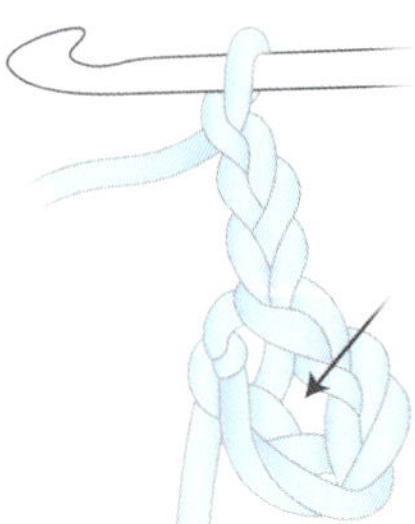

Achten Sie darauf, wo die Mitte des Ringes ist! Ich fahre meist mit dem Finger hinein, damit die Mitte besser zu erkennen ist. Wenn der Ring „unordentlich“ aussieht, können Sie dies später beim Vernähen der Fäden beheben.

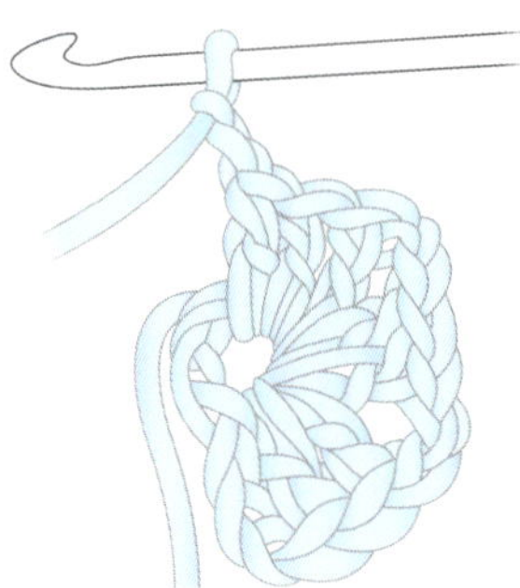

Wenn Ihnen beim Häkeln der ersten Runde der Platz im Ring zu knapp für die Maschen wird, schieben Sie die Maschen enger aneinander. Achten Sie darauf, dass Sie nicht über die ersten Maschen im Ring „drüberhäkeln“.

Fadenende einhäkeln

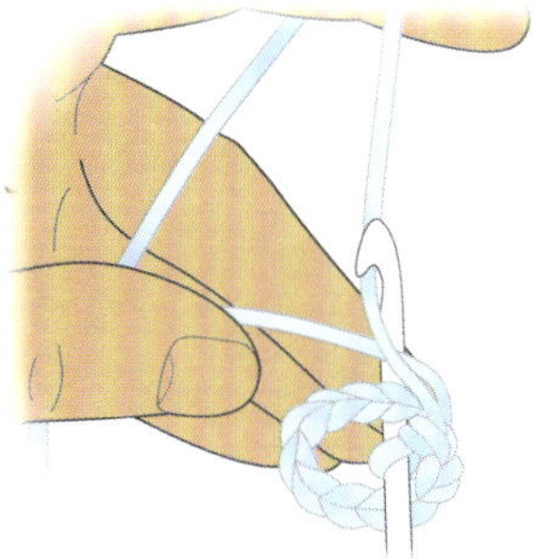

Wenn Ihnen das Fadenende im Weg ist, können Sie es einhäkeln, indem Sie es beim Fadenholen hinter die Arbeit legen. In diesem Fall müssen Sie das Fadenende später auch nicht vernähen.

Runde mit Kettmasche schließen

Zum Schließen einer Runde wird meist eine Kettmasche in die oberste Wendeluftmasche oder in die erste Masche der Runde gearbeitet (Ausnahme: Häkeln in Spiralrunden, Seite 62). In unserem Übungsbeispiel beginnt die Runde mit 3 Luftmaschen. Zählen Sie die Luftmaschen von unten beginnend, stechen Sie in die dritte Luftmasche ein und häkeln Sie die Kettmasche, um die Runde zu schließen.

TIPP

Zählen Sie am Ende der Runde nach, ob Sie die richtige Anzahl an Maschen und Luftmaschenbögen haben, bevor Sie die nächste Runde beginnen.

Maschen zählen

Beim Häkeln müssen Sie immer wieder überprüfen, ob Sie die richtige Maschenanzahl gearbeitet haben.

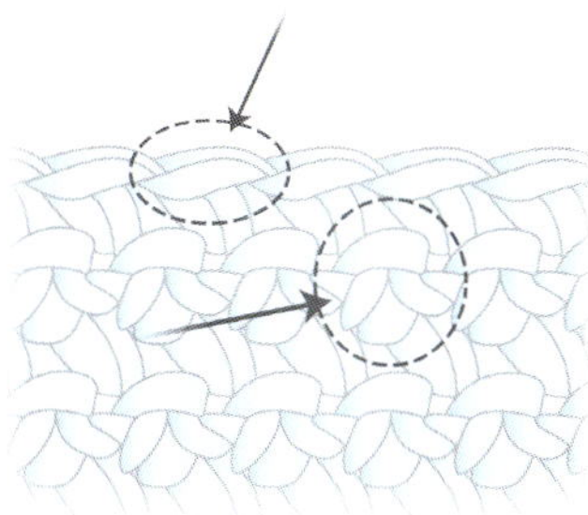

1 Bei den kompakten, „kurzstieligen" festen Maschen fällt es manchmal leichter, die v-förmigen Schlaufenpaare an der Oberkante der Arbeit zu zählen.

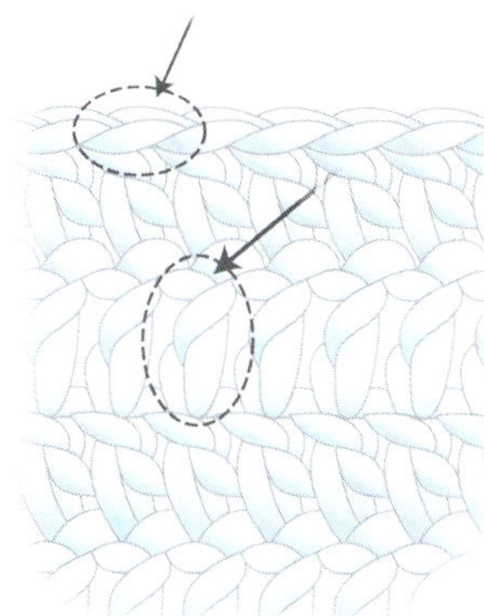

2 Stäbchen sind länger als feste Maschen und daher leichter zu zählen. Sie können aber auch so wie bei den festen Maschen die v-förmigen Schlaufenpaare zählen.

Luftmaschenbögen

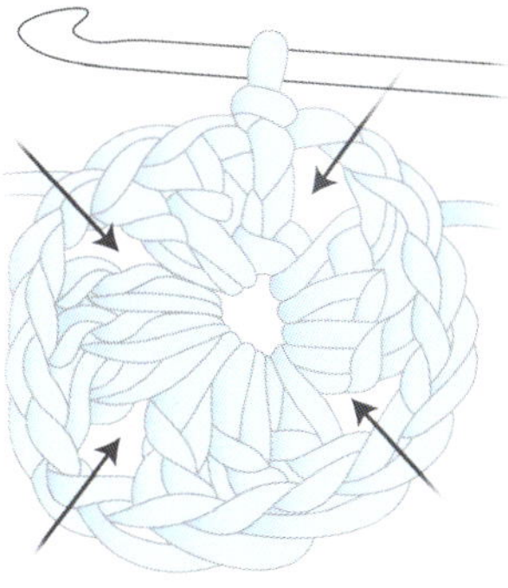

Beim Granny Square werden die einzelnen Stäbchengruppen durch Luftmaschenbögen verbunden.

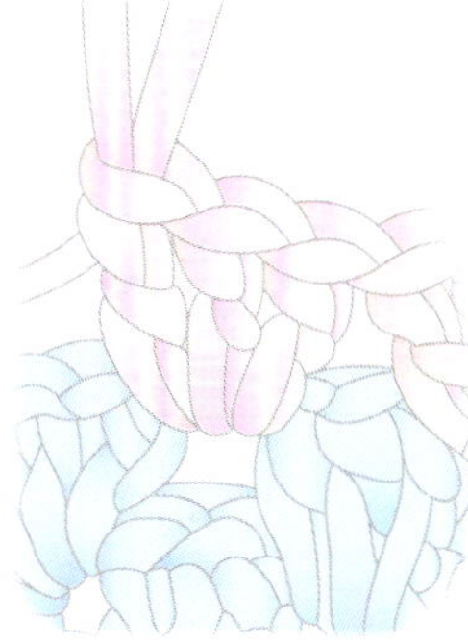

Maschen oder Maschengruppen können nicht nur in eine Masche, sondern auch in einen Luftmaschenbogen gearbeitet werden. Hier wurde eine Gruppe aus 3 Stäbchen in einen Luftmaschenbogen zwischen zwei ebensolchen Stäbchengruppen in der Vorreihe/Vorrunde gearbeitet.

So entsteht das Quadrat

Bei einem Häkelquadrat werden Maschengruppen und Luftmaschenbögen in dieselbe Masche oder in denselben Luftmaschenbogen gearbeitet. So entstehen fächerförmige Gebilde, die die Ecken des Quadrates bilden.

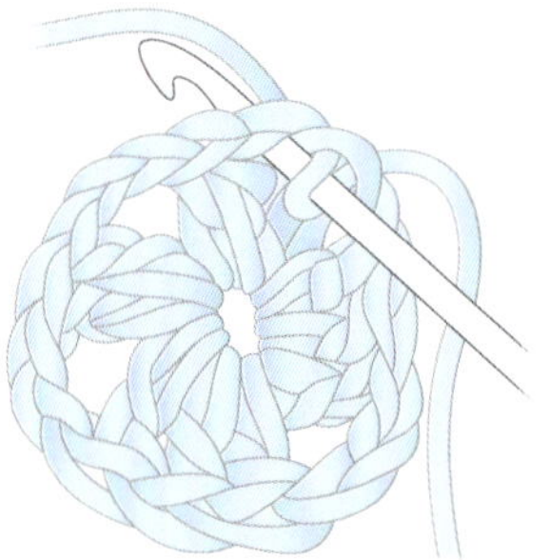

1 Häkeln Sie Kettmaschen in die nächsten zwei Maschen – nicht um an Höhe zu gewinnen, sondern um den Luftmaschenbogen zu erreichen, bei dem die nächste Runde beginnt.

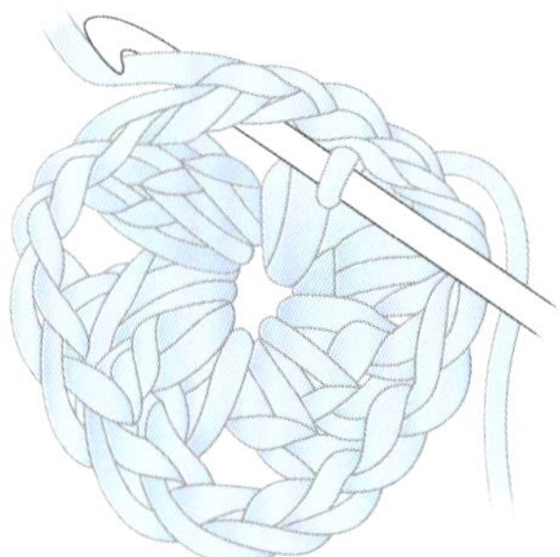

2 Für die Kettmaschen stechen Sie in beide Garnschlaufen der beiden Maschen ein (zur Kettmasche siehe Seite 19). Nun häkeln Sie eine Kettmasche in den Luftmaschenbogen.

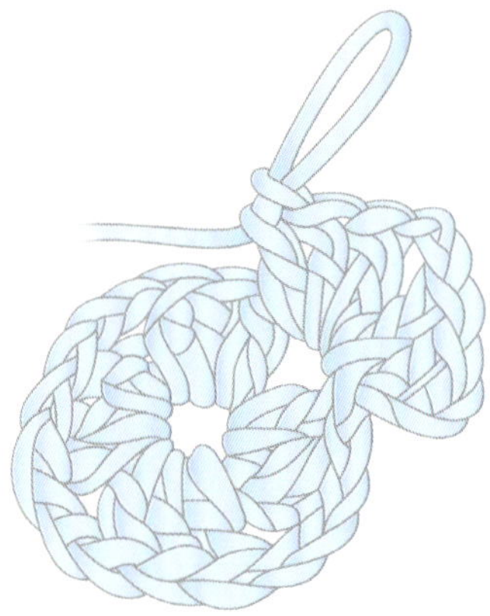

3 Durch die insgesamt vier Maschengruppen, die in die Luftmaschenbögen gehäkelt werden …

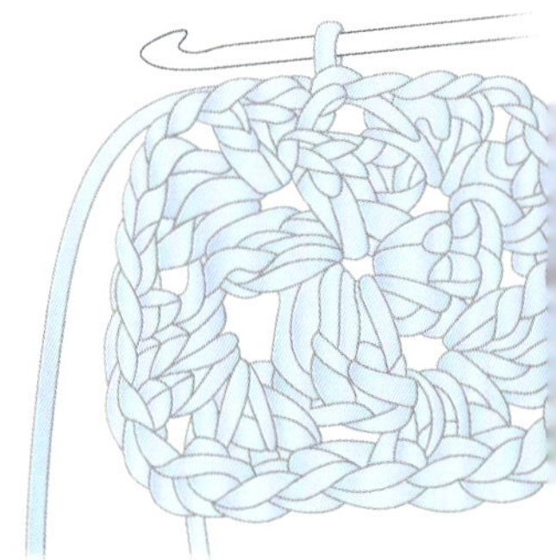

4 … wird der Kreis zum Quadrat.

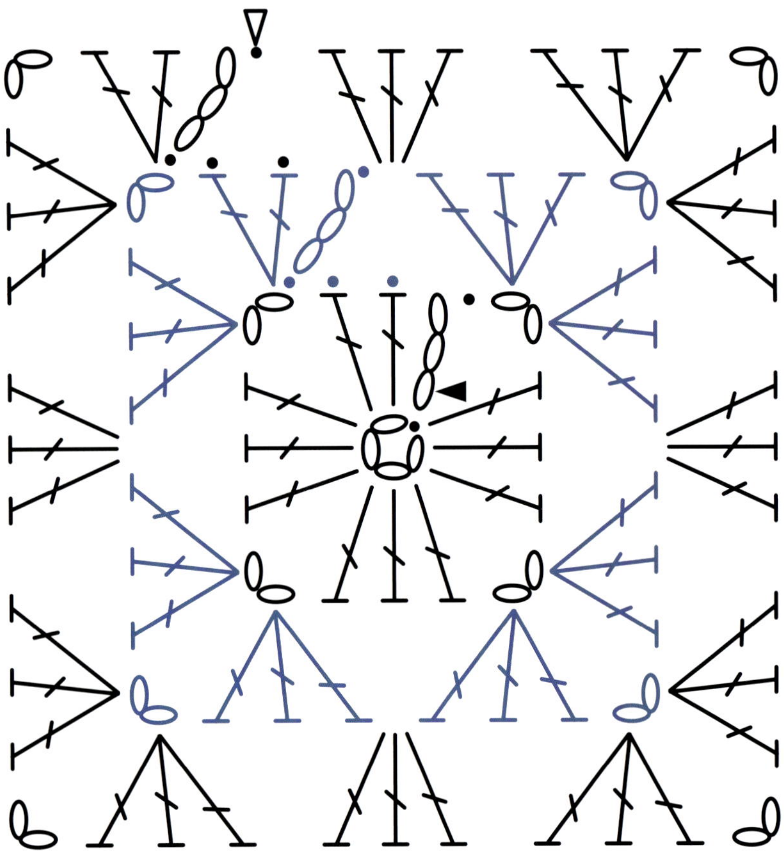

Häkeldiagramm: Granny Square

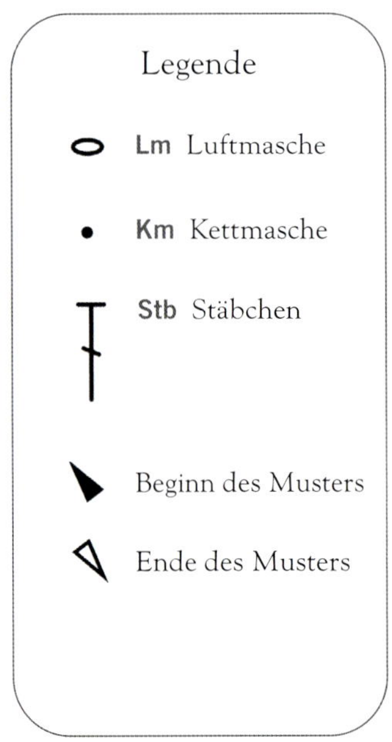

Quadrate verbinden: Überwendlingsstich

Um die Teile einer Häkelarbeit zusammenzufügen, gibt es mehrere Methoden. Für das Übungsprojekt in diesem Workshop, die Babydecke, habe ich eine Naht aus dem Überwendlingsstich gewählt. Sie trägt nicht auf, ist einfach auszuführen und allgemein gebräuchlich.

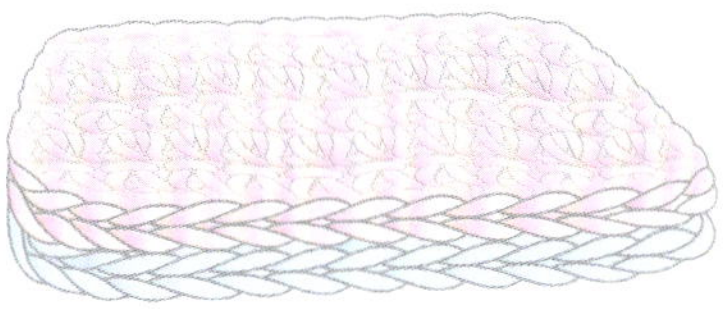

1 Fädeln Sie das Garn, das Sie bei diesem Projekt verwenden, in eine Wollnadel ein. Der Faden soll etwa so lang sein wie Ihr Arm (nicht länger, da er sonst schwer durchzuziehen ist und sich beim Nähen leicht verheddert). Legen Sie zwei Quadrate bündig rechts auf rechts aufeinander.

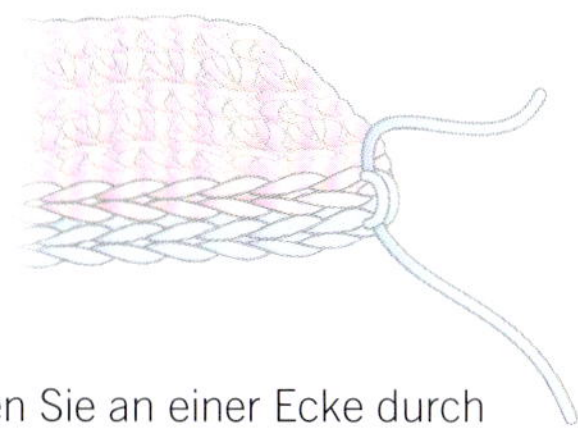

2 Stechen Sie an einer Ecke durch die oberen Schlingen der Maschen an beiden Quadraten. Ziehen Sie den Faden durch und lassen Sie ein Fadenende von ca. 5 cm stehen. Sichern Sie den Anfang der Naht durch weitere 2–3 Stiche an derselben Stelle.

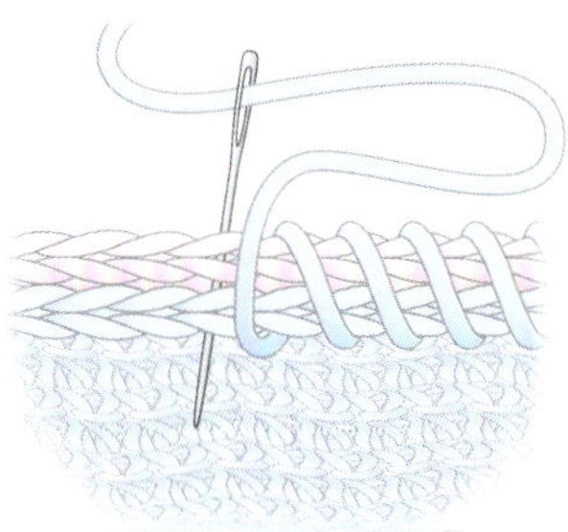

3 Führen Sie die Nadel durch die oberen Schlingen der Maschen an den Kanten beider Quadrate. Wiederholen Sie diesen Stich bis ans Ende der Kante. Fügen Sie alle Quadrate, die zu dem Projekt gehören, auf diese Weise zusammen (zuerst in Reihen, dann die Reihen zusammennähen).

TIPPS

- Wenn Sie für das Projekt besonders dickes Garn oder Noppengarn verwenden, wählen Sie zum Zusammennähen ein feineres Garn in derselben Farbe.
- Bei einem mehrfarbigen Häkelprojekt wählen Sie eine der helleren Farben zum Zusammennähen. Ich habe zum Zusammennähen der Babydecke das hellblaue Garn genommen.

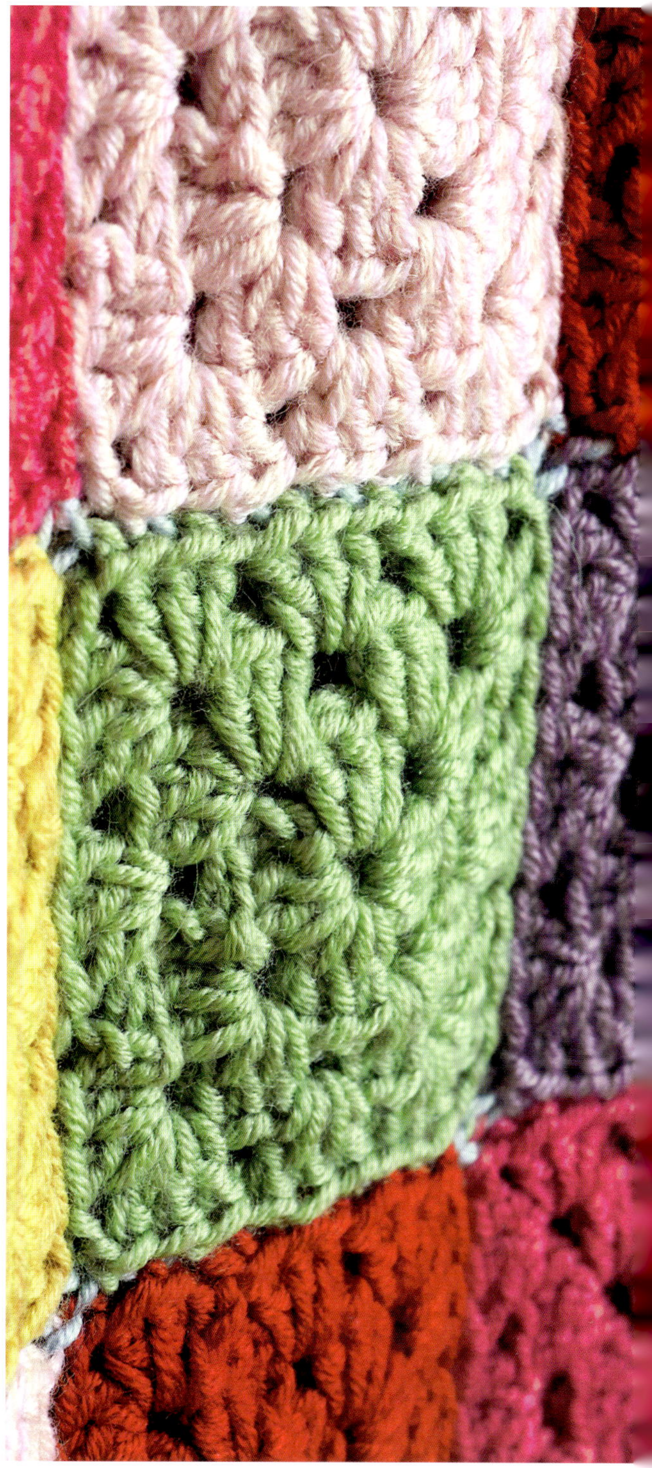

Bordüre aus Stäbchengruppen

Diese einfache, aber effektvolle Bordüre passt optimal zu der Babydecke, die Sie als Übungsprojekt arbeiten werden. Sie häkeln an der ganzen Kante entlang immer 3 Stäbchen in denselben Luftmaschenbogen. Die Anleitung gibt genau an, wo die Stäbchengruppen und wo die Abnahmen (jeweils 2 zusammen abgemaschte Stäbchen) gearbeitet werden. Durch die Abnahmen (an den Nahtstellen zwischen den Quadraten) wird die Maschenanzahl reduziert, damit die Bordüre schön gerade wird und keinen welligen Rand bekommt.

Abnahme: 2 zusammen abgemaschte Stäbchen (2 Stb zus)

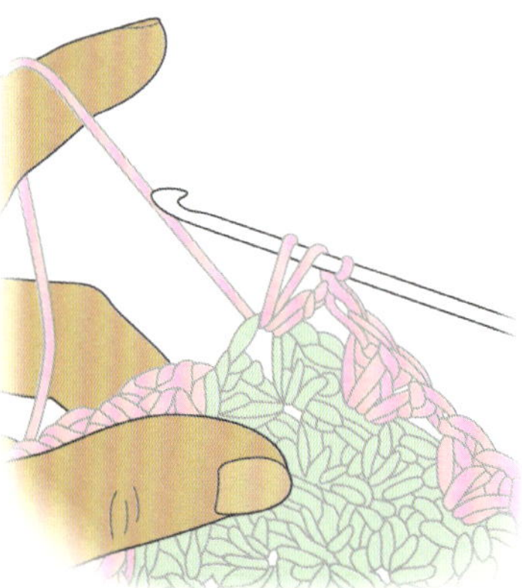

1 Faden umschlagen, in den nächsten Luftmaschenbogen einstechen, Faden holen und durchziehen (3 Schlingen auf der Nadel).

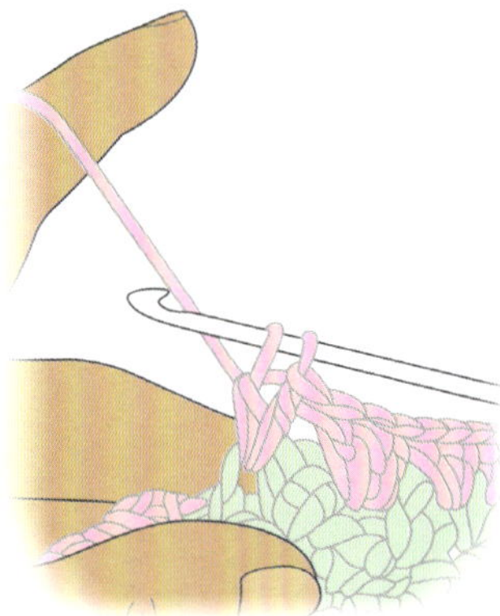

2 Faden holen und durch 2 Schlingen auf der Nadel ziehen (2 Schlingen bleiben auf der Nadel).

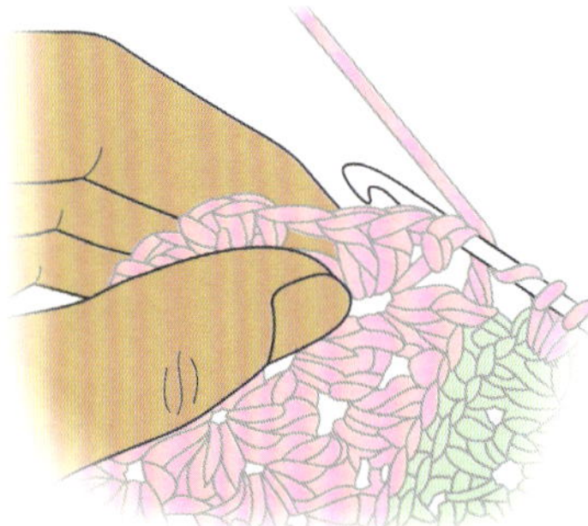

3 Faden umschlagen, in den nächsten Luftmaschenbogen (im nächsten Quadrat) einstechen.

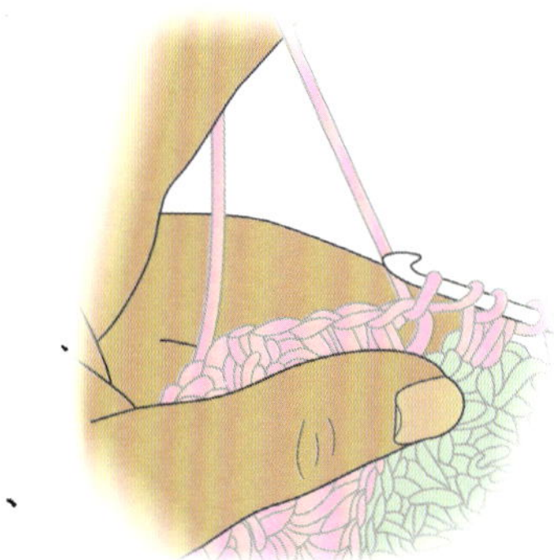

4 Faden holen und durchziehen (4 Schlingen auf der Nadel).

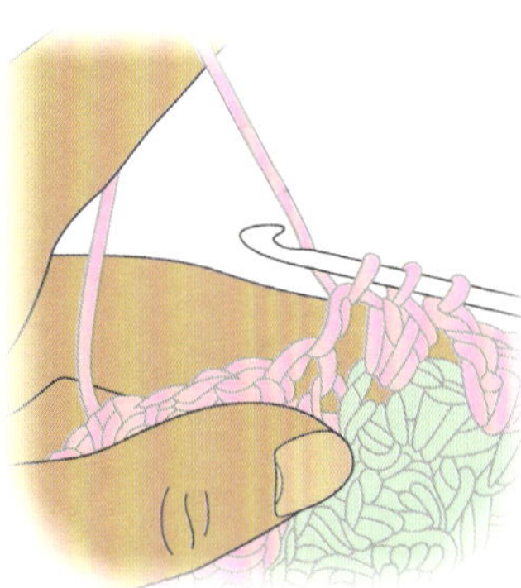

5 Faden holen und durch 2 Schlingen auf der Nadel ziehen (3 Schlingen auf der Nadel).

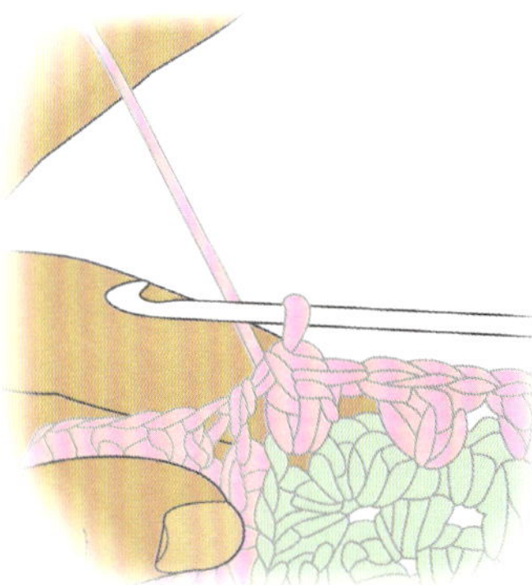

6 Faden holen und durch alle 3 Schlingen auf der Nadel ziehen (1 Schlinge verbleibt auf der Nadel).

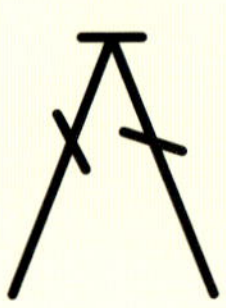

2 zusammen abgemaschte Stäbchen (2 Stb zus) in der Häkelschrift

Babydecke

An dieser zarten Babydecke aus klassischen Granny Squares können Einsteiger eine Menge Fertigkeiten üben: Stäbchen häkeln, Quadrate herstellen, eine einfache Bordüre anbringen und Abnahmen arbeiten. Frischgebackene Eltern werden dieses schöne Geschenk sehr zu schätzen wissen.

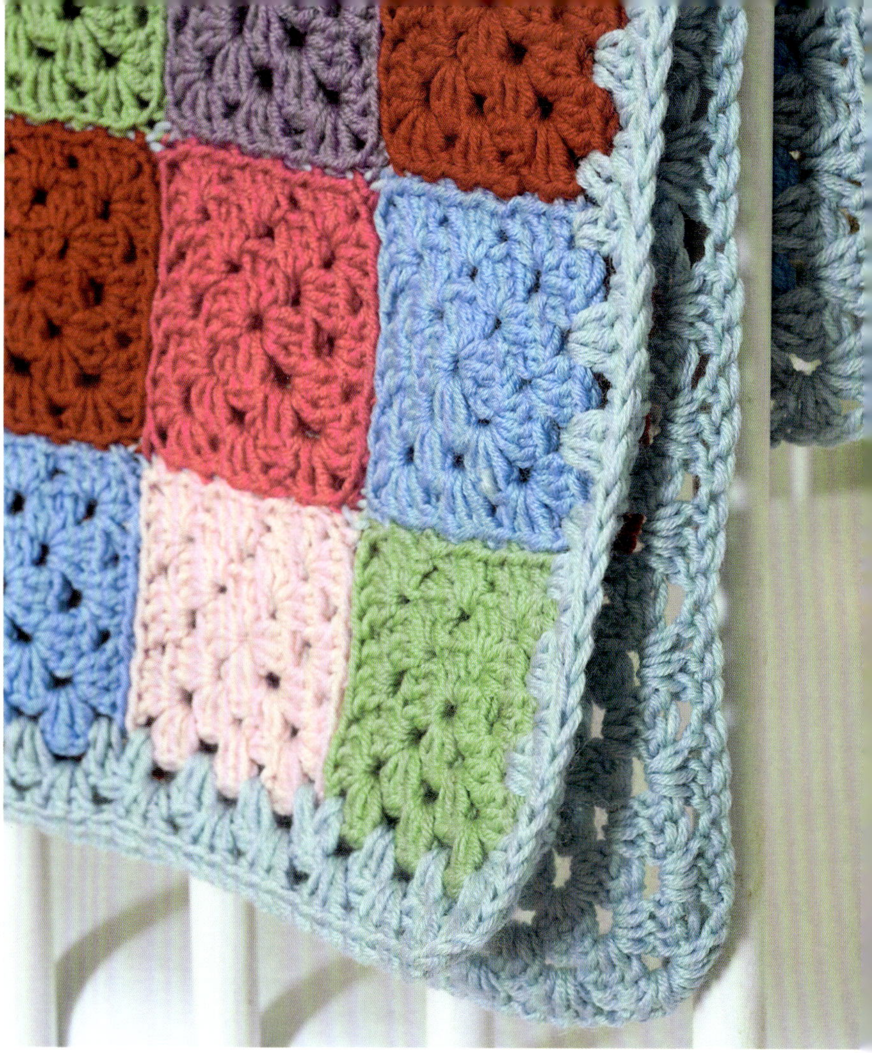

Fertigkeiten

Maschenart: Stäbchen

Runde mit Kettmasche schließen

Klassische Häkelquadrate arbeiten

Häkelquadrate mit Überwendlingsstich zusammennähen

Bordüre aus Stäbchengruppen häkeln

2 zusammen abgemaschte Stäbchen häkeln (Abnahme)

Maße

Die fertige Decke besteht aus 11 x 13 = 143 Quadraten.

Sie misst einschließlich der 1,5 cm breiten Bordüre 74,5 x 87,5 cm.

Garn

Debbie Bliss Baby Cashmerino (Sportweight, 55 % Merino, 33 % Mikrofaser, 12 % Kaschmir)

Je 2 x 50 g (ca. 250 m Lauflänge) in folgenden 2 Farben:

A 202 Hellblau
B 034 Rot

Je 1 x 50 g (ca. 125 m Lauflänge) in folgenden 7 Farben:

C 071 Pool (Mittelblau)
D 601 Baby Pink (Hellrosa)
E 101 Ecru (Cremeweiß)
F 078 Lipstick (Pink)
G 066 Amber (Senfgelb)
H 002 Apple (Hellgrün)
J 010 Lilac (Hellviolett)

Häkelnadel

3,5 mm

Maschenprobe

Jedes Quadrat misst 6,5 x 6,5 cm (3,5-mm-Häkelnadel)

Abkürzungen

Lm	Luftmasche
Stb	Stäbchen
wdh	wiederholen
R	Reihe
Km	Kettmasche
M	Masche
überspr	überspringen
Q	Quadrat
RS	rechte Seite

Spezial-Abkürzung

2 Stb zus (2 zusammen abgemaschte Stäbchen) in 2 Lm-Bögen: Faden umschlagen und in nächsten Lm-Bogen einstechen, Faden holen und durchziehen (3 Schlingen auf der Nadel), Faden holen und durch die ersten 2 Schlingen auf der Nadel ziehen (2 Schlingen auf der Nadel), Faden umschlagen und in den nächsten Lm-Bogen (im nächsten Q) einstechen, Faden holen und durchziehen (4 Schlingen auf der Nadel), Faden holen und durch die ersten 2 Schlingen auf der Nadel ziehen (3 Schlingen auf der Nadel), Faden holen und durch alle 3 Schlingen auf der Nadel ziehen.

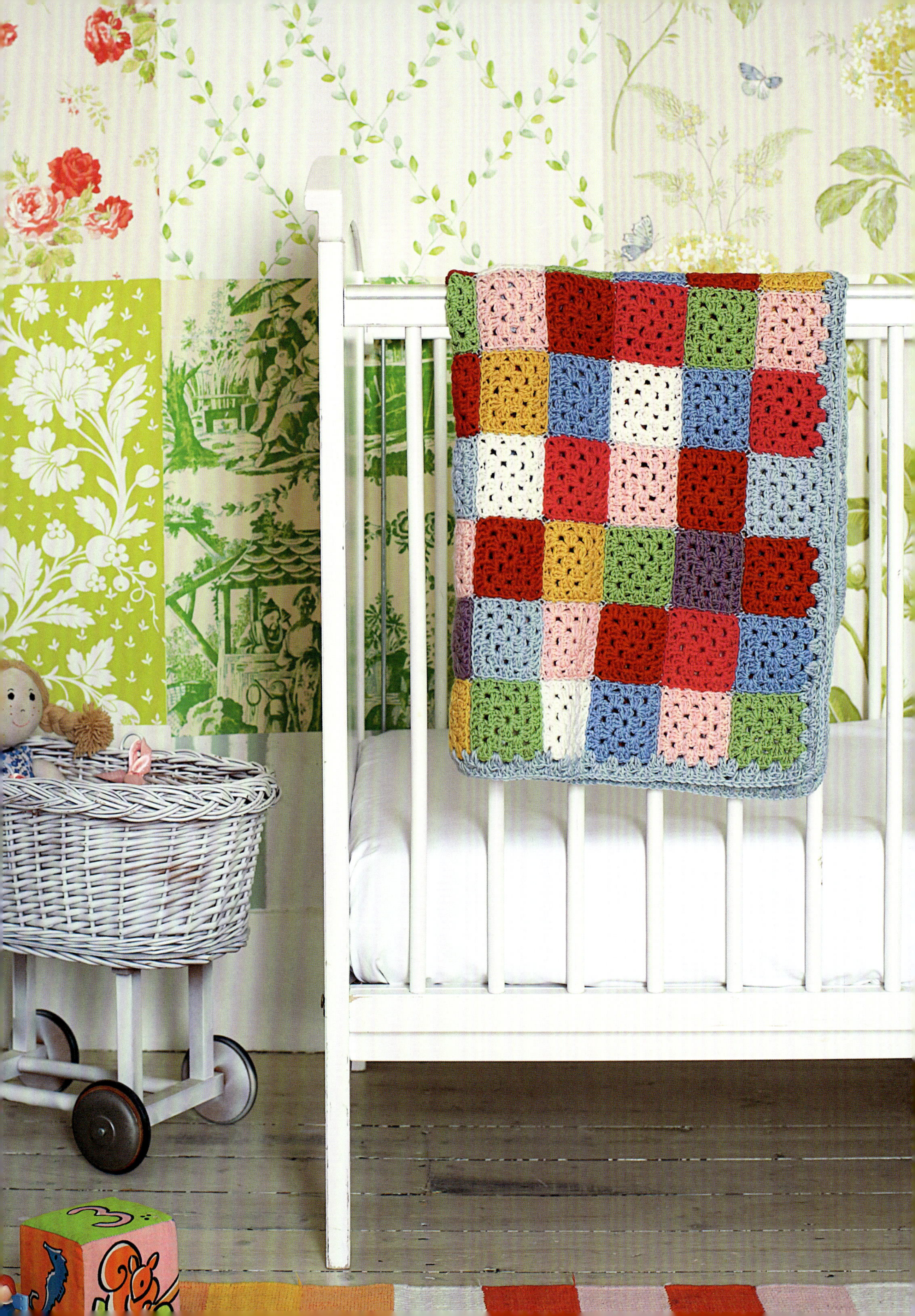
3

Häkeldiagramm: Granny Square

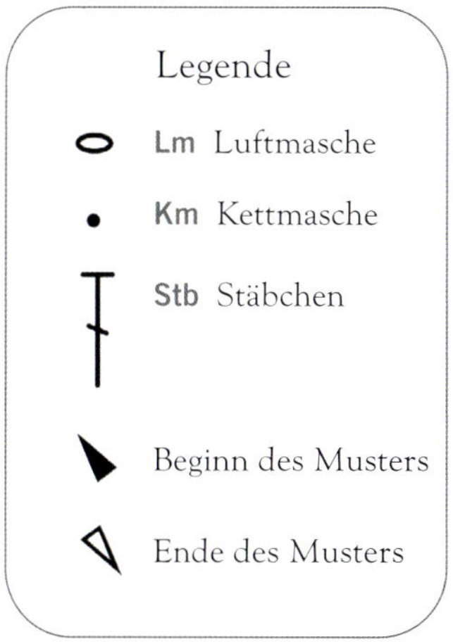

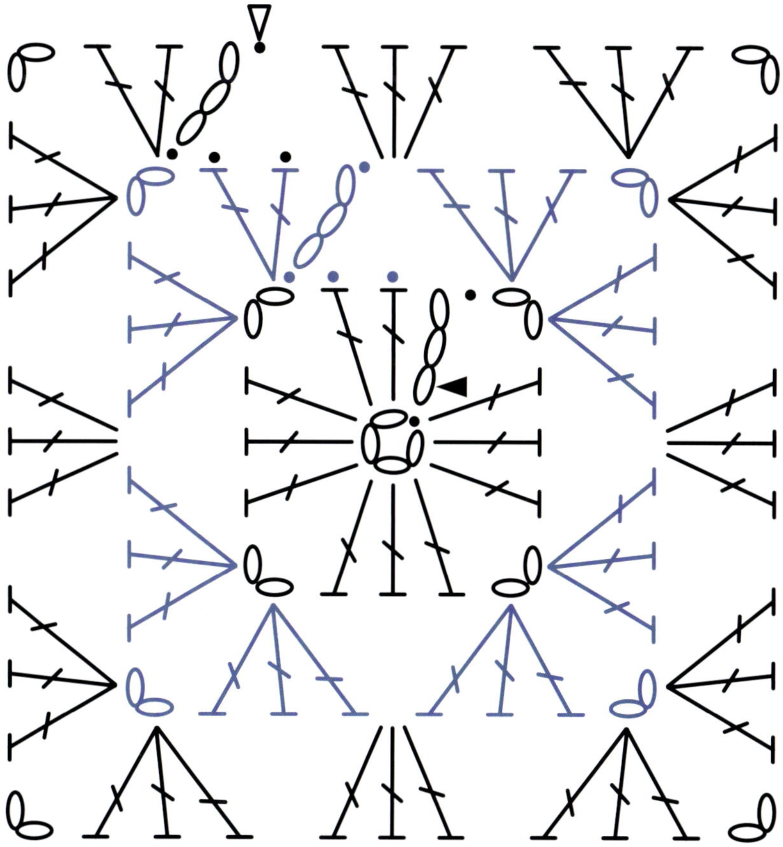

TIPP

Vernähen Sie bei jedem fertigen Quadrat sofort die Fadenenden mit einer Wollnadel.

Granny Squares

Jedes Quadrat wie folgt arbeiten:

Lm-Ring: 4 Lm häkeln und mit Km in die 1. Lm zu einem Ring schließen.

1. Rd (RS): 3 Lm (zählt als 1. Stb), 2 Stb in den Ring, 2 Lm, [3 Stb in den Ring, 2 Lm] 3-mal, Km in die oberste der ersten 3 Lm. *4 Gruppen zu 3 Stb*

Mit der rechten Seite nach vorn in Runden fortfahren.

2. Rd: je 1 Km in die nächsten 2 Stb, 1 Km in nächsten 2-Lm-Bogen, 3 Lm (zählt als 1. Stb), [2 Stb, 2 Lm, 3 Stb] in denselben Lm-Bogen (= Ecke), * [3 Stb, 2 Lm, 3 Stb] in nächsten 2-Lm-Bogen; ab * noch 2-mal wdh, Km in die oberste der ersten 3 Lm.

3. Rd: je 1 Km in die nächsten 2 Stb, 1 Km in nächsten 2-Lm-Bogen, 3 Lm (zählt als 1. Stb), [2 Stb, 2 Lm, 3 Stb] in denselben 2-Lm-Bogen (= Ecke), 3 Stb in Lm-Bogen zwischen den nächsten beiden 3-Stb-Gruppen, * [3 Stb, 2 Lm, 3 Stb] in nächsten 2-Lm-Bogen (= Ecke), 3 Stb in Lm-Bogen zwischen den nächsten beiden 3-Stb-Gruppen; ab * noch 2-mal wdh, Km in die oberste der ersten 3 Lm. Faden verwahren.

Quadrate zusammennähen

Alle verbliebenen Fadenenden vernähen. Alle Q spannen und auf der linken Seite vorsichtig bügeln. Die Q mit der rechten Seite nach oben auf einer ebenen Unterlage in 13 R zu je 11 Q auflegen, dabei die einzelnen Farben gleichmäßig verteilen.

Die Q mit Garn A (Hellblau) rechts auf rechts mit Überwendlingsstich zu 13 R zusammennähen. Dann die Reihen ebenso zusammennähen.

Die Decke spannen und die Nähte von der linken Seite vorsichtig bügeln.

Bordüre aus Stäbchengruppen

1. Rd (RS): Mit der rechten Seite nach vorn Garn A (Hellblau) mit einer Km in einen 2-Lm-Bogen an einer Ecke der Decke einhäkeln, 3 Lm (zählt als 1. Stb), [2 Stb, 2 Lm, 3 Stb] in denselben Lm-Bogen an der Ecke, je 3 Stb in die nächsten beiden Lm-Bögen zwischen 3-Stb-Gruppen, * 1 Stb in letzten Lm-Bogen in diesem Q (an der Ecke des Q), 2 Stb zus in denselben Lm-Bogen und den Lm-Bogen an der Ecke des nächsten Q (siehe Spezial-Abkürzung), 1 Stb in denselben Lm-Bogen, je 3 Stb in die nächsten 2 Lm-Bögen zwischen 3-Stb-Gruppen *; von * bis * bis zur nächsten Ecke der Decke wdh, ** [3 Stb, 2 Lm, 3 Stb] in 2-Lm-Bogen an der Ecke, von * bis * bis zur nächsten Ecke der Decke wdh; von ** bis zum Ende wdh, Km in die oberste der ersten 3 Lm.

2. Rd: je 1 Km in die nächsten 2 Stb, 1 Km in 2-Lm-Bogen an der Ecke, 3 Lm (zählt als 1 Stb), [2 Stb, 2 Lm, 3 Stb] in denselben Lm-Bogen an der Ecke, je 3 Stb in jeden Lm-Bogen zwischen Stb-Gruppen bis zur nächsten Ecke (alle Stb zus aus der Vorrunde überspr, keine Stb in die Mitte dieser Stb zus häkeln), * [3 Stb, 2 Lm, 3 Stb] in 2-Lm-Bogen an der Ecke, je 3 Stb in jeden Lm-Bogen zwischen Stb-Gruppen bis zur nächsten Ecke; ab * bis zum Ende wdh, Km in die oberste der ersten 3 Lm.

Faden verwahren.

Häkel-Workshop 3

Häkeln in Runden

In diesem Workshop zeigen wir das Häkeln in Runden, bei dem eine kreisförmige Häkelarbeit entsteht. Um diese Technik zu üben, häkeln Sie das dazugehörige Projekt, einen Rundkissenbezug. Sie lernen auch eine neue Methode zum Zusammenfügen der Teile kennen, das Zusammenhäkeln mit festen Maschen. Als Verzierung stellen wir eine Muschelbordüre, gehäkelte Blumen und Blätter sowie eine Knötchenstickerei vor.

Häkeln in Runden

Eine Anleitung für ein rundgehäkeltes Muster können Sie immer daran erkennen, dass darin „Runden" statt (gerade) „Reihen" vorkommen. Beim Häkeln in Runden beginnt man immer mit einem Ring.

Beim Rundhäkeln gibt es zwei Methoden: Entweder man schließt jede Runde mit einer Kettmasche (wie in diesem Workshop) oder man häkelt in Spiralrunden (siehe Seite 62). Bei beiden Methoden beginnt man in der Mitte. Durch Zunahmen werden die Kreise immer größer.

Beginnen Sie mit einem Luftmaschenring (siehe Seite 34). In der ersten Runde häkeln Sie 3 Luftmaschen, um die erforderliche Höhe zu erreichen (dieses Projekt wird mit Stäbchen gehäkelt). Die 3 Luftmaschen zählen als erstes Stäbchen. Arbeiten Sie die folgenden 11 Stäbchen in den Ring. Schieben Sie sie unbedingt eng zusammen, um für alle 11 Stäbchen Platz zu haben (siehe Seite 34 rechts unten). Schließen Sie die Runde, wie in der Anleitung angegeben, ab. In den folgenden Runden werden Zunahmen gearbeitet.

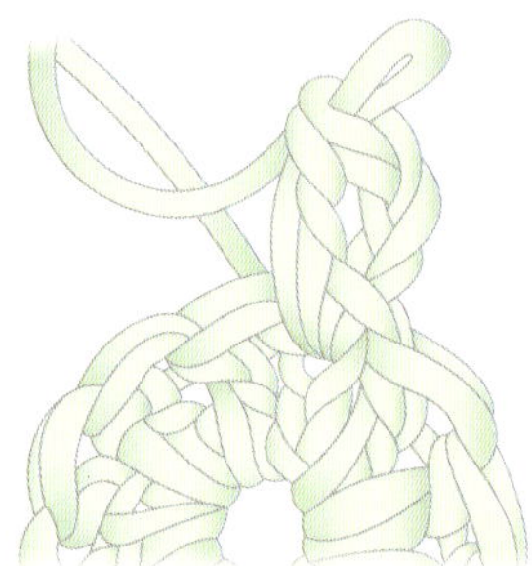

1 Häkeln Sie das erste Stäbchen in dieselbe Masche, in die Sie die letzte Kettmasche gehäkelt haben.

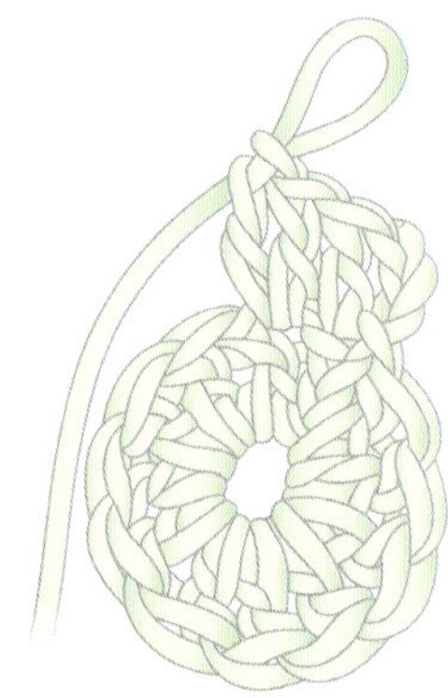

2 Stechen Sie nun in die Masche neben diesem ersten Stäbchen (unter beide Garnschlaufen!) ein und häkeln Sie 2 Stäbchen in diese Masche – dadurch entsteht eine Zunahme.

Beim Übungsprojekt in diesem Workshop zählen Sie am Beginn jeder Runde die Maschen der Vorrunde und schließen Sie diese Runde mit einer Kettmasche. Von hier an ist das Häkeldiagramm eine große Hilfe – Sie sehen dabei genau, wo jede Masche hingehört, und können zusehen, wie der Kreis immer größer wird.

Zusammenhäkeln mit festen Maschen

Statt die Teile der Häkelarbeit mit einer Wollnadel zusammenzunähen, werden Sie sie hier mit der Häkelnadel und mit festen Maschen zusammenhäkeln. So entsteht in kurzer Zeit eine robuste, leicht erhabene Häkelnaht. Beim Rundkissenbezug in diesem Workshop habe ich die Teile von der rechten Seite mit festen Maschen zusammengehäkelt. Dadurch entsteht eine gut sichtbare Naht zum Anbringen der Muschelbordüre.

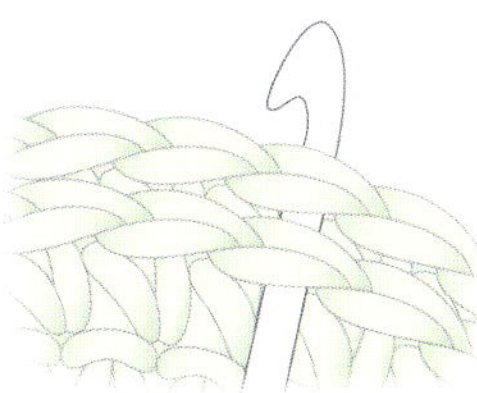

1 Legen Sie zuerst die Teile links auf links aufeinander. Stechen Sie mit der Häkelnadel durch die zwei oberen Schlingen der Masche am ersten Teil, dann ebenso durch die entsprechende Masche am zweiten Teil.

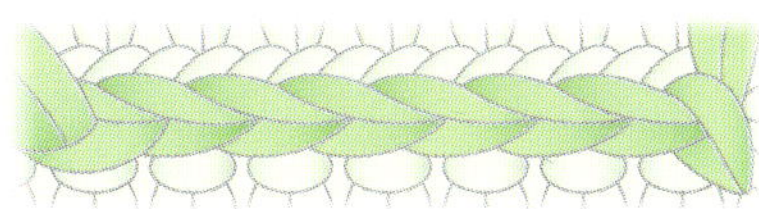

2 Schließen Sie die feste Masche wie gewohnt ab und arbeiten Sie nach der Anleitung weiter. So entsteht auf der rechten Seite der Arbeit eine erhabene, optisch effektvolle Häkelnaht.

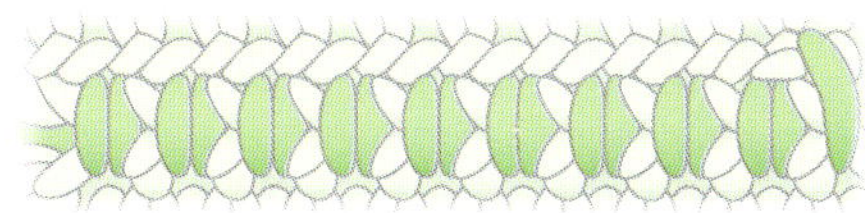

3 Wenn Sie die erhabene Naht auf der rechten Seite nicht haben wollen, können Sie auch von der linken Seite arbeiten (dazu die Teile rechts auf rechts aufeinanderlegen). Sie erhalten auch so eine robuste Häkelnaht.

Muschelbordüre

Diese hübsche Muschelbordüre wird Ihnen keine Probleme bereiten, wenn Sie die Stäbchen beherrschen und auch mehrere Stäbchen in dieselbe Masche häkeln können. Der „Muschel"- oder „Fächer"-Effekt entsteht durch fünf Stäbchen, die in dieselbe Masche gearbeitet werden. Häkeln Sie zuerst das folgende Probestück, bevor Sie die Bordüre am Kissen anbringen.

Lm-Kette: 23 Lm.
1. R (Hin-R): 1 Stb in 4. Lm von der Nadel aus, 1 Stb in jede Lm bis zum Ende.
2. R (Rück-R): 3 Lm, 1 Stb in jede M bis zum Ende.
3. R (Hin-R): 1 Lm, Km in erste M, * nächste M überspr, 5 Stb in nächste M, nächste M überspr, Km in nächste M; ab * bis zum Ende wdh, Km in die oberste der ersten 3 Lm.
Faden verwahren.

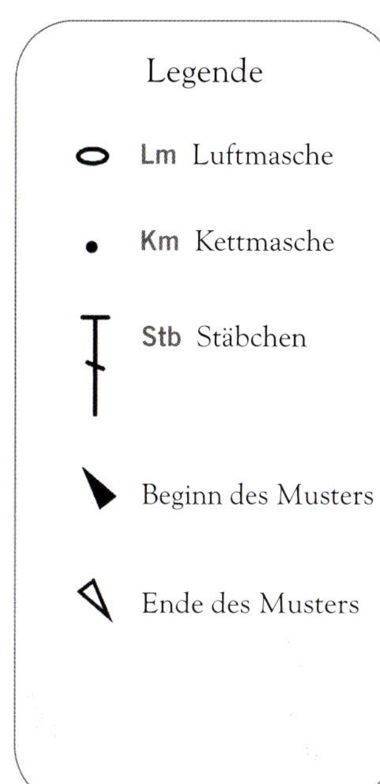

Häkeldiagramm: Muschelbordüre

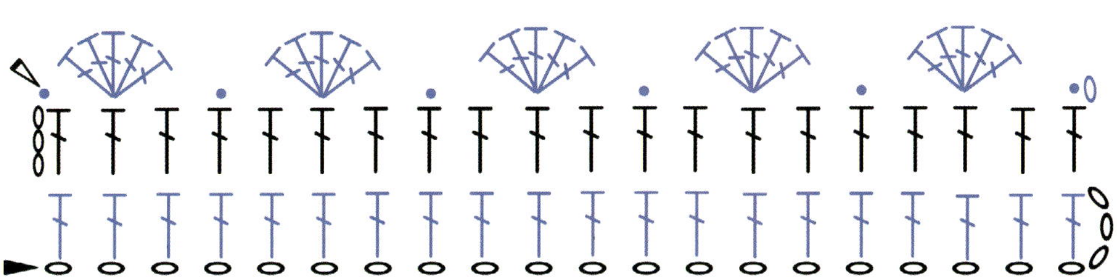

Fünfblättrige Blume

Für den Einstieg in das Thema Häkelblumen ist dieses Blümchen ideal. Es sieht allerliebst aus, ist vielseitig einsetzbar und Sie können daran alle Fertigkeiten üben, die Sie in diesem Workshop gelernt haben.

Lm-Ring: Mit einer 4-mm-Häkelnadel 6 Lm häkeln und mit einer Km in die 1. Lm zu einem Ring schließen.
1. Rd (RS): 1 Lm, 15 fM in den Ring, Km in die erste fM.
Mit der rechten Seite nach vorn in Runden fortfahren.
2. Rd: * 3 Lm, je 1 Stb in die nächsten 2 fM, 3 Lm, 1 Km in die nächste fM; ab * noch 4-mal wdh. *5 Blütenblätter*
Faden verwahren.
Mit einer Wollnadel den Anfangsfaden in der Mitte der Blume vernähen und dabei die Lücke schließen. Das andere Fadenende auf der linken Seite der Blume vernähen. Mit einer Wollnadel in einem kontrastierenden Garn in der Mitte der Blume drei Knötchenstiche sticken.

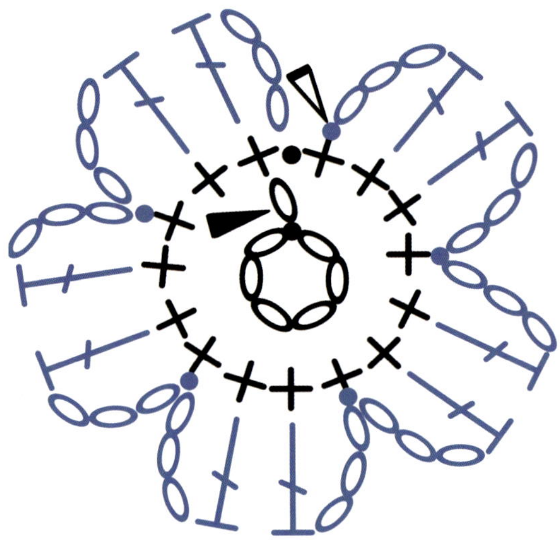

Häkeldiagramm: Fünfblättrige Blume

Legende
- **Lm** Luftmasche
- **Km** Kettmasche
- **fM** feste Masche
- **Stb** Stäbchen
- Beginn des Musters
- Ende des Musters

Knötchenstich

Mit dem Knötchenstich zaubern Sie eine „Perle“ aus Garn auf Ihre Häkelarbeit.

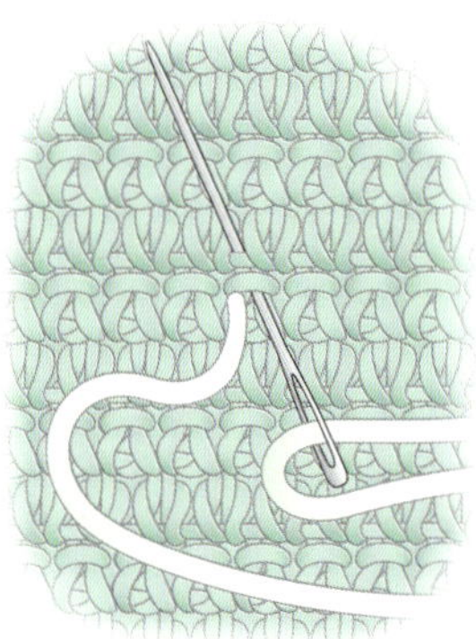

1 Das Garn in eine Wollnadel einfädeln. Den Faden am Anfangspunkt (= gewünschter Platz des Knötchenstichs) von der Rückseite der Arbeit nach vorne führen. Rückwärts ein Fadenende stehenlassen, das später vernäht wird. Knapp an der Ausstichstelle auf der rechten Seite der Arbeit je nach Material zwei oder mehrere Fäden auf die Nadel nehmen.

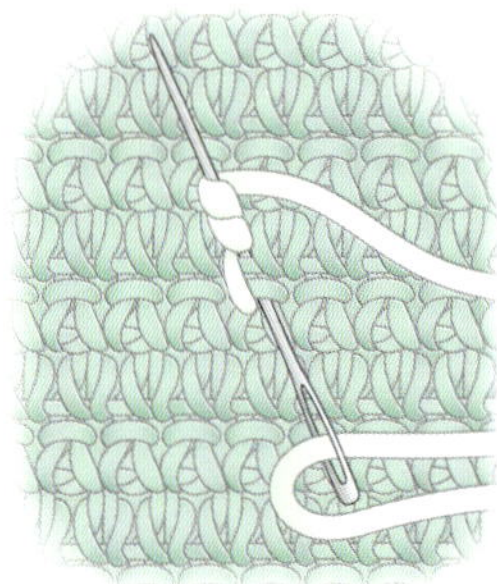

2 Den Faden zwei- bis dreimal um die Nadel wickeln, die Wicklungen dicht an die Häkelarbeit schieben.

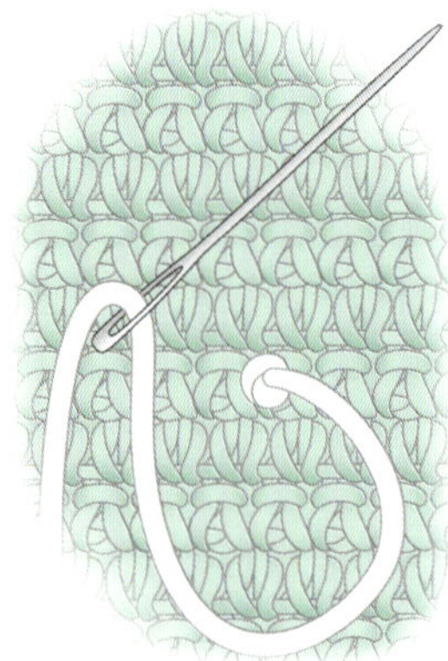

3 Mit der einen Hand die Nadel durch die Wicklungen ziehen, mit der anderen Hand die Wicklungen knapp an der Häkelarbeit festhalten, sodass an der rechten Seite der Arbeit ein Knötchen entsteht.

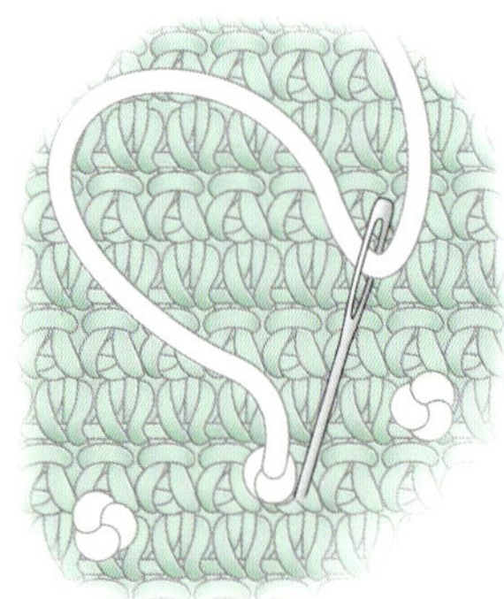

4 Ganz knapp an dem Knötchen einstechen und die Nadel auf die linke Seite führen. Der Knötchenstich ist fertig.

Blatt

Bei diesem Blatt häkelt man zuerst wie gewohnt in die Luftmaschenkette (siehe Seite 18) und dann in die Unterseite derselben Luftmaschenkette.

Lm-Kette: Mit einer 4-mm-Häkelnadel in grünem Garn 8 Lm häkeln.
1. Rd (RS): 1 fM in 2. Lm von der Nadel aus, 1 hStb in nächste Lm, je 1 Stb in die nächsten 2 Lm, 2 Stb in nächste Lm, 1 hStb in nächste Lm, 1 fM in nächste (letzte) Lm, 2 Lm; die Arbeit drehen (die rechte Seite bleibt Ihnen zugewandt), sodass die Unterseite der Lm-Kette nach oben zeigt, und an der anderen Seite der Lm-Kette weiterarbeiten: 1 fM in erste Lm, 1 hStb in nächste Lm, 2 Stb in nächste Lm, je 1 Stb in die nächsten 2 Lm, 1 hStb in nächste Lm, 1 fM in letzte Lm, Km in die erste fM der Runde (= Blattspitze).
Faden verwahren.

Häkeldiagramm: Blatt

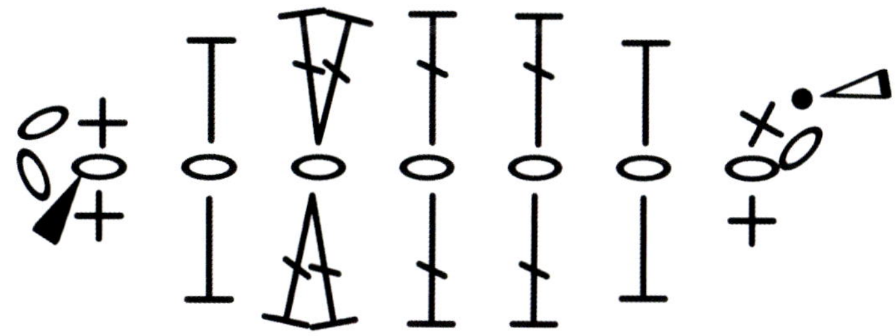

Legende

- **Lm** Luftmasche
- **Km** Kettmasche
- **fM** feste Masche
- **hStb** halbes Stäbchen
- **Stb** Stäbchen
- Beginn des Musters
- Ende des Musters

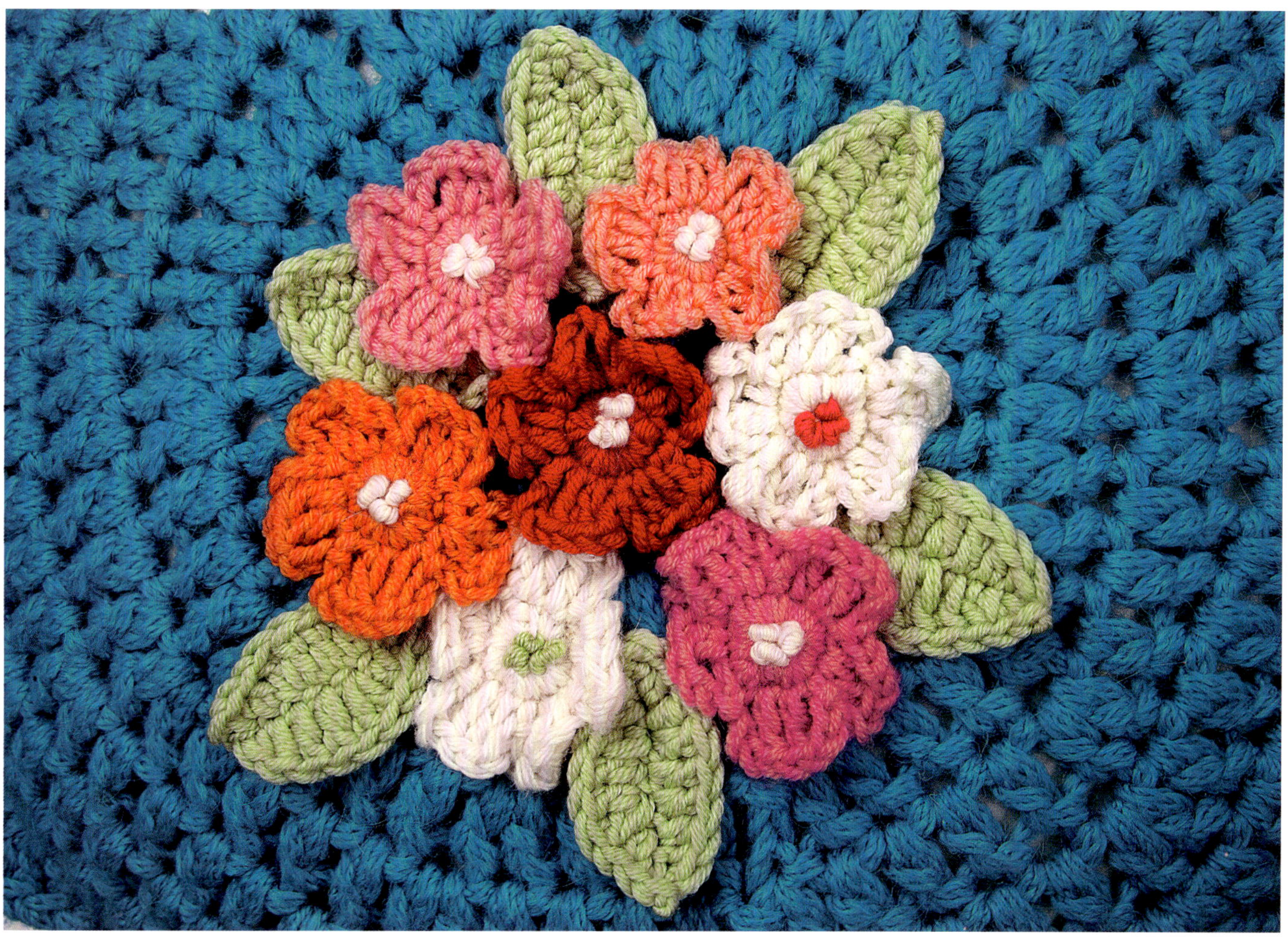

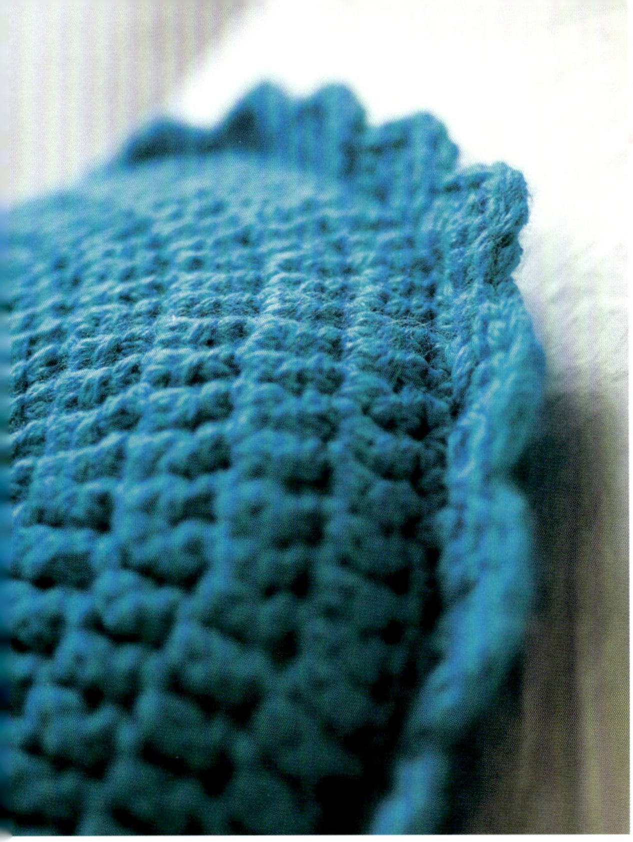

Rundkissenbezug

Häkeln in Runden ist nicht schwer und macht Spaß. Dieser Kissenbezug ist ein besonderes Prachtstück und eignet sich noch dazu bestens als Perfektionskurs im Stäbchenhäkeln. Mit dem superdicken, weichen Garn ist er auch im Nu fertig. Den krönenden Abschluss bildet das Arrangement aus Blumen und Blättern. Sie können natürlich nach Wunsch auch andere Häkelblumen aus diesem Buch auswählen.

Fertigkeiten

Maschenarten: Stäbchen, feste Masche, halbes Stäbchen

Einen Kreis häkeln

Runde mit Kettmasche schließen

Zunahme mit Stäbchen häkeln

Fünfblättrige Blume häkeln

Blatt häkeln

Knötchenstich aufsticken

Teile mit festen Maschen zusammenhäkeln

Muschelbordüre arbeiten

Maße

Der fertige Rundkissenbezug ist für eine Kisseneinlage mit 40 cm Durchmesser gedacht.

Garn

Kissenbezug:
Debbie Bliss Paloma (Super Bulky, 60 % Alpaka, 40 % Merino)

4 x 50 g (ca. 260 m Lauflänge) in der Hauptfarbe:

HF 28 Jade (Türkis)

Blumen:
DK-Garn (Reste) in 6 kontrastierenden Farben:

A Cremeweiß
B Hellorange
C Orange
D Rosa
E Hellrosa
F Rot

Blätter
DK-Garn (Rest) in einer Farbe:

G Hellgrün

Häkelnadeln

7 mm
4 mm

Sonstiges Material

Kisseneinlage, 40 cm Durchmesser

Maschenprobe

10 M x 4 ½ R Stäbchen mit 7-mm-Nadel in der HF = 10 x 10 cm

Abkürzungen

Lm	Luftmasche
fM	feste Masche
hStb	halbes Stäbchen
Stb	Stäbchen
wdh	wiederholen
Rd	Runde
Km	Kettmasche
M	Masche
überspr	überspringen
RS	rechte Seite

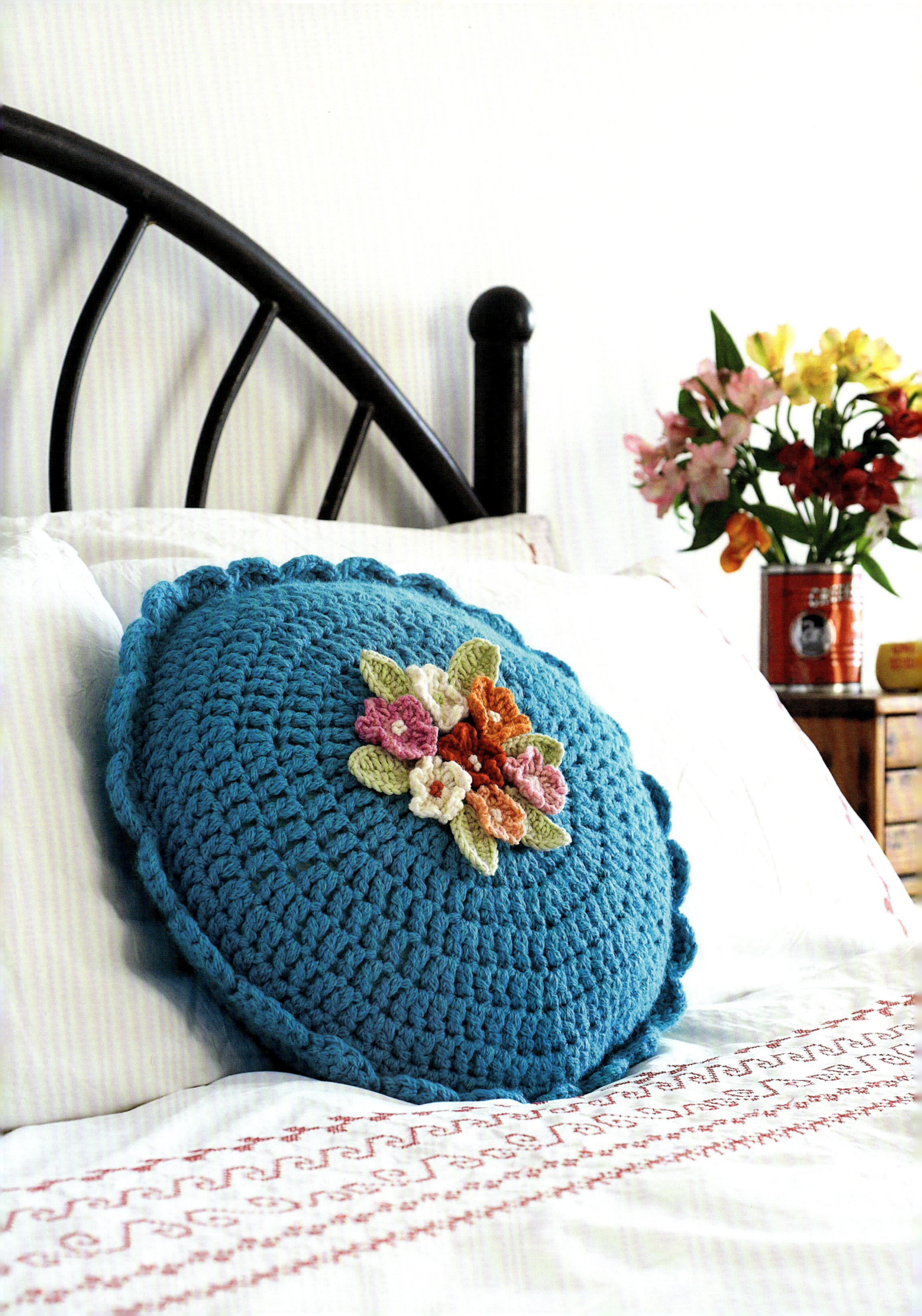

Kissenbezug-Vorderteil

Lm-Ring: Mit 7-mm-Häkelnadel 6 Lm häkeln und mit Km in die 1. Lm zu einem Ring schließen.

1. Rd (RS): 3 Lm (gilt als 1. Stb), 11 Stb in den Ring, Km in die oberste der ersten 3 Lm. *12 M*

Mit der rechten Seite nach vorn in Runden fortfahren.

2. Rd: 3 Lm, 1 Stb in dieselbe M wie die letzte Km, 2 Stb in nächste M und in jede weitere M bis zum Ende der Rd, Km in die oberste der ersten 3 Lm. *24 M*

3. Rd: 3 Lm, 1 Stb in dieselbe M wie die letzte Km, * 1 Stb in nächste M, je 2 Stb in nächste 2 M; ab * bis zu den letzten 2 M wdh, 1 Stb in nächste M, 2 Stb in letzte M, Km in die oberste der ersten 3 Lm. *40 M*

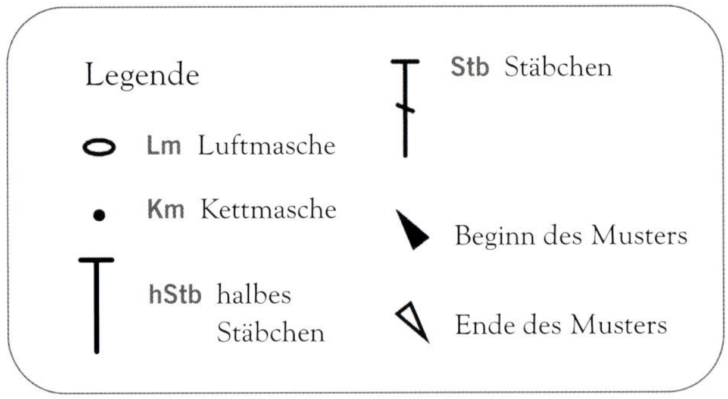

Häkeldiagramm: Kreis

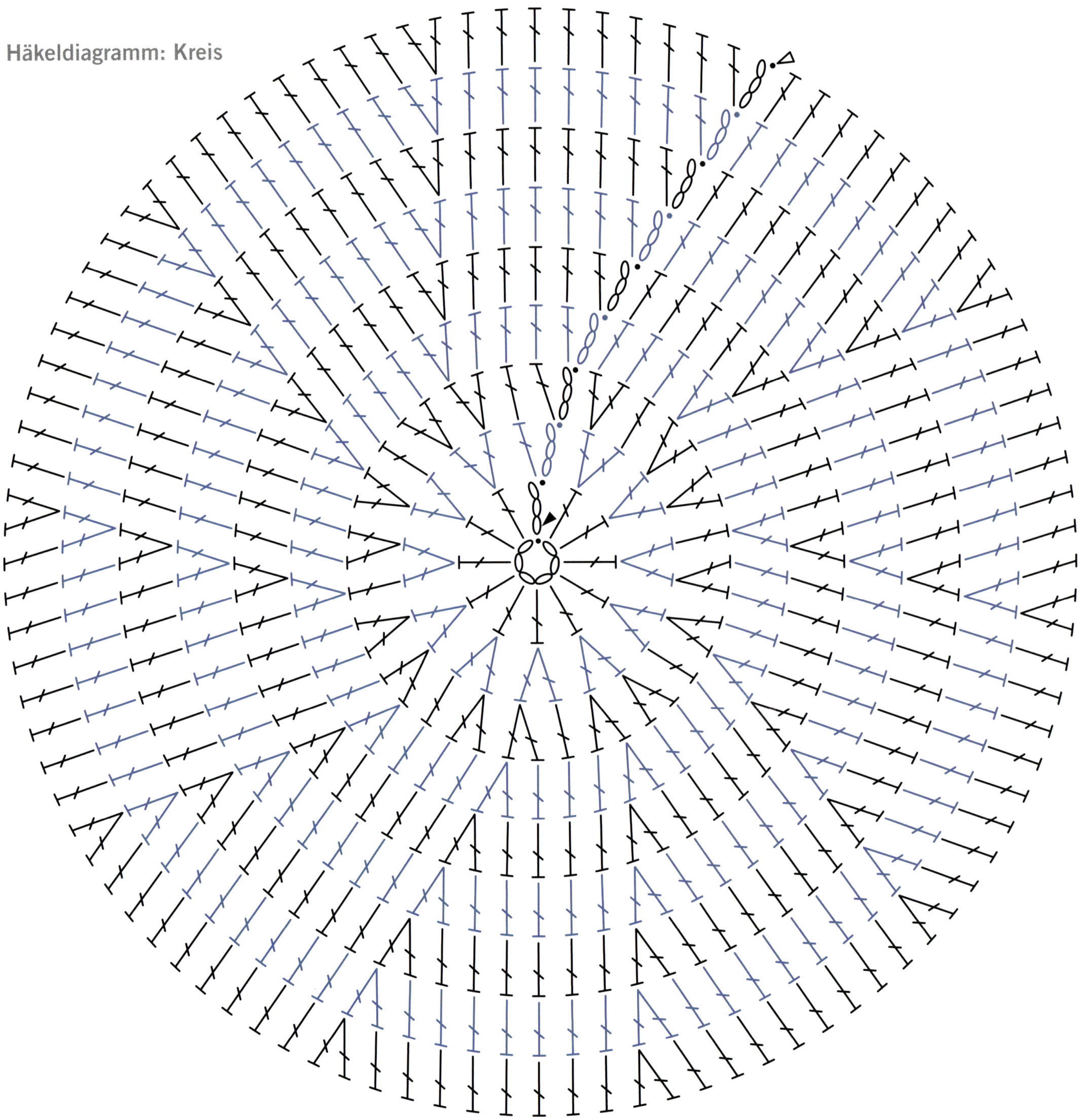

4. Rd: 3 Lm, 1 Stb in dieselbe M wie die letzte Km, * je 1 Stb in nächste 3 M, 2 Stb in nächste M; ab * bis zu den letzten 3 M wdh, je 1 Stb in letzte 3 M, Km in die oberste der ersten 3 Lm. *50 M*
5. Rd: 3 Lm, 1 Stb in dieselbe M wie die letzte Km, * je 1 Stb in nächste 4 M, 2 Stb in nächste M; ab * bis zu den letzten 4 M wdh, je 1 Stb in letzte 4 M, Km in die oberste der ersten 3 Lm. *60 M*
6. Rd: 3 Lm, 1 Stb in dieselbe M wie die letzte Km, * je 1 Stb in nächste 5 M, 2 Stb in nächste M; ab * bis zu den letzten 5 M wdh, je 1 Stb in letzte 5 M, Km in die oberste der ersten 3 Lm. *70 M*
7. Rd: 3 Lm, 1 Stb in dieselbe M wie die letzte Km, * je 1 Stb in nächste 6 M, 2 Stb in nächste M; ab * bis zu den letzten 6 M wdh, je 1 Stb in letzte 6 M, Km in die oberste der ersten 3 Lm. *80 M*
8. Rd: 3 Lm, 1 Stb in dieselbe M wie die letzte Km, * je 1 Stb in nächste 7 M, 2 Stb in nächste M; ab * bis zu den letzten 7 M wdh, je 1 Stb in letzte 7 M, Km in die oberste der ersten 3 Lm. *90 M*
9. Rd: 3 Lm, 1 Stb in dieselbe M wie die letzte Km, * je 1 Stb in nächste 8 M, 2 Stb in nächste M; ab * bis zu den letzten 8 M wdh, je 1 Stb in letzte 8 M, Km in die oberste der ersten 3 Lm. *100 M*
Faden verwahren.

Kissenbezug-Rückenteil

Genauso arbeiten wie den Vorderteil.

Blumen

(2 Blumen in Farbe A und je 1 Blume in Farbe B, C, D, E und F häkeln)
Lm-Ring: Mit 4-mm-Häkelnadel 6 Lm häkeln und mit 1 Km in die 1. Lm zu einem Ring schließen.
1. Rd (RS): 1 Lm, 15 fM in den Ring, Km in die erste fM.
Mit der rechten Seite nach vorn in Runden fortfahren.

Häkeldiagramm: Fünfblättrige Blume

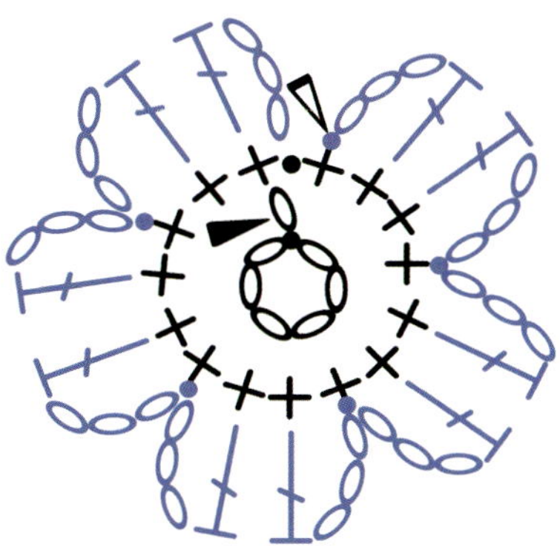

Häkeldiagramm: Blatt

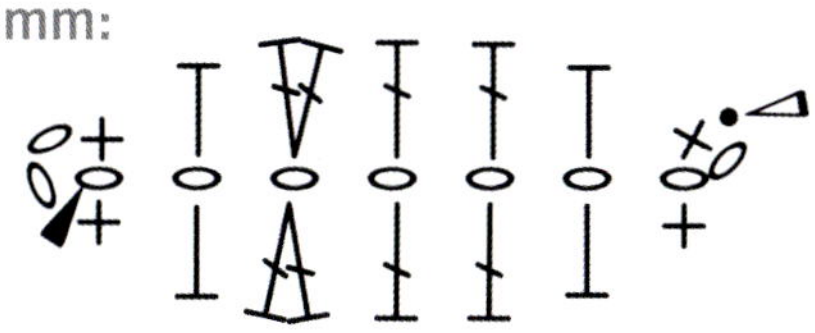

2. Rd: * 3 Lm, je 1 Stb in nächste 2 fM, 3 Lm, 1 Km in nächste fM; ab * noch 4-mal wdh. 5 Blütenblätter
Faden verwahren.
Mit einer Wollnadel den Anfangsfaden in der Mitte der Blume vernähen und dabei die Lücke schließen. Das andere Fadenende auf der linken Seite der Blume vernähen.
Mit einer Wollnadel in einem kontrastierenden Garn (A, B, C, D, E, F oder G) in der Mitte jeder Blume drei Knötchenstiche sticken.

Blätter

(6 Blätter arbeiten)
Lm-Kette: Mit einer 4-mm-Häkelnadel in Garn G 8 Lm häkeln.
1. Rd (RS): 1 fM in 2. Lm von der Nadel aus, 1 hStb in nächste Lm, je 1 Stb in die nächsten 2 Lm, 2 Stb in nächste Lm, 1 hStb in nächste Lm, 1 fM in nächste (letzte) Lm, 2 Lm; die Arbeit drehen (die rechte Seite bleibt Ihnen zugewandt), sodass die Unterseite der Lm-Kette nach oben zeigt, und an der anderen Seite der Lm-Kette weiterarbeiten: 1 fM in erste Lm, 1 hStb in nächste Lm, 2 Stb in nächste Lm, je 1 Stb in die nächsten 2 Lm, 1 hStb in nächste Lm, 1 fM in letzte Lm, Km in die erste fM der Runde (= Blattspitze).
Faden verwahren.

Kissenbezug fertigstellen

Mit einer Wollnadel alle Fadenenden an den Teilen vernähen.
Den Vorderteil links auf links auf den Rückenteil legen, dann die Teile wie folgt mit fM zusammenhäkeln:
Mit Garn in der HF und einer 7-mm-Häkelnadel an beiden Teilen in je ein Stb einstechen, Faden holen und durchziehen, 1 Lm, dann immer durch beide Teile häkeln, 1 fM in dieselbe M wie die Km, 1 fM in jede M, bis die Öffnung gerade noch groß genug zum Durchschieben der Kisseneinlage ist. Die Kisseneinlage hineinstecken.
Die fM-Naht fertighäkeln (insg. 100 fM an der Kante entlang), Km in die 1. fM. Faden nicht abschneiden.
Abschließend eine Bordüre am Rand arbeiten.

Muschelbordüre

1. Rd (RS): Erste fM überspr, 5 Stb in nächste fM, nächste fM überspr, 1 Km in nächste fM, * nächste fM überspr, 5 Stb in nächste fM, nächste fM überspr, 1 Km in nächste M; ab * bis zum Ende wdh, letzte Km in dieselbe M wie die Km am Anfang der Rd. *25 Muscheln*
Faden verwahren.

Blumen und Blätter annähen

Blumen und Blätter mittig auf der Vorderseite des Kissenbezuges (innerhalb der ersten 3–4 Runden) anordnen; eine Blume genau in der Mitte, rundherum die restlichen Blumen und dazwischen die Blätter platzieren, sodass die Blattspitzen nach außen zeigen. Mit einer Wollnadel die Blumen und Blätter mit farblich passendem Garn annähen.

Häkel-Workshop 4

Streifen- und Wellenmuster

In diesem Workshop lernen Sie allerlei Farbmuster kennen – gerade Streifen ebenso wie Wellen- und Zackenmuster. Außerdem zeigen wir, wie man in einer Stäbchenreihe einen neuen Faden einhäkelt. Eine neue Abnahmetechnik (3 zusammen abgemaschte Stäbchen) und ihr Einsatz bei Wellen- und Zackenmustern steht ebenfalls auf dem Programm. Das Projekt, an dem Sie all diese Fertigkeiten erproben können, ist ein flott gemusterter Schal.

Streifen

Ein feines Streifenmuster entsteht, wenn Sie nach jeder Reihe die Farbe wechseln. Wenn Sie jeweils mehrere Reihen in derselben Farbe häkeln, werden die Streifen breiter. Wenn Sie beim Häkeln in Runden ein Streifenmuster arbeiten, entstehen konzentrische Kreise.

Farbwechsel

Der Farbwechsel sollte möglichst am Ende der Reihe erfolgen, außer wenn die Anleitung einen Farbwechsel mitten in der Reihe vorsieht. Beim Farbwechsel verwahren Sie den Faden nicht, sondern schneiden Sie den alten Faden ab und lassen Sie ein etwa 15 cm langes Fadenende stehen. Ziehen Sie eine Schlinge in der neuen Farbe durch und häkeln Sie mit der neuen Farbe weiter (siehe Seite 23).

Wenn sich die Fadenenden in der alten und neuen Farbe lockern, verknoten Sie sie auf der linken Seite der Arbeit. Machen Sie nur einen einfachen, keinen doppelten Knoten. Beim Fertigstellen der Arbeit vernähen Sie die Fadenenden jeweils in einem gleichfarbigen Bereich.

Neuen Faden inmitten einer Stäbchenreihe einhäkeln

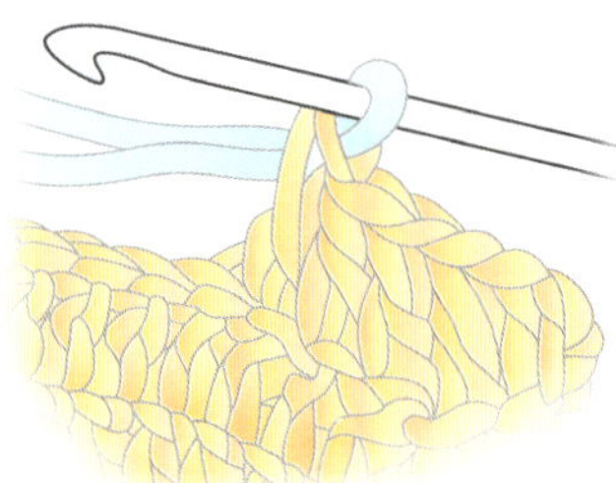

1 Das Stäbchen wie gewohnt zu häkeln beginnen, aber nicht abschließen. Wenn Sie noch 2 Schlingen auf der Nadel haben, den alten Faden fallen lassen, den neuen Faden mit der Häkelnadel erfassen und durch diese 2 Schlingen ziehen.

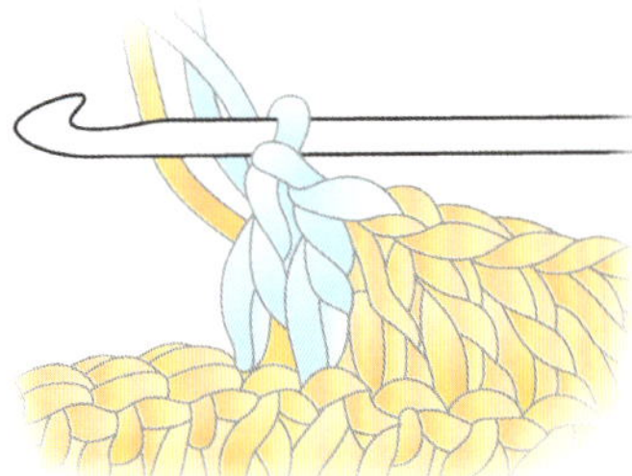

2 Mit dem neuen Garn weiterhäkeln. Den alten Faden ca. 15 cm von der Arbeit abschneiden und auf der linken Seite der Arbeit hängen lassen, sodass Sie ihn später vernähen können.

Abnahme: 3 zusammen abgemaschte Stäbchen (3 Stb zus)

Bei dieser Abnahme werden 3 Stäbchen zusammengehäkelt. Das Wellen- und Zackenmuster entsteht durch die Kombination dieser Abnahme mit einer Zunahme, bei der 3 Stäbchen in eine Masche gearbeitet werden (siehe Seite 21).

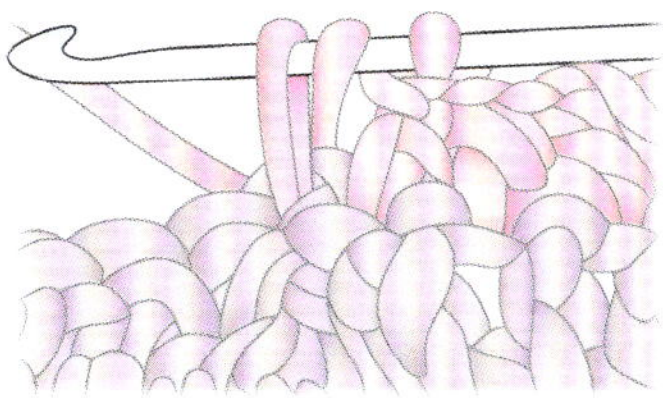

1 Faden umschlagen, in die nächste Masche (die erste der drei Maschen) einstechen, Faden holen und durchziehen (3 Schlingen auf der Nadel).

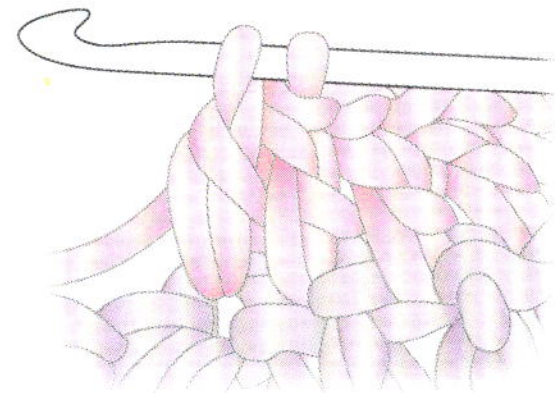

2 Faden holen und durch die ersten 2 Schlingen auf der Nadel ziehen (2 Schlingen auf der Nadel).

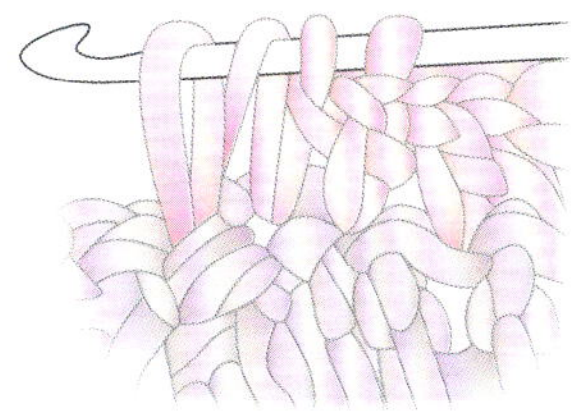

3 Faden umschlagen, in die nächste Masche (die zweite der drei Maschen) einstechen, Faden holen und durchziehen (4 Schlingen auf der Nadel).

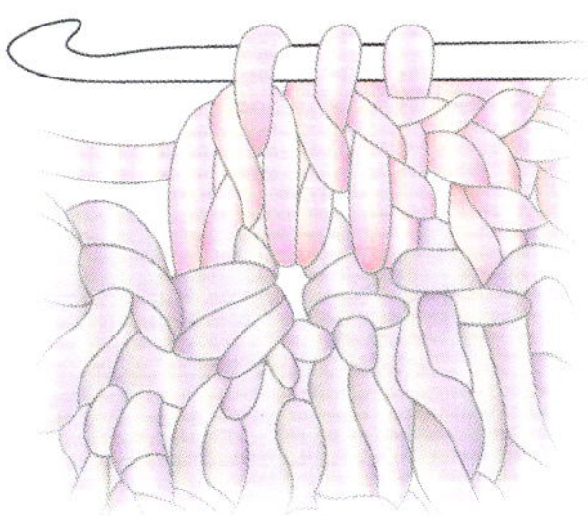

4 Faden holen und durch die ersten 2 Schlingen auf der Nadel ziehen (3 Schlingen auf der Nadel).

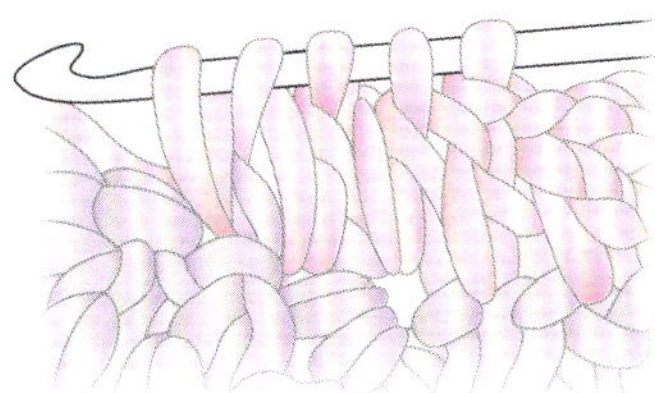

5 Faden umschlagen, in die nächste Masche (die dritte der drei Maschen) einstechen, Faden holen und durchziehen (5 Schlingen auf der Nadel).

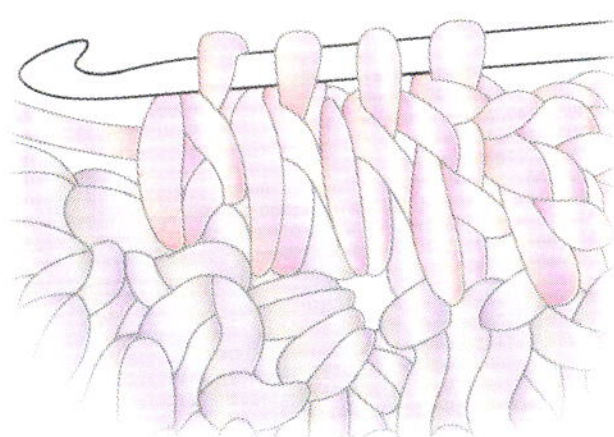

6 Faden holen und durch die ersten 2 Schlingen auf der Nadel ziehen (4 Schlingen auf der Nadel).

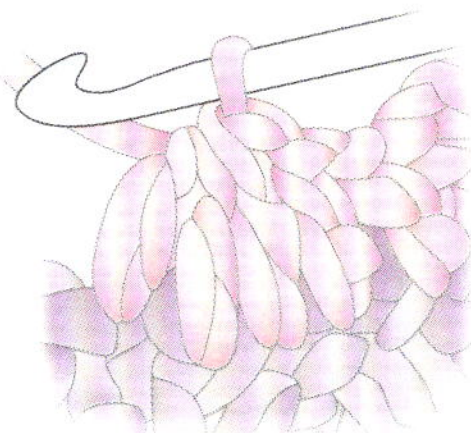

7 Faden holen und durch alle 4 Schlingen auf der Nadel ziehen (1 Schlinge auf der Nadel).

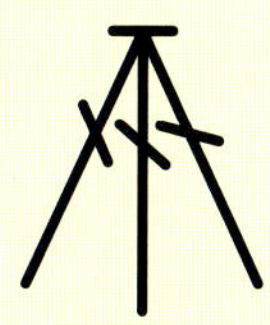

3 zusammen abgemaschte Stäbchen (3 Stb zus) in der Häkelschrift

Wellenmuster (Chevronmuster)

Wellen- und Zackenmuster gibt es viele. Für dieses Projekt habe ich eines meiner Lieblingsmuster gewählt. Auch bei den Teilnehmern meiner Häkelkurse ist es äußerst beliebt.

Vielfaches von 10 Maschen + 3.

Lm-Kette: In Garn A 33 Lm häkeln.
1. R: 1 Stb in 3. Lm von der Nadel aus, je 1 Stb in die nächsten 3 Lm, 3 Stb zus in die nächsten 3 Lm, je 1 Stb in die nächsten 3 Lm, * 3 Stb in die nächste Lm, je 1 Stb in die nächsten 3 Lm, 3 Stb zus in die nächsten 3 Lm, je 1 Stb in die nächsten 3 Lm; ab * bis zur letzten Lm wdh, 2 Stb in die letzte Lm.
Faden abschneiden, aber nicht verwahren.
2. R: Nächste Farbe einhäkeln, 3 Lm, je 1 Stb in die ersten 4 M, 3 Stb zus in die nächsten 3 M, je 1 Stb in die nächsten 3 M, * 3 Stb in nächste M, je 1 Stb in die nächsten 3 M, 3 Stb zus in die nächsten 3 M, je 1 Stb in die nächsten 3 M; ab * bis zum Ende wdh, 2 Stb in oberste Lm am Ende der R.
2. R fortlaufend wdh, Farbwechsel in jeder R.

Häkeldiagramm: Wellenmuster (Chevronmuster)

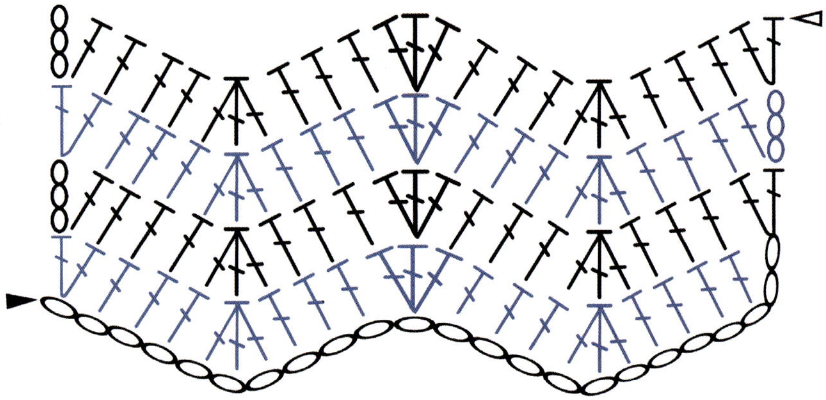

Legende

- **Lm** Luftmasche
- **Stb** Stäbchen
- **3 Stb zus** 3 zusammen abgemaschte Stäbchen
- Beginn des Musters
- Ende des Musters

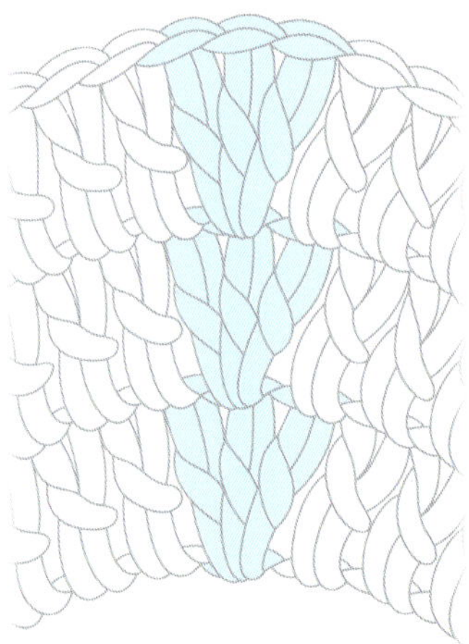

1 Der „Wellenberg" entsteht durch das Zunehmen von Stäbchen. Die Zunahme wird in jeder Reihe über der Zunahme in der Vorreihe gearbeitet.

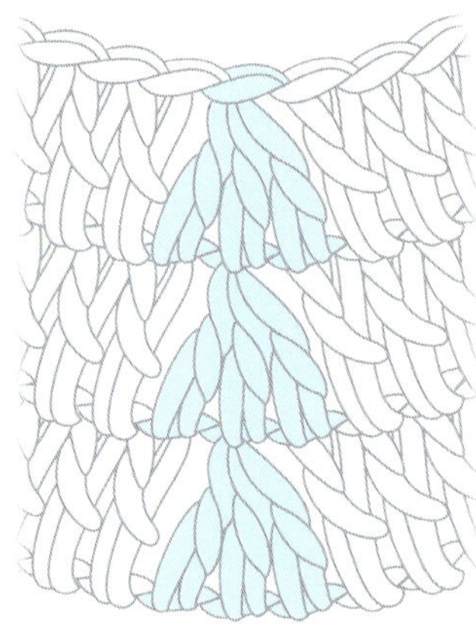

2 Das „Wellental" entsteht durch Abnahmen. In jeder Reihe wird eine Abnahme über der Abnahme in der Vorreihe gearbeitet. Das Muster ist in allen Reihen gleich (die 2. Reihe wird fortlaufend wiederholt). In jeder Reihe wird die Farbe gewechselt.

Was bedeutet „Vielfaches"?

Die Anleitung für unser Wellenmuster enthält die Angabe „Vielfaches von 10 Maschen + 3". Das bedeutet, dass für eine Musterwiederholung 10 Maschen benötigt werden; dazu kommen 3 Wendeluftmaschen. Ähnliche Angaben kommen in Häkelanleitungen häufig vor.

Wenn die Häkelarbeit breiter sein soll, müssen Sie die Maschenanzahl für die Luftmaschenkette berechnen – für fünf Wiederholungen unseres Wellenmusters brauchen Sie 5 x 10 = 50 Maschen (für das Wellenmuster) plus 3 Wendeluftmaschen in der 1. Reihe = 53.
Für eine schmalere Häkelarbeit (zwei Wiederholungen) arbeiten Sie 20 Luftmaschen plus 3 Wendeluftmaschen = 23.

Schal im Wellenmuster (Chevronmuster)

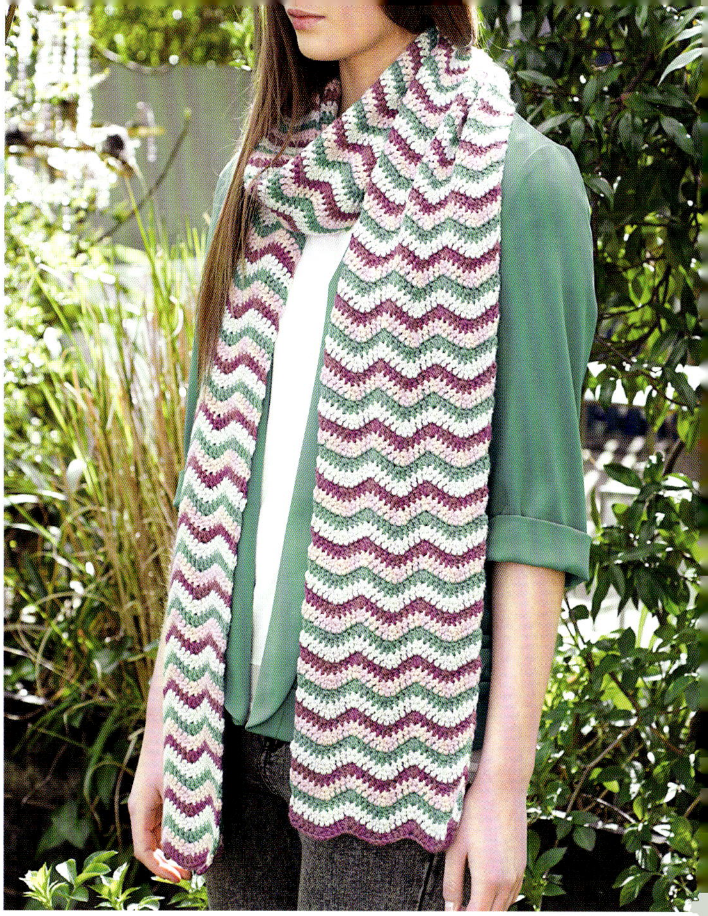

Streifen machen sich auf einem Schal besonders gut. Durch das Wellenmuster kommen sie noch besser zur Geltung. Wenn man die Abfolge der Zunahmen und Abnahmen einmal kapiert hat, geht das Häkeln wie von selbst und ist wunderbar entspannend. Keine Angst vor dem Vernähen der Fadenenden – auch diese Arbeit kann entspannend wirken!

Farbkombination

Wechseln Sie fortlaufend die Farben wie folgt: 1 R Farbe A, 1 R Farbe B, 1 R Farbe C, 1 R Farbe D.

Schal

Lm-Kette: In Garn A 33 Lm häkeln.

1. R: 1 Stb in 3. Lm von der Nadel aus, je 1 Stb in die nächsten 3 Lm, 3 Stb zus in die nächsten 3 Lm, je 1 Stb in die nächsten 3 Lm, * 3 Stb in die nächste Lm, je 1 Stb in die nächsten 3 Lm, 3 Stb zus in die nächsten 3 Lm, je 1 Stb in die nächsten 3 Lm; ab * bis zur letzten Lm wdh, 2 Stb in die letzte Lm.

Faden abschneiden, aber nicht verwahren.

2. R: Nächste Farbe einhäkeln, 3 Lm, je 1 Stb in die ersten 4 M, 3 Stb zus in die nächsten 3 M, je 1 Stb in die nächsten 3 M, * 3 Stb in nächste M, je 1 Stb in die nächsten 3 M, 3 Stb zus in die nächsten 3 M, je 1 Stb in die nächsten 3 M; ab * bis zum Ende wdh, 2 Stb in oberste der 3 Lm am Ende der R.

2. R fortlaufend wdh, in jeder R die Farbe wechseln, bis die Arbeit ca. 228,5 cm misst oder bis das Garn ausgeht. Mit Farbe A abschließen.

Faden verwahren.

Fertigstellung

Mit einer Wollnadel alle Fadenenden vernähen.

Fertigkeiten

Maschenart: Stäbchen

Klassisches Wellenmuster (Chevronmuster) häkeln

Stäbchen zunehmen und abnehmen

Farbstreifenmuster häkeln

Maße

Der fertige Schal ist etwa 228,5 cm lang und 19 cm breit.

Garn

Debbie Bliss Cashmerino Aran (Worsted Weight, 55 % Merino, 33 % Mikrofaser, 12 % Kaschmir) je 2 x 50 g (ca. 180 m Lauflänge) in folgenden 4 Farben:

A 042 Mulberry (Violett)
B 027 Stone (Beige)
C 061 Jade (Blaugrün)
D 603 Baby Pink (Hellrosa)

Häkelnadel

5 mm

Maschenprobe

15 M x 9 R Stäbchen mit 5-mm-Nadel = 10 x 10 cm

Abkürzungen

Lm	Luftmasche
wdh	wiederholen
R	Reihe
Stb	Stäbchen
M	Masche

Spezial-Abkürzung

3 Stb zus (3 zusammen abgemaschte Stäbchen): Faden umschlagen, in die nächste M einstechen, Faden holen und durchziehen (3 Schlingen auf der Nadel), Faden holen und durch die ersten 2 Schlingen auf der Nadel ziehen (2 Schlingen auf der Nadel), Faden umschlagen, in die nächste M einstechen, Faden holen und durchziehen (4 Schlingen auf der Nadel), Faden holen und durch die ersten 2 Schlingen auf der Nadel ziehen (3 Schlingen auf der Nadel), Faden umschlagen, in die nächste M einstechen, Faden holen und durchziehen (5 Schlingen auf der Nadel), Faden holen und durch die ersten 2 Schlingen auf der Nadel ziehen (4 Schlingen auf der Nadel), Faden holen und durch alle 4 Schlingen auf der Nadel ziehen (1 Schlinge auf der Nadel).

Häkel-Workshop 5

Büschelmasche und Matratzenstich

Büschelmaschen sind Maschengruppen, die in dieselbe Masche gehäkelt und zusammen abgemascht werden, um einen strukturierten oder spitzenartigen Effekt zu erzielen. Das Übungsprojekt in diesem Workshop ist ein Kissenbezug mit Strukturmuster, der in geraden Reihen gehäkelt wird. So können Sie sich ganz auf die Büschelmaschen konzentrieren, ohne Zu- und Abnahmen arbeiten zu müssen. Außerdem stellen wir den Matratzenstich vor, mit dem man die Teile einer Häkelarbeit mit einer fast unsichtbaren Naht zusammenfügen kann. Den Schluss bildet eine Häkelanleitung für ein zartes Gänseblümchen.

Büschelmaschen

Bei dieser Technik werden die einzelnen Maschen zunächst nur teilweise gehäkelt und dann zusammen abgemascht. Stäbchen eignen sich optisch besonders gut dazu.

Büschelmasche aus 2 Stäbchen (Bm2Stb)

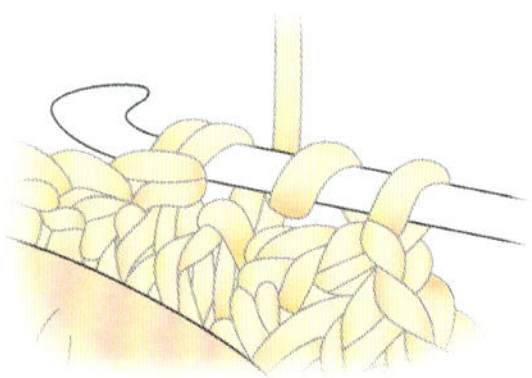

1 Faden umschlagen und an der gewünschten Stelle einstechen.

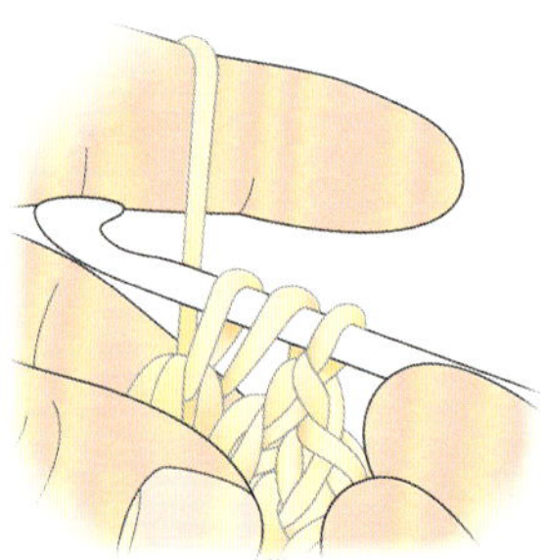

2 Faden holen und durchziehen (3 Schlingen auf der Nadel).

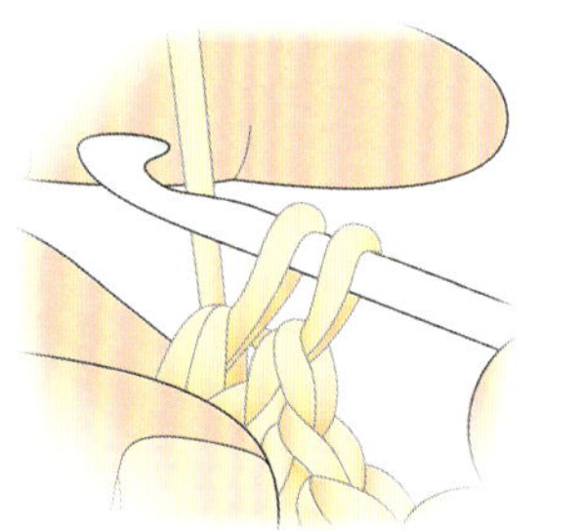

3 Faden holen und durch 2 Schlingen auf der Nadel ziehen (2 Schlingen auf der Nadel).

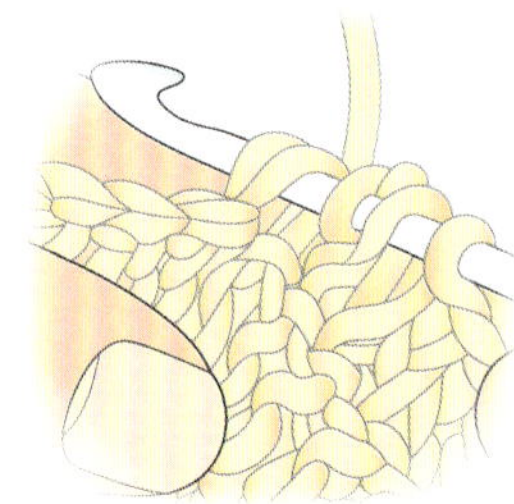

4 Faden umschlagen, an derselben Stelle nochmals einstechen.

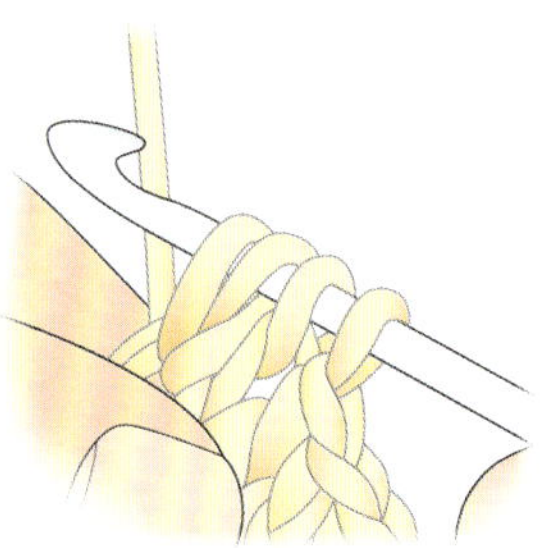

5 Faden holen und durchziehen (4 Schlingen auf der Nadel).

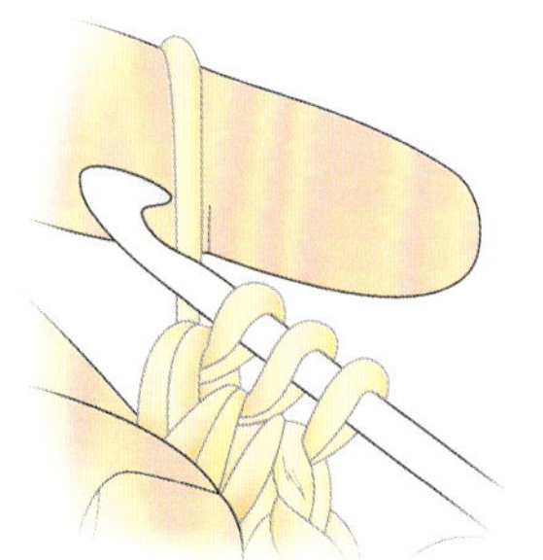

6 Faden holen und durch 2 Schlingen auf der Nadel ziehen (3 Schlingen auf der Nadel).

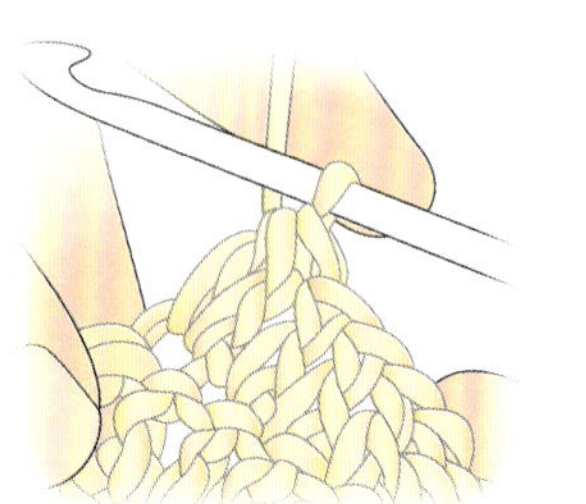

7 Faden holen und durch alle 3 Schlingen auf der Nadel ziehen (1 Schlinge auf der Nadel).

Büschelmasche aus 2 Stäbchen (Bm2Stb) in der Häkelschrift

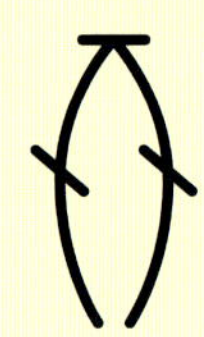

Strukturmuster

Das Übungsprojekt in diesem Workshop, der Kissenbezug, wird in diesem Wiederholungsmuster gearbeitet. Hier können Sie es ausprobieren!

Vielfaches von 10 Maschen + 4.

Lm-Kette: Mit einer 3,5-mm-Häkelnadel 24 Lm häkeln.
1. R (Rück-R): 1 Stb in die 4. Lm von der Nadel aus, * 3 Lm, 2 Lm überspr, 1 fM in die nächste Lm, 1 Lm, 1 Lm überspr, 1 fM in die nächste Lm, 3 Lm, 2 Lm überspr, 1 Stb in die nächste Lm, 1 Lm, 1 Lm überspr, 1 Stb in die nächste Lm; ab * bis zum Ende wdh.
2. R (Hin-R): 1 Lm, 1 fM in erstes Stb, 1 Stb in ersten 1-Lm-Bogen (zwischen die ersten 2 Stb), 2 Lm, * nächsten 3-Lm-Bogen überspr, [Bm2Stb, 1 Lm, Bm2Stb, 1 Lm, Bm2Stb] in nächsten 1-Lm-Bogen (zwischen 2 fM), 2 Lm, nächsten 3-Lm-Bogen überspr **, 1 fM in nächsten 1-Lm-Bogen (zwischen 2 Stb), 2 Lm; ab * wdh, letzte Wdh bei ** beenden, letztes Stb überspr, 2 fM in oberste der 3 Lm am Ende der R.
3. R (Rück-R): 1 Lm, 1 fM in erste fM, 1 Lm, nächste fM überspr, 1 fM in nächsten 2-Lm-Bogen, * 3 Lm, nächste Bm2Stb überspr, 1 Stb in nächsten 1-Lm-Bogen (zwischen den Bm2Stb), 1 Lm, nächste Bm2Stb überspr, 1 Stb in nächsten 1-Lm-Bogen (zwischen den Bm2Stb), 3 Lm, 1 fM in nächsten 2-Lm-Bogen, 1 Lm **, 1 fM in nächsten 2-Lm-Bogen; ab * wdh, letzte Wdh bei ** beenden, 1 fM in letzte fM.
4. R (Hin-R): 3 Lm, [Bm2Stb, 1 Lm, Bm2Stb] in ersten 1-Lm-Bogen (zwischen 2 fM), 2 Lm, nächsten 3-Lm-Bogen überspr, 1 fM in nächsten 1-Lm-Bogen (zwischen 2 Stb), 2 Lm, * nächsten 3-Lm-Bogen überspr, [Bm2Stb, 1 Lm, Bm2Stb, 1 Lm, Bm2Stb] in nächsten 1-Lm-Bogen (zwischen 2 fM), 2 Lm, nächsten 3-Lm-Bogen überspr, 1 fM in nächsten 1-Lm-Bogen (zwischen 2 Stb), 2 Lm; ab * bis zum letzten 3-Lm-Bogen wdh, letzten 3-Lm-Bogen überspr, [Bm2Stb, 1 Lm, Bm2Stb] in nächsten 1-Lm-Bogen (zwischen den letzten 2 fM), 1 Stb in letzte fM.
5. R (Rück-R): 3 Lm, 1 Stb in ersten 1-Lm-Bogen (zwischen den Bm2Stb), 3 Lm, 1 fM in nächsten 2-Lm-Bogen, 1 Lm, 1 fM in nächsten 2-Lm-Bogen, * 3 Lm, nächste Bm2Stb überspr, 1 Stb in nächsten 1-Lm-Bogen (zwischen den Bm2Stb), 1 Lm, nächste Bm2Stb überspr, 1 Stb in nächsten 1-Lm-Bogen (zwischen den Bm2Stb), 3 Lm, 1 fM in nächsten 2-Lm-Bogen, 1 Lm, 1 fM in nächsten 2-Lm-Bogen; ab * wdh, mit 3 Lm abschließen, nächste Bm2Stb überspr, 1 Stb in nächsten 1-Lm-Bogen (zwischen den Bm2Stb), 1 Lm, 1 Stb in oberste der 3 Lm am Ende der R.
2.–5. R. fortlaufend wdh.

Häkeldiagramm: Strukturmuster

Legende

- **Lm** Luftmasche
- **Km** Kettmasche
- **fM** feste Masche
- **Stb** Stäbchen
- **Bm2Stb** Büschelmasche aus 2 Stäbchen
- Beginn des Musters

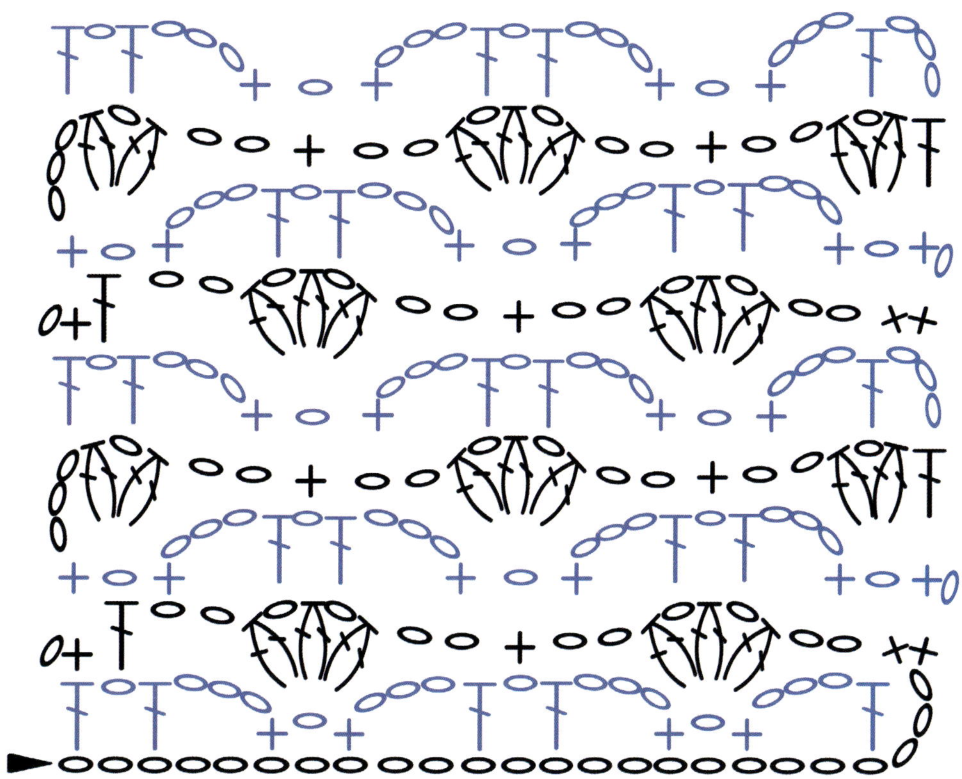

Matratzenstich

Der Matratzenstich ergibt eine unsichtbare Naht. Ich verwende ihn immer für die Oberkante von Kissen, obwohl ich für die untere und die seitlichen Kanten Überwendlingsstiche praktischer finde. Eine Naht aus Überwendlingsstichen trägt nicht auf und ist schnell fertig. Sie wird aber von der linken Seite gearbeitet. Wenn die Nähte fertig sind, müssen Sie den Bezug daher auf rechts wenden. Die Matratzenstich-Naht an der verbleibenden Kante wird von der rechten Seite gearbeitet.

TIPP

Sie wissen nicht genau, wo Sie einstechen sollen? Kein Problem – solange Sie im Bereich der Randmasche einstechen, sieht die fertige Naht gekonnt aus.

Beim Matratzenstich fasst man zuerst eine Schlinge oder einen Querfaden an der Kante des ersten Teils und dann an der Kante des zweiten Teils auf. Man sticht entweder in die nächste Masche neben der Randmasche oder an der Innenkante in die Randmasche ein.

Wenn die Teile nicht zur Gänze in einer Maschenart gearbeitet sind (z. B. bei unserem Kissenbezug), ist nicht immer eindeutig erkennbar, wo man einstechen soll. Wenn die Teile zur Gänze in Stäbchen oder festen Maschen gehäkelt sind, erkennt man die Querfäden leichter.

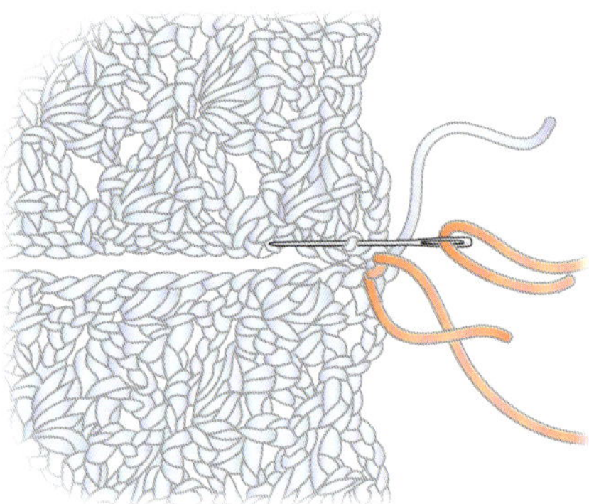

1 Die beiden Teile nebeneinander auflegen, nach Wunsch mit Stecknadeln fixieren. Einen Faden in derselben Farbe wie die Teile in eine Wollnadel einfädeln. Mit der Nadel im rechten Winkel zum Muster eine Schlinge an einer Kante auffassen und den Faden locker durchziehen.

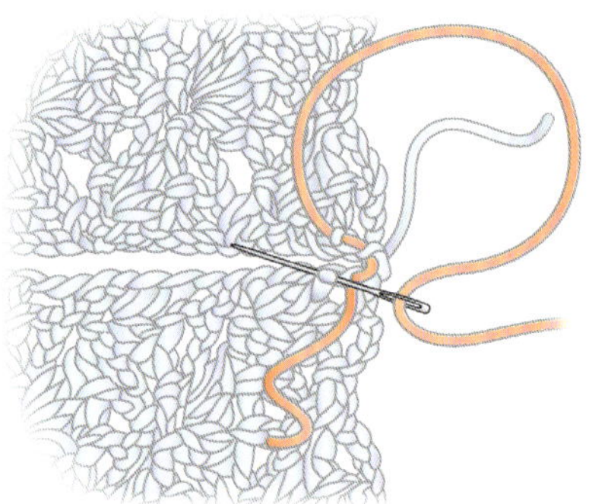

2 An der gegenüberliegenden Seite des anderen Teils knapp innerhalb der Kante eine Schlinge auffassen, den Faden locker durchziehen und nicht zu fest anziehen.

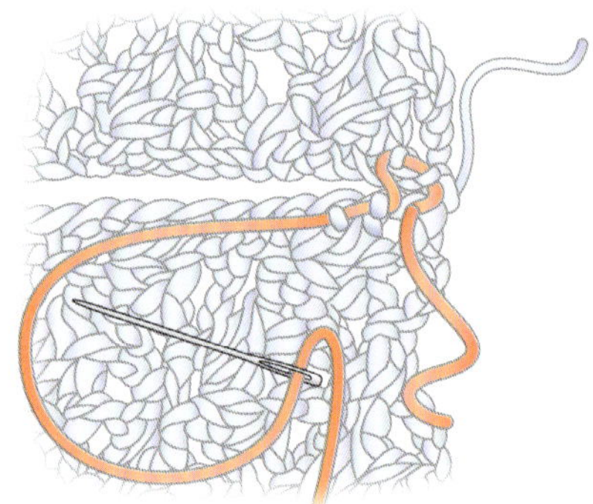

3 Die nächste Schlinge etwa 1 cm weiter vorne an derselben Kante auffassen und den Faden durchziehen.

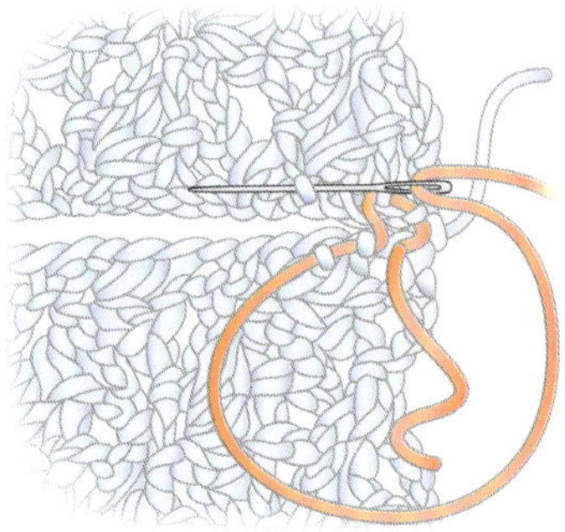

4 An der gegenüberliegenden Seite knapp innerhalb der Kante eine Schlinge auffassen und den Faden locker durchziehen.

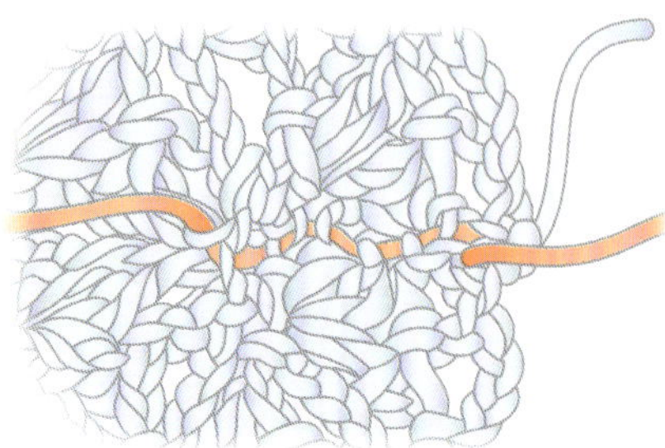

5 Schritt 3–4 wiederholen. Wenn Sie etwa 6 Schlingen aufgefasst haben, die Teile festhalten und den Faden anziehen, sodass die Kanten dicht aneinander anschließen.

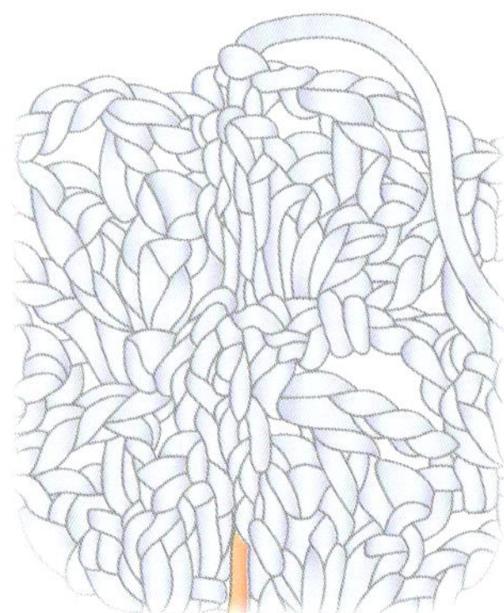

6 Schritt 3–5 fortlaufend wiederholen, bis die ganze Oberkante des Kissenbezugs zugenäht ist. Die fertige Naht ist fast unsichtbar.

Gänseblümchen

Diese Häkelblume hat 11 Blütenblätter. Sie brauchen dazu zwei Farben, eine für die Mitte und eine für die Blütenblätter. Das Gänseblümchen wird als Verzierung für den Kissenbezug in diesem Workshop verwendet. Außerdem kommt es im Workshop 13 (siehe Seite 109) zum Einsatz und ist überhaupt als Schmuck für alle möglichen Handarbeitsprojekte wie geschaffen.

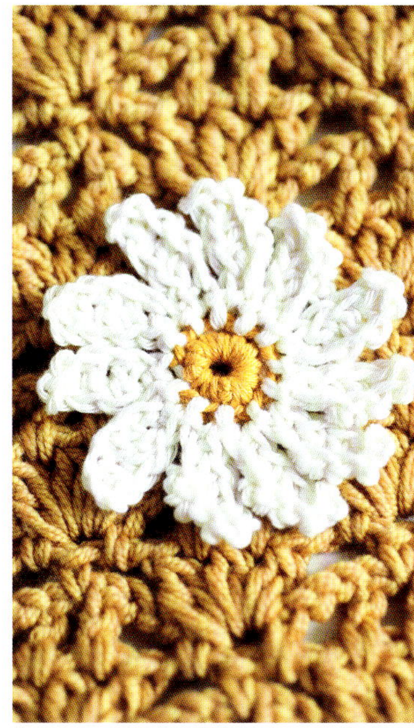

Lm-Ring: Mit einer 3-mm-Häkelnadel in Farbe A (Gelb) 6 Lm häkeln und mit Km in die erste Lm zu einem Ring schließen.

1. Rd (RS): 1 Lm (zählt als 1 fM), 10 fM in den Ring, Km in die erste Lm. *11 M*

Faden A verwahren.

2. Rd (RS): Mit der rechten Seite nach vorn in Farbe B (Cremeweiß) immer nur in das vordere Glied der fM arbeiten. Faden mit Km in beliebige M aus der 1. Rd einhäkeln, * 6 Lm, 1 hStb in 3. Lm von der Nadel aus, je 1 Stb in die nächsten 2 Lm, 1 fM in nächste Lm, 1 Km in dasselbe vordere Maschenglied wie die letzte Km, 1 Km in vorderes Glied der nächsten fM der 1. Rd; ab * wdh, abschließen mit Km in dasselbe vordere Maschenglied wie die erste Km dieser Rd. *11 Blütenblätter*

Faden verwahren.

Häkeldiagramm: 11-blättrige Blume

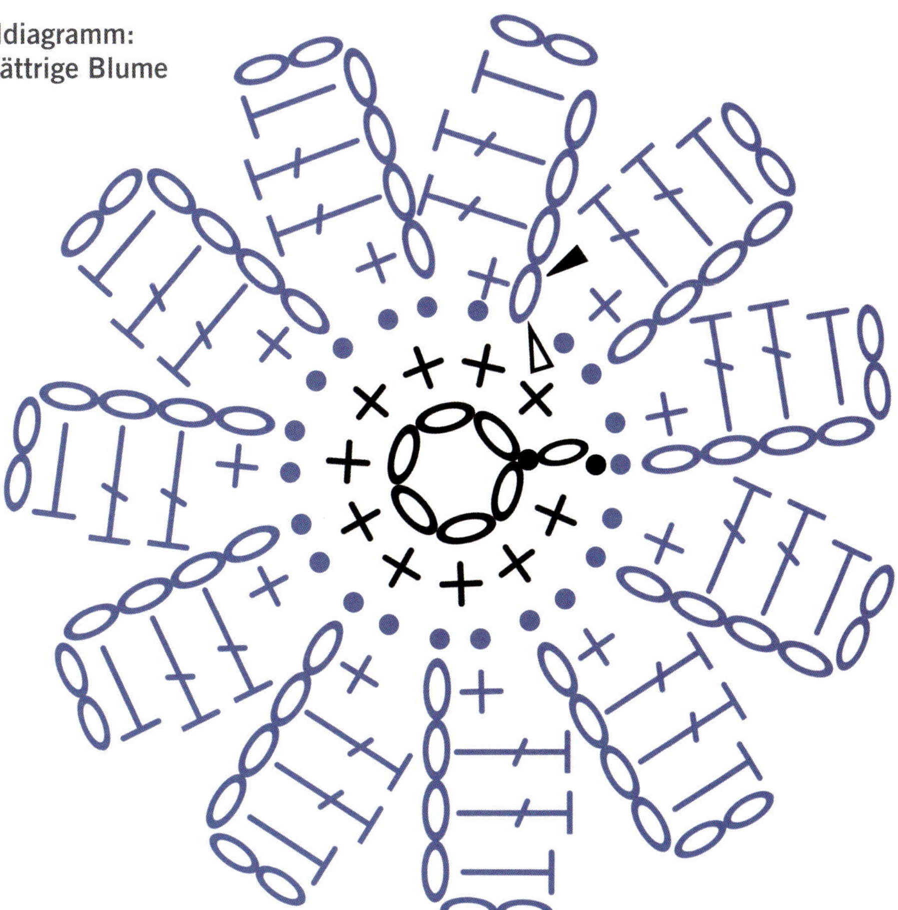

Legende

- **Lm** Luftmasche
- **Km** Kettmasche
- **fM** feste Masche
- **Stb** Stäbchen
- **hStb** halbes Stäbchen
- Beginn des Musters
- Ende des Musters

Kissenbezug mit Strukturmuster

Willkommen in der Wunderwelt der Strukturmuster! Dieser Kissenbezug wird mit einem dicken Garn gearbeitet und mit einem zierlichen Gänseblümchen verziert.

Fertigkeiten

Maschenarten: Stäbchen, feste Masche, halbes Stäbchen

Strukturmuster häkeln

Büschelmasche aus 2 Stäbchen arbeiten

11-blättrige Blume häkeln

Naht aus Überwendlingsstich

Naht aus Matratzenstich

Wohnaccessoires mit Häkelblumen verzieren

Maße

Der fertige Kissenbezug ist für eine 40 x 40 cm große Kisseneinlage gedacht.

Garn

Kissenbezug:
Debbie Bliss Rialto Chunky (Bulky, 100 % Merino Extrafine Superwash)

8 x 50 g (ca. 480 m Lauflänge) in der Hauptfarbe:

HF 007 Gold (Goldgelb)

Blume:
Rowan Cotton Glacé (DK, 100 % Baunwolle)

Reste in zwei Farben:

A 856 Mineral (Goldgelb)
B 725 Ecru (Cremeweiß)

Häkelnadeln

3,5 mm
3 mm

Sonstiges Material

Kisseneinlage, 40 x 40 cm

Maschenprobe

15 M x 8 R Stäbchen mit 3,5-mm-Nadel in der HF = 10 x 10 cm

Abkürzungen

Lm	Luftmasche
fM	feste Masche
Stb	Stäbchen
HF	Hauptfarbe
wdh	wiederholen
R	Reihe
Km	Kettmasche
M	Masche
überspr	überspringen
RS	rechte Seite

Spezial-Abkürzung

Bm2Stb (Büschelmasche aus 2 Stäbchen): [Faden umschlagen und an der gewünschten Stelle einstechen, Faden holen und durchziehen, Faden holen und durch die ersten 2 Schlingen auf der Nadel ziehen] 2-mal an derselben Stelle (3 Schlingen auf der Nadel), Faden holen und durch alle 3 Schlingen auf der Nadel ziehen.

Kissenbezug-Vorderteil

Lm-Kette: Mit einer 3,5-mm-Häkelnadel in der HF 74 Lm häkeln.

1. R (Rück-R): 1 Stb in die 4. Lm von der Nadel aus, * 3 Lm, 2 Lm überspr, 1 fM in die nächste Lm, 1 Lm, 1 Lm überspr, 1 fM in die nächste Lm, 3 Lm, 2 Lm überspr, 1 Stb in die nächste Lm, 1 Lm, 1 Lm überspr, 1 Stb in die nächste Lm; ab * bis zum Ende wdh.

2. R (Hin-R): 1 Lm, 1 fM in erstes Stb, 1 Stb in ersten 1-Lm-Bogen (zwischen die ersten 2 Stb), 2 Lm, * nächsten 3-Lm-Bogen überspr, [Bm2Stb, 1 Lm, Bm2Stb, 1 Lm, Bm2Stb] in nächsten 1-Lm-Bogen (zwischen 2 fM), 2 Lm, nächsten 3-Lm-Bogen überspr **, 1 fM in nächsten 1-Lm-Bogen (zwischen 2 Stb), 2 Lm; ab * wdh, letzte Wdh bei ** beenden, letztes Stb überspr, 2 fM in oberste der 3 Lm am Ende der R.

3. R (Rück-R): 1 Lm, 1 fM in erste fM, 1 Lm, nächste fM überspr, 1 fM in nächsten 2-Lm-Bogen, * 3 Lm, nächste Bm2Stb überspr, 1 Stb in nächsten 1-Lm-Bogen (zwischen den Bm2Stb), 1 Lm, nächste Bm2Stb überspr, 1 Stb in nächsten 1-Lm-Bogen (zwischen den Bm2Stb), 3 Lm, 1 fM in nächsten 2-Lm-Bogen, 1 Lm **, 1 fM in nächsten 2-Lm-Bogen; ab * wdh, letzte Wdh bei ** beenden, 1 fM in letzte fM.

4. R (Hin-R): 3 Lm, [Bm2Stb, 1 Lm, Bm2Stb] in ersten 1-Lm-Bogen (zwischen 2 fM), 2 Lm, nächsten 3-Lm-Bogen überspr, 1 fM in nächsten 1-Lm-Bogen (zwischen 2 Stb), 2 Lm, * nächsten 3-Lm-Bogen überspr, [Bm2Stb, 1 Lm, Bm2Stb, 1 Lm, Bm2Stb] in nächsten 1-Lm-Bogen (zwischen 2 fM), 2 Lm, nächsten 3-Lm-Bogen überspr, 1 fM in nächsten 1-Lm-Bogen (zwischen 2 Stb), 2 Lm; ab * bis zum letzten 3-Lm-Bogen wdh, letzten 3-Lm-Bogen überspr, [Bm2Stb, 1 Lm, Bm2Stb] in nächsten 1-Lm-Bogen (zwischen den letzten 2 fM), 1 Stb in letzte fM.

5. R (Rück-R): 3 Lm, 1 Stb in ersten 1-Lm-Bogen (zwischen den Bm2Stb), 3 Lm, 1 fM in nächsten 2-Lm-Bogen, 1 Lm, 1 fM in nächsten 2-Lm-Bogen, * 3 Lm, nächste Bm2Stb überspr, 1 Stb in nächsten 1-Lm-Bogen (zwischen den Bm2Stb), 1 Lm, nächste Bm2Stb überspr, 1 Stb in nächsten 1-Lm-Bogen (zwischen den Bm2Stb), 3 Lm, 1 fM in nächsten 2-Lm-Bogen, 1 Lm, 1 fM in nächsten 2-Lm-Bogen; ab * wdh, mit 3 Lm abschließen, nächste Bm2Stb überspr, 1 Stb in nächsten 1-Lm-Bogen (zwischen den Bm2Stb), 1 Lm, 1 Stb in oberste der 3 Lm am Ende der R.

2.–5. R. fortlaufend wdh, bis die Arbeit ca. 40 cm misst (ca. 42 R), mit einer 2. R abschließen.
Faden verwahren.

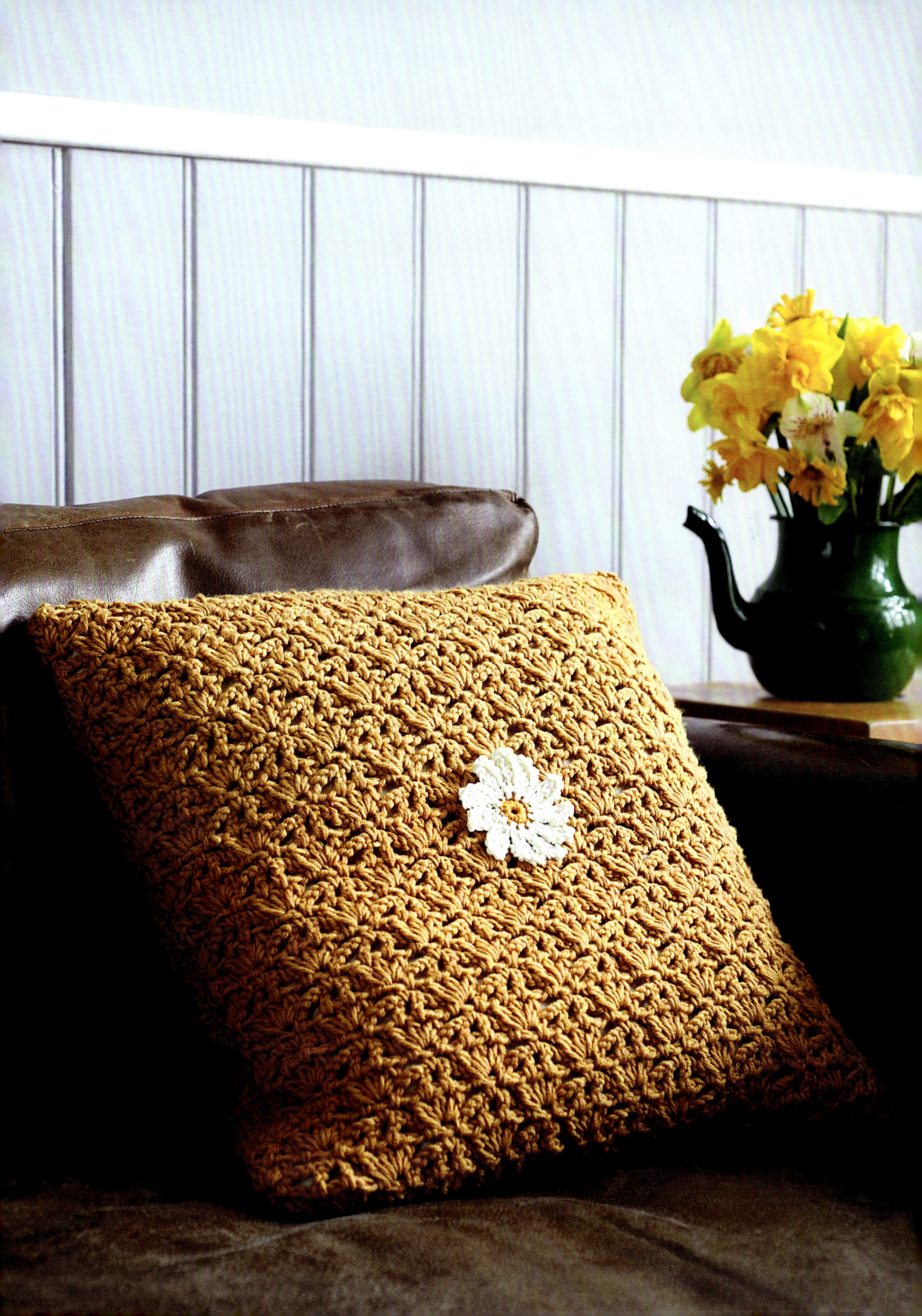

Häkeldiagramm: Strukturmuster

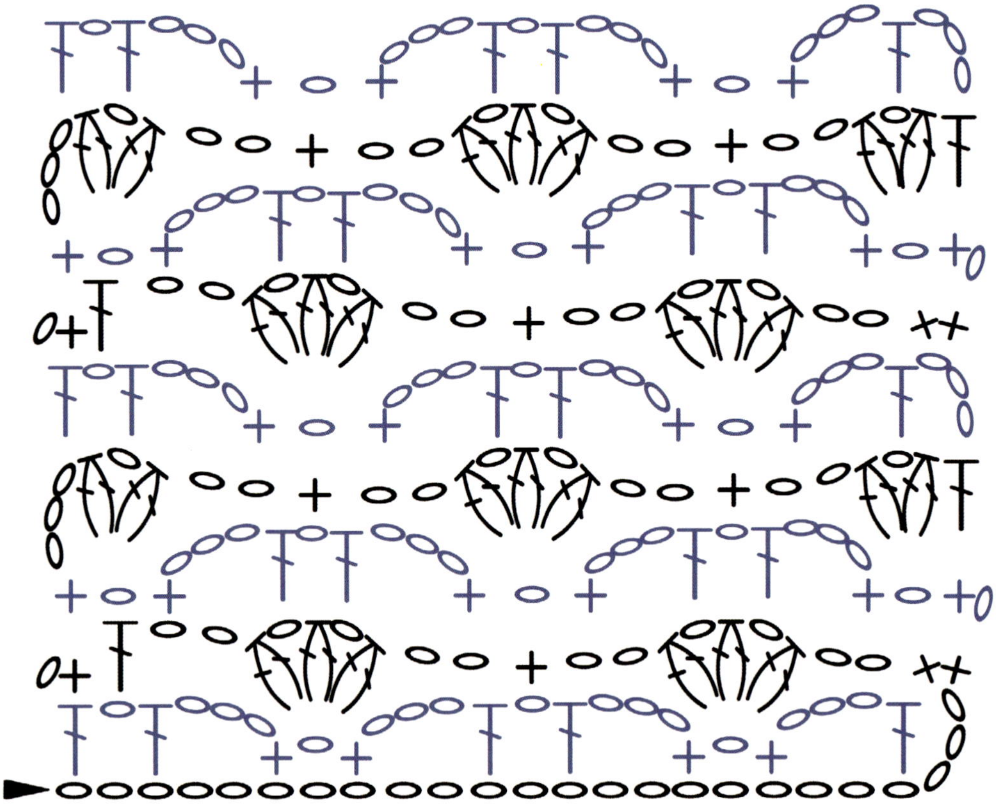

Häkeldiagramm:
11-blättrige
Blume

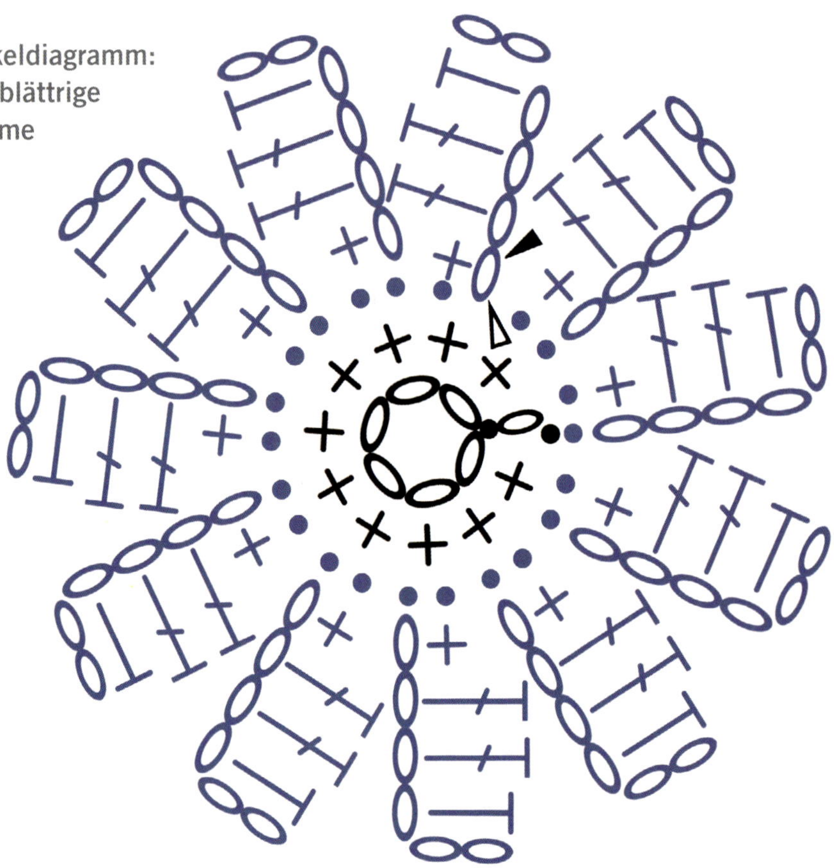

Legende

- **Lm** Luftmasche
- **Km** Kettmasche
- **fM** feste Masche
- **Stb** Stäbchen
- **hStb** halbes Stäbchen
- **Bm2Stb** Büschelmasche aus 2 Stäbchen
- Beginn des Musters
- Ende des Musters

Kissenbezug-Rückenteil

Genauso arbeiten wie den Vorderteil.

Gänseblümchen

Lm-Ring: Mit einer 3-mm-Häkelnadel in Farbe A (Gelb) 6 Lm häkeln und mit Km in die erste Lm zu einem Ring schließen.

1. Rd (RS): 1 Lm (zählt als 1 fM), 10 fM in den Ring, Km in die erste Lm. *11 M*

Faden A verwahren.

2. Rd (RS): Mit der rechten Seite nach vorn in Farbe B (Cremeweiß) immer nur in das vordere Glied der fM arbeiten. Faden mit Km in beliebige M der 1. Rd einhäkeln, * 6 Lm, 1 hStb in 3. Lm von der Nadel aus, je 1 Stb in die nächsten 2 Lm, 1 fM in nächste Lm, 1 Km in dasselbe vordere Maschenglied wie die letzte Km, 1 Km in vorderes Glied der nächsten fM der 1. Rd; ab * wdh, abschließen mit Km in dasselbe vordere Maschenglied wie die erste Km dieser Rd. *11 Blütenblätter*

Faden verwahren.

Fertigstellung

Mit einer Wollnadel alle Fadenenden an den Teilen vernähen.

Vorderteil und Rückenteil des Kissenbezuges rechts auf rechts mit Stecknadeln zusammenstecken, die gehäkelten Reihen beider Teile ausrichten. Die Oberkante offen lassen, die drei anderen Kanten mit einer Wollnadel im Überwendlingsstich zusammennähen. Den Kissenbezug auf rechts wenden, die Kisseneinlage hineinstecken, die Oberkante mit Stecknadeln zusammenstecken und mit Matratzenstich zusammennähen.

Das Gänseblümchen in der Mitte des Vorderteils annähen.

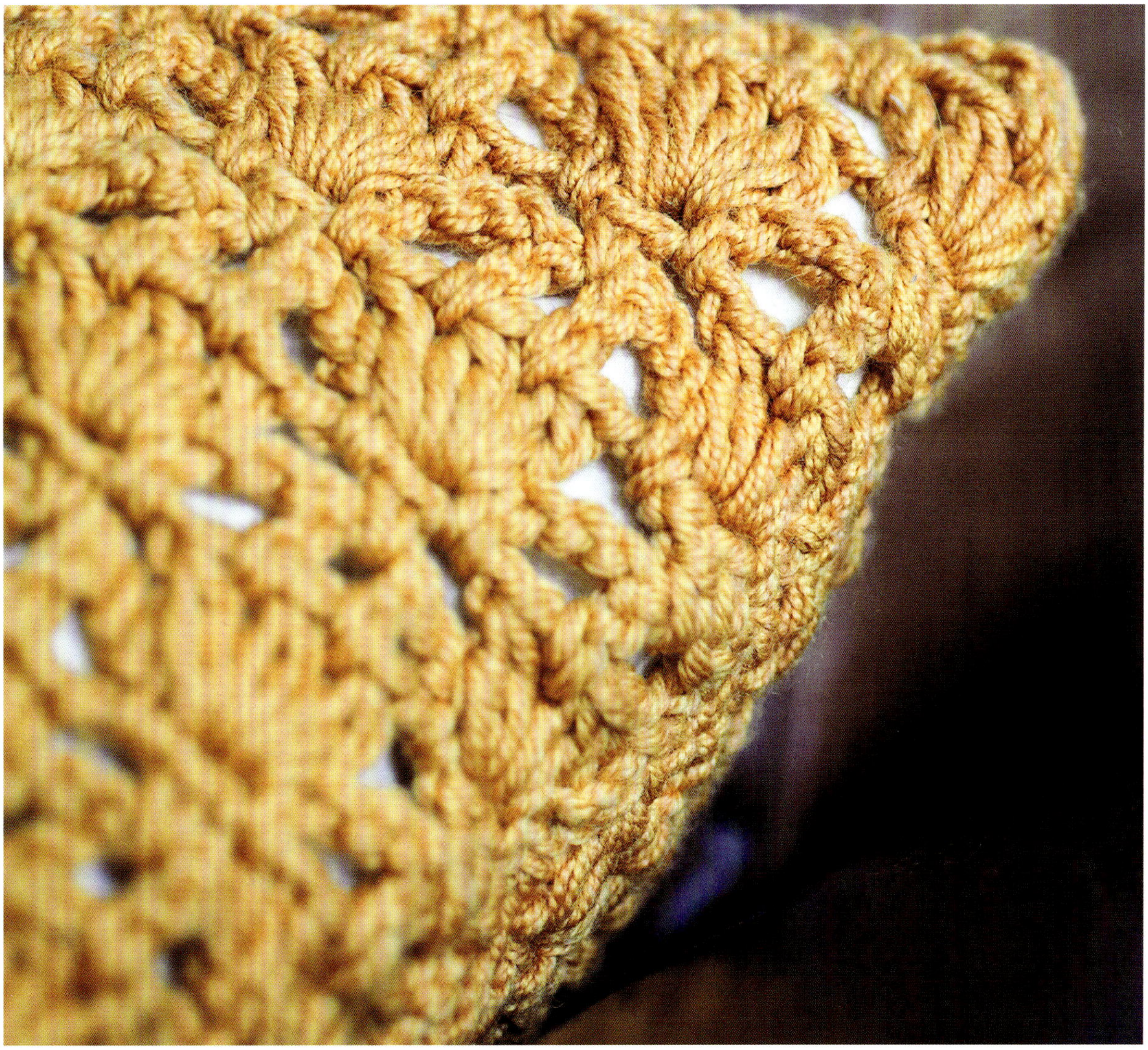

Häkel-Workshop 6

Spiralen und Rippenmuster

In diesem Workshop geht es um das Häkeln in Spiralrunden, um Rippenmuster aus Reliefstäbchen und um die Herstellung von Pompons. An unserem Projekt, einer Pudelmütze, können Sie diese Fertigkeiten in die Praxis umsetzen. Außerdem erhalten Sie Tipps zum Arbeiten mit Maschenmarkierern, mit dicker Wolle und großen Häkelnadeln.

Häkeln in Spiralrunden

Beim Rundhäkeln können Sie entweder jede Runde mit einer Kettmasche schließen (siehe Seite 42) oder am Ende der Runde weiterhäkeln, ohne sie zu schließen, sodass eine Spirale entsteht.

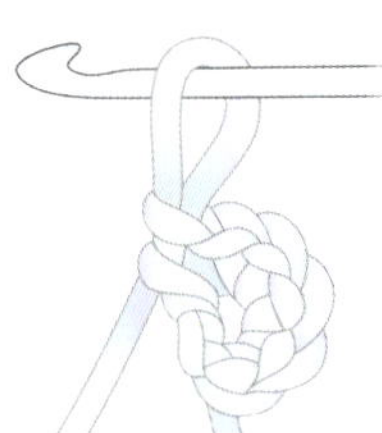

1 Anstatt mit einem Luftmaschenring (Seite 34) beginnen Sie hier mit 2 Luftmaschen und häkeln dann eine Maschengruppe in die zweite Luftmasche von der Häkelnadel aus. Mit dieser fächerförmigen Maschengruppe beginnt die Spirale.

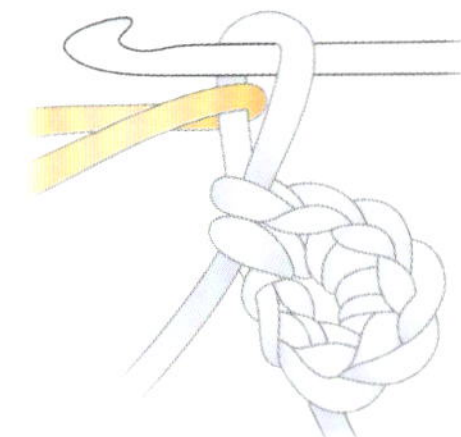

2 Wenn Sie die Anfangsmaschen fertiggestellt haben, ziehen Sie ein Stück kontrastierendes Garn durch die Schlinge auf der Nadel, um den Anfang der Runde zu markieren. Lassen Sie die Enden des Markierfadens auf der Rückseite der Arbeit herunterhängen. Sie können auch einen gekauften Maschenmarkierer verwenden.

Maschenmarkierer

Maschenmarkierer aus Kunststoff oder aus Metall sind im Handel erhältlich. Dekorative Maschenmarkierer haben bunte Perlen am Ende. Manche Maschenmarkierer aus Kunststoff sehen ähnlich wie eine Sicherheitsnadel aus (siehe Seite 15). Da ich die gekauften Markierer häufig verliere, verwende ich lieber ein etwa 10 cm langes Stück Garn in einer kontrastierenden Farbe als Markierung – wenn das verlorengeht, schneidet man eben ein neues Stück Garn ab! Ziehen Sie den Markierfaden am Beginn/am Ende jeder Runde durch die Schlinge auf der Häkelnadel. Häkeln Sie die Runde gemäß der Anleitung fertig. Die letzte Masche wird in die Schlinge mit dem Markierfaden gearbeitet. Sobald diese Masche fertig ist, versetzen Sie den Markierfaden zur neuen Schlinge auf der Nadel und beginnen Sie die nächste Runde.

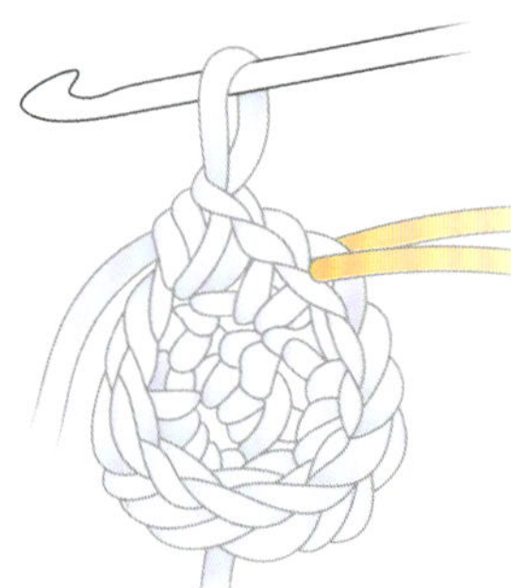

TIPP

Beim Häkeln in Spiralrunden zählen Sie am Ende jeder Runde die gehäkelten Maschen. Der Markierfaden muss lang genug sein, damit er nicht aus der Masche herausfällt.

Rippenmuster

Rippenmuster kommen beim Stricken häufiger vor, aber auch beim Häkeln können Sie ein Rippenmuster arbeiten – zum Beispiel mit Reliefstäbchen, wie sie bei unserer Pudelmütze zum Einsatz kommen. Bei dieser Technik wird um die Stäbchen in der Vorreihe herumgestochen.

Reliefstäbchen vorne (RStbv)

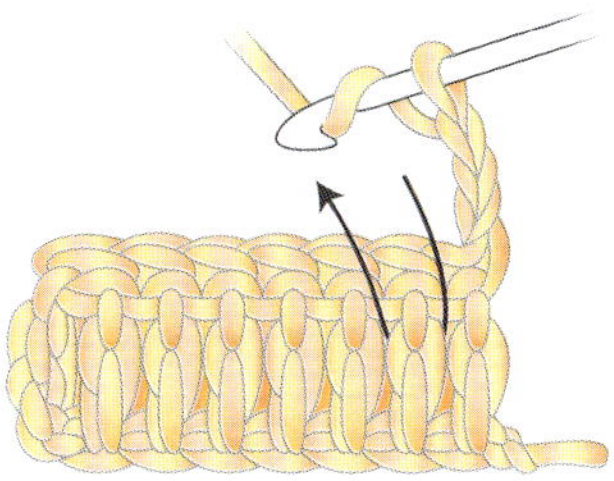

1 Faden umschlagen und von vorne um das nächste Stäbchen herum (von rechts nach links) einstechen.

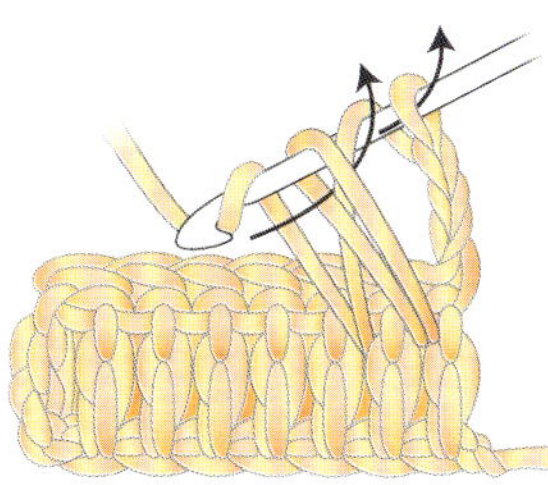

2 Faden holen und durchziehen, Faden holen und durch die ersten 2 Schlingen auf der Nadel ziehen.

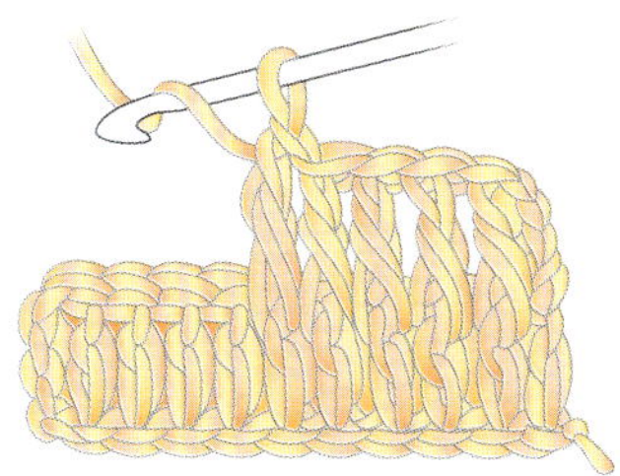

3 Faden holen und durch die zwei Schlingen auf der Nadel ziehen (1 Schlinge auf der Nadel).

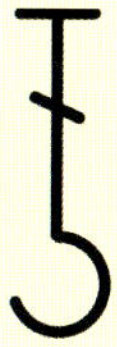

Reliefstäbchen vorne (RStbv) in der Häkelschrift

Reliefstäbchen hinten (RStbh)

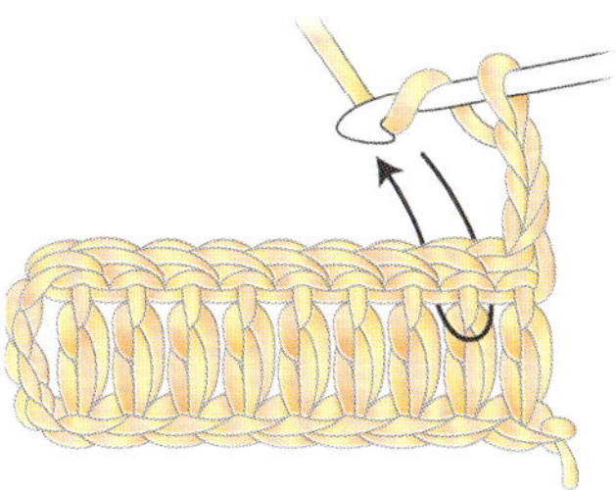

1 Faden umschlagen und von hinten um das nächste Stäbchen herum (von rechts nach links) einstechen.

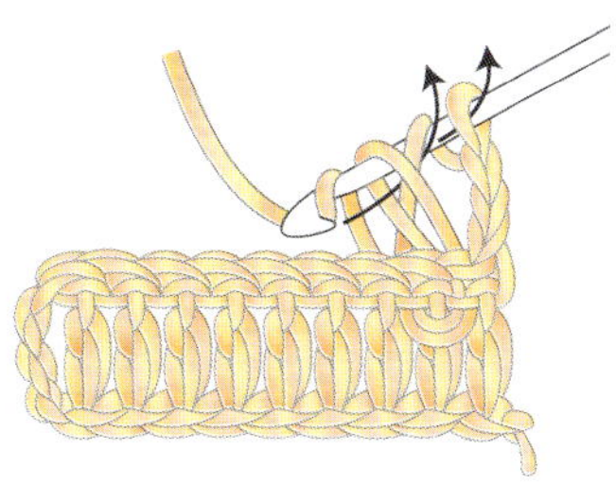

2 Faden holen und durchziehen, Faden holen und durch die ersten 2 Schlingen auf der Nadel ziehen.

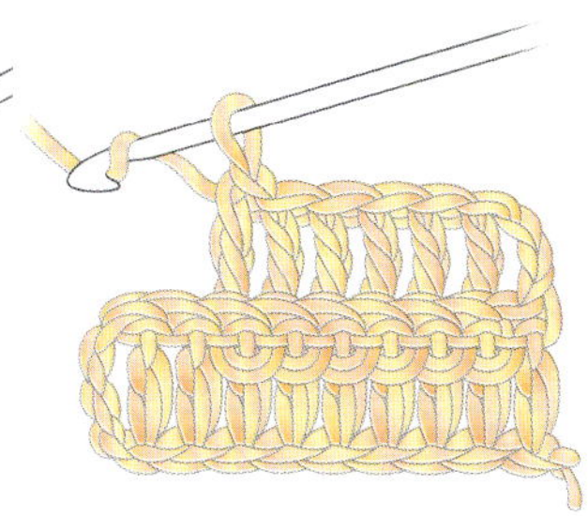

3 Faden holen und durch die zwei Schlingen auf der Nadel ziehen (1 Schlinge auf der Nadel).

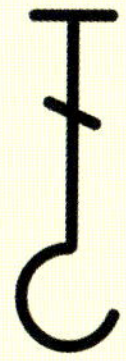

Reliefstäbchen hinten (RStbh) in der Häkelschrift

Reliefstäbchen üben

13 Lm häkeln.
1. R: 1 hStb in die 3. Lm von der Nadel aus, 1 hStb in jede Lm bis zum Ende.
2. R: 1 RStbv um jedes hStb bis zum Ende.
3., 4., 5. R: 1 RStbh um jedes Reliefstäbchen der Vorreihe bis zum Ende.

Häkeldiagramm: Reliefstäbchen

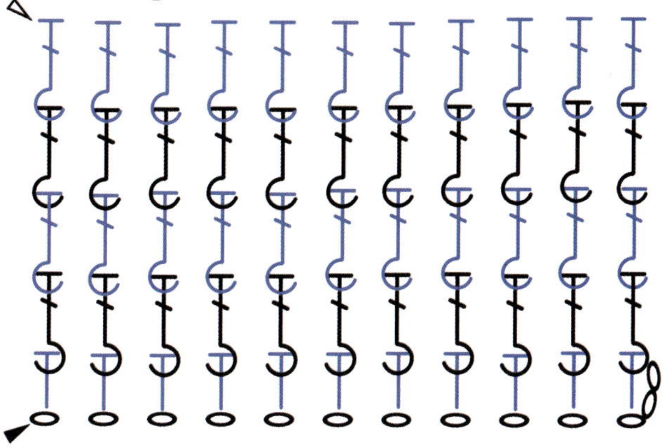

Legende

- **Lm** Luftmasche
- **hStb** halbes Stäbchen
- **RStbh** Reliefstäbchen hinten
- **RStbv** Reliefstäbchen vorne
- Beginn des Musters
- Ende des Musters

Häkeln mit dickem Garn und großer Nadel

Für das Projekt in diesem Workshop werden ein dickes Garn und eine besonders große Häkelnadel verwendet. Häkeln Sie ganz wie gewohnt. Wenn Sie beim Halten der Häkelnadel (siehe Seite 16) Schwierigkeiten haben, probieren Sie, die Nadel von oben (wie ein Messer) zu halten.

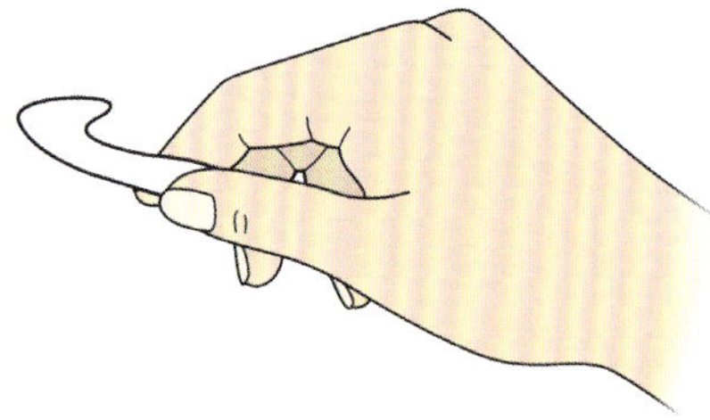

Mit „dicken Garnen" sind alle Garne gemeint, die stärker als DK- oder Aran-Garn sind (siehe Seite 10). Für Schals oder Winterpullover sind sie hervorragend geeignet. Einsteigern empfehle ich sie gerne zum Häkeln von Schals und Mützen, weil das Häkeln mit diesen Garnen wirklich schnell von der Hand geht; außerdem fallen die Maschen größer aus und sind besonders deutlich zu sehen. Als meine Tochter gerade erst mit dem Häkeln begonnen hatte, schenkte sie allen ihren Freundinnen zu Weihnachten selbst gehäkelte Schals aus dickem Garn in verschiedenen Farben – eine eindrucksvolle Leistung, die bei den Beschenkten großen Anklang fand.

TIPP

- Als Einsteiger wählen Sie „normales" dickes Garn. Das Arbeiten mit Effektgarn, wie Noppen- oder Flauschgarn, könnte noch zu schwierig sein.
- Achten Sie auf die passende Häkelnadelstärke (siehe Tabelle Seite 10).

Pompons

Es gibt mehrere Methoden, um Pompons herzustellen. Pompon-Sets gibt es in mehreren Größen zu kaufen. Sie können die Schablone jedoch auch selber machen – in diesem Fall bestimmen Sie die Größe selbst.

Pompons selber machen: mit Kartonringen

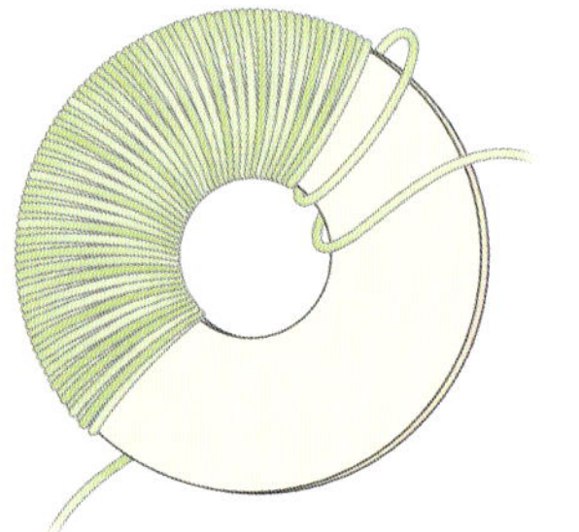

1 Zeichnen Sie zwei konzentrische Kreise auf steifen Karton (z. B. von einer Cornflakes-Packung). Der äußere Kreis soll ca. 10 cm Durchmesser haben. Schneiden Sie zuerst den größeren und dann den kleineren Kreis aus. Legen Sie die beiden Ringe aufeinander, halten Sie sie fest und umwickeln Sie sie dicht und gleichmäßig mit Wolle. Ziehen Sie die Wolle nicht zu fest an, sonst können Sie die Schere nur schwer zwischen die Wollwindungen schieben.

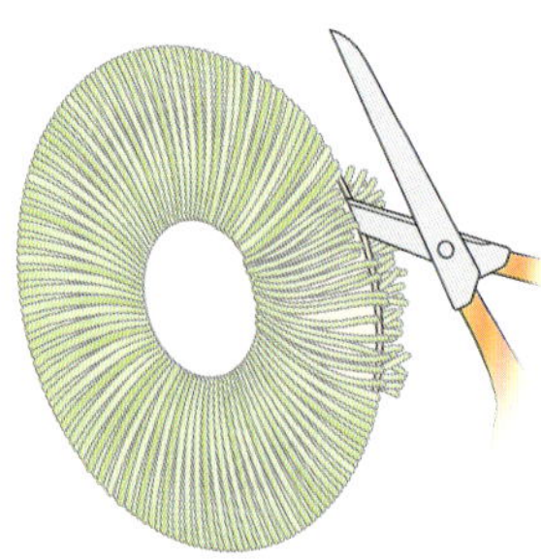

2 Nun schneiden Sie die Garnschlingen vorsichtig an der Kante der Ringe entlang durch. Schieben Sie ein längeres Stück Wolle zwischen die Ringe und verknoten Sie es, sodass die Pompon-Fäden fest zusammengehalten werden. Entfernen Sie die Kartonringe, zupfen Sie den Pompon zu einer runden Form und schneiden Sie überstehende Wollenden ab, sodass eine schöne Wollkugel entsteht.

Pompons selber machen: Ein Buch als Aufwickelhilfe

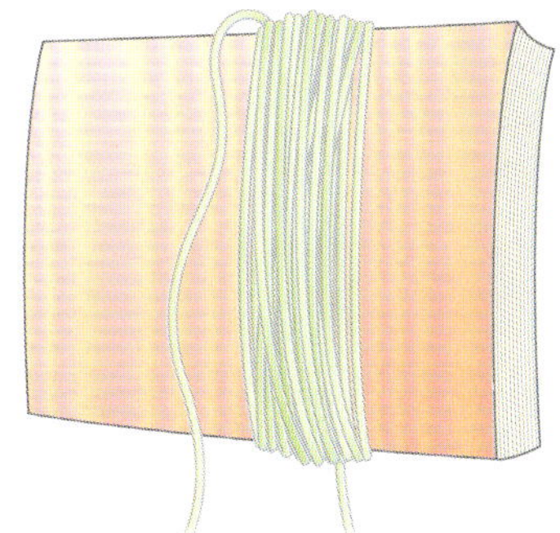

1 Lassen Sie einen langen Anfangsfaden hängen und wickeln Sie die Wolle etwa 120-mal um ein Taschenbuch oder einen ähnlich großen Gegenstand. Lassen Sie am Ende einen zweiten langen Faden stehen.

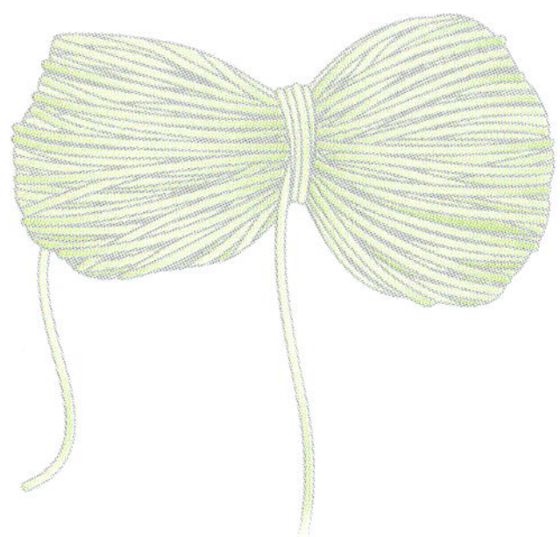

2 Nehmen Sie das Garn vorsichtig von dem Buch herunter und wickeln Sie das zweite Fadenende 6–7-mal fest um die Mitte.

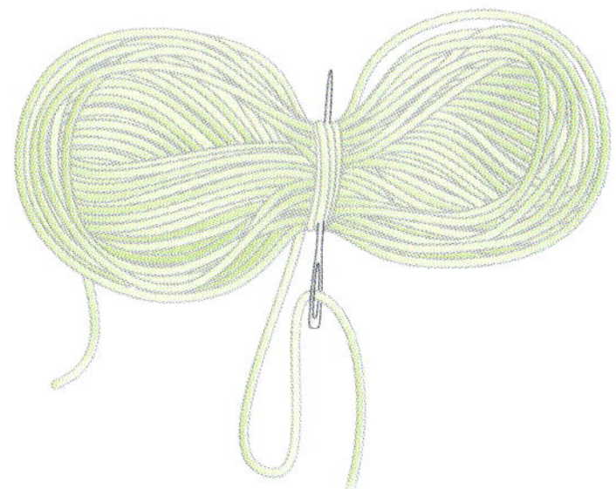

3 Fädeln Sie das zweite Fadenende in eine Wollnadel ein und führen Sie die Nadel 3–4-mal durch die Mitte.

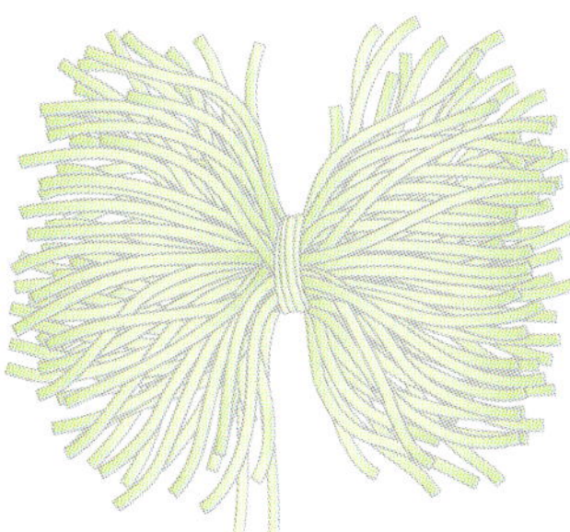

4 Schneiden Sie die Garnschlingen an beiden Seiten durch. Halten Sie die beiden langen Fäden mit einer Hand fest und zupfen Sie den Pompon mit der anderen Hand zurecht.

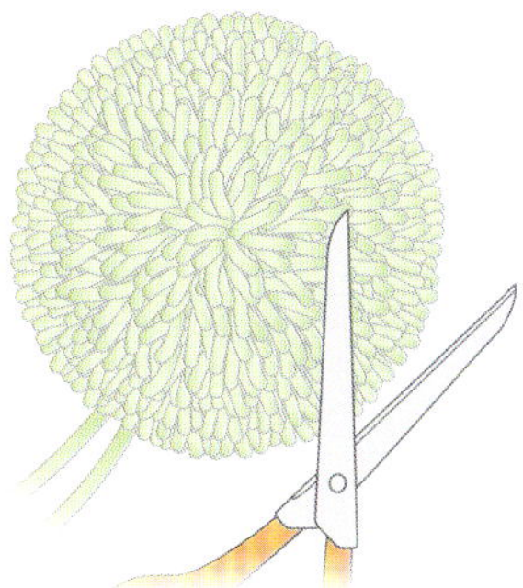

5 Halten Sie den Pompon mit einer Hand fest und schneiden Sie mit einer scharfen Schere die Garnenden zurecht, bis der Pompon eine runde Form bekommt.

TIPP

Für einen größeren Pompon nehmen Sie ein größeres Buch und umwickeln Sie es etwa 150-mal mit Wolle. Für kleinere Pompons nehmen Sie einen kleineren Gegenstand und weniger Wicklungen. Für ganz kleine Pompons wickle ich die Wolle gern um drei Finger. Noch kleiner wird der Pompon, wenn man eine Gabel umwickelt.

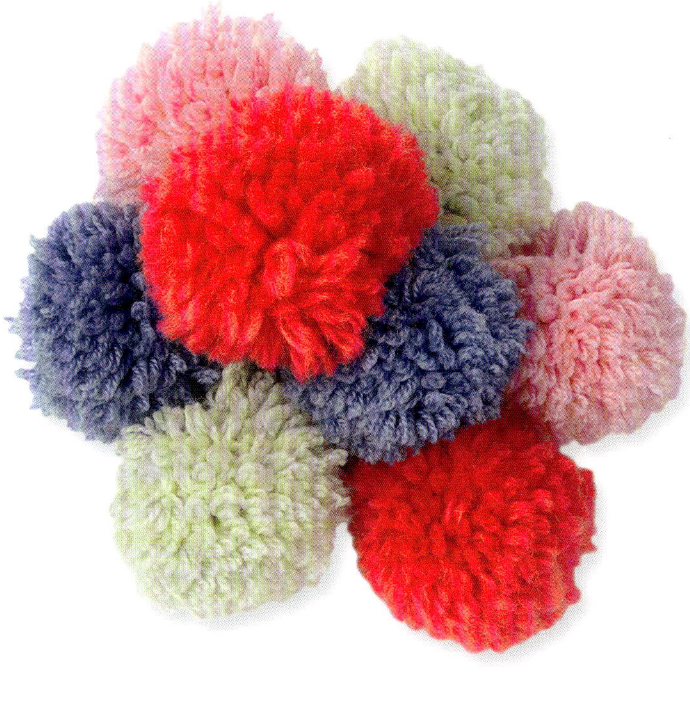

Pudelmütze

Sie brauchen einen Abend, um eine solche Mütze zu häkeln – sie gibt ein schönes und allseits beliebtes Geschenk ab! Für dieses Projekt brauchen Sie einen Maschenmarkierer – ein Stück kontrastfarbiges Garn genügt. Wenn die Mütze für Sie selbst bestimmt ist, überprüfen Sie während der Arbeit ein paarmal die Passform und fügen Sie gegebenenfalls noch einige Reihen an – oder lassen Sie die 16. (17., 17.) Runde aus, um die Mütze kürzer zu machen.

Fertigkeiten

Maschenarten: halbes Stäbchen, Reliefstäbchen

Mit dickem Garn und großer Häkelnadel arbeiten

Eine Mütze in Spiralrunden häkeln

Maschenmarkierer einsetzen

Zunahme mit halben Stäbchen häkeln

Häkelanleitung mit mehreren Größen lesen

Rippenmuster mit Reliefstäbchen häkeln

Pompon herstellen

Größen

Erwachsenengrößen Small/Medium/Large

(Kopfumfang 54–55 cm/56–57 cm/ 58–59 cm)

Maße

Small: Umfang des Randes ca. 50 cm, die Mütze misst von der Kante des (umgeschlagenen) Randes bis zur Mitte ca. 19 cm.

Medium: Umfang des Randes ca. 55 cm, die Mütze misst von der Kante des (umgeschlagenen) Randes bis zur Mitte ca. 20 cm.

Large: Umfang des Randes ca. 60 cm, die Mütze misst von der Kante des (umgeschlagenen) Randes bis zur Mitte ca. 20 cm.

Anm.: In der Anleitung wird immer zuerst die Größe „Small" angegeben, „Medium" und „Large" folgen in Klammern. Wenn nur eine Zahl angegeben ist, gilt sie für alle Größen.

Garn

Debbie Bliss Paloma (Super Bulky, 60 % Alpaka, 40 % Merino)

Einfarbige rote Mütze:
2 (3, 3) x 50 g – ca. 130 (195, 195) m Lauflänge – in der Hauptfarbe:
HF 15 Ruby (Rot)

1 x 50 g – ca. 65 m Lauflänge – in einer Kontrastfarbe für den Pompon:
KF 24 Silver (Grau)

Einfarbige graue Mütze:
2 (3, 3) x 50 g – ca. 130 (195, 195) m Lauflänge – in der Hauptfarbe:
HF 24 Silver (Grau)

1 x 50 g – ca. 65 m Lauflänge – in einer Kontrastfarbe für den Pompon:
KF 15 Ruby (Rot)

Zweifarbige Mütze (weiß mit blauem Rand):
2 x 50 g – ca. 130 m Lauflänge – in der Hauptfarbe:
HF 01 Ecru (Cremeweiß)

2 x 50 g – ca. 130 m Lauflänge – in einer Kontrastfarbe für den Rand und den Pompon:
KF 25 Soft Green (Hellblau)

Zweifarbige Mütze (blau mit grünem Rand):
2 x 50 g – ca. 130 m Lauflänge – in der Hauptfarbe:
HF 25 Soft Green (Hellblau)

2 x 50 g – ca. 130 m Lauflänge – in einer Kontrastfarbe für den Rand und den Pompon:
KF 26 Lime (Hellgrün)

Häkelnadel

6 mm

Maschenprobe

11 M x 9 R halbe Stäbchen mit 6-mm-Nadel in der HF = 10 x 10 cm

Abkürzungen

KF	Kontrastfarbe
HF	Hauptfarbe
Lm	Luftmasche
hStb	halbes Stäbchen
Stb	Stäbchen
wdh	wiederholen
Rd	Runde
Km	Kettmasche
M	Masche
überspr	überspringen
RS	rechte Seite

Spezial-Abkürzung

RStbv (Reliefstäbchen vorne): Faden umschlagen und von vorne um das nächste Stäbchen herum (von rechts nach links) einstechen, Faden holen und durchziehen, [Faden holen und durch die ersten 2 Schlingen auf der Nadel ziehen] 2-mal.

RStbh (Reliefstäbchen hinten): Faden umschlagen und von hinten um das nächste Stäbchen herum (von rechts nach links) einstechen, Faden holen und durchziehen, [Faden holen und durch die ersten 2 Schlingen auf der Nadel ziehen] 2-mal.

Anmerkung

- Die Mütze wird von oben (Mitte) beginnend in Spiralrunden bis nach unten (Rand) gearbeitet.
- Markieren Sie den Anfang (und das Ende) jeder Runde mit einem Maschenmarkierer in der Schlinge auf der Nadel, und zwar am Beginn jeder Runde des Mützenoberteils und vor den Reliefstäbchen beim Mützenrand.

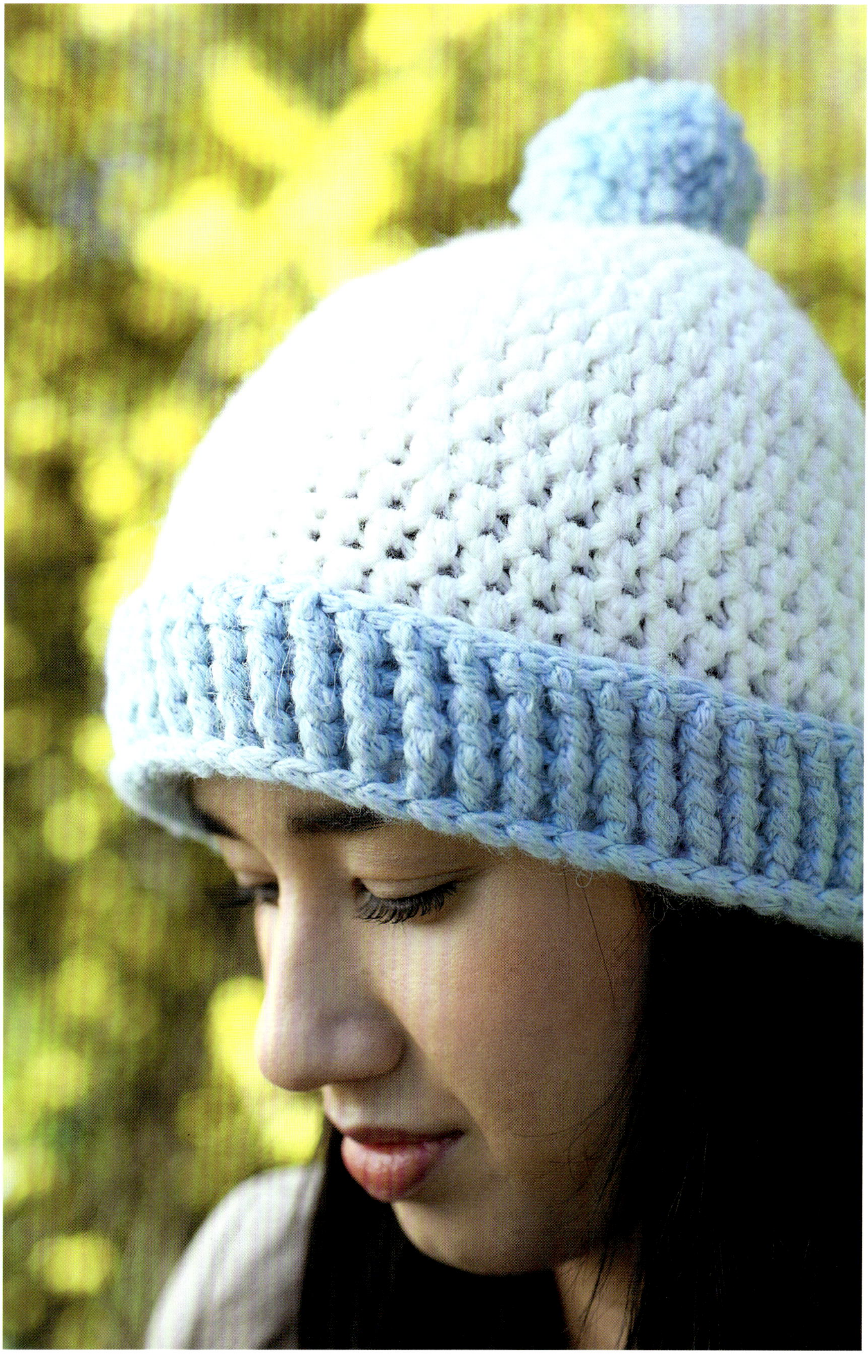

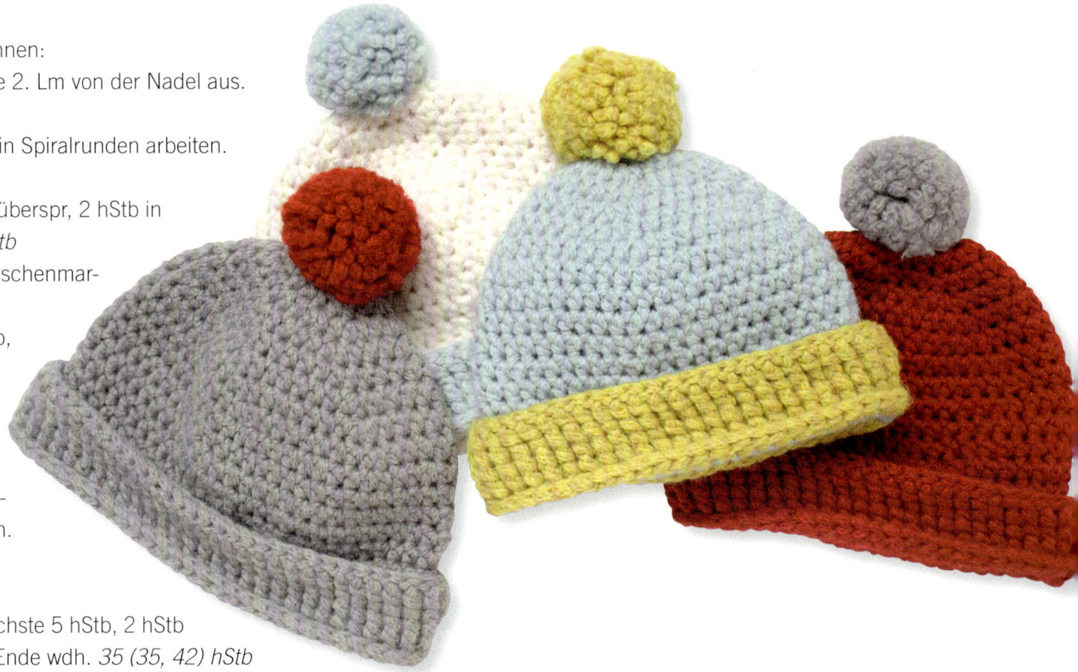

Mütze

In der Hauptfarbe wie folgt beginnen:

1. Rd (RS): 2 Lm, 10 hStb in die 2. Lm von der Nadel aus. *10 hStb*

Mit der rechten Seite nach vorn in Spiralrunden arbeiten. Den Anfang jeder Rd markieren.

2. Rd: 2 Lm am Beginn der Rd überspr, 2 hStb in jedes hStb bis zum Ende. *20 hStb*

Am Beginn jeder Runde den Maschenmarkierer versetzen.

3. Rd: * 1 hStb in nächstes hStb, 2 hStb in nächstes hStb; ab * bis zum Ende wdh. *30 hStb*

Nur für Größe „Large“:

– (–, 4.) Rd: * je 1 hStb in nächste 4 hStb, 2 hStb in nächstes hStb; ab * bis zum Ende wdh. *– (–, 36) hStb*

Für alle Größen:

4. (4., 5.) Rd: * je 1 hStb in nächste 5 hStb, 2 hStb in nächstes hStb; ab * bis zum Ende wdh. *35 (35, 42) hStb*

5. (5., 6.) Rd: * je 1 hStb in nächste 6 hStb, 2 hStb in nächstes hStb; ab * bis zum Ende wdh. *40 (40, 48) hStb*

6. (6., 7.) Rd: * je 1 hStb in nächste 7 hStb, 2 hStb in nächstes hStb; ab * bis zum Ende wdh. *45 (45, 54) hStb*

7. (7., 8.) Rd: * je 1 hStb in nächste 8 hStb, 2 hStb in nächstes hStb; ab * bis zum Ende wdh. *50 (50, 60) hStb*

Nur für Größe „Medium“:

– (8., –) Rd: * je 1 hStb in nächste 9 hStb, 2 hStb in nächstes hStb; ab * bis zum Ende wdh. *– (55, –) hStb*

Für alle Größen:

8. (9., 9.) bis 16. (17., 17.) Rd: 1 hStb in jedes hStb bis zum Ende. *50 (55, 60) hStb.*

Rand:

Bei einfarbigen Mützen in der HF fortfahren. Bei zweifarbigen Mützen Faden in HF abschneiden, neuen Faden in KF für die nächste Rd einhäkeln.

1. Rand-Rd: 1 hStb in jedes hStb bis zum Ende.

Die rechte Seite der Mütze, die Ihnen beim Arbeiten zugewandt bleibt, ist gleichzeitig die linke Seite des Randes, der ja später umgeschlagen wird.

2. Rand-Rd: 1 RStbv *(vorne)* um jedes hStb bis zum Ende.

3., 4. und 5. Rand-Rd: 1 RStbh *(hinten)* um jedes Relief-Stb bis zum Ende.

6. Rand-Rd: 1 RStbh um jedes Relief-Stb bis zur letzten M, Km um die letzte M.

Faden verwahren.

Den Rand (mit 4 erhabenen „Rippen“) umschlagen, sodass die rechte Seite des Randes nach außen zeigt.

Fertigstellung

Alle Fadenenden vernähen, dabei die „Nahtstelle“ bei der letzten M am Rand sowie die Mitte der Mütze versäubern. Den Rand mit einem feuchten Tuch vorsichtig bügeln und gerade richten.

Pompon

Mit dem restlichen Garn in der KF einen großen Pompon herstellen (siehe Seite 64–65), auf ca. 7,5 cm Durchmesser zurechtschneiden und in der Mitte der Mütze annähen.

Häkeldiagramm: Mützenrand

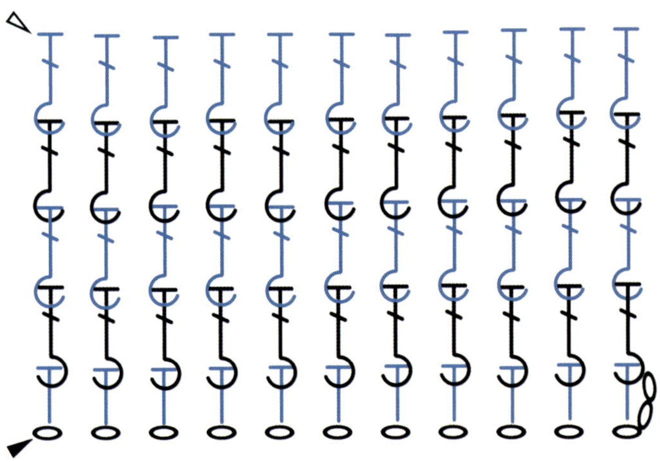

Legende

- **Lm** Luftmasche
- **hStb** halbes Stäbchen
- **RStbh** Reliefstäbchen hinten
- **RStbv** Reliefstäbchen vorne
- Beginn des Musters
- Ende des Musters

Häkel-Workshop 7

Ein Kleidungsstück häkeln

Ein Kleidungsstück zu häkeln, ist schon eine gewisse Herausforderung: Das Projekt ist besonders umfangreich, es sind Zunahmen und Abnahmen zu bewältigen, schließlich müssen die Teile noch zusammengefügt werden ... Für diesen Workshop habe ich einen ganz einfachen Pullover entworfen. Er wird mit halben Stäbchen gearbeitet. Zum Abnehmen werden zwei halbe Stäbchen zusammen abgemascht (2 hStb zus), zum Zunehmen werden zwei halbe Stäbchen in dieselbe Masche gehäkelt. Das Bündchen an den Manschetten und am unteren Rand des Pullovers besteht aus festen Maschen.

Maße

Brustweite: Damit ist bei diesem Projekt das Maß von einer Achselhöhle zur anderen am fertigen Pullover gemeint (nicht das Körpermaß).

Länge ab Schulter: Das Maß von der Schulter bis zum unteren Rand des Pullovers.

Ärmellänge: Dieser Pullover hat gerade angesetzte Ärmel, die am leichtesten zu arbeiten sind. Der Ansatzpunkt des Ärmels ist unter der Achsel. Die Ärmellänge wird von der Achsel bis zum unteren Rand des Bündchens gemessen.

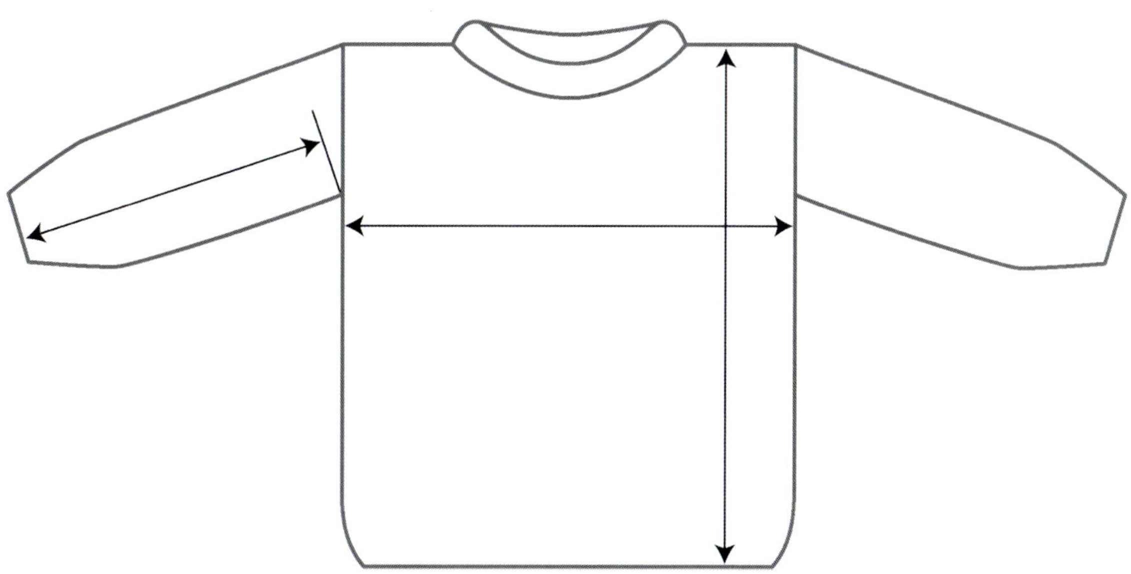

Maße ändern

Wenn der Pullover oder die Ärmel länger oder kürzer sein sollen, dann häkeln Sie einfach dementsprechend mehr oder weniger Reihen, bevor die Zu- und Abnahmen an der Schulter bzw. an den Ärmeln gearbeitet werden. In den Bereichen zwischen den gestrichelten Linien können Sie Anpassungen vornehmen. Denken Sie aber daran, dies an beiden Ärmeln bzw. am Vorder- ebenso wie am Rückenteil zu tun.

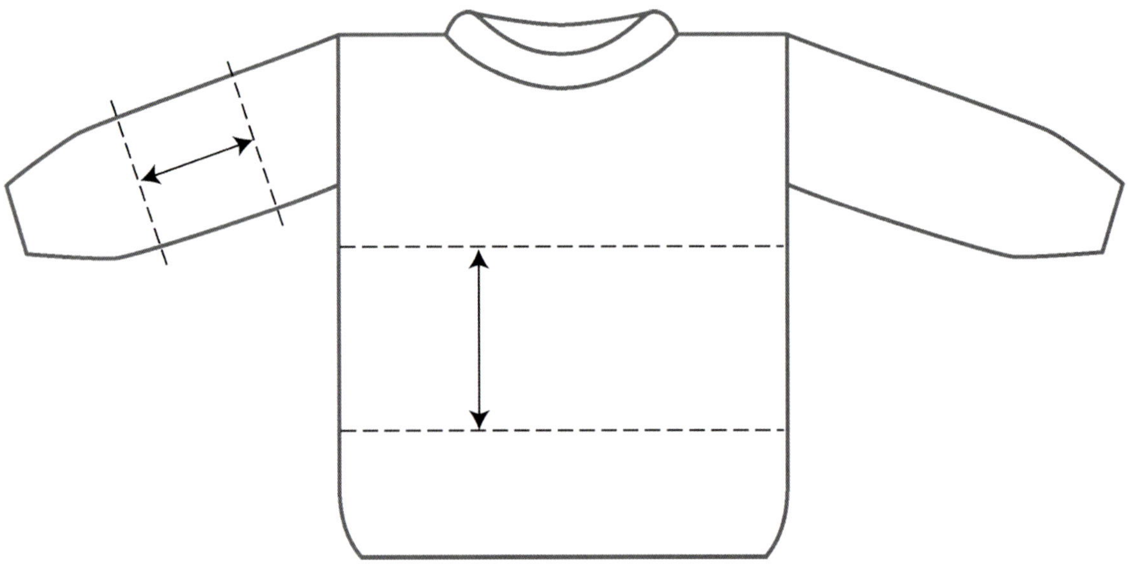

Abnahme: 2 zusammen abgemaschte halbe Stäbchen (2 hStb zus)

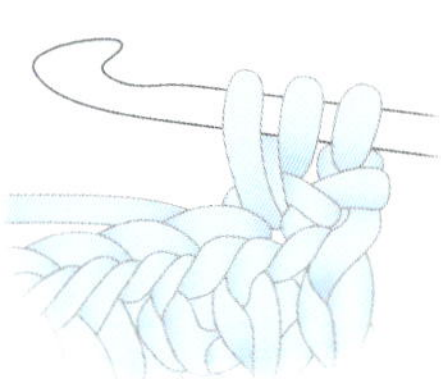

1 Faden umschlagen, in die nächste Masche einstechen, Faden holen und durchziehen (3 Schlingen auf der Nadel).

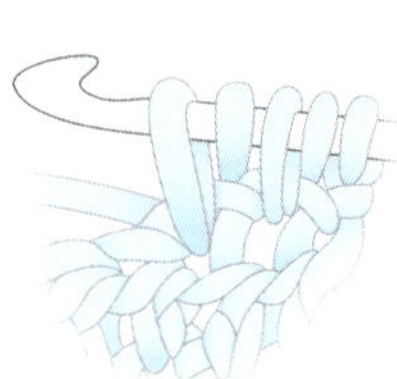

2 Faden umschlagen, in die nächste Masche einstechen, Faden holen und durchziehen (5 Schlingen auf der Nadel).

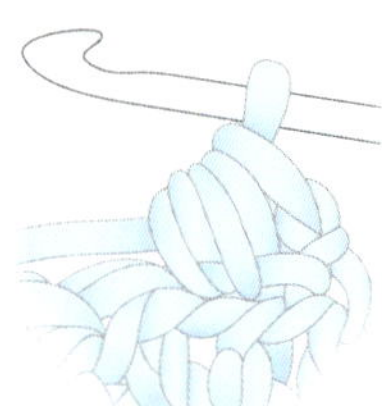

3 Faden holen und durch alle 5 Schlingen auf der Nadel ziehen (1 Schlinge auf der Nadel).

2 zusammen abgemaschte halbe Stäbchen (2 hStb zus) in der Häkelschrift

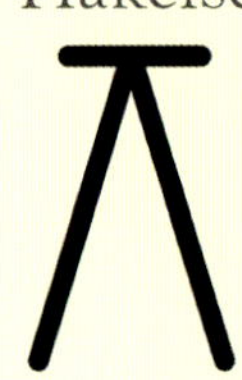

Halsabschluss

Nach der Projektanleitung (Seite 72) werden für den Halsabschluss Maschen an den Schultern sowie am vorderen und hinteren Halsausschnitt aufgefasst. Die Anleitung gibt an, wie viele Maschen Sie für die erste Runde auffassen müssen.

Dann wird ein hoher Kragen gehäkelt, der sich von selbst nach außen umlegt, sodass Sie die Kante lose am Pullover annähen können. So wirkt der Halsabschluss akkurat und gekonnt.

Teile zusammennähen

Viele Handarbeitsfreunde versuchen, das Zusammenfügen von Teilen zu vermeiden. Früher hatte ich auch immer Respekt vor dieser Arbeit und bat lieber meine Mutter um Unterstützung. Mit ein bisschen Mut und Selbstvertrauen gelingen jedoch perfekte Nähte und man stellt fest, dass das Zusammenfügen eigentlich keine Hexerei ist.

Achten Sie darauf, die Teile vor dem Zusammenfügen richtig aufeinanderzulegen, und fixieren Sie sie mit Stecknadeln mit großen Plastikköpfen. Platzieren Sie die Stecknadeln knapp an der Naht. Verwenden Sie zum Zusammenfügen Ihre bevorzugte Methode – bei Kleidungsstücken nähe ich die Teile meist rechts auf rechts mit Überwendlingsstich zusammen (siehe Seite 37). Wenn Sie zu nähen beginnen, richten Sie die Teile an den Kanten Masche für Masche aus.

Normalerweise sollten die Teile vor dem Zusammennähen gespannt werden (siehe Seite 27). Bei dem Garn, das ich für dieses Projekt verwendet habe, ist dies nicht notwendig – es ist angenehm zu tragen, aber so stabil, dass sich die Ränder nicht einrollen. Wenn Sie ein noch weicheres Garn verwenden, ist das Spannen eine große Hilfe.

TIPP

Bevor Sie zu nähen beginnen, überprüfen Sie mehrmals, ob die Teile wirklich rechts auf rechts aufeinanderliegen und ob Sie wirklich auf der linken Seite arbeiten. Ich musste schon oft eine Naht wieder auftrennen, weil ich die Teile rechts auf links zusammengenäht hatte! Markieren Sie die Mitte der Teile mit Maschenmarkierern, Sicherheits- oder Stecknadeln, um die Teile gleichmäßig und gerade zusammenzunähen.

Häkelanleitungen mit mehreren Größen lesen

In der Anleitung wird immer zuerst die kleinste Größe „Small“ angegeben, die Angaben für die größeren Größen folgen in Klammern und sind durch Beistriche getrennt. Ein Beispiel: 66 (72, 74, 76, 80, 84) Lm. Auch die erforderliche Garnmenge kann je nach Größe unterschiedlich sein – für größere Größen brauchen Sie mehr Garn. Dies ist in der Materialliste etwa so angegeben: 9 (9, 10, 10, 11, 11) x 50 g.

Beim Lesen der Anleitung können die vielen Zahlen Verwirrung stiften. Bevor ich zu häkeln beginne, markiere ich in der Anleitung die Größe, die ich arbeiten will, mit Leuchtstift oder ich kreise die Ziffern mit Bleistift oder Tinte ein.

Einfacher Pullover

Diese Pullover-Anleitung ist für Fortgeschrittene ebenso attraktiv wie für Einsteiger. Ein paar dezente Streifen dienen als Verzierung, Sie können jedoch nach Ihrem persönlichen Geschmack andere oder zusätzliche Farbakzente setzen – am Kragen, an den Ärmeln oder wo es Ihnen beliebt! Wenn Sie die dreiviertellangen Ärmel verlängern wollen, blättern Sie zu Seite 70 zurück.

Fertigkeiten

Maschenarten: feste Masche, halbes Stäbchen

Einen einfachen Pullover häkeln

Farbwechsel bei Streifenmustern

Zu- und Abnahmen an Halsausschnitt und Ärmeln

Abnahme mit halben Stäbchen häkeln

Zunahme mit halben Stäbchen häkeln

An einem einfachen Pullover die Ärmel verlängern

Teile eines Kleidungsstücks zusammenfügen

Größen

Damengrößen

	36	38	40	42	44	46

Maße

Brustweite

cm	100	109	112	115	122	128

Länge ab Schulter

cm	61	61	67	67	70	70

Ärmellänge

cm	34,5	34,5	38	40,5	40,5	40,5

Anm.: Die Ärmellänge kann angepasst werden.

Garn

Debbie Bliss Donegal Luxury Tweed (Aran/Worsted Weight, 90 % Wolle, 10 % Angora)

9 (9, 10, 10, 11, 11) x 50 g – ca. 792 (792, 880, 880, 968, 968) m Lauflänge in der Hauptfarbe:

HF 10 Silver (Hellgrau)

1 x 50 g – ca. 88 m Lauflänge – in zwei Kontrastfarben:

A 21 Fuchsia (Violett)
B 27 Tangerine (Orange)

Häkelnadeln

5,5 mm
5 mm

Maschenprobe

13 M x 11 R hSt mit 5,5-mm-Nadel = 10 x 10 cm (Nadelstärke ggf. anpassen)

Abkürzungen

nä	nächste
HF	Hauptfarbe
Lm	Luftmasche
fM	feste Masche
hStb	halbes Stäbchen
wdh	wiederholen
R	Reihe
Km	Kettmasche
M	Masche
Zun	Zunahme
überspr	überspringen
RS	rechte Seite

Spezial-Abkürzung

2 hStb zus (2 zusammen abgemaschte hStb): [Faden umschlagen, in die nächste M einstechen, Faden holen und durchziehen] 2-mal (5 Schlingen auf der Nadel), Faden holen und durch alle 5 Schlingen auf der Nadel ziehen.

Pullover-Rückenteil

Bündchen

Diese Bordüre am unteren Abschluss des Kleidungsstücks ist oft in einer anderen Maschenart gearbeitet als der Hauptteil. So behält die untere Kante ihre Form.

Lm-Kette: Mit einer 5,5-mm-Häkelnadel in der HF 66 (72, 74, 76, 80, 84) Lm häkeln.

1. R (Hin-R): 1 fM in 2. Lm von der Nadel aus, 1 fM in jede Lm bis zum Ende. *65 (71, 73, 75, 79, 83) fM*

Zu einer 5-mm-Häkelnadel wechseln.

2. R: 1 Lm (zählt nicht als M), 1 fM in jede fM bis zum Ende.

2. R noch 6-mal wdh, mit einer Rück-R abschließen.

Hauptteil

Zu einer 5,5-mm-Häkelnadel wechseln.

1. R (Hin-R): 2 Lm (zählt als 1. hStb), erste fM überspr, 1 hStb in jede fM bis zum Ende. *65 (71, 73, 75, 79, 83) M*

Faden in HF abschneiden, zu Farbe A wechseln.

2. R: In Farbe A 2 Lm (zählt als 1. hStb), erstes hStb überspr, 1 hStb in nä hStb sowie in jedes hStb bis zum Ende, 1 hStb in oberste der 2 Lm am Ende der R.

Faden in A abschneiden, zu HF wechseln.

3. R: In HF 2 Lm (zählt als 1. hStb), erstes hStb überspr, 1 hStb in nä hStb sowie in jedes hStb bis zum Ende, 1 hStb in oberste der 2 Lm am Ende der R.

HF abschneiden, zu Farbe B wechseln.

4. R: In Farbe B 2 Lm (zählt als 1. hStb), erstes hStb überspr, 1 hStb in jedes hStb bis zum Ende, 1 hStb in oberste der 2 Lm am Ende der R.

TIPPS

- Beim Farbwechsel vor dem letzten Umschlag (= „Faden holen") der letzten Masche in der Reihe, die in der alten Farbe gehäkelt wird, den Faden in der alten Farbe fallenlassen, Faden in der neuen Farbe um die Nadel legen und durchziehen – damit ist die Masche abgeschlossen und der neue Faden eingehäkelt.
- Vor dem Farbwechsel ein langes Garnende stehenlassen. Das Garnende kann zum Zusammennähen verwendet werden.

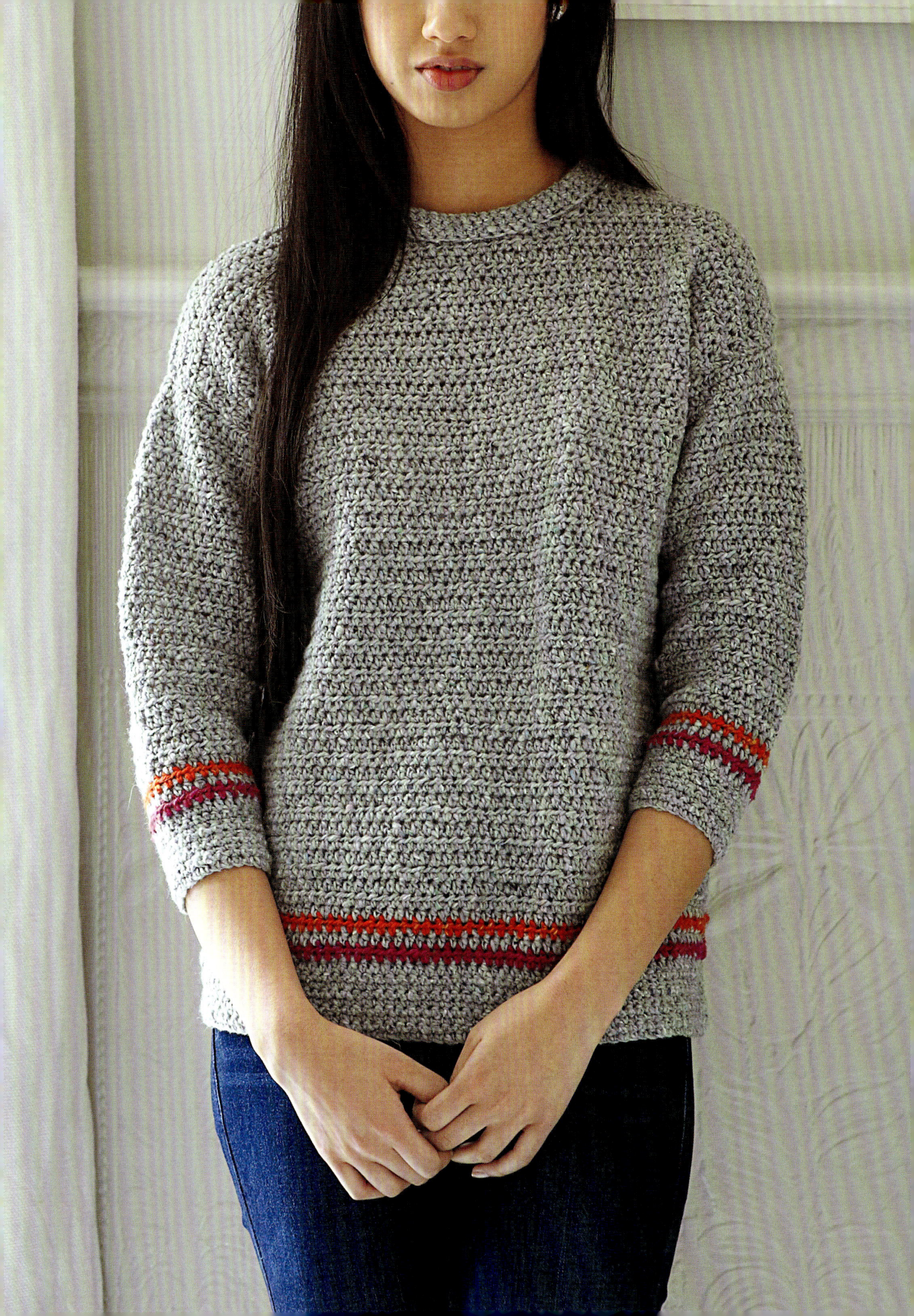

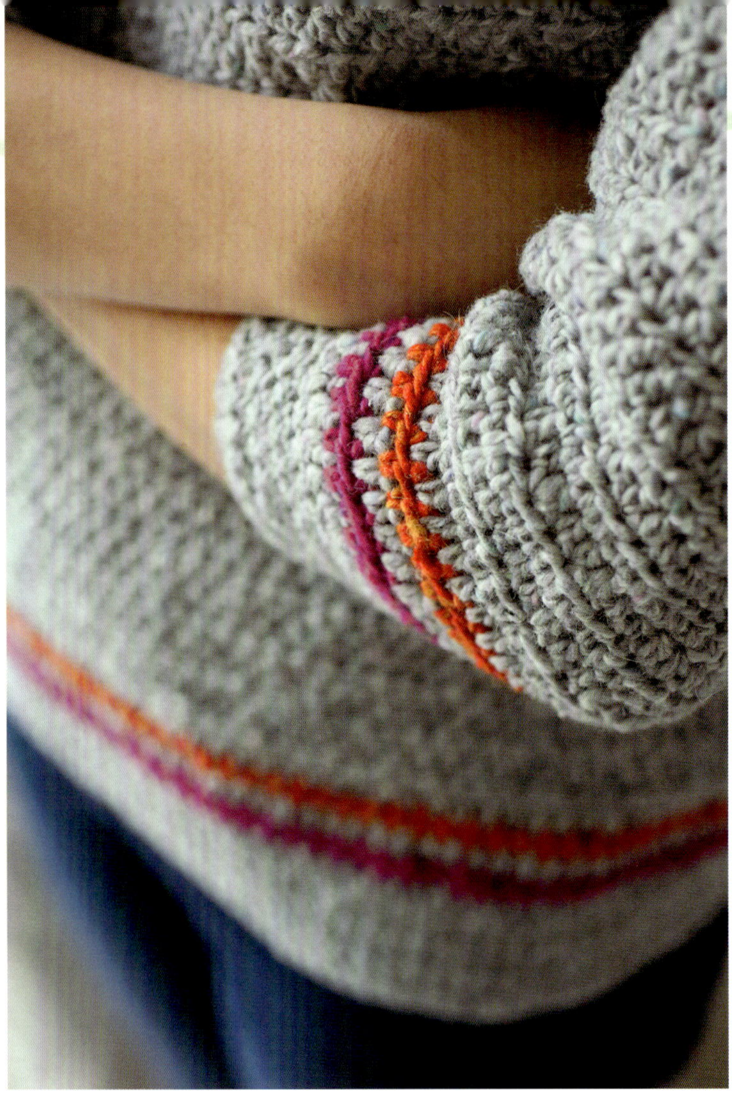

Farbe B abschneiden, zu HF wechseln.
5. R: In HF 2 Lm (zählt als 1. hStb), erstes hStb überspr, 1 hStb in jedes hStb bis zum Ende, 1 hStb in oberste der 2 Lm am Ende der R. **
In HF mit hStb ebenso weiterarbeiten, bis der Rückenteil inkl. Bündchen 59 (59, 65, 65, 68, 68) cm misst. Mit einer Rück-R abschließen.
Abnahmen für Halsausschnitt/hinten rechts
Nä R (Hin-R): 2 Lm (zählt als 1. hStb), erstes hStb überspr, je 1 hStb in die nä 24 (27, 28, 28, 30, 31) hStb, je 1 fM in die nä 2 hStb, wenden.
Nä R: je 1 Km in die ersten 2 fM, je 1 fM in die nä 2 hStb, 1 hStb in jedes hStb bis zum Ende, 1 hStb in oberste der 2 Lm am Ende der R. *23 (26, 27, 27, 29, 30) hStb*
Faden verwahren.
Abnahmen für Halsausschnitt/hinten links
Mit der rechten Seite nach vorn mit 5,5-mm-Häkelnadel in der HF in die letzte vollständige R arbeiten: Die nä 11 (11, 11, 13, 13, 15) hStb in der Mitte überspr, Faden mit einer Km in das nä hStb einhäkeln, 1 Lm, 1 fM in dieselbe M wie die Km, 1 fM in das nä hStb, 1 hStb in jedes hStb bis zum Ende, 1 hStb in oberste der 2 Lm am Ende der R. *25 (28, 29, 29, 31, 32) hStb*
Nä R: 2 Lm (zählt als 1. hStb), erstes hStb überspr, 1 hStb in jede M bis zu den letzten 2 hStb, je 1 fM in die letzten 2 hStb.
Faden verwahren.

Pullover-Vorderteil

Ebenso wie Rückenteil arbeiten bis zu **.
In HF mit hStb ebenso weiterarbeiten; um 4 Reihen weniger arbeiten als am Rückenteil bis zum Beginn der Abnahmen für den Halsausschnitt, mit einer Rück-R abschließen.
Abnahmen für Halsausschnitt/vorne links
Nä R (Hin-R): 2 Lm (zählt als 1. hStb), erstes hStb überspr, je 1 hStb in die nä 26 (29, 30, 30, 32, 33) hStb, je 1 fM in die nä 2 hStb, wenden. *29 (32, 33, 33, 35, 36) M*
Nä R: je 1 Km in die ersten 2 fM (zählen nicht als M), je 1 fM in die nä 2 hStb, 1 hStb in jedes hStb bis zum Ende, 1 hStb in oberste der 2 Lm am Ende der R. *27 (30, 31, 31, 33, 34) M*
Nä R: 2 Lm (zählt als 1. hStb), erstes hStb überspr, 1 hStb in jedes hStb bis zu den letzten 2 hStb, 2 hStb zus in die letzten 2 hStb. *24 (27, 28, 28, 30, 31) M*
Nä R: 2 Lm (zählt als 1. hStb), 2 hStb zus überspr, 2 hStb zus in die nä 2 hStb, 1 hStb in jede M bis zum Ende, 1 hStb in oberste der 2 Lm am Ende der R. *23 (26, 27, 27, 29, 30) M*
Nä 2 R: 2 Lm (zählt als 1. hStb), erstes hStb überspr, 1 hStb in jedes hStb bis zum Ende, 1 hStb in oberste der 2 Lm am Ende der R.
Faden verwahren.
Abnahmen für Halsausschnitt/vorne rechts
Mit der rechten Seite nach vorn mit 5,5-mm-Häkelnadel in der HF in die letzte vollständige R arbeiten: Die nä 7 (7, 7, 9, 9, 11) hStb in der Mitte überspr, Faden mit einer Km in das nä hStb einhäkeln, 1 Lm, 1 fM in dieselbe M wie die Km, 1 fM in das nä hStb, 1 hStb in jedes hStb bis zum Ende, 1 hStb in oberste der 2 Lm am Ende der R. *29 (32, 33, 33, 35, 36) M*
Nä R: 2 Lm (zählt als 1. hStb), erstes hStb überspr, 1 hStb in jedes hStb bis zu den letzten 2 hStb, je 1 fM in die letzten 2 hStb. *27 (30, 31, 31, 33, 34) M*
Nä R: je 1 Km in die ersten 2 fM, 2 hStb zus in die nächsten 2 hStb, 1 hStb in jedes hStb bis zum Ende, 1 hStb in oberste der 2 Lm am Ende der R. *24 (27, 28, 28, 30, 31) M*
Nä R: 2 Lm (zählt als 1. hStb), erstes hStb überspr, je 1 hStb in die nächsten 20 (23, 24, 24, 26, 27) hStb, 2 hStb zus in die nächsten 2 hStb, 1 hStb oben in die 2 hStb zus am Ende der R. *23 (26, 27, 27, 29, 30) M*
Nä 2 R: 2 Lm (zählt als 1. hStb), erstes hStb überspr, 1 hStb in jedes hStb bis zum Ende, 1 hStb in oberste der 2 Lm am Ende der R.
Faden verwahren.

Ärmel

2-mal arbeiten.
Bündchen
Mit einer 5,5-mm-Häkelnadel in der HF 29 (31, 31, 33, 33, 33) Lm häkeln.
1. R (Hin-R): 1 fM in 2. Lm von der Nadel aus, 1 fM in jede Lm bis zum Ende. *28 (30, 30, 32, 32, 32) fM*
Zu einer 5-mm-Häkelnadel wechseln.
2. R: 1 Lm (zählt nicht als M), 1 fM in jede fM bis zum Ende.
2. R noch 5-mal wdh, mit einer Hin-R abschließen.
Nä R (Zun): 1 Lm, je 1 fM in die ersten 2 fM, 2 fM in die nä fM, je 1 fM in die nä 6 (7, 7, 8, 8, 8) fM, 2 fM in die nä fM,

je 1 fM in die nä 8 fM, 2 fM in die nä fM, je 1 fM in die nä 6 (7, 7, 8, 8, 8) fM, 2 fM in die nä fM, je 1 fM in die letzten 2 fM. *32 (34, 34, 36, 36, 36) fM*

Ärmel

Zu einer 5,5-mm-Häkelnadel wechseln.

1. R (Hin-R): 2 Lm (zählt als 1. hStb), erste fM überspr, 1 hStb in jede fM bis zum Ende. *32 (34, 34, 36, 36, 36) M*

Faden in der HF abschneiden, zu Farbe A wechseln.

2. R: In Farbe A 2 Lm (zählt als 1. hStb), erstes hStb überspr, 1 hStb in jedes hStb bis zum Ende, 1 hStb in oberste der 2 Lm am Ende der R.

Faden A abschneiden, zu HF wechseln.

3. R (Zun): In HF 2 Lm (zählt als 1. hStb), erstes hStb überspr, 1 hStb in nä hStb, 2 hStb in nä hStb, 1 hStb in jedes hStb bis zu den letzten 2 hStb, 2 hStb in nä hStb, 1 hStb in letztes hStb, 1 hStb in oberste der 2 Lm am Ende der R. *34 (36, 36, 38, 38, 38) M*

Faden in der HF abschneiden, zu Farbe B wechseln.

4. R: In Farbe B 2 Lm (zählt als 1. hStb), erstes hStb überspr, 1 hStb in jedes hStb bis zum Ende, 1 hStb in oberste der 2 Lm am Ende der R.

Faden B abschneiden, zu HF wechseln.

5. R: In HF 2 Lm (zählt als 1. hStb), erstes hStb überspr, 1 hStb in jedes hStb bis zum Ende, 1 hStb in oberste der 2 Lm am Ende der R.

In HF weiterarbeiten.

6. R (Zun): 2 Lm (zählt als 1. hStb), erstes hStb überspr, 1 hStb in nä hStb, 2 hStb in nä hStb, 1 hStb in jedes hStb bis zu den letzten 2 hStb, 2 hStb in nä hStb, 1 hStb in letztes hStb, 1 hStb in oberste der 2 Lm am Ende der R. *36 (38, 38, 40, 40, 40) M*

7. und 8. R: 5. und 6. R wdh. *38 (40, 40, 42, 42, 42) M*

Nur für Größe 44 und 46:

5. und 6. R noch 4-mal wdh. *– (–, –, –, 50, 50) M*

Ab der 9. R weiterarbeiten.

Für alle Größen:

9., 10. und 11. R: 2 Lm (zählt als 1. hStb), 1 hStb in jedes hStb bis zum Ende, 1 hStb in oberste der 2 Lm am Ende der R.

12. R (Zun): 2 Lm (zählt als 1. hStb), erstes hStb überspr, 1 hStb in nä hStb, 2 hStb in nä hStb, 1 hStb in jedes hStb bis zu den letzten 2 hStb, 2 hStb in nä hStb, 1 hStb in letztes hStb, 1 hStb in oberste der 2 Lm am Ende der R. *40 (42, 42, 44, 52, 52) M*

9.–12. R. noch 4 (5, 5, 5, 4, 4) Mal wdh. *48 (52, 52, 54, 60, 60) M*

Ohne Zu- und Abnahmen weiterarbeiten, bis der Ärmel inkl. Bündchen 34,5 (34,5, 38, 40,5, 40,5, 40,5) cm misst, oder bis zur gewünschten Länge.

Faden verwahren.

Kragen

Vorder- und Rückenteil an den Schultern zusammennähen.

Mit der rechten Seite nach vorn und mit einer 5-mm-Häkelnadel einen Faden in der HF an der linken Schulternaht mit einer Km einhäkeln, 1 Lm, dann 13 fM gleichmäßig an der linken Vorderseite des Halsausschnittes (abwärts), 7 (7, 7, 9, 9, 11) fM an der mittleren Vorderseite des Halsausschnittes, 13 fM gleichmäßig an der rechten Vorderseite des Halsausschnittes (aufwärts) und 25 (25, 25, 27, 27, 29) fM an der Rückseite des Halsausschnittes verteilen, mit Km in die erste fM die Runde schließen, nicht wenden. *58 (58, 58, 62, 62, 66) fM*

1. Rd (RS): 1 Lm (zählt nicht als M), 1 fM in jede fM bis zum Ende, Km in die erste fM der Runde.

Mit der rechten Seite nach vorn weiterarbeiten.

1. Rd noch 6-mal wdh.

Faden verwahren.

Fertigstellung

Am Vorder- und Rückenteil an den Seitenkanten im Abstand von 18,5 (20, 20, 21, 24, 24) cm von den Schulternähten Maschenmarkierer setzen. Die Oberkanten der Ärmel passen zwischen diese Markierungen. Auch die Mitte der Oberkante jedes Ärmels markieren.

Die Teile auf einer ebenen Oberfläche auflegen. Einen Ärmel rechts auf rechts auf den Pullover-Hauptteil auflegen, die Mitte der Oberkante (Markierung) mit der Schulternaht ausrichten, Oberkante mit Stecknadeln (große Köpfe) zwischen den Markierungen am Pullover-Hauptteil feststecken und zusammennähen. Beim anderen Ärmel wiederholen.

Den Pullover-Hauptteil seitlich, die Ärmel unten zusammennähen.

Den Kragen auf die rechte Pullover-Seite umlegen, die erste und die letzte Kragen-Runde übereinanderlegen und zusammenstecken. Den Kragenrand mit Überwendlingsstich (Seite 37) festnähen.

Alle Fadenenden vernähen.

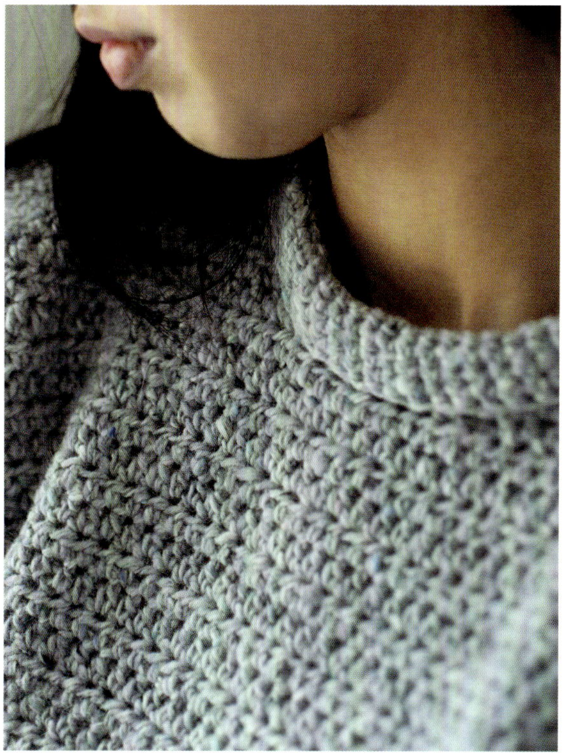

Häkel-Workshop 8

Perlen einhäkeln

Hier erfahren Sie alles, was Sie wissen müssen, um Ihre Häkelarbeit mit Perlen zu verzieren – vom Aussuchen der Perlen über das Auffädeln bis zur Häkeltechnik. Ein perlenbesetztes Stirnband dient als Übungsprojekt.

Perle ist nicht gleich Perle

Perlen sind ein schöner Schmuck für Ihre Häkelarbeit – aber Sie müssen die richtigen Perlen auswählen. Manche sind zum Auffädeln auf Draht oder auf feines Garn gedacht und haben dementsprechend winzige Löcher, die für Häkelgarn zu klein sind.

Zum Verzieren von Häkelarbeiten werden meist „Saatperlen" (Rocailles) verwendet. Sie sind ähnlich wie Samenkörner geformt und werden in Größe 6 und 8 angeboten. Größe 6 hat einen Durchmesser von ca. 4 mm und ist für Garne der Stärke DK und Aran geeignet. Bei Perlen der Größe 8 beträgt der Durchmesser etwa 3 mm – sie passen zu Lace- und 4-fädigem Garn.

Perlen auf das Garn fädeln

Alle Perlen müssen auf das Garn aufgefädelt werden, bevor Sie zu häkeln beginnen. Wenn Ihnen während der Arbeit die Perlen ausgehen und Sie weitere Perlen auffädeln wollen, müssen Sie dazu den Faden am Ende einer Reihe abschneiden, weitere Perlen auf den Faden fädeln und diesen wieder einhäkeln. Das Loch in der Perle ist meist zu klein für das Öhr einer Wollnadel, das Häkelgarn ist jedoch zu dick zum Einfädeln in eine normale Nähnadel. Beim Auffädeln der Perlen hilft ein Trick

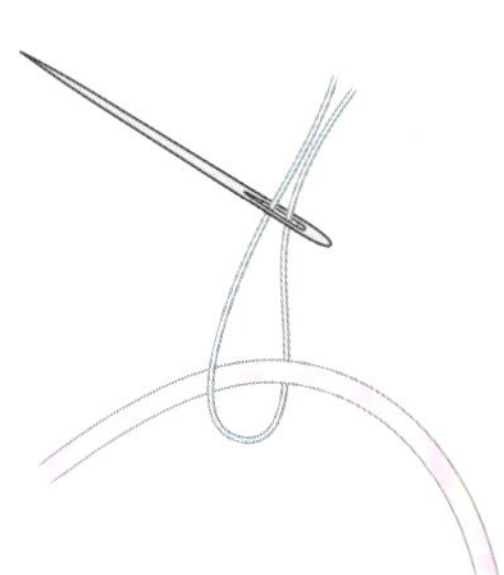

1 Bilden Sie mit einem Nähfaden aus Baumwolle eine Schlinge. Fädeln Sie die Schlinge (nicht das Fadenende) in eine Nähnadel ein. Ziehen Sie die Schlinge bis etwa 2,5 cm unter das Öhr herunter. Führen Sie das Häkelgarn durch die Schlinge.

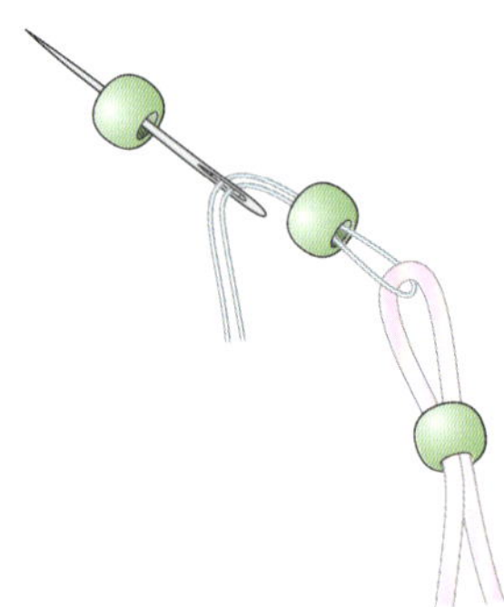

2 Fädeln Sie immer 2–3 Perlen gleichzeitig auf die Nadel und schieben Sie sie auf das Häkelgarn, bis Sie die erforderliche Anzahl aufgefädelt haben.

Die Perlen werden eingehäkelt, wenn die linke Seite der Arbeit Ihnen zugewandt ist. Sie kommen auf der Rückseite der Arbeit zu liegen und sind daher an der fertigen Arbeit von der Vorderseite (der rechten Seite) aus sichtbar.

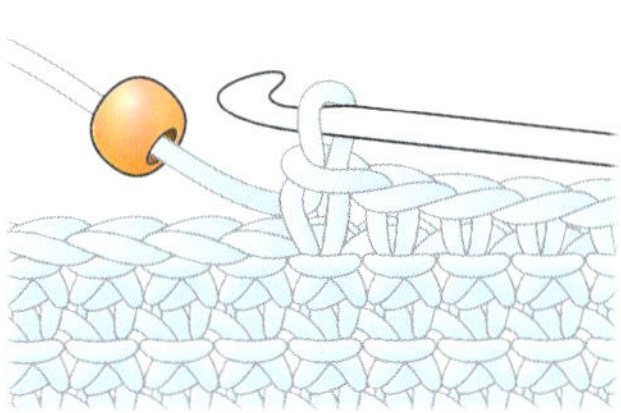

1 Wenn Sie eine Perle einhäkeln möchten, schieben Sie sie am Garn entlang an die Rückseite der Arbeit (siehe Seite 78).

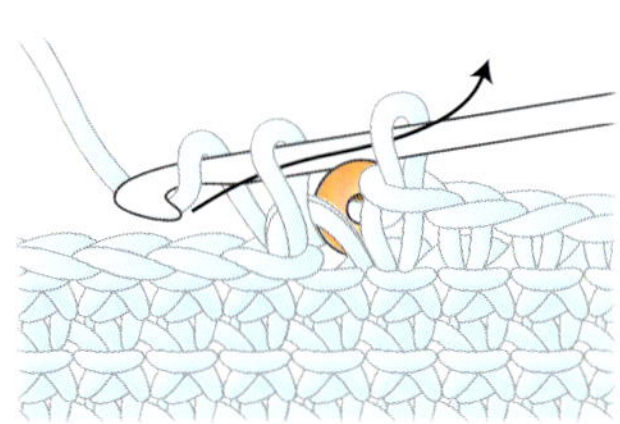

2 Häkeln Sie die Masche wie in der Anleitung vorgesehen. Die Masche ist nun an der Rückseite der Arbeit befestigt.

Perlen in der Häkelschrift

Im Häkeldiagramm wird über die Masche, in die die Perle eingearbeitet wird, ein Kreis gezeichnet. In diesem Diagramm sind die Perlen in feste Maschen eingearbeitet. Wenn ein Muster aus verschiedenfarbigen Perlen gebildet wird, kann die Farbe der Perlen im Diagramm durch farbige Kreise angegeben werden.

Legende

- **Lm** Luftmasche
- **fM** feste Masche
- **P** Perle einhäkeln
- **2 fM zus** 2 zusammen abgemaschte fM
- die angegebene Anzahl von Reihen ebenso arbeiten
- Beginn des Musters
- Ende des Musters

Häkeldiagramm: Perlen

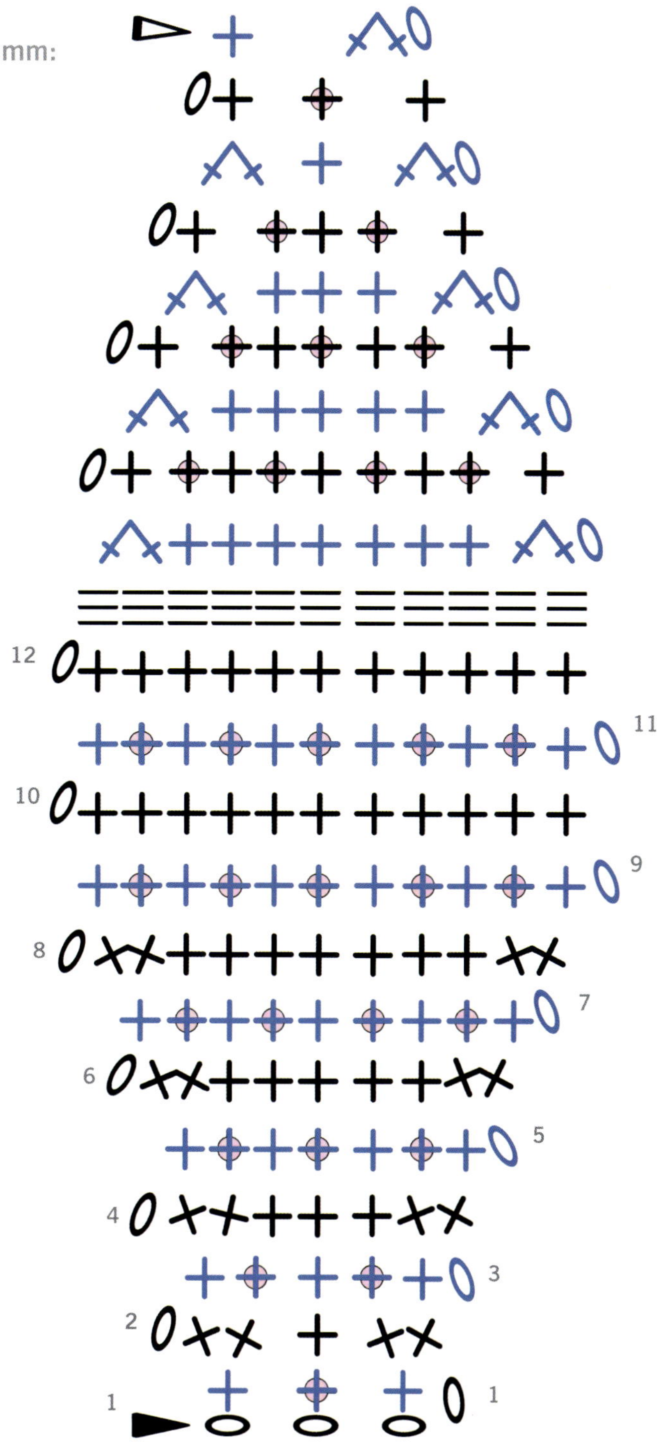

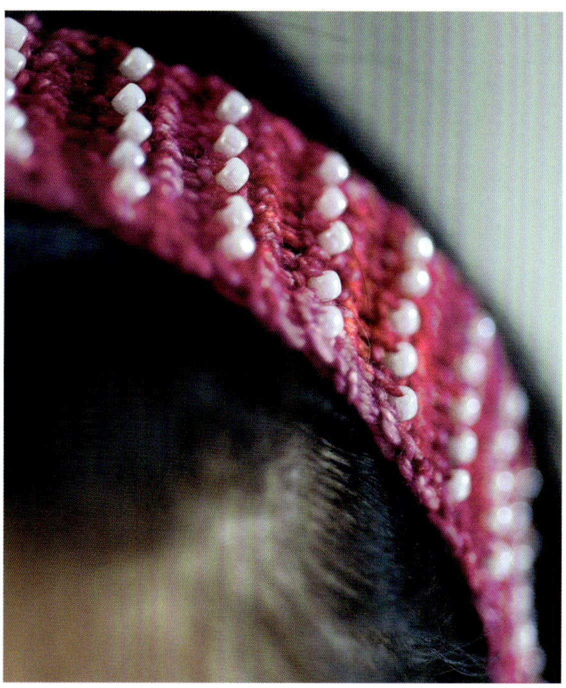

Perlen in verschiedene Maschenarten einarbeiten

Je nach dem Entwurf und dem Muster können Perlen an verschiedenen Stellen der Masche eingearbeitet werden. Meistens wird die Perle im oberen Teil der Masche eingehäkelt.

Feste Maschen bilden eine sehr dichte Häkelarbeit, an deren Oberfläche die eingehäkelten Perlen sitzen. Eine Häkelarbeit aus Stäbchen oder halben Stäbchen ist weniger dicht, die Perlen werden meist im oberen Teil der Masche eingearbeitet und sinken tiefer zwischen die Maschen in die Häkelarbeit hinein. Wenn Sie Perlen einarbeiten, häkeln Sie nicht zu locker, damit die Perlen nicht in der Arbeit „verschwinden".

Perlen mit festen Maschen einhäkeln

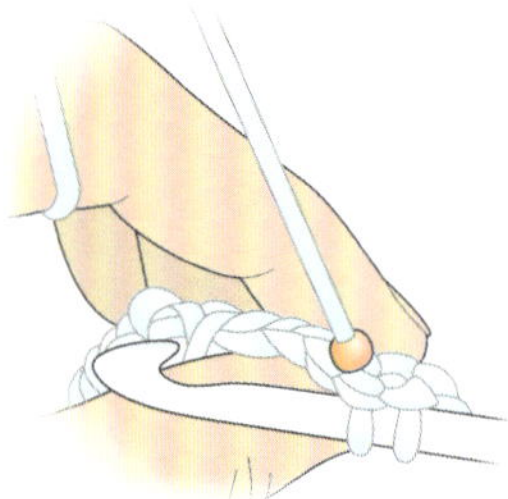

1 In die Masche einstechen, Faden holen und durchziehen (2 Schlingen auf der Nadel). Die Perle am Garn entlang dicht an die Rückseite der Arbeit heranschieben.

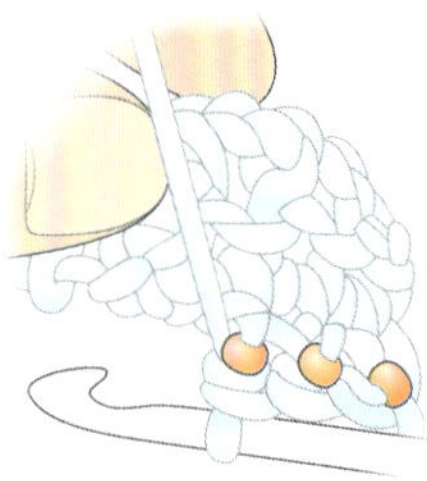

2 Faden holen und durch beide Schlingen auf der Nadel ziehen. Die Perle sitzt nun an der Rückseite der Arbeit.

Perlen mit halben Stäbchen einhäkeln

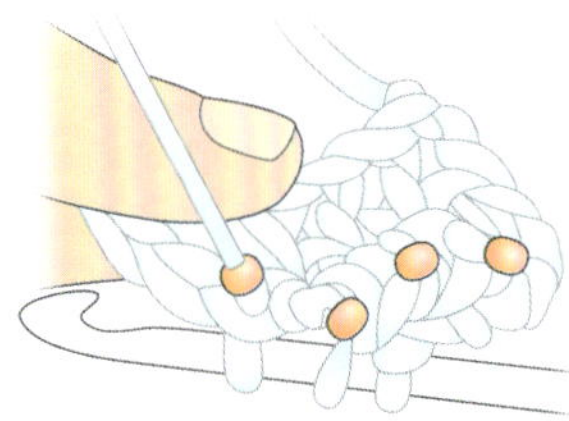

1 Faden umschlagen, in die Masche einstechen, Faden holen und durchziehen (3 Schlingen auf der Nadel). Die Perle am Garn entlang dicht an die Rückseite der Arbeit heranschieben.

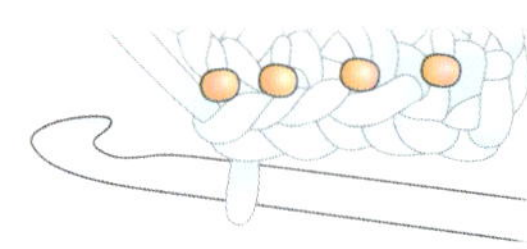

2 Faden holen und durch alle 3 Schlingen auf der Nadel ziehen. Die Perle sitzt nun an der Rückseite der Arbeit.

Perlen mit Stäbchen einhäkeln

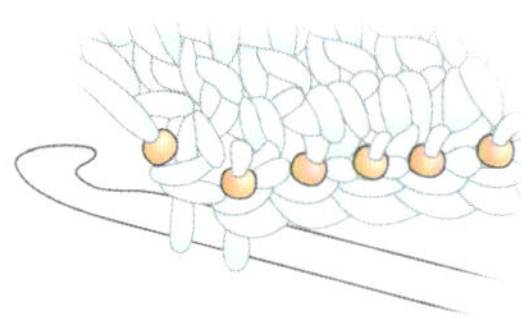

1 Faden umschlagen, in die Masche einstechen, Faden holen und durchziehen (3 Schlingen auf der Nadel), Faden holen und durch die ersten 2 Schlingen auf der Nadel ziehen (2 Schlingen auf der Nadel). Die Perle am Garn entlang dicht an die Rückseite der Arbeit heranschieben.

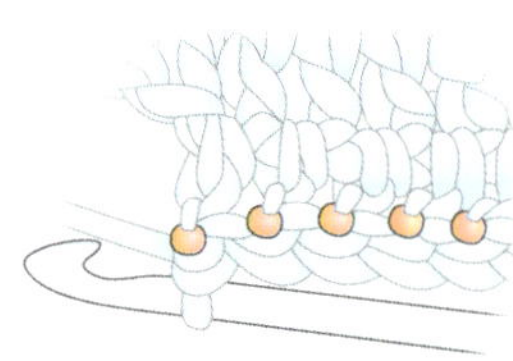

2 Faden holen und durch beide Schlingen auf der Nadel ziehen. Die Perle sitzt nun an der Rückseite der Arbeit.

TIPP

Wenn Sie ein Muster mit vielen Perlen häkeln und bemerken, dass Sie eine Perle vergessen haben, können Sie sie mit einer Nähnadel und einem Baumwollfaden an der richtigen Stelle annähen.

Stirnband mit Perlen

An diesem Stirnband können Sie das Einarbeiten von Perlen, aber auch das Häkeln von geraden Reihen üben. Ich habe zwar nur eine Perlenfarbe verwendet, Sie können aber verschiedenfarbige Perlen zufällig anordnen oder zu einem Muster gruppieren.

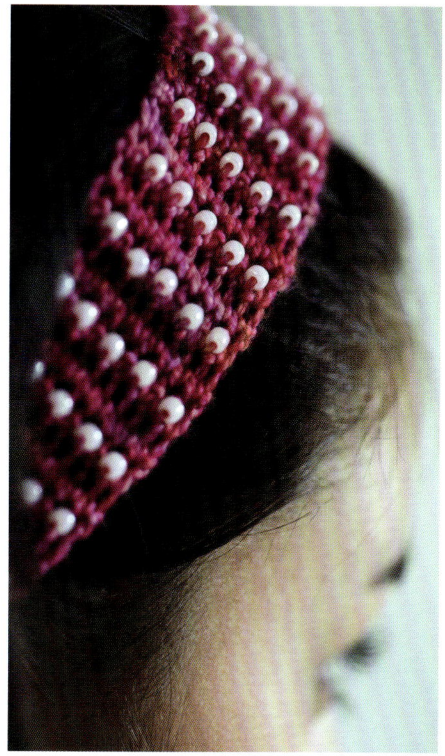

Fertigkeiten

Maschenart: feste Masche

Perlen zum Einhäkeln auswählen

Perlen auf das Garn auffädeln

Zu- und Abnahmen mit festen Maschen häkeln

Perlen einarbeiten

Maße

Das fertige Stirnband misst 5 x 114 cm

Garn

Fyberspates Vivacious 4-fädig (Super Fine, 100 % Merino Superwash)

1 x 100 g (ca. 365 m Lauflänge)
611 Mixed Magentas (Pink)

Häkelnadel

4 mm

Sonstiges Material

Etwa 635 hellrosa Perlen, 4 mm Durchmesser, z. B. *Pink Seed Beads*, Größe 8, Farbe 333, von Debbie Abraham Beads

Maschenprobe

22 M x 23 R feste Maschen mit 4-mm-Nadel = 10 x 10 cm

Abkürzungen

Lm	Luftmasche
fM	feste Masche
R	Reihe

Spezial-Abkürzung

P (Perle einhäkeln): In einer *Rückreihe* in die nächste fM einstechen, Faden holen und durchziehen (2 Schlingen auf der Nadel), die Perle am Garn entlang dicht an die Arbeit heranschieben, Faden holen und durch beide Schlingen auf der Nadel ziehen.

2 fM zus (2 zusammen abgemaschte feste Maschen): [In nächste Masche einstechen, Faden holen und durchziehen] 2-mal (3 Schlingen auf der Nadel), Faden holen und durch alle drei Schlingen auf der Nadel ziehen.

TIPPS

- Bevor Sie zu häkeln beginnen, fädeln Sie alle Perlen auf das Garn.
- Die Perlen werden in den Rückreihen eingehäkelt. So liegen sie eng an der rechten Seite des fertigen Stirnbandes an.

Stirnband

Perlen auf das Garn fädeln (siehe Seite 76).
Durchgehend fM häkeln.

Lm-Kette: 4 Lm.

1. R (Rück-R): 1 fM in 2. Lm von der Nadel aus, P in nächste Lm, 1 fM in nächste Lm. *3 fM/1 Perle*

2. R (Hin-R): 1 Lm (zählt nicht als M), 2 fM in erste fM, 1 fM in nächste fM, 2 fM in letzte fM. *5 fM*

3. R: 1 Lm, 1 fM in erste fM, [P in nächste fM, 1 fM in nächste fM] 2-mal. *5 fM/2 P*

4. R: 1 Lm, 2 fM in erste fM, je 1 fM in die nächsten 3 fM, 2 fM in letzte fM. *7 fM*

5. R: 1 Lm, 1 fM in erste fM, [P in nächste fM, 1 fM in nächste fM] 3-mal. *7 fM/3 P*

6. R: 1 Lm, 2 fM in erste fM, je 1 fM in die nächsten 5 fM, 2 fM in letzte fM. *9 fM*

7. R: 1 Lm, 1 fM in erste fM, [P in nächste fM, 1 fM in nächste fM] 4-mal. *9 fM/4 P*

8. R: 1 Lm, 2 fM in erste fM, je 1 fM in die nächsten 7 fM, 2 fM in letzte fM. *11 fM*

Damit sind die Zunahmereihen abgeschlossen. Die folgenden Reihen ohne Zunahmen arbeiten.

9. R: 1 Lm, 1 fM in erste fM, [P in nächste fM, 1 fM in nächste fM] 5-mal. *11 fM/5 P*

10. R: 1 Lm, 1 fM in jede fM bis zum Ende. *11 fM.*

9. und 10. R wdh, bis das Stirnband insgesamt 110 cm misst, mit einer 9. R („Perlen-Reihe") abschließen.

Überprüfen, ob noch 10 Perlen für die letzten 9 Reihen übrig sind.

Abnahmereihen

Analog zu den Zunahmereihen am Ende werden jetzt die Abnahmereihen gearbeitet.

Nächste R: 1 Lm, 2 fM zus, je 1 fM in die nächsten 7 fM, 2 fM zus. *9 fM*

Nächste R: 1 Lm, 1 fM in erste M, [P in nächste fM, 1 fM in nächste fM] 4-mal. *9 fM/4 P*

Nächste R: 1 Lm, 2 fM zus, je 1 fM in die nächsten 5 fM, 2 fM zus. *7 fM*

Nächste R: 1 Lm, 1 fM in erste M, [P in nächste fM, 1 fM in nächste fM] 3-mal. *7 fM/3 P*

Nächste R: 1 Lm, 2 fM zus, je 1 fM in die nächsten 3 fM, 2 fM zus. *5 fM*

Nächste R: 1 Lm, 1 fM in erste M, [P in nächste fM, 1 fM in nächste fM] 2-mal. *5 fM/2 P*

Nächste R: 1 Lm, 2 fM zus, 1 fM in die nächste fM, 2 fM zus. *3 fM*

Nächste R: 1 Lm, 1 fM in erste fM, P in nächste fM, 1 fM in letzte fM. *3 fM/1 P*

Nächste R: 1 Lm, 2 fM zus, 1 fM in letzte fM. *2 fM*

Faden verwahren.

Fertigstellung

Mit einer Wollnadel alle Fadenenden vernähen.

Häkeldiagramm: Stirnband

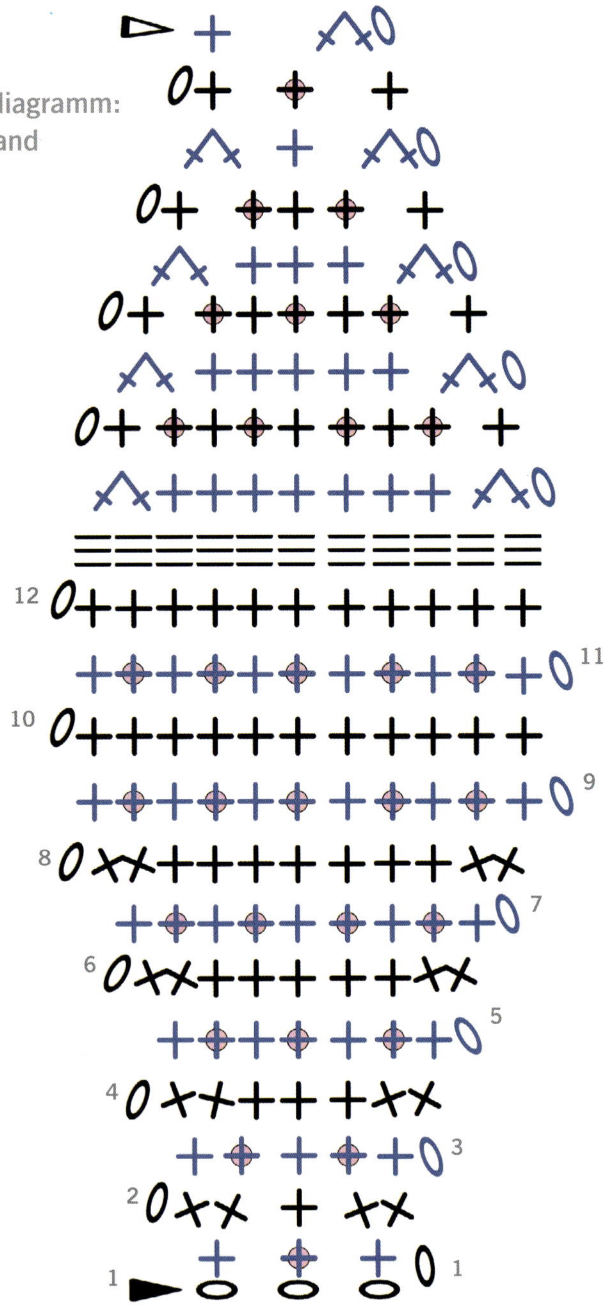

Legende

- Lm Luftmasche
- fM feste Masche
- P Perle einhäkeln
- 2 fM zus 2 fM zusammen abmaschen
- die angegebene Anzahl von Reihen ebenso arbeiten
- Beginn des Musters
- Ende des Musters

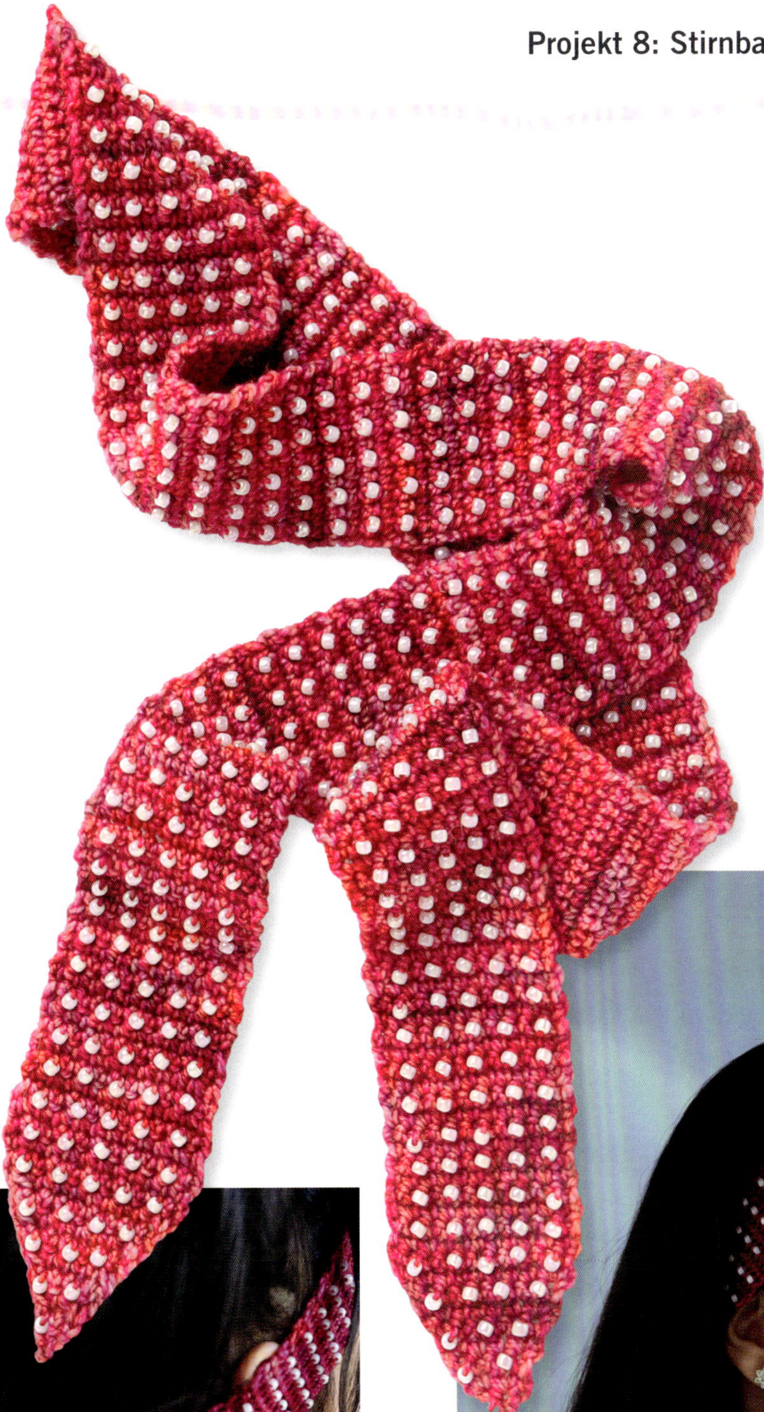

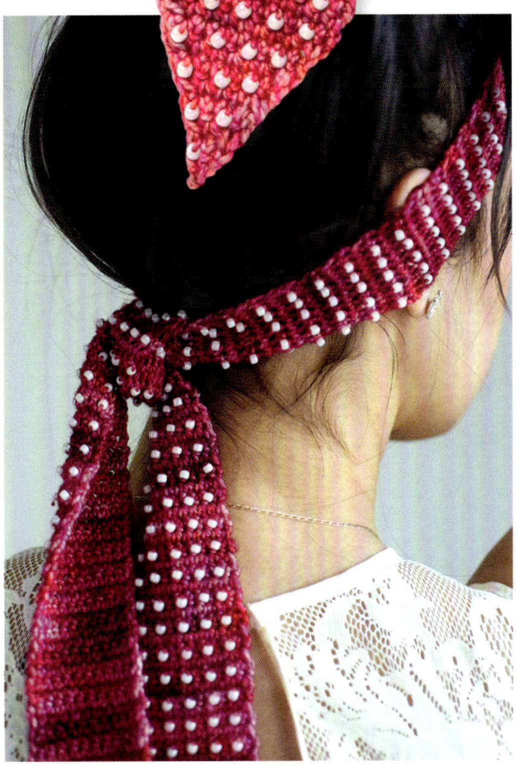

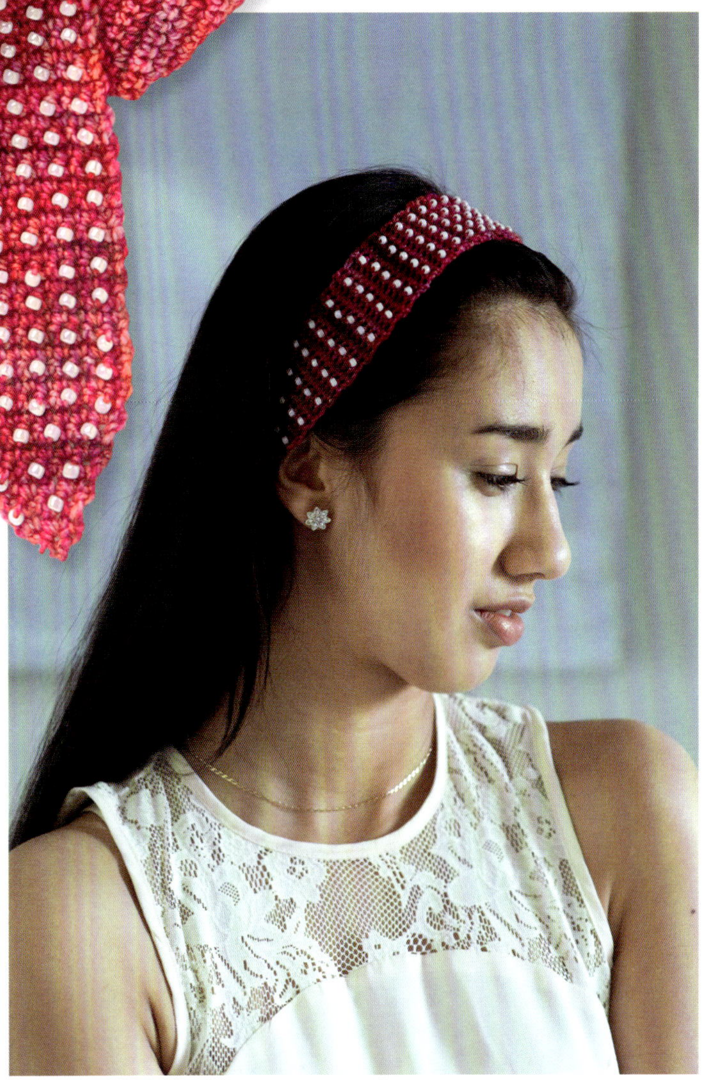

Häkel-Workshop 9

Sechsecke

Sechsecke werden in Runden gehäkelt, die rechte Seite bleibt Ihnen dabei immer zugewandt. In unserem Übungsbeispiel bilden Büschelmaschen aus zwei (siehe Seite 54) bzw. drei Stäbchen (siehe unten) ein Blumenmotiv.

Die Arbeit ist zuerst kreisrund, erst bei der dritten Runde entsteht die sechseckige Form. Außerdem erhalten Sie Tipps zur Anordnung und zum Zusammenfügen der Sechsecke.

Büschelmasche aus 3 Stäbchen (Bm3Stb)

Hier entsteht eine Büschelmasche aus 3 statt aus 2 Stäbchen.

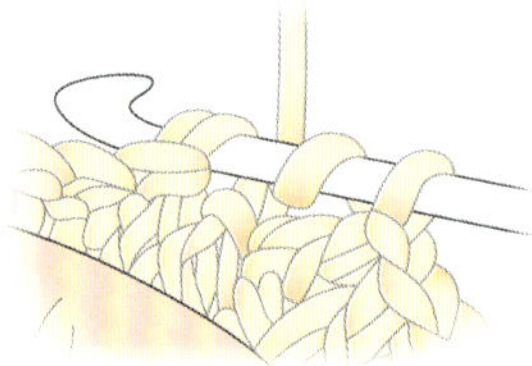

1 Faden umschlagen und an der gewünschten Stelle einstechen.

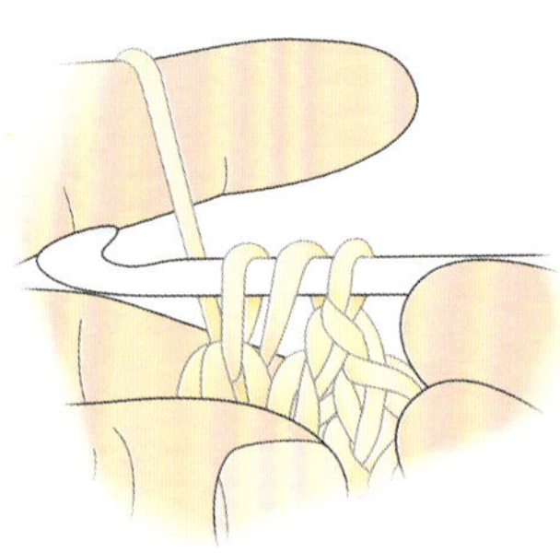

2 Faden holen und durchziehen (3 Schlingen auf der Nadel).

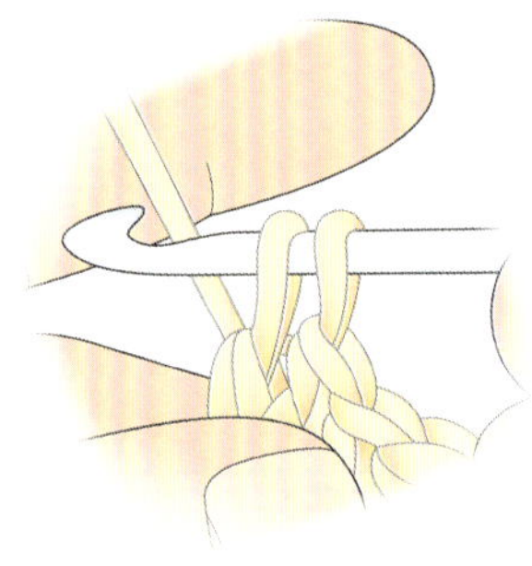

3 Faden holen und durch 2 Schlingen auf der Nadel ziehen (2 Schlingen auf der Nadel).

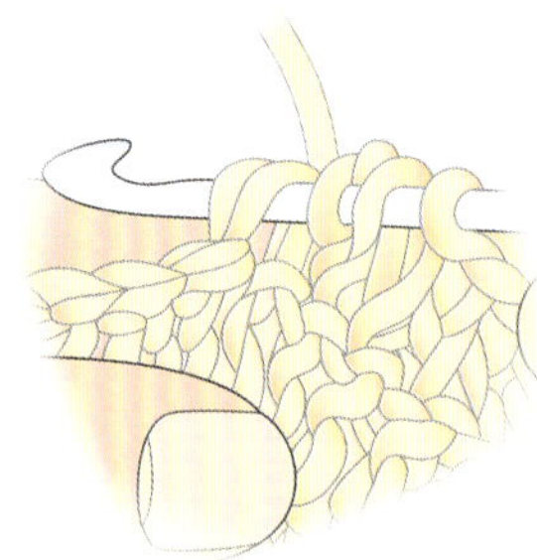

4 Faden umschlagen, an derselben Stelle nochmals einstechen.

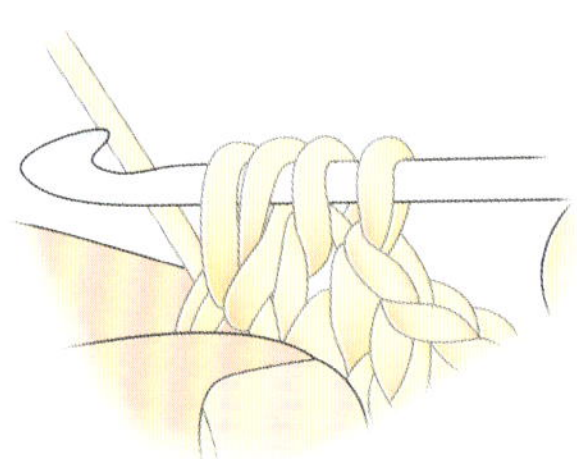

5 Faden holen und durchziehen (4 Schlingen auf der Nadel).

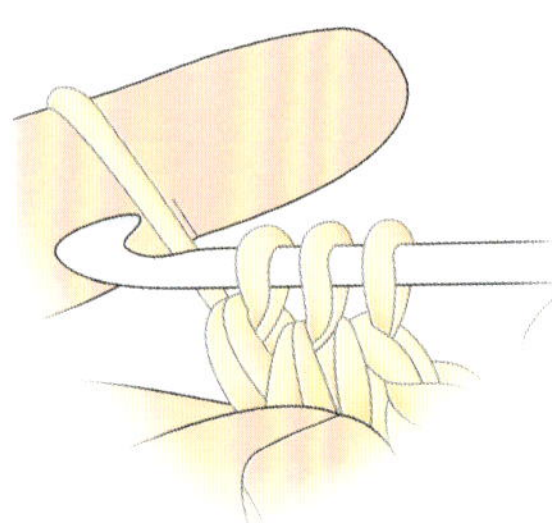

6 Faden holen und durch 2 Schlingen auf der Nadel ziehen (3 Schlingen auf der Nadel).

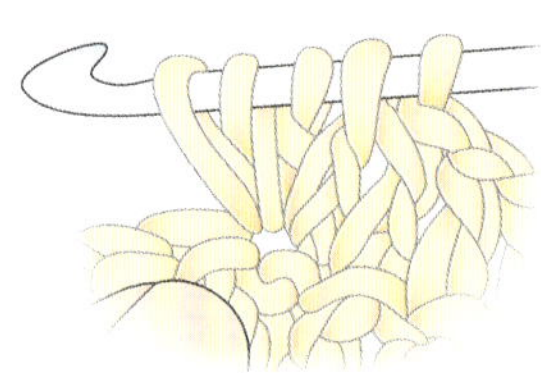

7 Faden umschlagen, an derselben Stelle nochmals einstechen, Faden holen und durchziehen (5 Schlingen auf der Nadel).

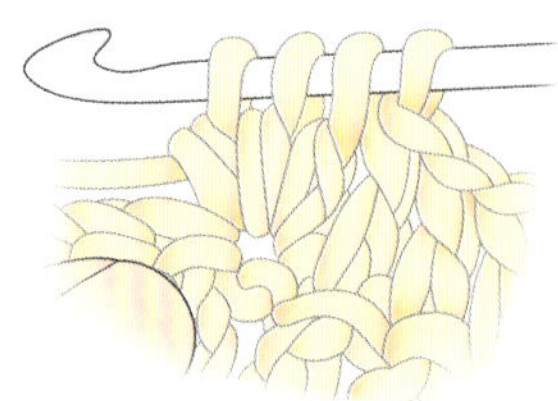

8 Faden holen und durch 2 Schlingen auf der Nadel ziehen (4 Schlingen auf der Nadel).

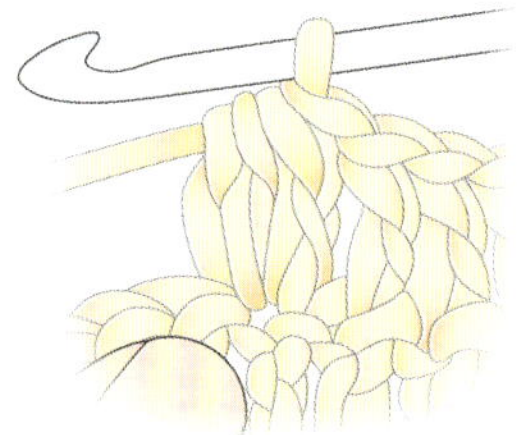

9 Faden holen und durch alle 4 Schlingen auf der Nadel ziehen (1 Schlinge auf der Nadel).

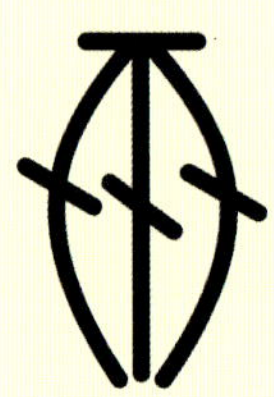

Büschelmasche aus 3 Stäbchen (Bm3Stb) in der Häkelschrift

Sechseckiges Häkelmotiv

Dieses Sechseck wird in drei Garnfarben gearbeitet. Für unser Übungsprojekt, eine Häkeldecke, wurde Cremeweiß als zweite Farbe (und damit als Hauptfarbe) in allen Sechsecken gewählt. Sie wirkt optisch als verbindendes Element bei diesem Projekt, das aus sehr vielen Einzelteilen besteht. Bei einem kleineren Projekt können Sie die Farben beliebig wählen und kombinieren. Zu den Büschelmaschen aus zwei Stäbchen siehe Seite 54.

Lm-Ring: In der ersten Farbe 6 Lm häkeln und mit einer Km in die 1. Lm zu einem Ring schließen.
1. Rd (RS): 3 Lm, Bm2Stb in den Ring, 2 Lm, [Bm3Stb in den Ring, 2 Lm] 5-mal, Km in die 3. der ersten 3 Lm.
6 Büschelmaschen
Faden verwahren.
Mit der rechten Seite nach vorn in Runden weiterarbeiten.
2. Rd: Faden in der HF (Cremeweiß) mit Km in den 2-Lm-Bogen zwischen zwei beliebigen Bm3Stb-Gruppen aus der Vorrunde einhäkeln, 3 Lm, [Bm2Stb, 2 Lm, Bm3Stb] in denselben Lm-Bogen, * 2 Lm, [Bm3Stb, 2 Lm, Bm3Stb] in nächsten 2-Lm-Bogen; ab * noch 4-mal wdh, 2 Lm, Km in die 3. der ersten 3 Lm. *12 Büschelmaschen*
Faden verwahren.
3. Rd (Sechseck-Rd): Dritte Farbe mit Km in den 2-Lm-Bogen in einer beliebigen „Bm3Stb, 2 Lm, Bm3Stb"-Gruppe einhäkeln, 3 Lm, [2 Stb, 2 Lm, 3 Stb] in denselben Lm-Bogen (= Ecke), * 3 Stb in nächsten 2-Lm-Bogen, [3 Stb, 2 Lm, 3 Stb] in nächsten Lm-Bogen (= Ecke); ab * noch 4-mal wdh, 3 Stb in nächsten Lm-Bogen, Km in die 3. der ersten 3 Lm. *6 Ecken*
Faden nicht abschneiden.
4. Rd: In derselben Farbe 1 Lm, je 1 fM in die nächsten 2 M, 2 fM in nächsten Lm-Bogen (= Ecke), * je 1 fM in die nächsten 9 M, 2 fM in nächsten Lm-Bogen (= Ecke); ab * noch 4-mal wdh, je 1 fM in die nächsten 6 M, Km oben in die erste fM.
Faden verwahren.

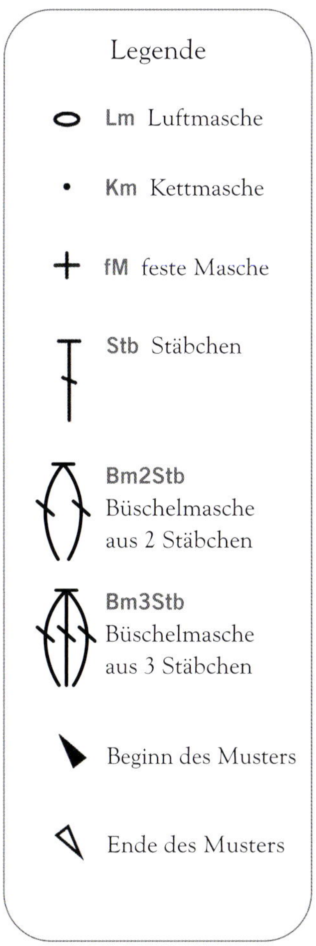

Häkeldiagramm: Sechseck

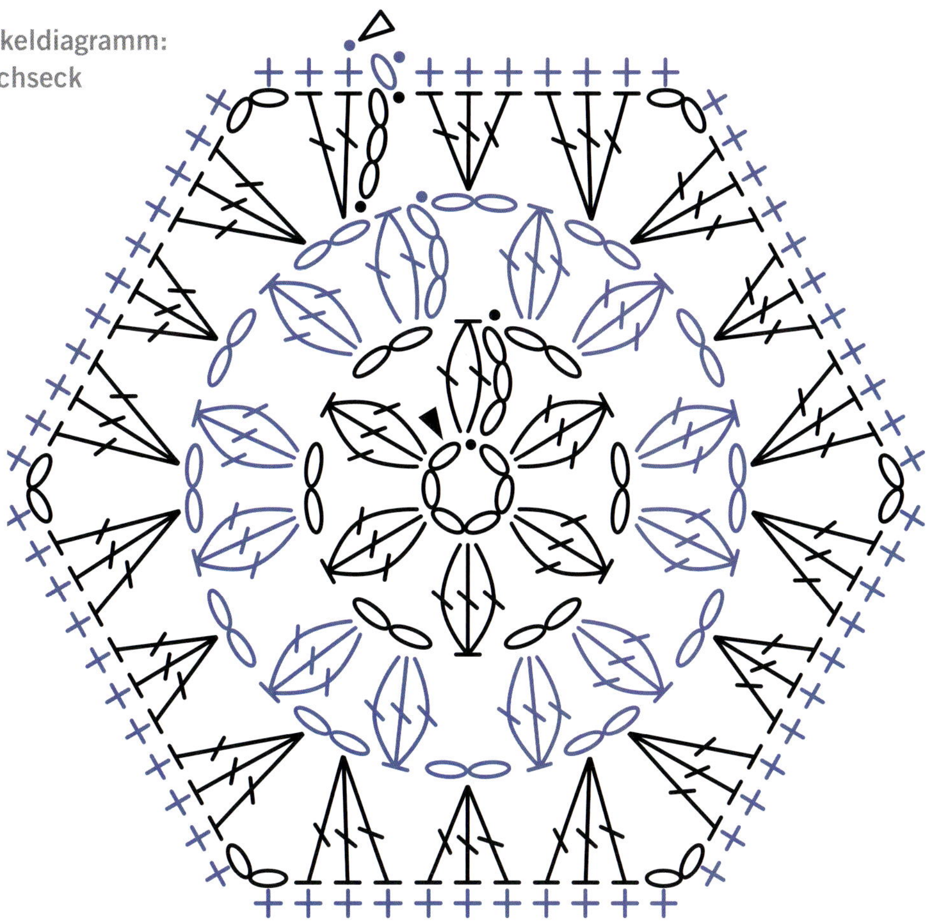

Sechsecke zusammenfügen

Wenn Sie verschiedenfarbige Motive zu einer Decke zusammenstellen wollen, achten Sie bei der Anordnung der Einzelmotive auf die gleichmäßige Verteilung der Farben. Legen Sie die Motive in der gewünschten Reihenfolge auf einer ebenen Oberfläche auf – am besten auf einem Tisch oder auf dem Fußboden, nicht zu weit von Ihrem Arbeitsplatz entfernt.

Wählen Sie einen Ort, wo niemand die aufgelegten Häkelteile durcheinanderbringt – weder Familienmitglieder noch Hund und Katz'.

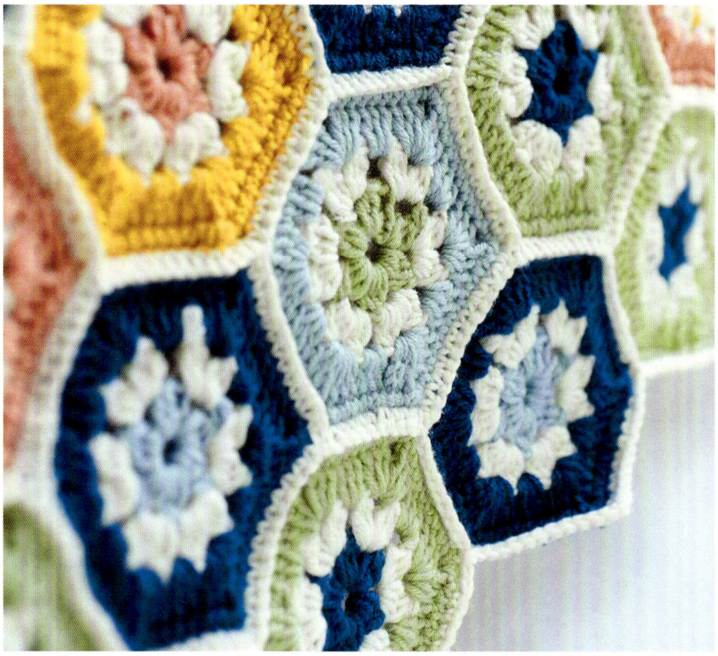

Manche Anleitungen enthalten die Anweisung, die Teile „in beliebiger Reihenfolge" anzuordnen. Auch in diesem Fall sollten Sie die Teile auflegen und verschiedene Kombinationen ausprobieren, bis Sie mit der Verteilung der Farben und mit dem Gesamteindruck zufrieden sind. Wenn die Anleitung aber eine bestimmte Anordnung vorsieht, dann halten Sie sich am besten daran.

Bei der Häkeldecke aus Sechsecken, dem Übungsprojekt in diesem Workshop, ordnen Sie die Teile nach der untenstehenden Abbildung an. Die Sechsecke werden mit festen Maschen zusammengehäkelt (siehe Seite 43). Beim Zusammenhäkeln müssen die Teile unbedingt links auf links aufeinandergelegt werden, denn dabei entsteht auf der rechten Seite eine erhabene Häkelnaht, die die Umrisse der Sechsecke und die Farben optimal zur Geltung bringt.

Einzelmotive beschriften

Wenn Sie die Einzelmotive nach dem Auflegen nicht gleich zusammenfügen, sondern sie liegenlassen müssen, sollten Sie sie unbedingt beschriften und – wenn nötig – mit Stecknadeln zusammenstecken.

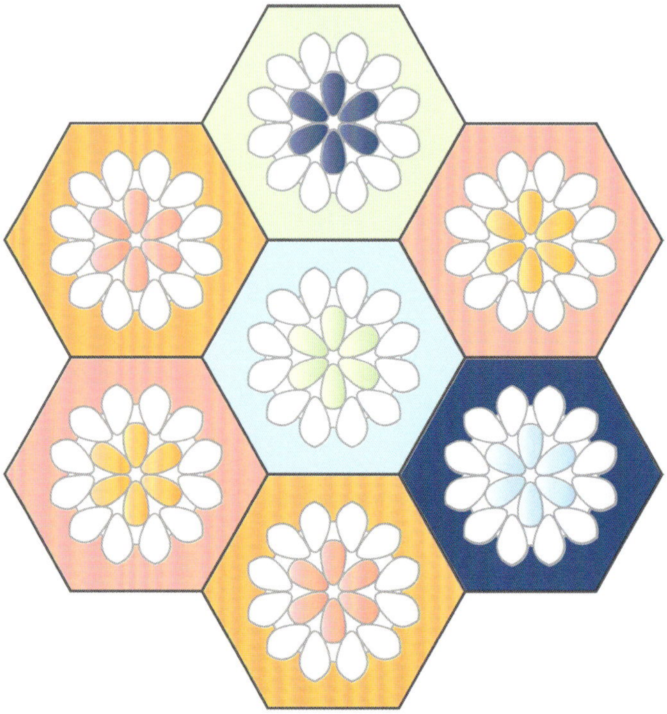

Versehen Sie jede waagrechte und jede senkrechte Reihe mit einem Klebeetikett. Vermerken Sie darauf, ob die Reihe links („L") oder rechts („R") beginnt. Um die Motive aneinander zu fixieren, nehme ich gebogene Sicherheitsnadeln, wie man sie zum Quilten verwendet. So kann ich sie transportieren, ohne dass die Reihenfolge durcheinanderkommt.

Das Zusammenfügen von Sechsecken ist ein langwieriger Vorgang, der Zeit und Geduld erfordert. Was die Reihenfolge beim Zusammenfügen anbelangt, gibt es keine Faustregel. Man kann z. B. zuerst „blumenförmige" Gruppen aus 7 Sechsecken zusammenhäkeln und dann diese „Blumen" aneinanderfügen.

Große Hexagondecke

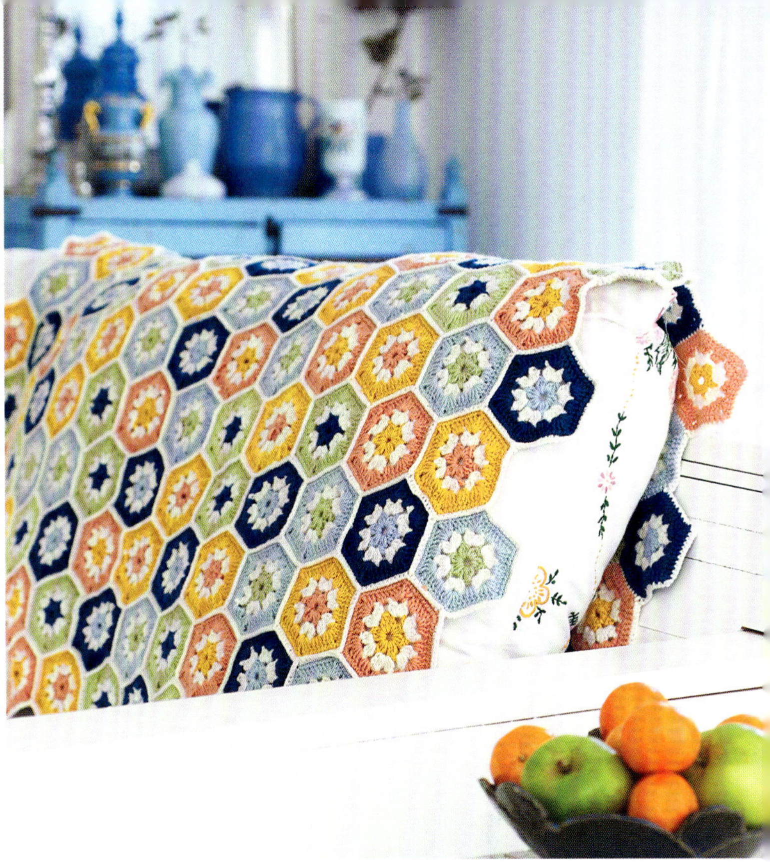

Diese Decke ist eines meiner Lieblingsprojekte in diesem Buch. Mir gefällt alles daran: das schlichte, klare Muster, das Garn, die Farben. Wählen und kombinieren Sie die Farben nach Ihren persönlichen Vorstellungen – wenn Sie aber für die zweite Runde bei allen Sechsecken dieselbe Farbe nehmen, treten die anderen Farben besonders schön hervor.

Fertigkeiten

Maschenarten: feste Masche, Stäbchen

Ein Sechseck häkeln

Büschelmaschen häkeln

Einzelmotive mit festen Maschen zusammenhäkeln

Maße

Die fertige Decke misst etwa 177 x 177 cm.

Garn

Debbie Bliss Baby Cashmerino (Sportweight, 55 % Merino, 33 % Mikrofaser, 12 % Kaschmir)

9 x 50 g (ca. 1.125 m Lauflänge) in der Hauptfarbe:

MC 101 Ecru (Cremeweiß)

Je 3 x 50 g (ca. 375 m Lauflänge) in folgenden 5 Farben:

A 083 Butter (Gelb)
B 202 Light Blue (Hellblau)
C 068 Peach Melba (Pfirsich)
D 018 Citrus (Hellgrün)
E 059 Mallard (Dunkelpetrol)

Häkelnadel

3 mm

Maschenprobe

Jedes Sechseck misst von Kante zu Kante 9 cm (3-mm-Häkelnadel)

Abkürzungen

Lm	Luftmasche
fM	feste Masche
HF	Hauptfarbe
wdh	wiederholen
Km	Kettmasche
M	Masche
Stb	Stäbchen
Rd	Runde

Spezial-Abkürzung

Bm2Stb (Büschelmasche aus 2 Stäbchen): [Faden umschlagen, in Lm-Bogen einstechen, Faden holen und durchziehen, Faden holen und durch die ersten 2 Schlingen auf der Nadel ziehen] 2-mal in denselben Lm-Bogen (3 Schlingen auf der Nadel), Faden holen und durch alle 3 Schlingen auf der Nadel ziehen.

Bm3Stb (Büschelmasche aus 3 Stäbchen): [Faden umschlagen, in Lm-Bogen einstechen, Faden holen und durchziehen, Faden holen und durch die ersten 2 Schlingen auf der Nadel ziehen] 3-mal in denselben Lm-Bogen (4 Schlingen auf der Nadel), Faden holen und durch alle 4 Schlingen auf der Nadel ziehen.

Farbkombinationen

Die Decke besteht aus insgesamt 187 Sechsecken.

Für die 2. Runde immer die HF verwenden. Von den anderen 5 Farben (A, B, C, D oder E) wird eine für die Mitte und eine andere für die 3. und 4. Runde verwendet. Arbeiten Sie die folgenden Kombinationen in der angegebenen Anzahl:

Mitte: Gelb (A), 2. Rd: Cremeweiß (HF), 3.–4. Rd: Pfirsich (C) – 37 x

Mitte: Pfirsich (C), 2. Rd: Cremeweiß (HF), 3.–4. Rd: Gelb (A) – 38 x

Mitte: Hellblau (B), 2. Rd: Cremeweiß (HF), 3.–4. Rd: Dunkelpetrol (E) – 37 x

Mitte: Hellgrün (D), 2. Rd: Cremeweiß (HF), 3.–4. Rd: Hellblau (B) – 38 x

Mitte: Dunkelpetrol (E), 2. Rd: Cremeweiß (HF), 3.–4. Rd: Hellgrün (D) – 37 x

Häkeldiagramm: Sechseck

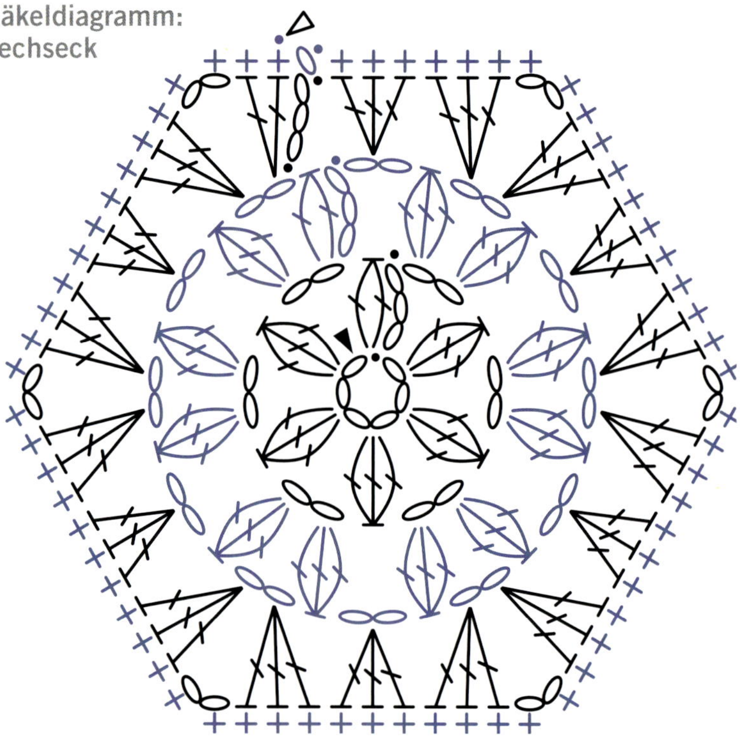

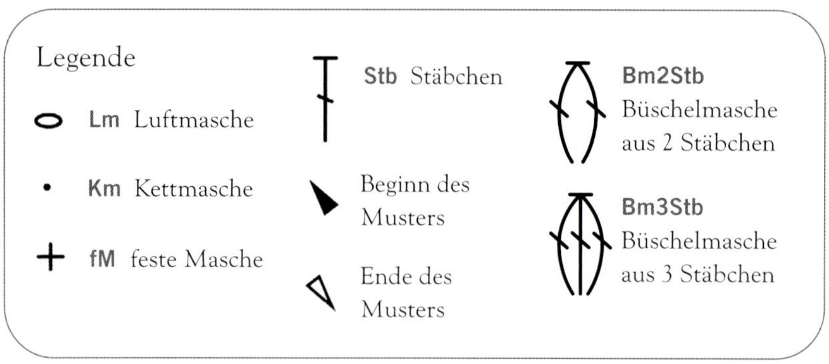

Anordnung der Sechsecke

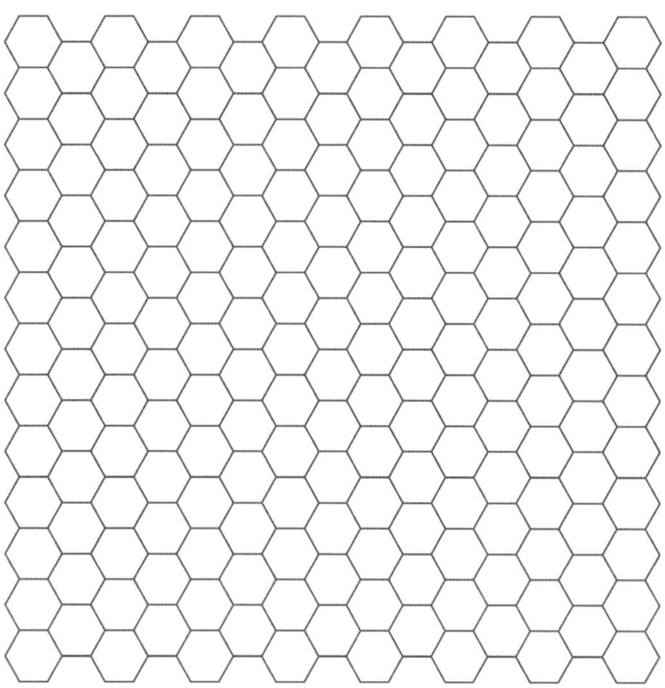

Decke

Insgesamt 187 Sechsecke arbeiten, Farben nach der Farbkombinationen-Liste auf Seite 85 festlegen.

Lm-Ring: In Farbe A, B, C, D oder E 6 Lm häkeln und mit Km in die 1. Lm zu einem Ring schließen.

1. Rd (RS): 3 Lm, Bm2Stb in den Ring, 2 Lm, [Bm3Stb in den Ring, 2 Lm] 5-mal, Km in die 3. der ersten 3 Lm. *6 Büschelmaschen*

Faden verwahren.

Mit der rechten Seite nach vorn in Runden weiterarbeiten.

2. Rd: Faden in der HF (Cremeweiß) mit Km in den 2-Lm-Bogen zwischen zwei beliebigen Bm3Stb-Gruppen aus der Vorrunde einhäkeln, 3 Lm, [Bm2Stb, 2 Lm, Bm3Stb] in denselben Lm-Bogen, * 2 Lm, [Bm3Stb, 2 Lm, Bm3Stb] in nächsten 2-Lm-Bogen; ab * noch 4-mal wdh, 2 Lm, Km in die 3. der ersten 3 Lm. *12 Büschelmaschen*

Faden verwahren.

3. Rd (Sechseck-Rd): Kontrastfarbe mit Km in den 2-Lm-Bogen in einer beliebigen „Bm3Stb, 2 Lm, Bm3Stb"-Gruppe einhäkeln, 3 Lm, [2 Stb, 2 Lm, 3 Stb] in denselben Lm-Bogen (= Ecke), * 3 Stb in nächsten 2-Lm-Bogen, [3 Stb, 2 Lm, 3 Stb] in nächsten Lm-Bogen (= Ecke); ab * noch 4-mal wdh, 3 Stb in nächsten Lm-Bogen, Km in die 3. der ersten 3 Lm. *6 Ecken*

Faden nicht abschneiden.

4. Rd: In derselben Farbe 1 Lm, je 1 fM in die nächsten 2 M, 2 fM in nächsten Lm-Bogen (= Ecke), * je 1 fM in die nächsten 9 M, 2 fM in nächsten Lm-Bogen (= Ecke); ab * noch 4-mal wdh, je 1 fM in die nächsten 6 M, Km oben in die erste fM.

Faden verwahren.

Sechsecke zusammenfügen

Alle Fadenenden vernähen.

Die Sechsecke auf einer ebenen Oberfläche auflegen, die Farben gleichmäßig verteilen. Die Sechsecke abwechselnd in Reihen zu 12 und zu 13 Stück auflegen (siehe Abbildung links). Mit einer 13er-Reihe beginnen und abschließen.

Die Sechsecke in der HF mit festen Maschen zusammenhäkeln (siehe Seite 43), sodass die Häkelnaht auf der rechten Seite sichtbar ist.

Bordüre

Mit der rechten Seite nach vorn einen Faden in der HF in der linken oberen Ecke einhäkeln (in der zweiten der 2 fM in der oberen Ecke des 1. Sechsecks in der 1. Reihe), 1 Lm, 3 fM in dieselbe M, in die der Faden eingehäkelt wurde, 1 fM in jede fM an jeder geraden Kante, 3 fM in die 2. der 2 fM an jeder Ecke, 1 Km in jede Nahtstelle an der Außenkante, Km in erste fM.

Faden verwahren.

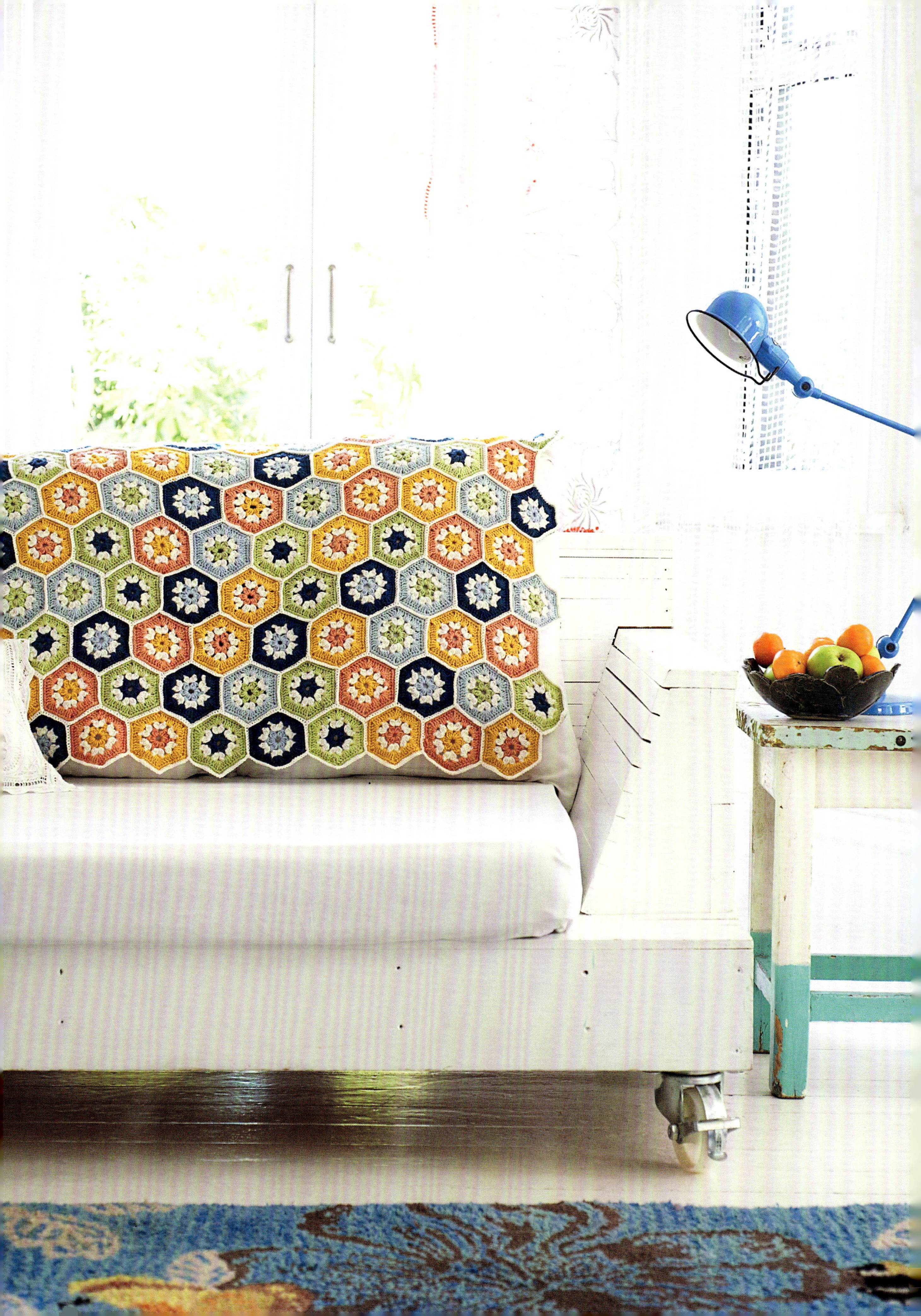

Häkel-Workshop 10

Noppenmuster

Für dieses markante Strukturmuster werden Büschelmaschen aus fünf Stäbchen inmitten von festen Maschen gehäkelt – dadurch wird die plastische Wirkung noch verstärkt. Auf der Tragetasche, die als Übungsprojekt vorgestellt wird, wirkt dieses Muster besonders schön. Sie erfahren auch, wie Sie in die Tragetasche ein Futter einnähen können.

Büschelmasche aus 5 Stäbchen (Bm5Stb)

Diese Büschelmaschen werden in den Rückreihen gearbeitet. Das erhabene Muster entsteht dann auf der rechten Seite der Häkelarbeit. Wenn Sie das Muster zu häkeln beginnen, muss also die linke Seite der Arbeit Ihnen zugewandt sein.

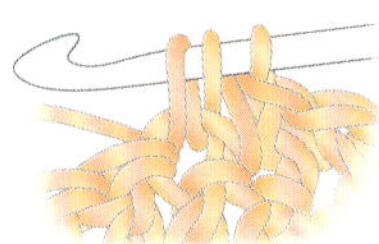

1 Faden umschlagen und in die gewünschte Masche einstechen, Faden holen und durchziehen (3 Schlingen auf der Nadel).

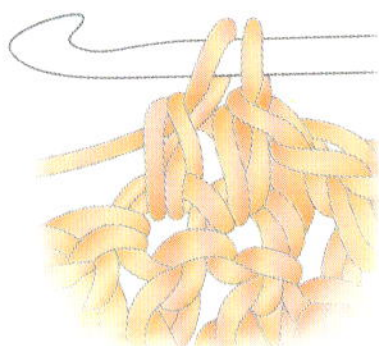

2 Faden holen und durch die ersten 2 Schlingen auf der Nadel ziehen (2 Schlingen auf der Nadel).

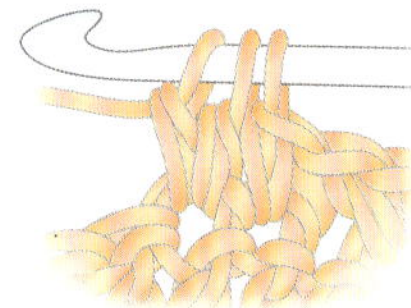

3 Faden umschlagen, an derselben Stelle nochmals einstechen, Faden holen und durchziehen (4 Schlingen auf der Nadel). Faden holen und durch die ersten 2 Schlingen auf der Nadel ziehen (3 Schlingen auf der Nadel).

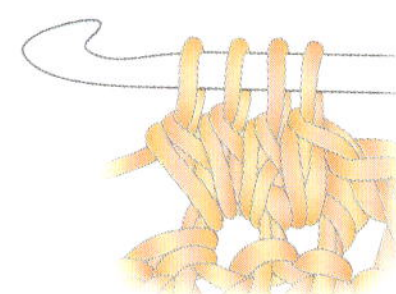

4 Faden umschlagen, an derselben Stelle nochmals einstechen, Faden holen und durchziehen (5 Schlingen auf der Nadel), Faden holen und durch die ersten 2 Schlingen auf der Nadel ziehen (4 Schlingen auf der Nadel).

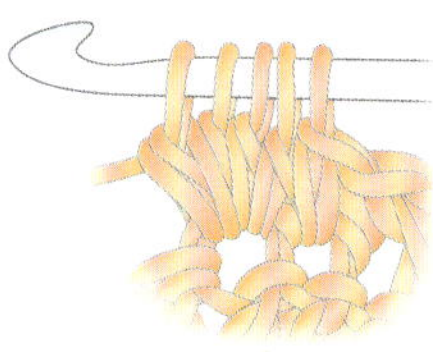

5 Faden umschlagen, an derselben Stelle nochmals einstechen, Faden holen und durchziehen (6 Schlingen auf der Nadel), Faden holen und durch die ersten 2 Schlingen auf der Nadel ziehen (5 Schlingen auf der Nadel).

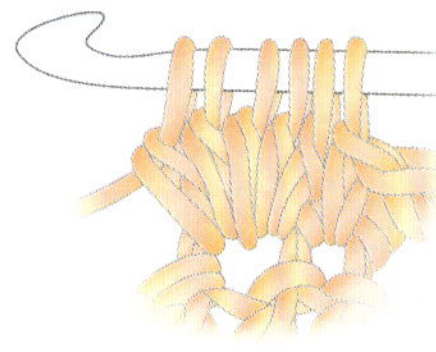

6 Faden umschlagen, an derselben Stelle nochmals einstechen, Faden holen und durchziehen (7 Schlingen auf der Nadel), Faden holen und durch die ersten 2 Schlingen auf der Nadel ziehen (6 Schlingen auf der Nadel).

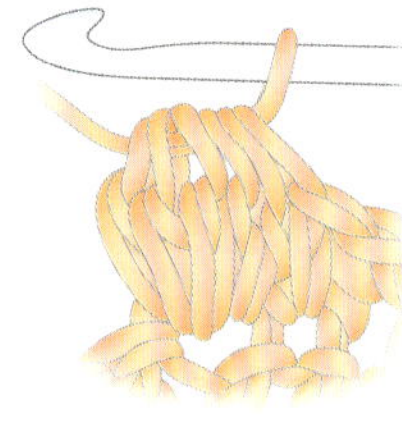

7 Faden holen und durch alle 6 Schlingen auf der Nadel ziehen (1 Schlinge auf der Nadel).

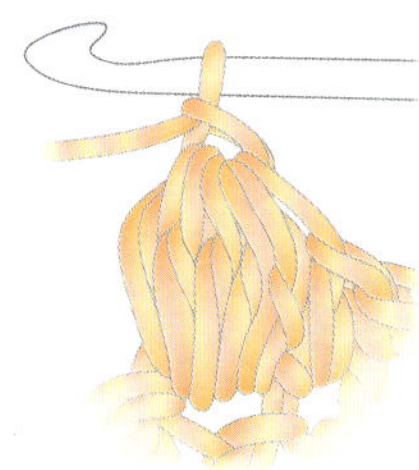

8 Die Büschelmasche mit einer Luftmasche abschließen.

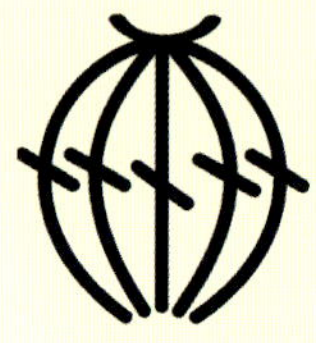

Büschelmasche aus 5 Stäbchen (Bm5Stb) in der Häkelschrift

Noppenmuster (Blackberry-Salad-Muster)

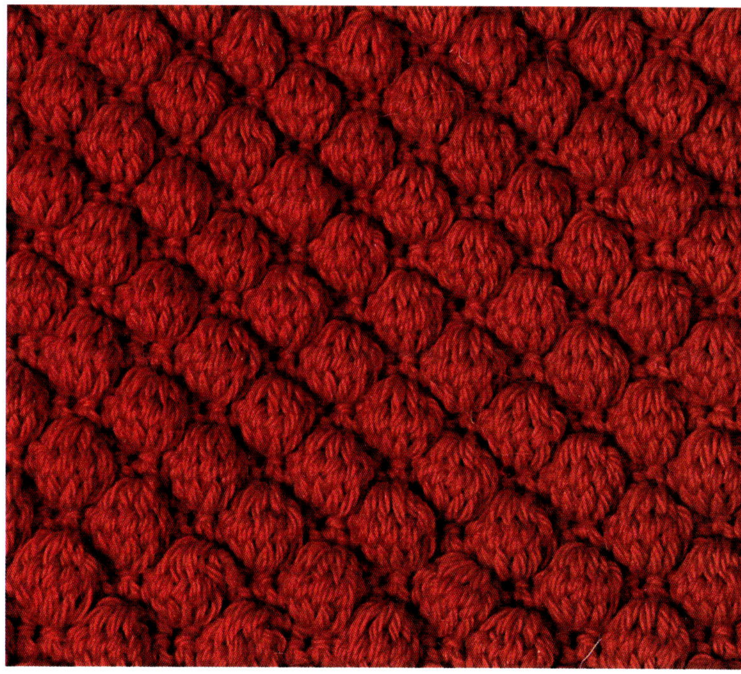

Nach der folgenden Anleitung können Sie das Noppenmuster, dass auch als Blackberry-Salad-Muster bekannt ist, ausprobieren.

Vielfaches von 4 Maschen + 4.

Lm-Kette: 12 Lm.
1. R (Hin-R): 1 fM in 2. Lm von der Nadel aus, 1 fM in jede Lm bis zum Ende. *11 fM*
Ab hier das Noppenmuster arbeiten:
2. R (Rück-R): 1 Lm, je 1 fM in die ersten 3 fM, Bm5Stb in die nächste fM, je 1 fM in die letzten 3 fM. *1 Noppe*
3. R: 1 Lm, je 1 fM in die ersten 3 fM, 1 fM oben in nächste Bm5Stb, je 1 fM in die letzten 3 fM.
4. R: 1 Lm, 1 fM in erste fM, Bm5Stb in die nächste fM, je 1 fM in die nächsten 3 fM, Bm5Stb in die nächste fM, 1 fM in die letzte fM. *2 Noppen*
5. R: 1 Lm, 1 fM in erste fM, 1 fM oben in nächste Bm5Stb, je 1 fM in die nächsten 3 fM, 1 fM oben in nächste Bm5Stb, 1 fM in letzte fM.
2.–5. R fortlaufend wdh.

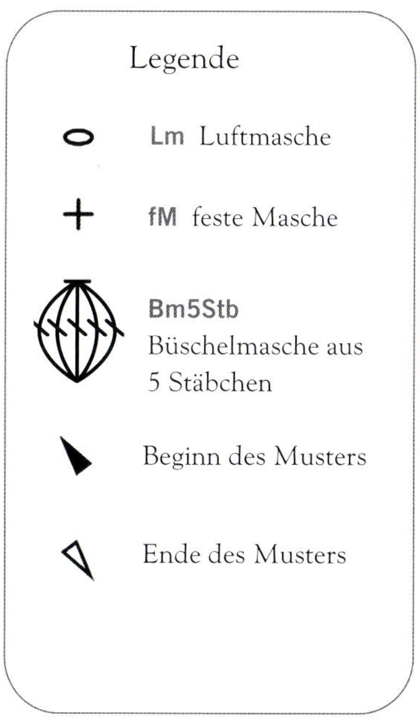

Häkeldiagramm: Noppenmuster (Blackberry-Salad-Muster)

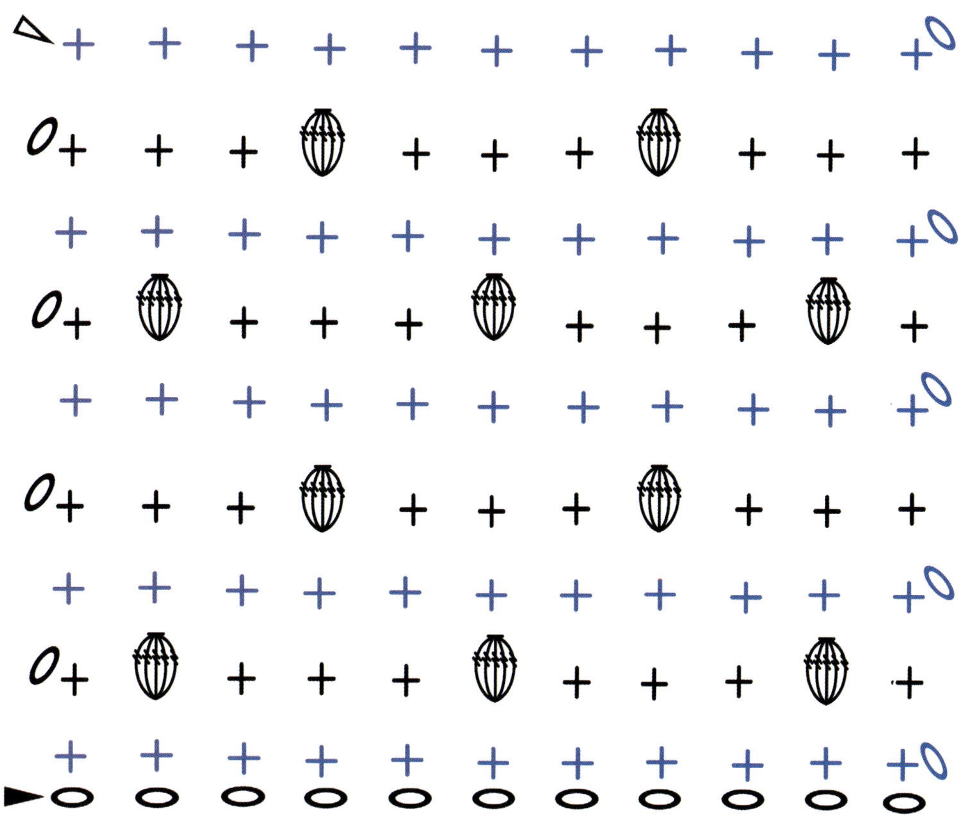

Tragetasche

Diese Tragetasche punktet mit verspieltem Charme und eignet sich zum Einkaufen ebenso wie zum Transportieren und Aufbewahren Ihres Handarbeitszubehörs oder anderer „lebenswichtiger" Kleinigkeiten.

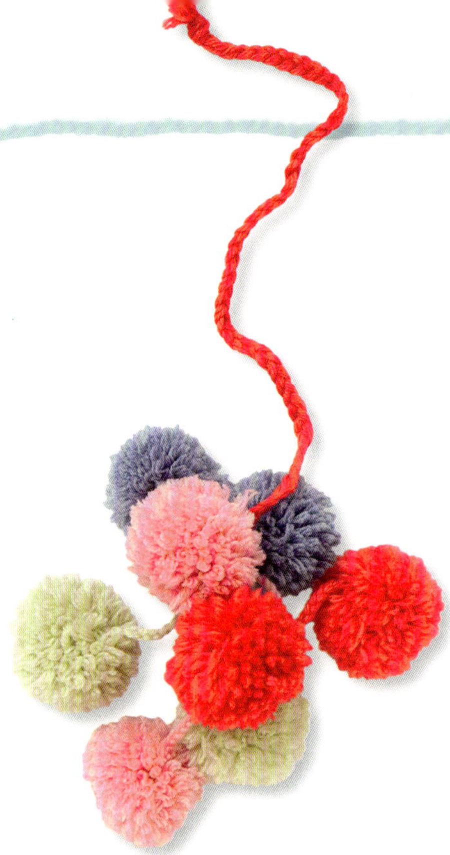

Taschen-Vorderteil

Lm-Kette: In der HF 40 Lm häkeln.

Grundreihe (Hin-R): 1 fM in 2. Lm von der Nadel aus, 1 fM in jede Lm bis zum Ende. *39 fM*

Ab hier das Noppenmuster wie folgt arbeiten:

1. R (Rück-R): 1 Lm, 1 fM in die erste fM, * Bm5Stb in nächste fM, je 1 fM in die nächsten 3 fM; ab * bis zu den letzten 2 fM wdh, Bm5Stb in die nächste fM, 1 fM in die letzte fM. *10 Noppen*

2. R: 1 Lm, 1 fM in die erste fM, * 1 fM oben in nächste Bm5Stb, je 1 fM in die nächsten 3 fM; ab * bis zu den letzten 2 M wdh, 1 fM oben in nächste Bm5Stb, 1 fM in letzte fM.

Fertigkeiten

Maschenarten: feste Masche, Büschelmasche

Büschelmaschen (Noppenmuster) häkeln

Häkeldiagramm lesen

Den Rand der Tragetasche mit einer 3-reihigen Bordüre aus festen Maschen umhäkeln

Futter in eine gehäkelte Tragetasche einnähen

Kleine Pompons mit geflochtener Kordel herstellen

Maße

Die fertige Tragetasche misst inkl. Bordüre etwa 30 x 40 cm.

Garn

Tragetasche:
Cascade Yarns Cascade 220 (Aran/Worsted Weight, 100 % peruanische Hochlandwolle)

3 x 100 g (ca. 600 m Lauflänge) in der Hauptfarbe:

HF 9404 Ruby (Dunkelrot)

Pompons:
Reste in beliebigem Garn in vier kontrastierenden Farben:

A Dunkelrosa
B Hellrosa
C Hellgrün
D Hellblau

Häkelnadel

5 mm

Sonstiges Material

85 x 60 cm Baumwollstoff und farblich passendes Nähgarn für das Futter

Maschenprobe

14 M x 6 R Stäbchen mit 5-mm-Nadel in der HF = 10 x 10 cm
13 M x 18 R Noppenmuster mit 5-mm-Nadel in der HF = 10 x 10 cm

Abkürzungen

Lm	Luftmasche
fM	feste Masche
HF	Hauptfarbe
wdh	wiederholen
Km	Kettmasche
M	Masche
Stb	Stäbchen
R	Reihe
RS	rechte Seite

Spezial-Abkürzung

Bm5Stb (Büschelmasche aus 5 Stäbchen): Faden umschlagen und in die M einstechen, Faden holen und durchziehen (3 Schlingen auf der Nadel), Faden holen und durch die ersten 2 Schlingen auf der Nadel ziehen (2 Schlingen auf der Nadel), [Faden umschlagen, in dieselbe M nochmals einstechen, Faden holen und durchziehen, Faden holen und durch die ersten 2 Schlingen auf der Nadel ziehen] 4-mal (6 Schlingen auf der Nadel), Faden holen und durch alle 6 Schlingen auf der Nadel ziehen, die Bm5Stb mit einer Lm abschließen.

Anmerkung

Die Büschelmaschen werden in den Rückreihen gearbeitet. Achten Sie darauf, dass sie auf der rechten Seite plastisch hervortreten.

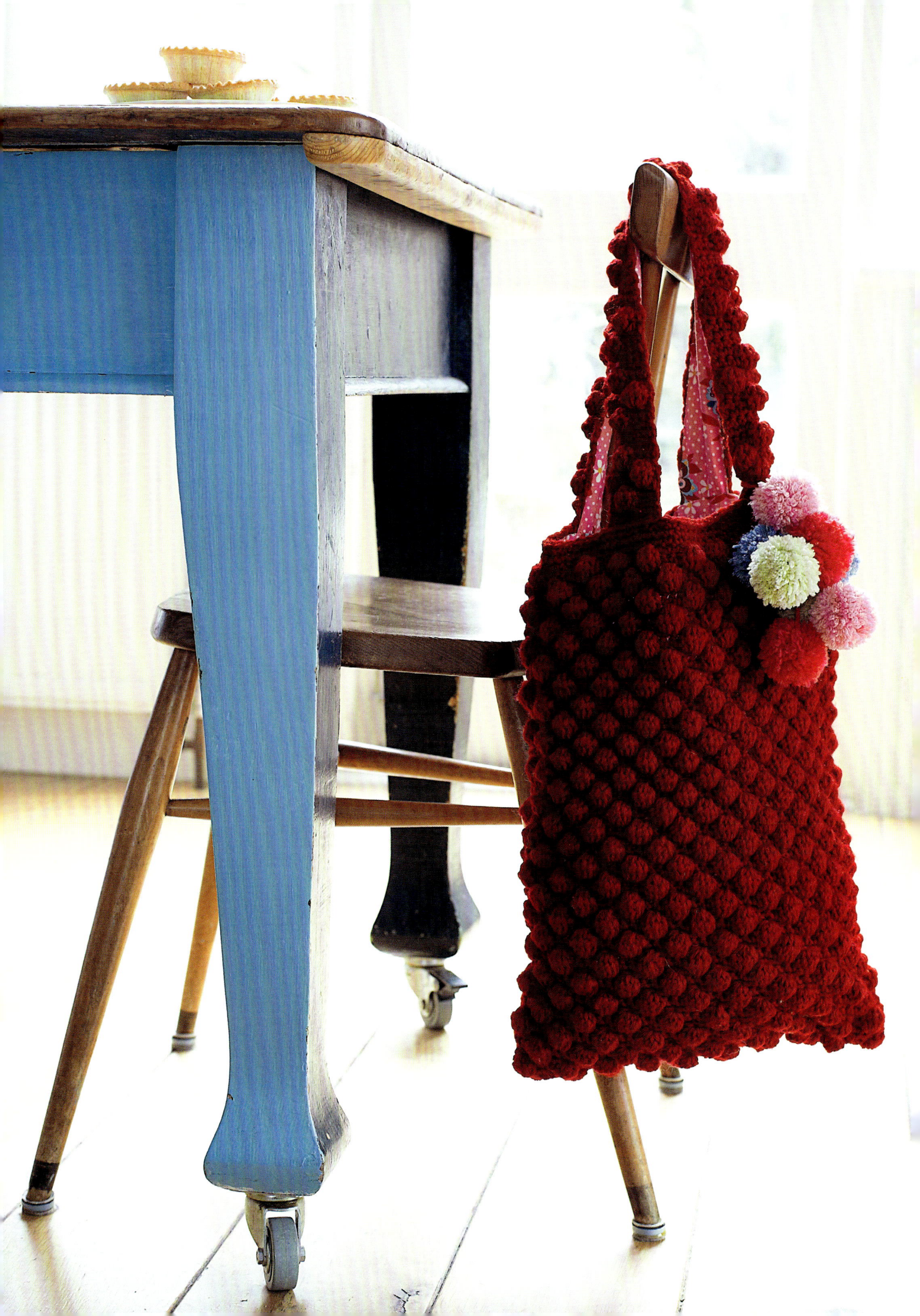

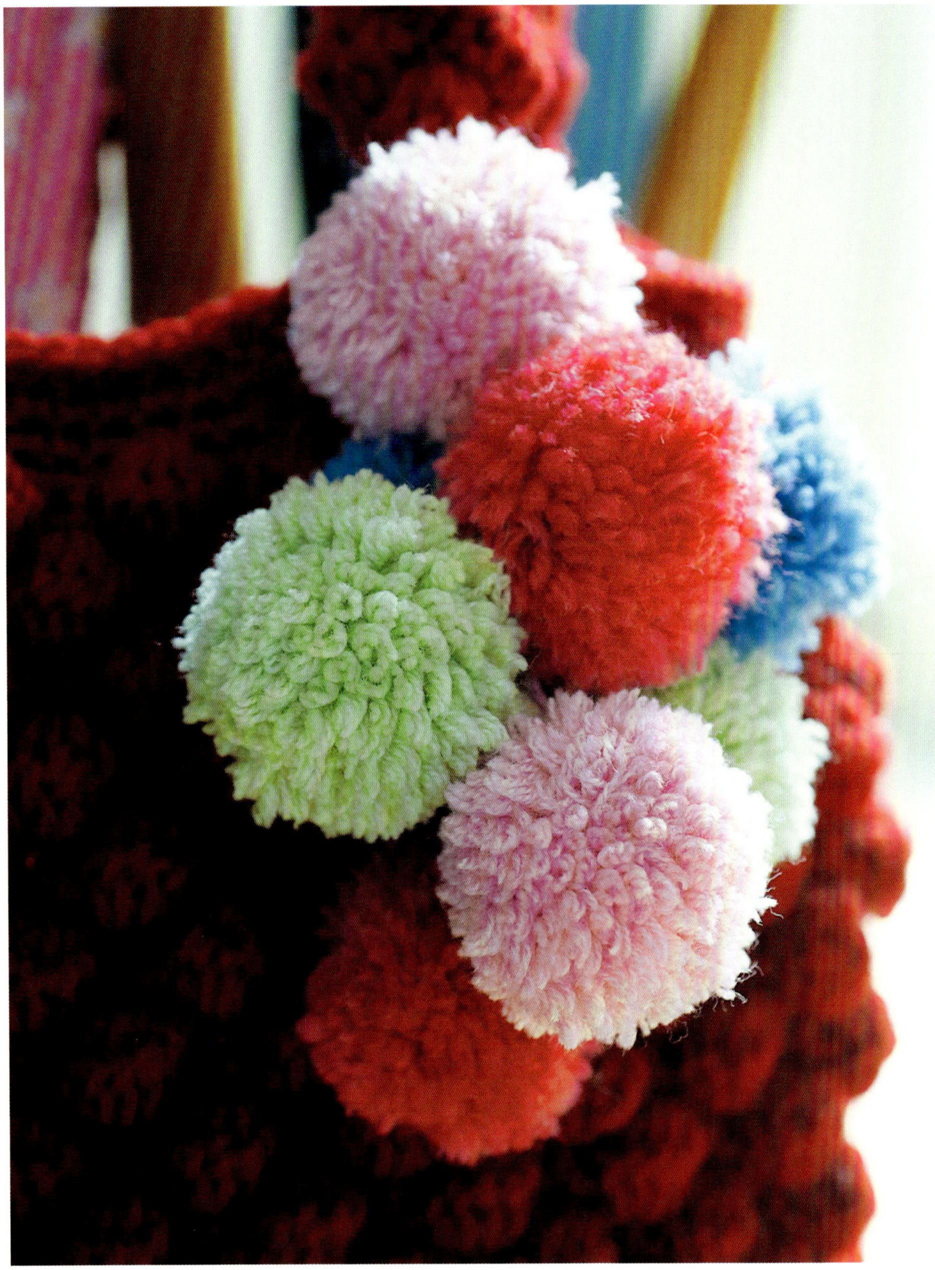

3. R: 1 Lm, je 1 fM in die ersten 3 fM, * Bm5Stb in die nächste fM, je 1 fM in die nächten 3 fM; ab * bis zum Ende wdh. *9 Noppen*

4. R: 1 Lm, je 1 fM in die ersten 3 fM, * 1 fM oben in nächste Bm5Stb, je 1 fM in die nächsten 3 fM; ab * bis zum Ende wdh.

1.–4. R fortlaufend wdh.

Mit dem Noppenmuster fortfahren, bis die Arbeit ca. 38 cm misst, mit einer 2. R abschließen.

Faden verwahren.

Taschen-Rückenteil

Genauso arbeiten wie den Vorderteil.

Henkel

2-mal arbeiten.

Lm-Kette: In der HF 8 Lm häkeln.

1. R (Rück-R): 1 fM in 2. Lm von der Nadel aus, 1 fM in jede Lm bis zum Ende. *7 fM*

2. R: (Hin-R): 1 Lm, 1 fM in jede fM bis zum Ende.

2. R noch 2-mal wdh, mit einer Hin-R abschließen.

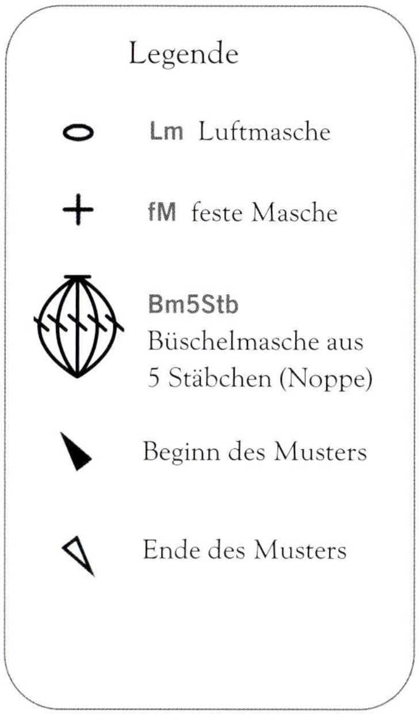

Häkeldiagramm: Noppenmuster (Blackberry-Salad-Muster)

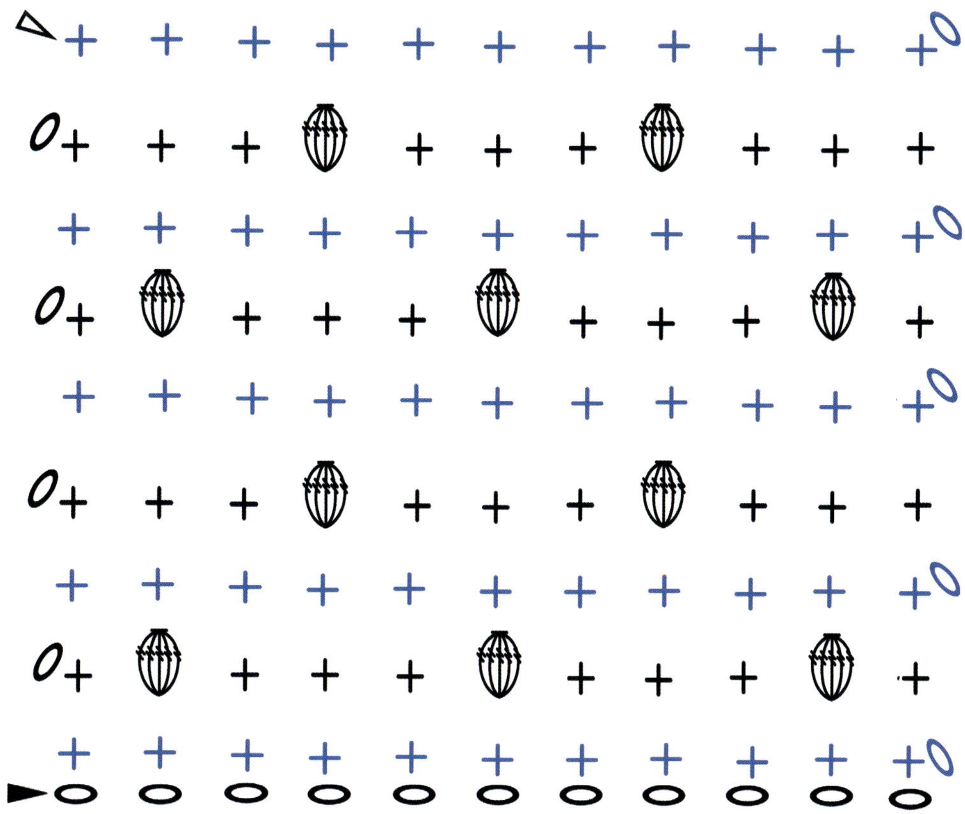

Ab hier das Noppenmuster wie folgt arbeiten:
1. R (Rück-R): 1 Lm, je 1 fM in die ersten 3 fM, Bm5Stb in die nächste fM, je 1 fM in die letzten 3 fM. *1 Noppe*
2. R: 1 Lm, je 1 fM in die ersten 3 fM, 1 fM oben in nächste Bm5Stb, je 1 fM in die nächsten 3 fM.
3. R: 1 Lm, 1 fM in erste fM, Bm5Stb in die nächste fM, je 1 fM in die nächsten 3 fM, Bm5Stb in die nächste fM, 1 fM in letzte fM. *2 Noppen*
4. R: 1 Lm, 1 fM in erste fM, 1 fM oben in nächste Bm5Stb, je 1 fM in die nächsten 3 fM, 1 fM oben in nächste Bm5Stb, 1 fM in letzte fM.
1.–4. R fortlaufend wdh.
Mit dem Noppenmuster fortfahren, bis der Henkel ab der Lm-Kette ca. 51,5 cm misst, mit einer 2. R abschließen.
Nächste R: 1 Lm, 1 fM in jede fM bis zum Ende.
Letzte R noch 3-mal wdh.
Faden verwahren.

Bordüre

Vorder- und Rückenteil rechts auf rechts aufeinanderlegen und mit einer Wollnadel an den Seiten und unten zusammennähen, die Oberkante offen lassen. Alle Fadenenden vernähen und die Tasche auf rechts wenden.
An der Oberkante eine Bordüre in der HF häkeln:
1. Rd (RS): Mit der rechten Seite nach vorn den Faden mit Km an einer Nahtstelle einhäkeln, 1 Lm, 1 fM in dieselbe M wie die Km, 1 fM in jede fM bis zum Ende.
In Spiralrunden weiterarbeiten (die rechte Seite bleibt immer Ihnen zugewandt). Den Beginn jeder Rd markieren.
2. Rd: 1 fM in jede fM bis zum Ende.
Letzte Rd nochmals wdh, mit Km in die nächste fM schließen.
Faden verwahren.

Fertigstellung

Futter aus Baumwollstoff einnähen (siehe Seite 94).
Je 2 kleine Pompons in den Farben A, B, C und D herstellen (siehe Seite 64–65). Beim Zusammenbinden der Pompons 2 mindestens 30 cm lange Fadenenden stehenlassen. Einen dritten Faden durch jeden Pompon ziehen, sodass er an 3 gleich langen Fadenenden hängt. Die Fadenenden an jedem Pompon zu einem Zopf flechten und am Ende verknoten. Die geflochtenen Kordeln so zusammenbinden, dass die Pompons unterschiedlich weit herunterhängen. Die Enden oberhalb dieses Knotens abschneiden.
In einer der Pompon-Farben einen zusätzlichen, ca. 25 cm langen Zopf flechten und damit das Pompon-Bündel am Ansatz eines Henkels anbinden, sodass die Pompons seitlich an der Tragetasche herunterhängen.

Futter einnähen

Ein Futter für die Tragetasche ist nicht unbedingt notwendig, aber zu empfehlen. Das Häkelgarn ist dehnbar; ein Futter aus Stoff verstärkt die Tragetasche und trägt dazu bei, dass sie ihre Form behält. Für diese Arbeit brauchen Sie Grundkenntnisse im Nähen.

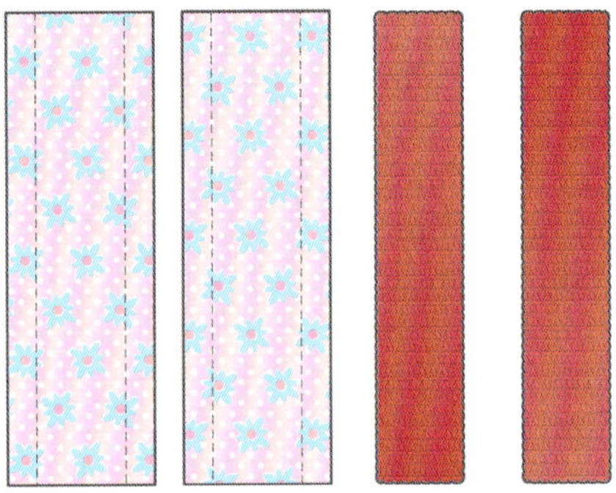

1 Die gehäkelten Träger abmessen. Das Futter für die Träger in derselben Länge zuschneiden, dabei in der Breite auf beiden Seiten 1,5 cm für den Saum zugeben.

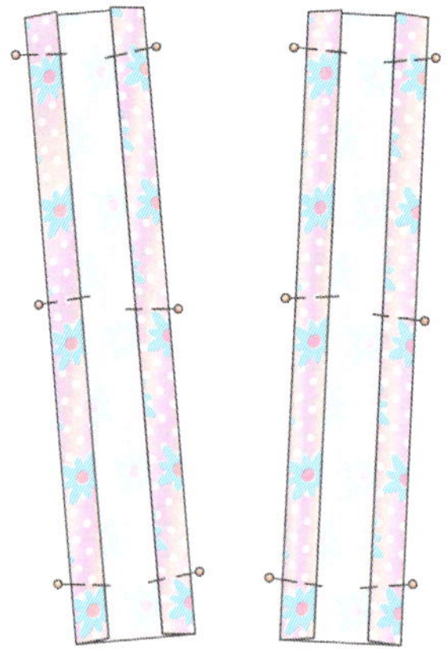

2 Beide langen Kanten der Stoffteile um 1,5 cm auf die linke Seite umschlagen, die Umschläge bügeln und mit Stecknadeln fixieren.

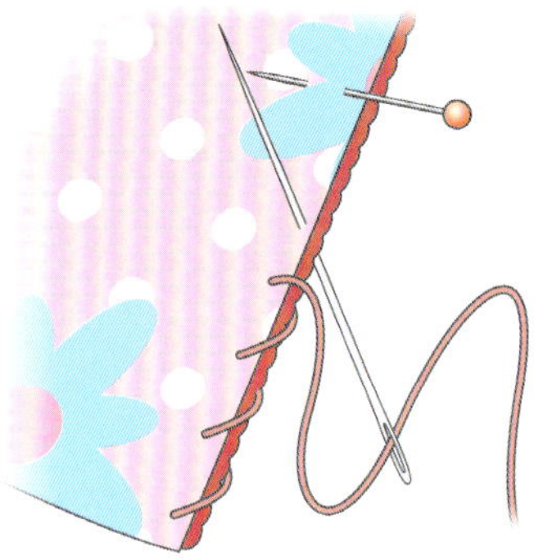

3 Das Futter mit den Umschlägen nach unten auf der linken Seite des gehäkelten Henkels auflegen, mit Stecknadeln fixieren und von Hand mit einem einfachen Überwendlingsstich annähen. Beim zweiten Henkel wiederholen. Die Stecknadeln entfernen.

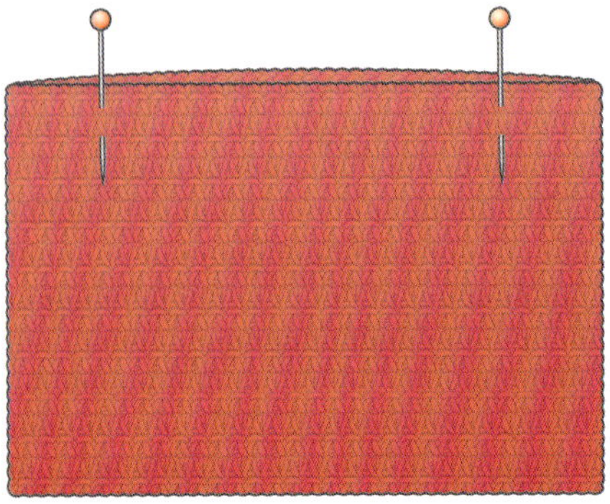

4 An der Oberkante der gehäkelten Tragetasche sowohl am Vorder- als auch am Rückenteil jeweils 2,5 cm von der Seitennaht entfernt eine Stecknadel als Markierung anbringen.

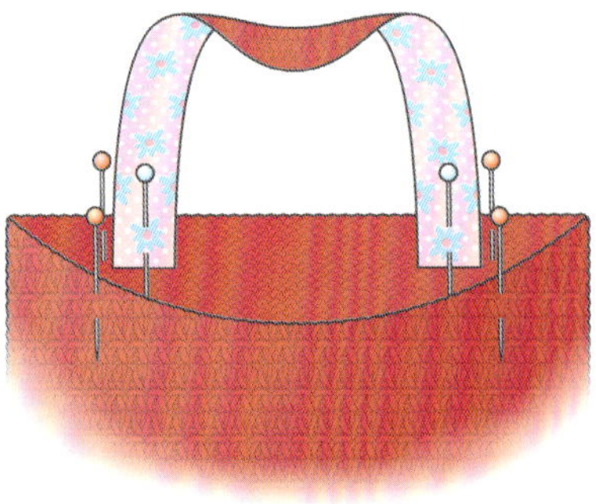

5 Den ersten Henkel direkt an diesen Markierungen an der Oberkante der Tasche feststecken, sodass die gehäkelte Seite der Taschen-Innenseite zugewandt ist und die Enden des Henkels ca. 5 cm in die Tasche hineinragen. Den Henkel feststecken und von Hand annähen. Mit dem zweiten Henkel an der anderen Seite wiederholen. Alle Stecknadeln entfernen.

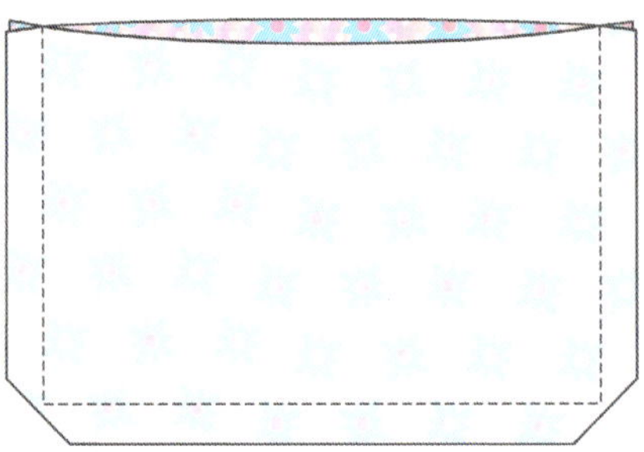

6 Zwei Futterteile in der Größe der Tasche zuschneiden, dabei an den Seiten und an der Unterkante jeweils 1,5 cm und an der Oberkante 2,5 cm zugeben. Die Teile rechts auf rechts aufeinanderlegen und mit der Nähmaschine seitlich und unten zusammennähen. Die unteren Ecken zurückschneiden, die Nähte aufbügeln.

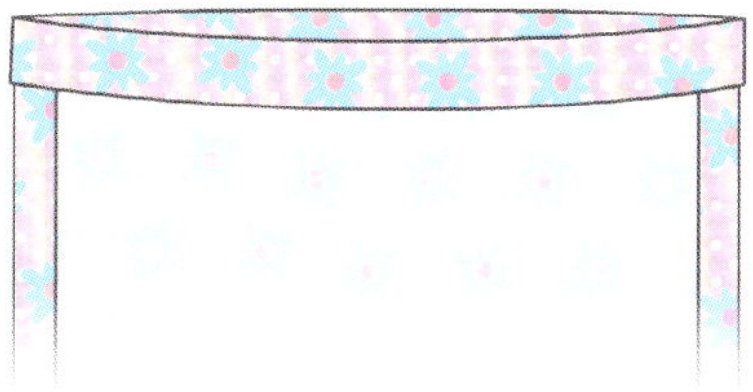

7 Die Oberkante des Futters um 2,5 cm auf die linke Seite umschlagen, den Umschlag bügeln.

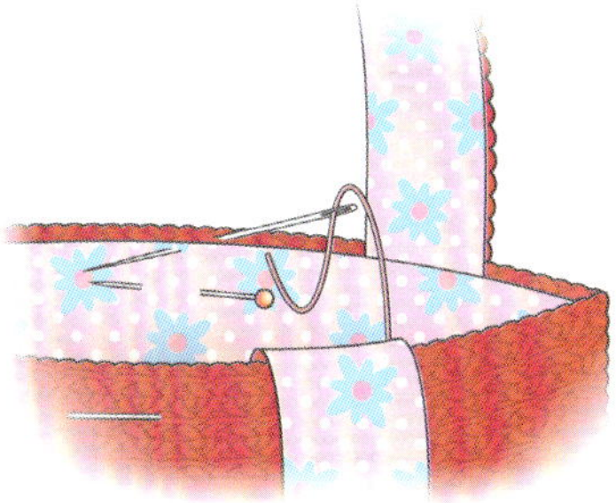

8 Das Futter in die Tasche einführen, sodass sich die linken Seiten des Stoffes und der Häkelarbeit berühren. An der Oberkante entlang feststecken. Das Futter von Hand an der Oberkante der Tasche annähen. Die Naht an den Henkeln verstärken.

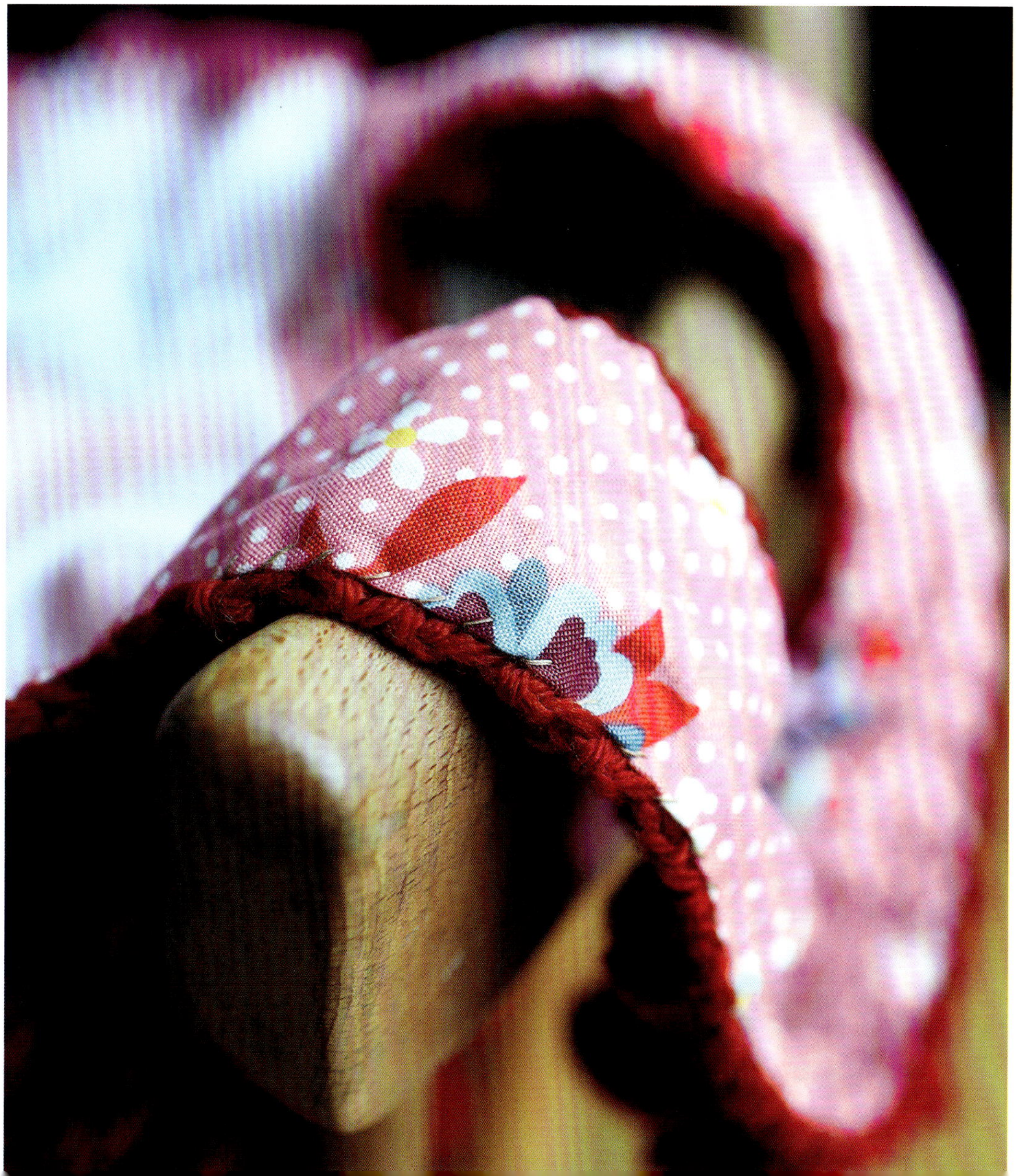

Häkel-Workshop 11

Lacegarn, Fächermuster und Picots

Die so genannten Lacegarne sind besonders feine Garne. Auch mit einer großen Häkelnadel geht die Arbeit mit solchen Garnen ziemlich langsam voran. Sie können damit jedoch wunderschöne, spitzenartige Effekte erzielen. Als Übungsprojekt habe ich einen zarten Lace-Schal mit einem Fächermuster, V-Maschen und einer zierlichen Picot-Bordüre entworfen.

Lacegarn

Lacegarn wird meist in Strängen verkauft und muss daher zum Knäuel aufgewickelt werden Das ist zeitaufwändig, denn bei diesem leichten Garn kommt auf einen Strang eine besonders hohe Lauflänge. Wenn Sie nur abends Zeit zum Häkeln haben, dann planen Sie den ersten Abend zum händischen Aufwickeln ein. Auch die Arbeitszeit für ein Projekt sollten Sie bei diesem Garn großzügig bemessen.

Für Lacegarn können Sie jede Häkelnadelstärke wählen. Je kleiner die Nadel, desto dichter wird die Häkelarbeit. Für das Übungsprojekt in diesem Workshop habe ich eine 5-mm-Häkelnadel genommen, um einen möglichst luftigen, spitzenartigen Effekt zu erzielen.

Fächermuster

Dieses Muster besteht aus v-förmigen, fächerartigen Maschengruppen, die in dieselbe Masche gehäkelt werden. Bei dem Spitzenmuster für das Übungsprojekt besteht ein „Fächer" aus 3 Stäbchen, einer Luftmasche und 3 weiteren Stäbchen (3 Stb, 1 Lm, 3 Stb).

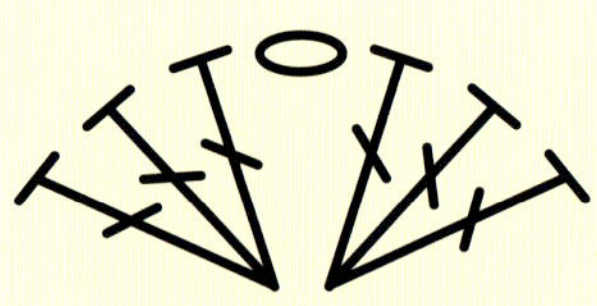

„Fächer" (F) in der Häkelschrift

V-Maschen

Auch diese Maschengruppen haben eine V-Form, bestehen aber aus weniger Maschen als die „Fächer". Meist handelt es sich um zwei gleiche Maschen, die in dieselbe Masche gearbeitet werden und durch eine Luftmasche voneinander getrennt sind. Bei dem Muster für das Übungsprojekt besteht eine „V-Masche" (V-M) aus einem halben Stäbchen, einer Luftmasche und einem zweiten halben Stäbchen (1 hStb, 1 Lm, 1 hStb).

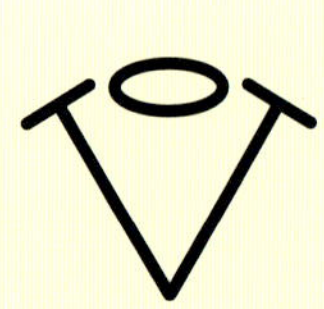

„V-Masche" (V-M) in der Häkelschrift

Spitzenmuster

Hier können Sie das Muster für den Lace-Schal kennenlernen und üben.

Vielfaches von 10 Maschen + 1.

Lm-Kette: 82 Lm.

1. R (Hin-R): 1 fM in die 2. Lm von der Nadel aus, 1 fM in nächste Lm, * 3 Lm überspr, 1 F in nächste Lm, 3 Lm überspr, 1 fM in nächste Lm **, 1 Lm, 1 Lm überspr, 1 fM in nächste Lm; ab * wdh, letzte Wdh bei ** abschließen, 1 fM in letzte Lm, wenden.

2. R: 2 Lm (zählt als erstes hStb), 1 hStb in erste fM, * 2 Lm, 1 fM in 1-Lm-Bogen des nächsten F, 2 Lm **, 1 V-M in 1-Lm-Bogen zwischen den nächsten 2 fM; ab * wdh, letzte Wdh bei ** abschließen, nächste fM überspr, 2 hStb in letzte fM.

3. R: 3 Lm (zählt als erstes Stb), 3 Stb in erstes hStb, * 1 fM in nächsten 2-Lm-Bogen, 1 Lm, 1 fM in nächsten 2-Lm-Bogen **, 1 F in den 1-Lm-Bogen der nächsten V-M; ab * wdh, letzte Wdh bei ** abschließen, 4 Stb in oberste der 2 Lm am Ende der R.

4. R: 1 Lm, 1 fM in das erste Stb, * 2 Lm, 1 V-M in 1-Lm-Bogen zwischen den nächsten 2 fM, 2 Lm **, 1 fM in 1-Lm-Bogen des nächsten F; ab * wdh, letzte Wdh bei ** abschließen, 1 fM in oberste der 3 Lm am Ende der R.

5. R: 1 Lm, 1 fM in erste fM, * 1 fM in den nächsten 2-Lm-Bogen, 1 F in den 1-Lm-Bogen der nächsten V-M, 1 fM in nächsten 2-Lm-Bogen **, 1 Lm; ab * wdh, letzte Wdh bei ** abschließen, 1 fM in letzte fM.

2.–5. R fortlaufend wdh.

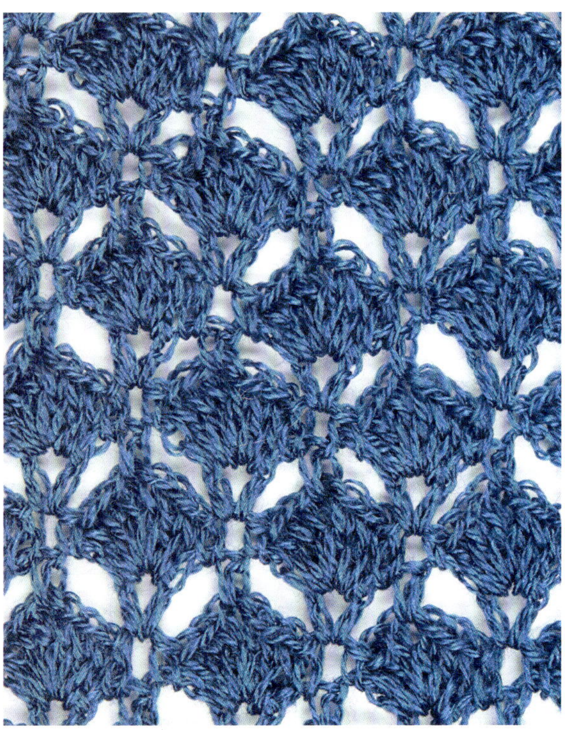

Häkeldiagramm: Spitzenmuster

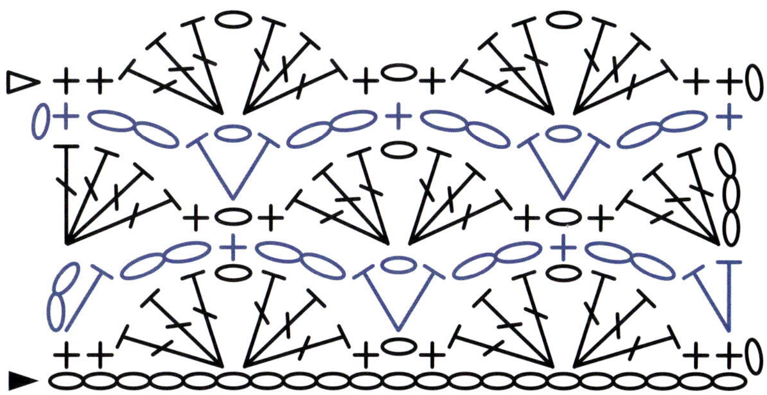

Legende

- **Lm** Luftmasche
- **F** Fächer
- **hStb** halbes Stäbchen
- Beginn des Musters
- **Stb** Stäbchen
- Ende des Musters
- **V-M** V-Masche

Picot

Picots sind kleine gehäkelte Knötchen, die besonders gern als Randverzierung eingesetzt werden.

Bordüre mit Picots aus drei Luftmaschen

Probieren Sie diese dekorative Technik aus!

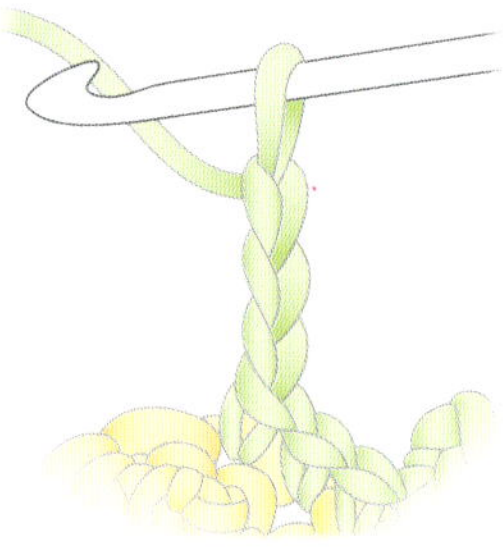

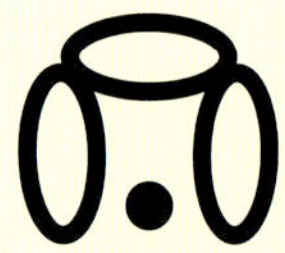

Picot aus 3 Lm in der Häkelschrift

14 Lm.
1. R: 1 fM in zweite Lm von der Nadel aus, 1 fM in jede Lm bis zum Ende.
2. R: 1 Lm, je 1 fM in die nächsten 2 M, 3 Stb in die nächste M, * je 1 fM in die nächsten 3 M, 3 Stb in die nächste M; ab * noch 2-mal wdh, je 2 fM in die letzten 2 M.
3. R (Picot-Reihe): 1 Lm, je 1 fM in die nächsten 2 fM, 1 fM oben in das nächste Stb, * 3 Lm.

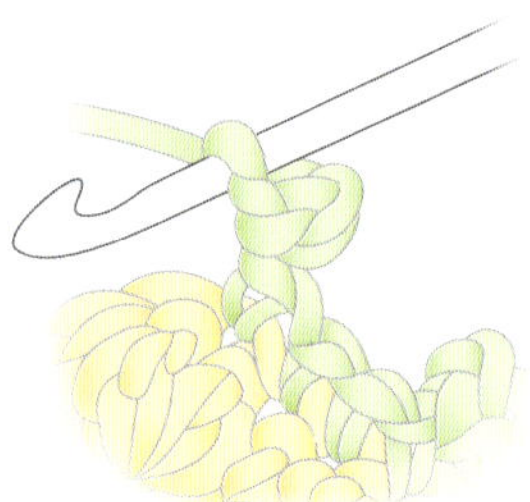

Km in die 3. Lm von der Nadel aus (= Picot). 1 fM oben in das nächste Stb.

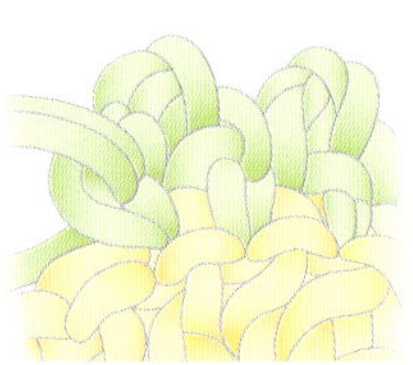

Ab * nochmals wdh, 3 Lm, Km in die 3. Lm von der Nadel aus (= Picot) **, je 1 fM in die nächsten 3 fM, 1 fM oben in das nächste Stb; ab * wdh, letzte Wdh bei ** beenden, je 1 fM in die letzten 2 fM.

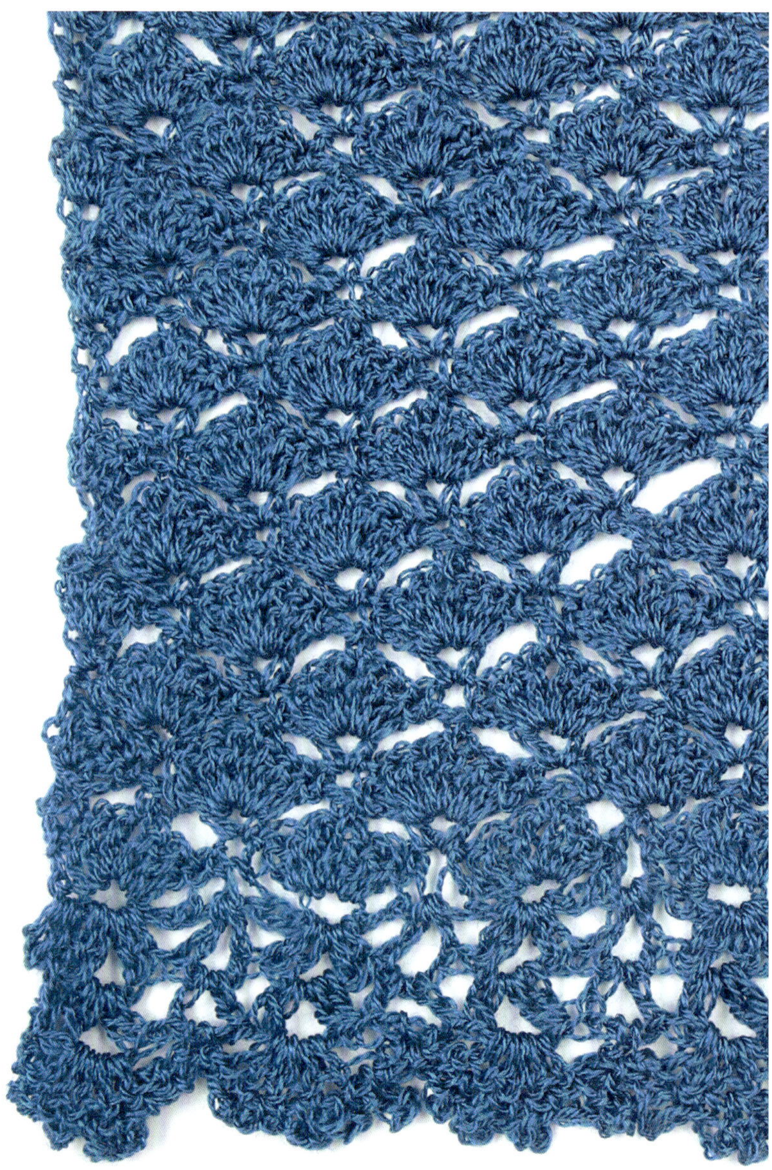

Lace-Schal

Für diesen wunderhübschen, federleichten Schal habe ich ein Merino-Seiden-Mischgarn und ein zierliches Spitzenmuster mit interessanter Struktur gewählt.

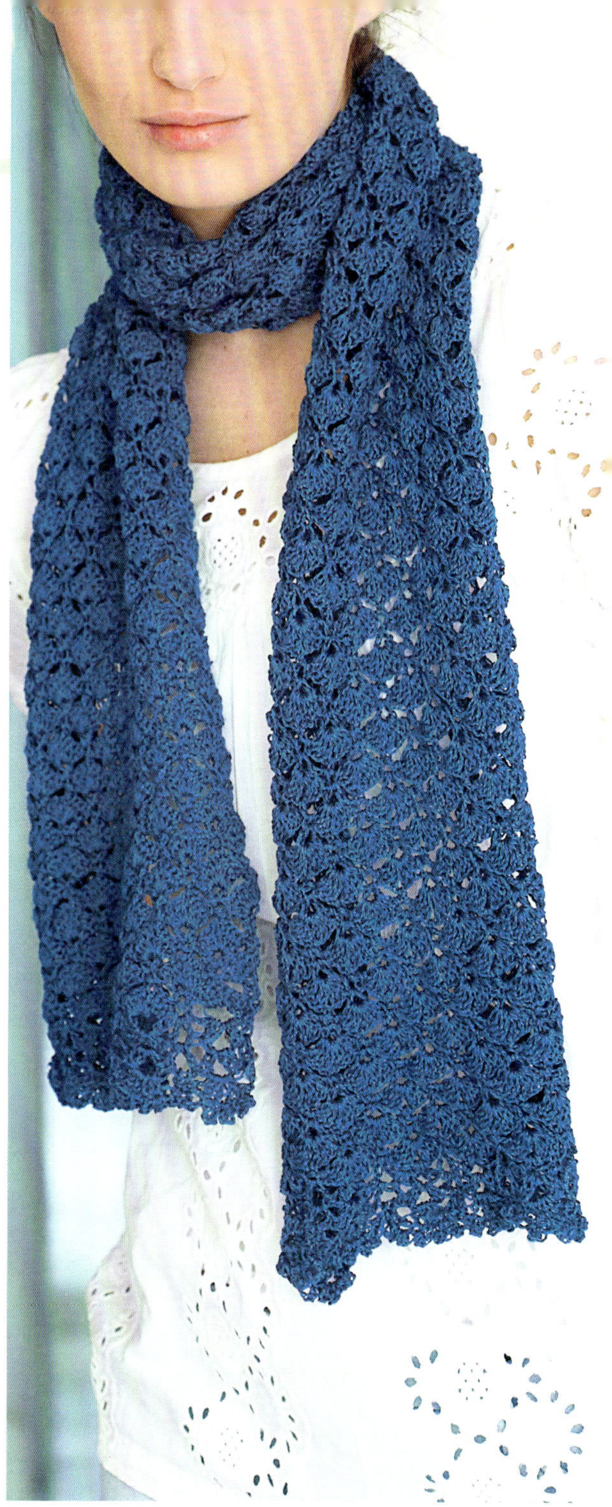

Schal

Lm-Kette: 82 Lm.

1. R (Hin-R): 1 fM in die 2. Lm von der Nadel aus, 1 fM in nächste Lm, * 3 Lm überspr, 1 F in nächste Lm, 3 Lm überspr, 1 fM in nächste Lm **, 1 Lm, 1 Lm überspr, 1 fM in nächste fM; ab * wdh, letzte Wdh bei ** abschließen, 1 fM in letzte Lm, wenden.

2. R: 2 Lm (zählt als erstes hStb), 1 hStb in erste fM, * 2 Lm, 1 fM in 1-Lm-Bogen des nächsten F, 2 Lm **, 1 V-M in 1-Lm-Bogen zwischen den nächsten 2 Lm; ab * wdh, letzte Wdh bei ** abschließen, nächste fM überspr, 2 hStb in letzte fM.

Fertigkeiten

Maschenarten: Stäbchen, feste Masche, halbes Stäbchen

Mit Lacegarn arbeiten

Strukturiertes Spitzenmuster häkeln

Muschelbordüre mit Picots aus 3 Luftmaschen häkeln

Maße

Der fertige Schal ist etwa 133 cm lang und 26,5 cm breit.

Garn

Fyberspates Scrumptious Lace (Lace handgefärbt, 55 % Merino, 45 % Seide)

1 x 100 g (ca. 1.000 m Lauflänge), 507 Teal (Blau)

Häkelnadel

5 mm

Maschenprobe

18 M x 10 R Stäbchen mit 5-mm-Nadel = 10 x 10 cm

3 Fächer x 10 R (Fächer- und V-Maschen-Muster) mit 5-mm-Nadel = 10 x 10 cm

Abkürzungen

Lm	Luftmasche
wdh	wiederholen
R	Reihe
fM	feste Masche
hStb	halbes Stäbchen
Stb	Stäbchen
M	Masche
überspr	überspringen

Spezial-Abkürzung

F (Fächer): [3 Stb, 1 Lm, 3 Stb] in dieselbe M (denselben Lm-Bogen) arbeiten.

V-M (V-Masche): [1 hStb, 1 Lm, 1 hStb] in dieselbe M (denselben Lm-Bogen) arbeiten.

Bm2Stb (Büschelmasche aus 2 Stäbchen): [Faden umschlagen, in Lm-Bogen einstechen, Faden holen und durchziehen, Faden holen und durch die ersten 2 Schlingen auf der Nadel ziehen] 2-mal in denselben Lm-Bogen (3 Schlingen auf der Nadel), Faden holen und durch alle 3 Schlingen auf der Nadel ziehen.

3. R: 3 Lm (zählt als erstes Stb), 3 Stb in erstes hStb, * 1 fM in nächsten 2-Lm-Bogen, 1 Lm, 1 fM in nächsten 2-Lm-Bogen **, 1 F in den 1-Lm-Bogen der nächsten V-M; ab * wdh, letzte Wdh bei ** abschließen, 4 Stb in oberste der 2 Lm am Ende der R.

4. R: 1 Lm, 1 fM in das erste Stb, * 2 Lm, 1 V-M in 1-Lm-Bogen zwischen den nächsten 2 fM, 2 Lm **, 1 fM in 1-Lm-Bogen des nächsten F; ab * wdh, letzte Wdh bei ** abschließen, 1 fM in oberste der 3 Lm am Ende der R.

5. R: 1 Lm, 1 fM in erste fM, * 1 fM in den nächsten 2-Lm-Bogen, 1 F in den 1-Lm-Bogen der nächsten V-M, 1 fM in nächsten 2-Lm-Bogen **, 1 Lm; ab * wdh, letzte Wdh bei ** abschließen, 1 fM in letzte fM.

2.–5. R wdh, bis der Schal 123 cm misst, mit einer 2. R (= Rück-R) abschließen.

Faden nicht abschneiden, die Bordüre nach der folgenden Anleitung arbeiten.

Häkeldiagramm: Lace-Schal

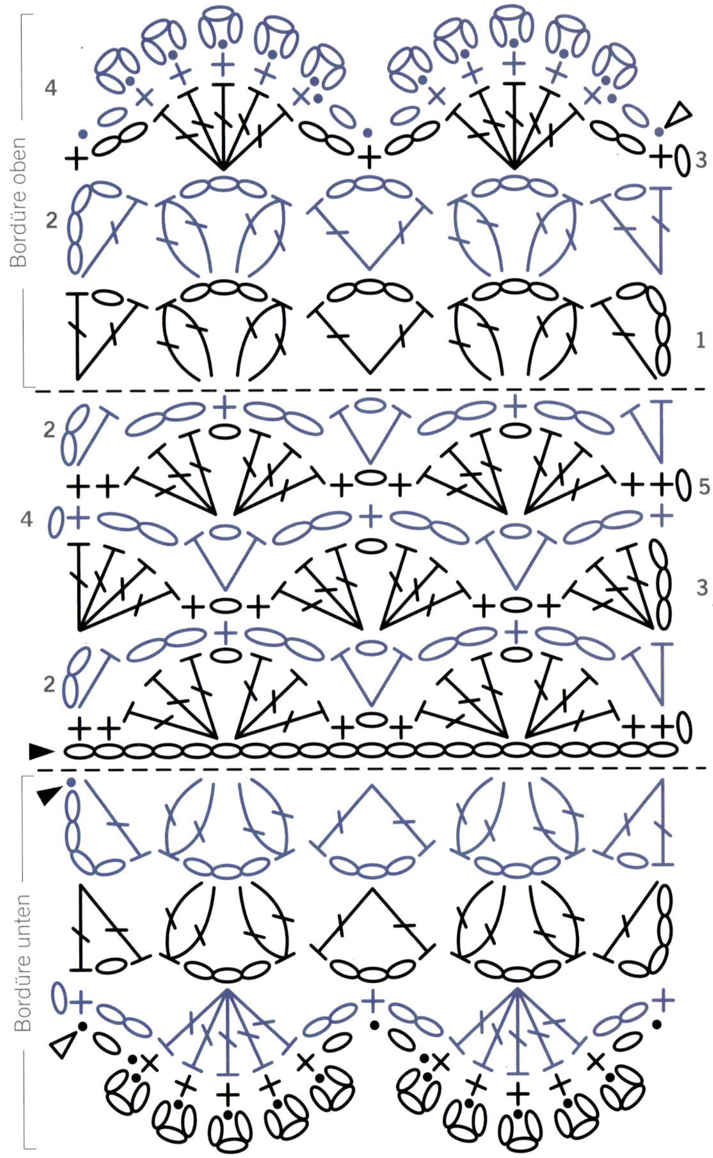

Muschelbordüre mit Picots (Oberkante)

Mit der rechten Seite nach vorn in die letzte Reihe des Schals arbeiten:

1. R (Hin-R): 4 Lm (zählt als erstes Stb und 1-Lm-Bogen), 1 Stb in erstes hStb, * [Bm2Stb, 3 Lm, Bm2Stb] in nächste fM (in der Mitte des F) **, [1 Stb, 3 Lm, 1 Stb] in 1-Lm-Bogen in der nächsten V-M; ab * wdh, letzte Wdh bei ** abschließen, [1 Stb, 1 Lm, 1 Stb] in die oberste der 2 Lm am Ende der R.

2. R: 4 Lm, 1 Stb in erstes Stb, * [Bm2Stb, 3 Lm, Bm2Stb] in 3-Lm-Bogen zwischen den nächsten 2 Büschelmaschen **, [1 Stb, 3 Lm, 1 Stb] in 3-Lm-Bogen in der nächsten „1 Stb, 3 Lm, 1 Stb"-Gruppe; ab * wdh, letzte Wdh bei ** abschließen, [1 Stb, 1 Lm, 1 Stb] in 4-Lm-Bogen am Ende der R.

3. R: 1 Lm, 1 fM in erstes Stb, 2 Lm, * 5 Stb in nächsten 3-Lm-Bogen (zwischen 2 Büschelmaschen), 2 Lm **, 1 fM in 3-Lm-Bogen (zwischen 2 Stb), 2 Lm; ab * wdh, letzte Wdh bei ** abschließen, 1 fM in 4-Lm-Bogen am Ende der R.

4. R (Picot-Reihe): 1 Km in erste fM, * 1 Lm, [1 fM in nächstes Stb, 3 Lm für das Picot, Km in die erste dieser 3 Lm] 5-mal, 1 Km in dieselbe M wie die letzte fM, 1 Lm, 1 Km in nächste fM; ab * bis zum Ende der R wdh.

Faden verwahren.

Muschelbordüre mit Picots (Unterkante)

Am anderen Ende des Schals an der Unterseite der Lm-Kette arbeiten: Mit der rechten Seite nach vorn den Faden in die erste Lm der Lm-Kette einhäkeln.

1. R (Hin-R): 4 Lm (zählt als erstes Stb und 1-Lm-Bogen), 1 Stb in dieselbe Lm der Lm-Kette, * [Bm2Stb, 3 Lm, Bm2Stb] mittig an der Unterseite des nächsten F **, [1 Stb, 3 Lm, 1 Stb] in nächsten 1-Lm-Bogen (zwischen 2 fM in der 1. R des Schals); ab * wdh, letzte Wdh bei ** abschließen, [1 Stb, 1 Lm, 1 Stb] in die letzte Lm.

2.–4. R: Wie 2.–4. R der Bordüre an der Oberkante.

Faden verwahren.

Fertigstellung

Mit einer Wollnadel die Fadenenden vernähen. Nicht bügeln.

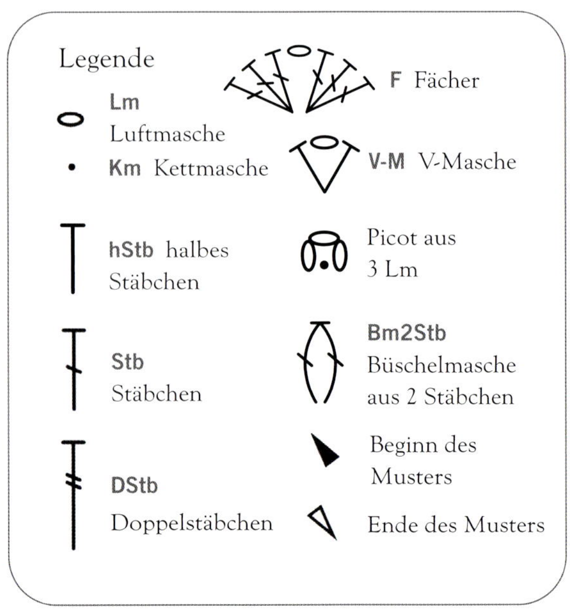

Häkel-Workshop 12

Doppeltes Fächermuster

Eines meiner Lieblingsmuster ist diese Kombination von Fächern und zusammen abgemaschten Stäbchengruppen, das Catherine-Wheel-Muster. Die luxuriöse, weiche Häkeldecke, die in diesem Workshop als Übungsprojekt vorgestellt wird, ist aus dickem Garn gearbeitet – dadurch geht die Arbeit schnell von der Hand.

Das Häkeldiagramm hilft

Wenn Sie sich bisher noch nicht eingehend mit den Häkeldiagrammen in diesem Buch beschäftigt haben, ist jetzt der richtige Zeitpunkt dazu. Das „doppelte" Fächermuster besteht aus Fächern (zu je 7 Stäbchen) und zusammen abgemaschten Stäbchengruppen – ebenfalls aus jeweils 7 Stäbchen. Die Frage ist nur: wo gehören die einzelnen Maschen hin? Am Häkeldiagramm sehen Sie es genau.

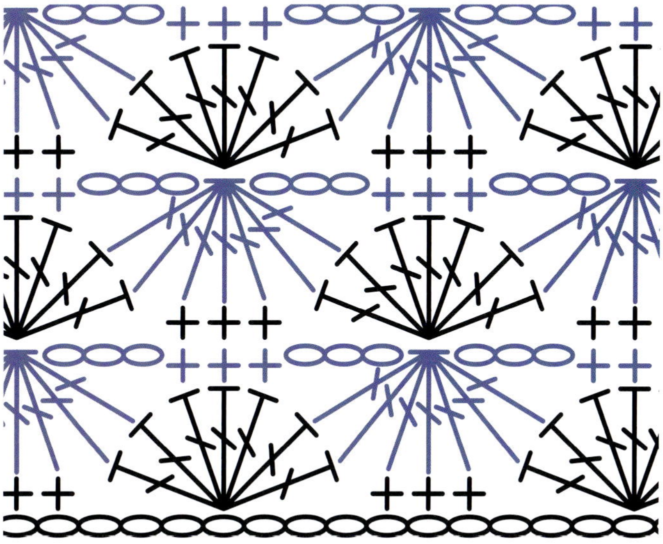

Natürlich können Sie dieses Muster auch mit feinerem Garn oder auch mit Baumwollgarn arbeiten. Farbige Streifen entstehen, wenn Sie nach der ersten Reihe und danach alle zwei Reihen die Farbe wechseln. Wenn man so viele Maschen in einer Reihe häkelt, ist die richtige Maschenanzahl bei der Luftmaschenkette besonders wichtig. Achten Sie darauf, dass Sie sich nicht verzählen. Ein Maschenmarkierer in jeder 20. oder 50. Luftmasche hilft dabei.

Um eine große Anzahl von Schlingen auf der Häkelnadel zu bewältigen, ist es wichtig, locker zu häkeln. Wenn die Schlingen zu fest sind, werden Sie es nicht schaffen, den Faden durch alle acht Schlingen auf einmal zu ziehen.

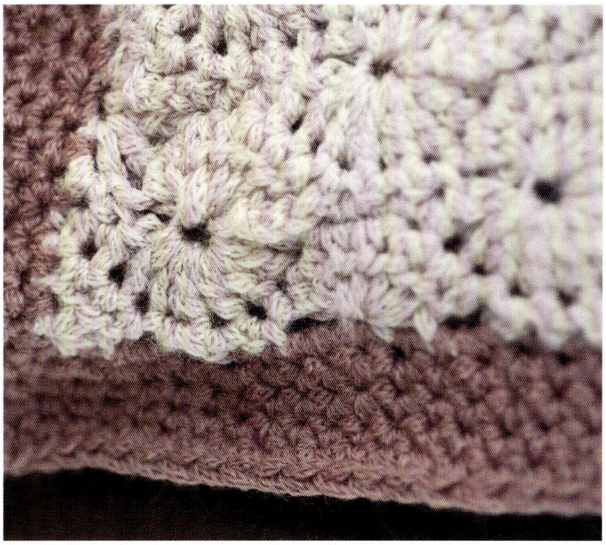

TIPP

Überprüfen Sie am Ende der Reihe, ob die Maschenanzahl stimmt. Wenn Sie bei den Fächern oder bei den zusammen abgemaschten Stäbchengruppen irgendwo ein Stäbchen zu wenig haben, rächt sich der Fehler in der folgenden Reihe.

7 zusammen abgemaschte Stäbchen (7 Stb zus)

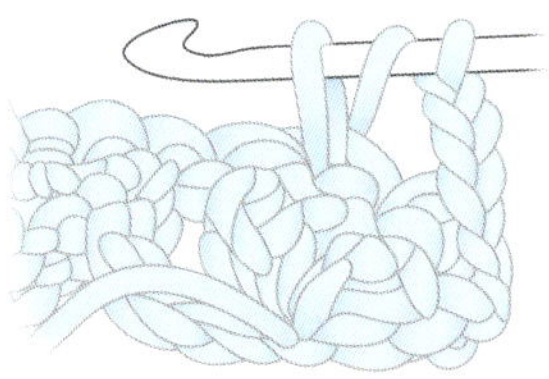

1 Faden umschlagen, in die nächste Masche einstechen, Faden holen und durchziehen (3 Schlingen auf der Nadel).

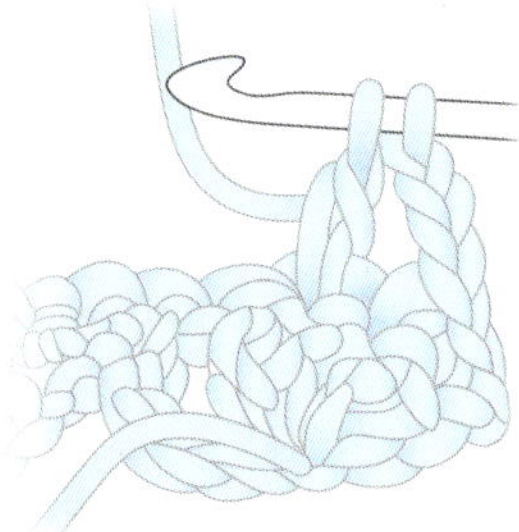

2 Faden holen und durch die ersten 2 Schlingen auf der Nadel ziehen (2 Schlingen auf der Nadel).

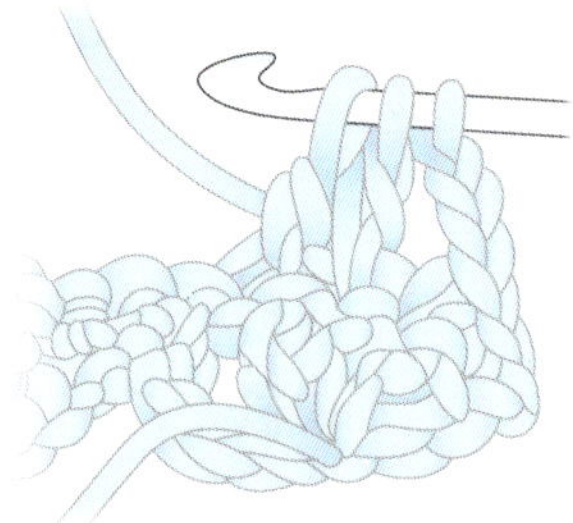

3 Faden umschlagen, in die nächste Masche einstechen, Faden holen und durchziehen (4 Schlingen auf der Nadel), Faden holen und durch die ersten 2 Schlingen auf der Nadel ziehen (3 Schlingen auf der Nadel).

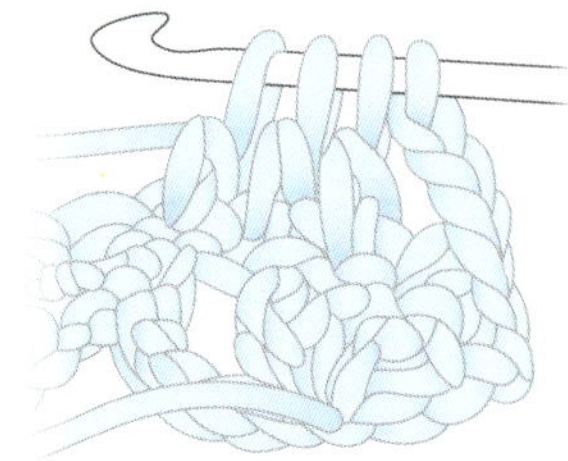

4 Faden umschlagen, in die nächste Masche einstechen, Faden holen und durchziehen (5 Schlingen auf der Nadel), Faden holen und durch die ersten 2 Schlingen auf der Nadel ziehen (4 Schlingen auf der Nadel).

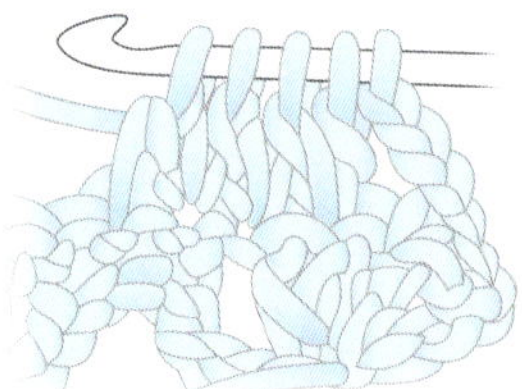

5 Faden umschlagen, in die nächste Masche einstechen, Faden holen und durchziehen (6 Schlingen auf der Nadel), Faden holen und durch die ersten 2 Schlingen auf der Nadel ziehen (5 Schlingen auf der Nadel).

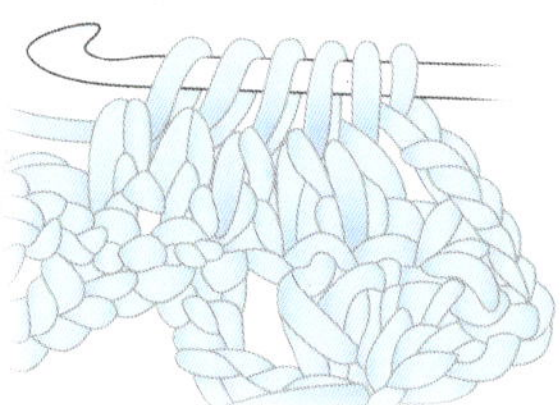

6 Faden umschlagen, in die nächste Masche einstechen, Faden holen und durchziehen (7 Schlingen auf der Nadel), Faden holen und durch die ersten 2 Schlingen auf der Nadel ziehen (6 Schlingen auf der Nadel).

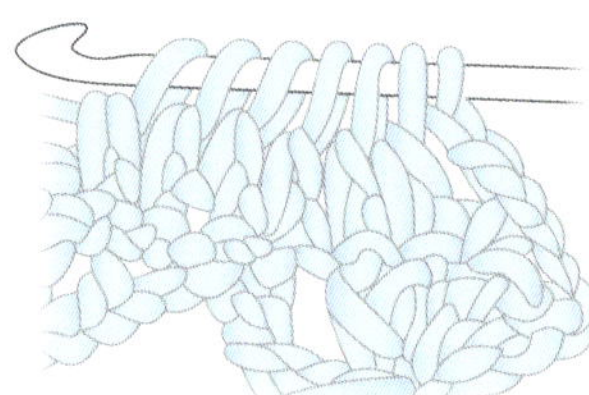

7 Faden umschlagen, in die nächste Masche einstechen, Faden holen und durchziehen (8 Schlingen auf der Nadel), Faden holen und durch die ersten 2 Schlingen auf der Nadel ziehen (7 Schlingen auf der Nadel).

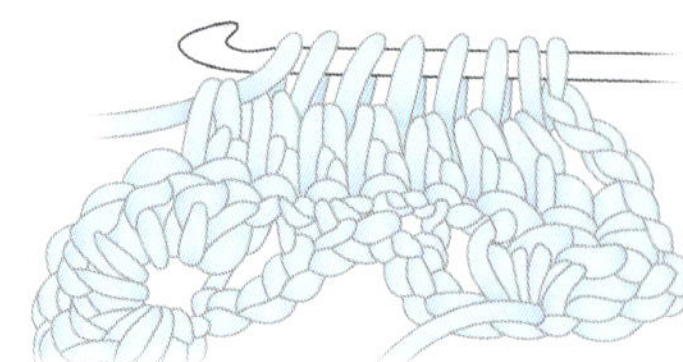

8 Faden umschlagen, in die nächste Masche einstechen, Faden holen und durchziehen (9 Schlingen auf der Nadel), Faden holen und durch die ersten 2 Schlingen auf der Nadel ziehen (8 Schlingen auf der Nadel).

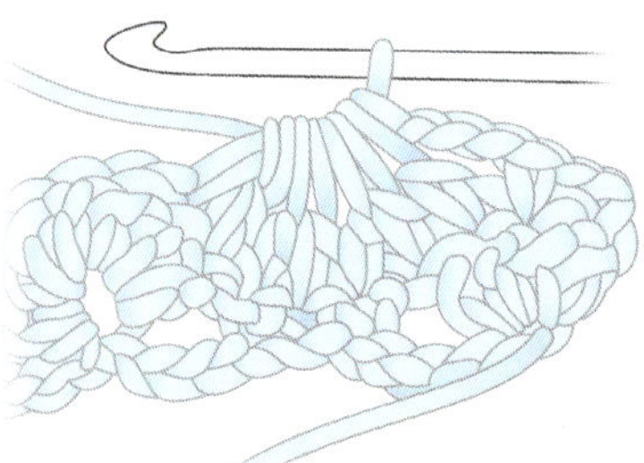

9 Faden holen und durch alle 8 Schlingen auf der Nadel ziehen (1 Schlinge auf der Nadel).

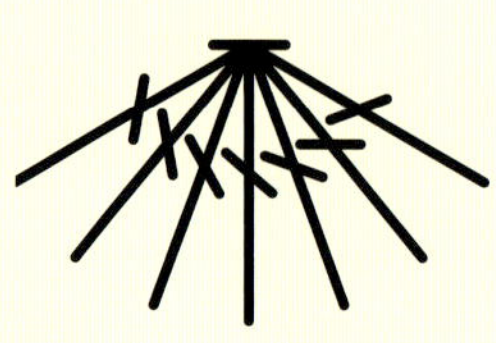

7 zusammen abgemaschte Stäbchen (7 Stb zus) in der Häkelschrift

Doppeltes Fächermuster (Catherine-Wheel-Muster)

Bei diesem Muster werden Fächer aus 7 Stäbchen über Gruppen von 7 zusammen abgemaschten Stäbchen gearbeitet. Wenn Sie Farbstreifen häkeln wollen, machen Sie den ersten Farbwechsel in der zweiten Reihe und häkeln Sie danach immer zwei Reihen in derselben Farbe.

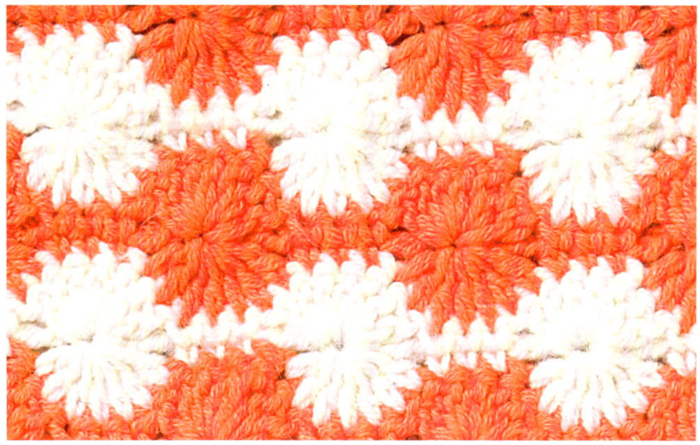

Vielfaches von 10 Maschen + 7.

Lm-Kette: In der HF 37 Lm häkeln.
1. R (Hin-R): 1 fM in die 2. Lm von der Nadel aus, 1 fM in die nächste Lm, * 3 Lm überspr, 7 Stb in die nächste Lm, 3 Lm überspr, je 1 fM in die nächsten 3 Lm; ab * bis zu den letzten 4 Lm wdh, 3 Lm überspr, 4 Stb in letzte Lm.
2. R (Rück-R): 1 Lm, je 1 fM in die ersten 2 Stb, * 3 Lm, 7 Stb zus in die nächsten 7 M, 3 Lm, je 1 fM in die nächsten 3 M; ab * bis zu den letzten 4 M wdh, 3 Lm, 4 Stb zus in die letzten 4 M.
3. R: 3 Lm (zählt als 1 Stb), 3 Stb oben in die 4 Stb zus, * 3 Lm überspr, je 1 fM in die nächsten 3 fM, 3 Lm überspr, 7 Stb oben in die nächsten 7 Stb zus; ab * bis zum Ende wdh, abschließen mit: 3 Lm überspr, je 1 fM in die letzten 2 fM.
4. R: 3 Lm (zählt als 1 Stb), erste M überspr, 3 Stb zus in nächste 3 M, * 3 Lm, je 1 fM in die nächsten 3 M, 3 Lm, 7 Stb zus in die nächsten 7 M; ab * bis zum Ende wdh, abschließen mit: 3 Lm, 1 fM in die nächste M, 1 fM in die 3. der 3 Lm aus der Vorreihe.
5. R: 1 Lm, je 1 fM in die ersten 2 fM, * 3 Lm überspr, 7 Stb oben in die nächsten 7 Stb zus, 3 Lm überspr, je 1 fM in die nächsten 3 fM; ab * bis zum Ende wdh, abschließen mit: 3 Lm überspr, 4 Stb in die 3. der 3 Lm aus der Vorreihe.
2.–5. R fortlaufend wdh.

Legende

- **Lm** Luftmasche
- **Stb** Stäbchen
- **fM** feste Masche
- **4 Stb zus** 4 zusammen abgemaschte Stäbchen
- **7 Stb zus** 7 zusammen abgemaschte Stäbchen
- Beginn des Musters
- Ende des Musters

Häkeldiagramm: Doppeltes Fächermuster

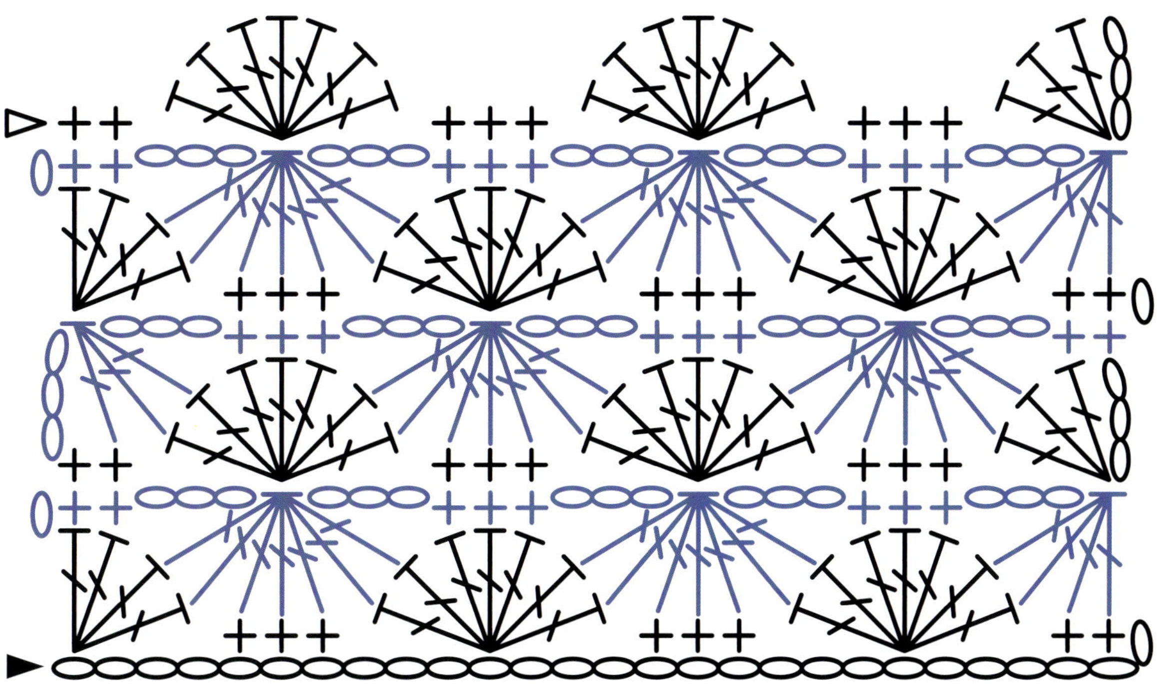

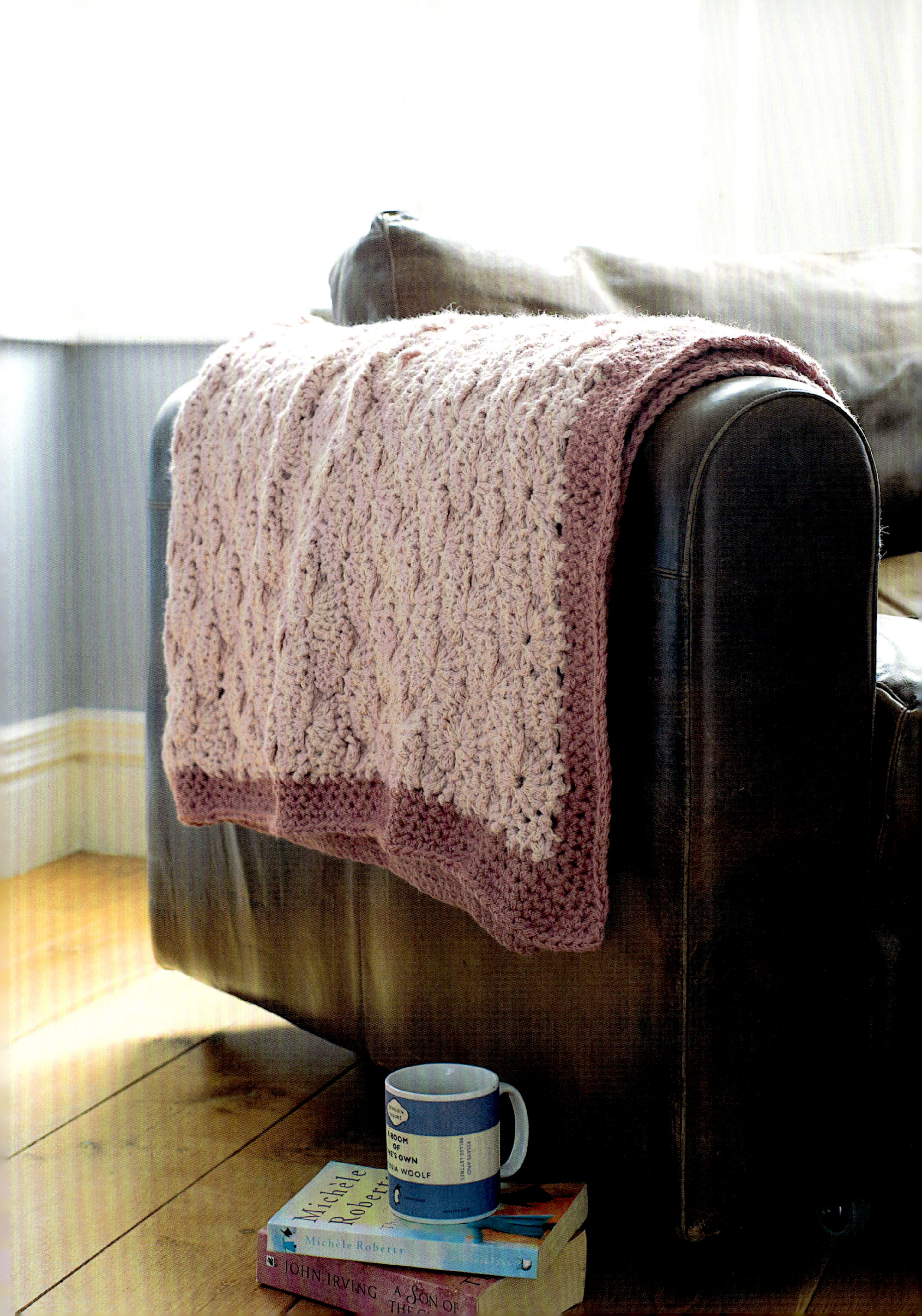
ESSAYS AND BELLES-LETTRES
Michèle Roberts
Michèle Roberts
JOHN IRVING

Decke im Catherine-Wheel-Muster

Für diese Decke habe ich ein extradickes, weiches Luxusgarn ausgesucht – eine Mischung aus Alpaka- und Merinowolle. Sie können jedoch eine andere Garnstärke wählen. Falls Sie die Breite ändern wollen: Für dieses Muster brauchen Sie ein Vielfaches von 10 plus 7 Maschen.

Fertigkeiten

Maschenarten: feste Masche, Stäbchen

Doppeltes Fächermuster häkeln

7 zusammen abgemaschte Stäbchen häkeln

Maße

Die fertige Decke misst ca. 125 x 141 cm.

Garn

Debbie Bliss Paloma (Super Bulky, 60 % Alpaka, 40 % Merino)

24 x 50 g (ca. 1.560 m Lauflänge) in der Hauptfarbe:

HF 18 Light Pink (Hellrosa)

4 x 50 g (ca. 260 m Lauflänge) in der Farbe für die Bordüre:

A 19 Dusky Rose (Dunkelrosa)

Häkelnadel

7 mm

Maschenprobe

10 M (= 1 Musterwiederholung) = 8,5 cm
4 R (= 1 Musterwiederholung) = 7,5 cm (7-mm-Häkelnadel)

Abkürzungen

Lm	Luftmasche
Km	Kettmasche
fM	feste Masche
Stb	Stäbchen
HF	Hauptfarbe
wdh	wiederholen
R	Reihe
M	Masche
überspr	überspringen
Rd	Runde

Spezial-Abkürzung

7 Stb zus (7 zusammen abgemaschte Stäbchen): [Faden umschlagen, in die nächste Masche einstechen, Faden holen und durchziehen, Faden holen und durch die ersten 2 Schlingen auf der Nadel ziehen] 7-mal in dieselbe M (8 Schlingen auf der Nadel), Faden holen und durch alle 8 Schlingen auf der Nadel ziehen.

4 Stb zus (4 zusammen abgemaschte Stäbchen): [Faden umschlagen, in die nächste Masche einstechen, Faden holen und durchziehen, Faden holen und durch die ersten 2 Schlingen auf der Nadel ziehen] 4-mal in dieselbe M (5 Schlingen auf der Nadel), Faden holen und durch alle 5 Schlingen auf der Nadel ziehen.

3 Stb zus (3 zusammen abgemaschte Stäbchen): [Faden umschlagen, in die nächste Masche einstechen, Faden holen und durchziehen, Faden holen und durch die ersten 2 Schlingen auf der Nadel ziehen] 3-mal in dieselbe M (4 Schlingen auf der Nadel), Faden holen und durch alle 4 Schlingen auf der Nadel ziehen.

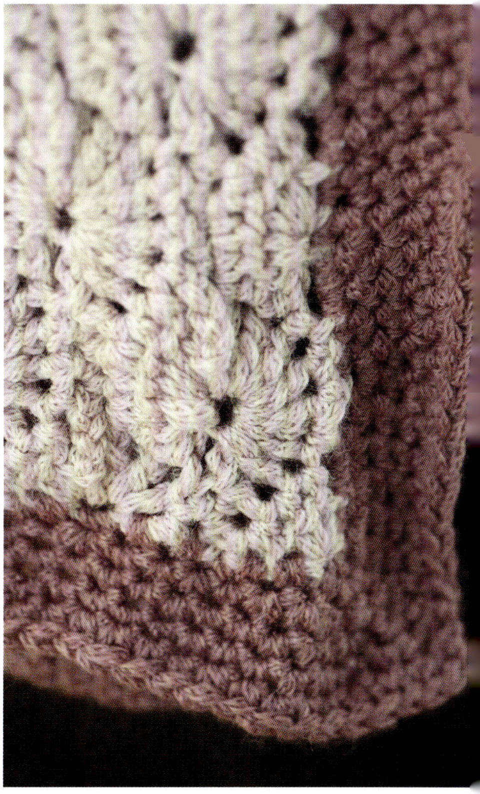

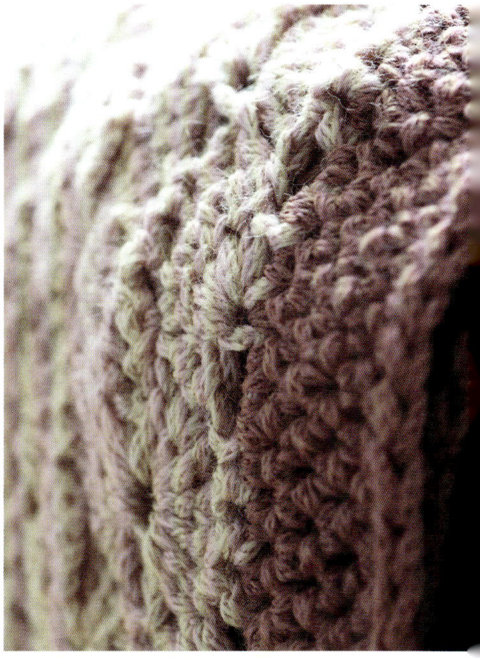

Häkeldiagramm: Doppeltes Fächermuster

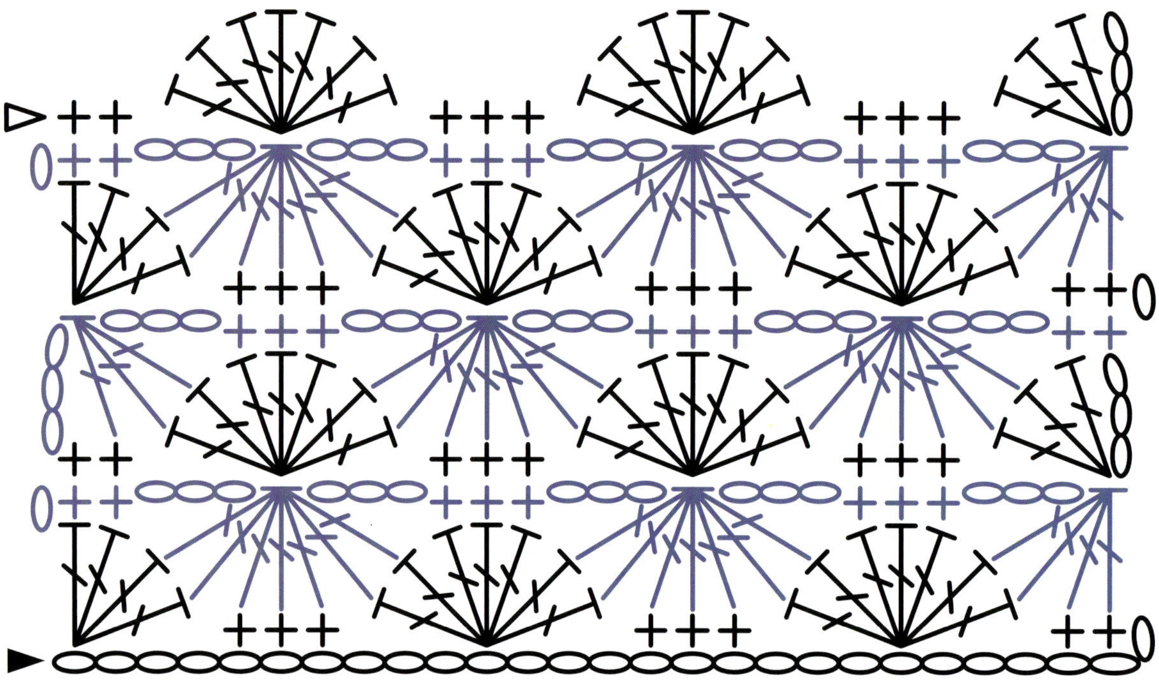

Decke

Lm-Kette: In der HF 137 Lm häkeln.

1. R (Hin-R): 1 fM in die 2. Lm von der Nadel aus, 1 fM in die nächste Lm, * 3 Lm überspr, 7 Stb in die nächste Lm, 3 Lm überspr, je 1 fM in die nächsten 3 Lm; ab * bis zu den letzten 4 Lm wdh, 3 Lm überspr, 4 Stb in letzte Lm.

2. R (Rück-R): 1 Lm, je 1 fM in die ersten 2 Stb, * 3 Lm, 7 Stb zus in die nächsten 7 M, 3 Lm, je 1 fM in die nächsten 3 M; ab * bis zu den letzten 4 M wdh, 3 Lm, 4 Stb zus in die letzten 4 M.

3. R: 3 Lm (zählt als 1 Stb), 3 Stb oben in die 4 Stb zus, * 3 Lm überspr, je 1 fM in die nächsten 3 fM, 3 Lm überspr, 7 Stb oben in die nächsten 7 Stb zus; ab * bis zum Ende wdh, abschließen mit: 3 Lm überspr, je 1 fM in die letzten 2 fM.

4. R: 3 Lm (zählt als 1 Stb), erste M überspr, 3 Stb zus in die nächsten 3 M, * 3 Lm, je 1 fM in die nächsten 3 M, 3 Lm, 7 Stb zus in die nächsten 7 M; ab * bis zum Ende wdh, abschließen mit: 3 Lm, 1 fM in die nächste M, 1 fM in die 3. der 3 Lm aus der Vorreihe.

5. R: 1 Lm, je 1 fM in die ersten 2 fM, * 3 Lm überspr, 7 Stb oben in die nächsten 7 Stb zus, 3 Lm überspr, je 1 fM in die nächsten 3 fM; ab * bis zum Ende wdh, abschließen mit: 3 Lm überspr, 4 Stb in die 3. der 3 Lm der Vorreihe.

2.–5. R wdh, bis die Arbeit ca. 131 cm misst, mit einer 2. R abschließen.

Faden verwahren.

Mit einer Wollnadel die Fadenenden vernähen.

Legende

- **Lm** Luftmasche
- **Stb** Stäbchen
- **fM** feste Masche
- **4 Stb zus** 4 zusammen abgemaschte Stäbchen
- **7 Stb zus** 7 zusammen abgemaschte Stäbchen
- Beginn des Musters
- Ende des Musters

Bordüre

1. Rd: Mit der rechten Seite nach vorn Garn in Farbe A mit einer Km in einer Eck-Masche einhäkeln, 1 Lm, 2 fM in dieselbe M, fM entlang der Kante gleichmäßig in Maschen und Lm-Bögen verteilen, in jede Eck-Masche 3 fM arbeiten, mit Km in die erste fM die Runde schließen.

2. Rd: 1 Lm, 1 fM in jede fM an allen Kanten, 3 fM in die mittlere M an jeder Ecke, mit Km in die erste fM die Runde schließen.

2. Rd noch 3-mal wdh.

Faden verwahren.

Fadenenden vernähen.

Häkel-Workshop 13

Mit Baumwollgarn häkeln

Baumwollgarn wurde früher gern für feine Häkeldeckchen verwendet. Heutzutage geht der Trend zu stärkeren Baumwollgarnen, die sich besonders für sommerliche Kleidungsstücke und Accessoires eignen. Für diesen Workshop habe ich eine Regalbordüre entworfen, die mit Gänseblümchen (siehe Seite 57) verziert ist und an der Sie Büschelmaschen und Picots üben können. Außerdem stelle ich eine neue Maschenart, das Doppelstäbchen, und als Anwendungsbeispiel eine gehäkelte Rose vor.

Baumwollgarne neu entdecken

Häkelgarne aus Baumwolle haben an Beliebtheit eingebüßt, seit neue, weichere Garne entwickelt wurden. Die Dehnbarkeit von Baumwollgarnen ist gering, sie geben daher beim Häkeln nur wenig nach. Baumwolle wird heute oft mit anderen Fasern gemischt, um das Garn weicher zu machen. Die gute Nachricht: Häkelarbeiten aus Baumwollgarn können Sie bedenkenlos in der Waschmaschine waschen.

Häkelbordüre

Diese hübsche Bordüre ist für ein Regal gedacht, Sie können aber auch andere Häkelprojekte damit verzieren. Nach der folgenden Anleitung können Sie das Muster üben, bevor Sie das Projekt in Angriff nehmen.

Vielfaches von 12 Maschen + 4.

Lm-Kette: In der HF (Rot) 160 Lm häkeln.
1. R (Hin-R): 1 fM in 4. Lm von der Nadel aus, * 5 Lm, 3 Lm überspr, 1 fM in die nächste Lm; ab * bis zum Ende wdh.
2. R: 2 Lm, 1 fM in den ersten 5-Lm-Bogen, [Bm2Stb, 2 Lm, 1 fM, 5 Lm, 1 fM, 2 Lm, Bm2Stb] in den nächsten 5-Lm-Bogen, * 1 fM in den nächsten 5-Lm-Bogen, 5 Lm, 1 fM in den nächsten Lm-Bogen, [Bm2Stb, 2 Lm, 1 fM, 5 Lm, 1 fM, 2 Lm, Bm2Stb] in den nächsten 5-Lm-Bogen; ab * bis zum letzten 5-Lm-Bogen wdh, abschließen mit: 1 fM in den letzten 5-Lm-Bogen, 5 Lm, 1 fM in den 3-Lm-Bogen am Ende der R.
3. R: 1 fM in ersten 5-Lm-Bogen, 5 Lm, [Bm3Stb, 4 Lm, Bm3Stb] in den nächsten 5-Lm-Bogen (zwischen den Bm2Stb), * 5 Lm, 1 fM in den nächsten 5-Lm-Bogen (zwischen 2 fM), 5 Lm, [Bm3Stb, 4 Lm, Bm3Stb] in den nächsten 5-Lm-Bogen (zwischen den Bm2Stb); ab * wdh, abschließen mit: 5 Lm, 1 fM in 2-Lm-Bogen am Ende der R.
4. R: * 3 fM in den nächsten Lm-Bogen, [3 Lm, 1 Km in die 3. Lm von der Nadel aus (= Picot)], 2 fM in denselben Lm-Bogen; ab * in jeden Lm-Bogen bis zum Ende arbeiten, abschließen mit: Km in die fM am Ende der R.
Faden verwahren.

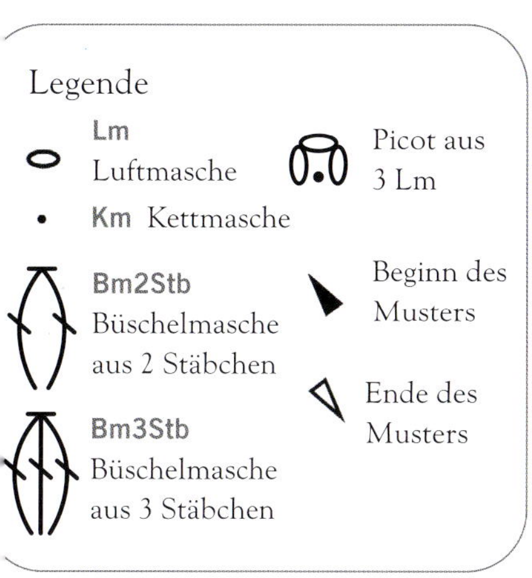

Häkeldiagramm: Bordüre

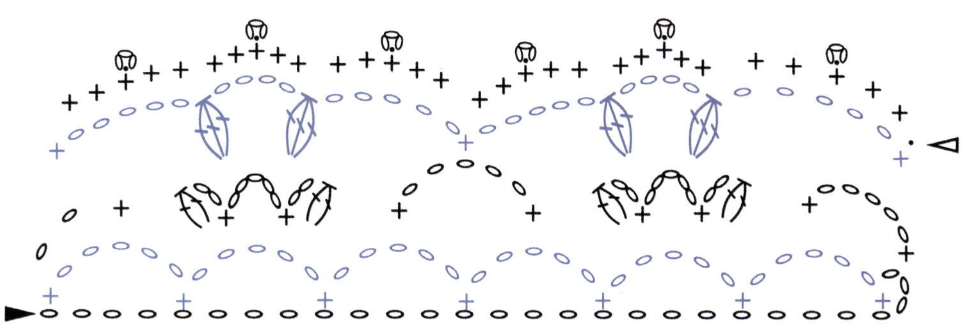

Blumen

Wenn Sie das Gänseblümchen (Seite 57) für die Bordüre nicht verwenden wollen, versuchen Sie es mit der Blume auf Seite 44 oder einer anderen flachen Häkelblume. Wenn man dreidimensionale Blüten wie die gehäkelte Rose (siehe unten) an einer Regalbordüre befestigt, können sie lustlos „die Köpfe hängen lassen".

Rosen

Diese Rose können Sie in jeder Garnstärke häkeln. Sie ist ein exquisiter Schmuck für einen Hut, einen Schal oder ein Kissen. Oder wie wäre es mit einem Rosenstrauß in einer Vase als Geschenk?

Mit 4-mm-Häkelnadel 53 Lm häkeln. Mit der rechten Seite nach vorn alle Blütenblätter nacheinander in die 53 Lm arbeiten.

1. Blütenblatt: 1 Stb in die 3. Lm von der Nadel aus, je 1 Stb in die nächsten 2 Lm, 3 Lm, 1 Km in nächste Lm.

2. Blütenblatt: 4 Lm, je 1 DStb in die nächsten 3 Lm, 3 Lm, 1 Km in die nächste Lm.

3. Blütenblatt: 4 Lm, je 1 DStb in die nächsten 4 Lm, 3 Lm, 1 Km in die nächste Lm.

4. Blütenblatt: 4 Lm, je 1 DStb in die nächsten 5 Lm, 3 Lm, 1 Km in die nächste Lm.

5. Blütenblatt: 4 Lm, je 1 DStb in die nächsten 6 Lm, 3 Lm, 1 Km in die nächste Lm.

6. Blütenblatt: 3 Lm, je 1 Stb in die nächsten 2 Lm, 3 Lm, 1 Km in die nächste Lm.

7. Blütenblatt: 4 Lm, je 1 DStb in die nächsten 3 Lm, 3 Lm, 1 Km in die nächste Lm.

8. Blütenblatt: 4 Lm, je 1 DStb in die nächsten 4 Lm, 3 Lm, 1 Km in die nächste Lm.

9. Blütenblatt: 4 Lm, je 1 DStb in die nächsten 5 Lm, 3 Lm, 1 Km in die nächste Lm.

10. Blütenblatt: 4 Lm, je 1 DStb in die nächsten 6 Lm, 3 Lm, 1 Km in die letzte Lm.

Faden verwahren.

Häkeldiagramm: Rose

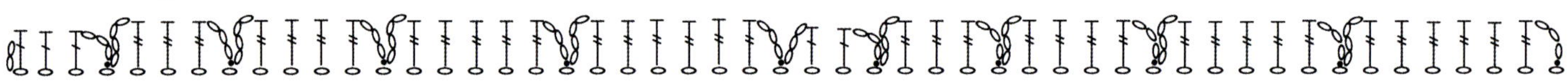

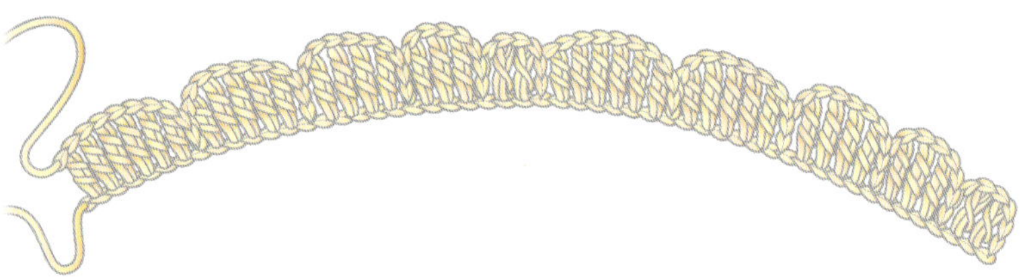

1 Die größeren und kleineren Bögen an der Kante des gehäkelten Streifens bilden die Blütenblätter.

Legende

- **Lm** Luftmasche
- **Km** Kettmasche
- **Stb** Stäbchen
- **DStb** Doppelstäbchen
- Beginn des Musters
- Ende des Musters

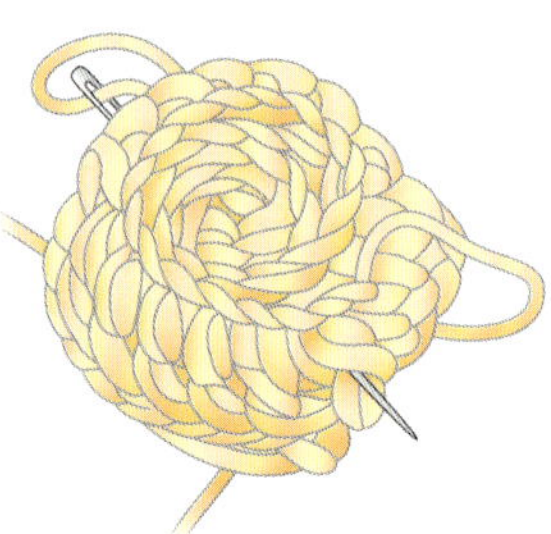

2 Den Streifen mit der linken Seite nach oben aufrollen, beginnend beim ersten (kleinsten) Blütenblatt. Die Unterkante (= Luftmaschenkante) soll dabei gerade bleiben. Die Unterkante mit einer Stecknadel mit großem Glaskopf fixieren. Mit einer Wollnadel und passendem Garn die Blütenblätter an der Unterkante zusammennähen.

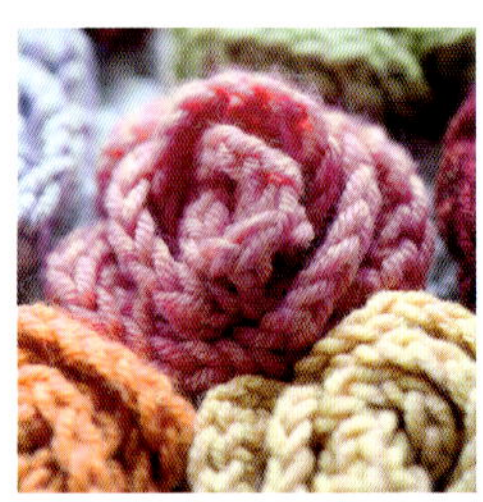

3 Von oben betrachtet, sehen die Bögen an der Oberkante wie Blütenblätter aus.

Doppelstäbchen (DStb)

Doppelstäbchen sind höher als „normale" Stäbchen, werden mit mehr Umschlägen gearbeitet und ergeben ein stärker durchbrochenes Muster.

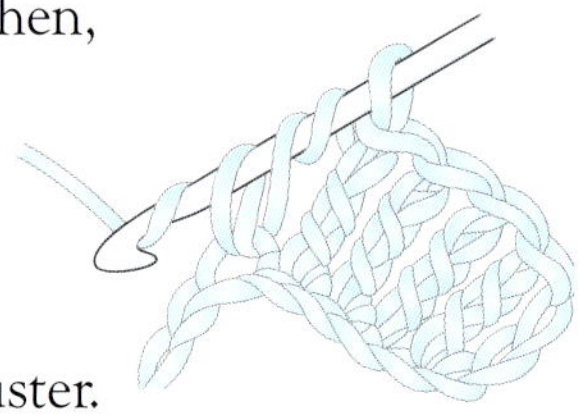

Faden zweimal umschlagen, an der gewünschten Stelle einstechen, Faden holen und durchziehen (4 Schlingen auf der Nadel), [Faden holen und durch die ersten 2 Schlingen auf der Nadel ziehen] 2-mal (2 Schlingen auf der Nadel), Faden holen und durch die letzten 2 Schlingen auf der Nadel ziehen (1 Schlinge auf der Nadel).

Doppelstäbchen (DStb) in der Häkelschrift

Regalbordüre

Diese Bordüre ist ein fröhlicher Aufputz für ein Regal und für den ganzen Raum.

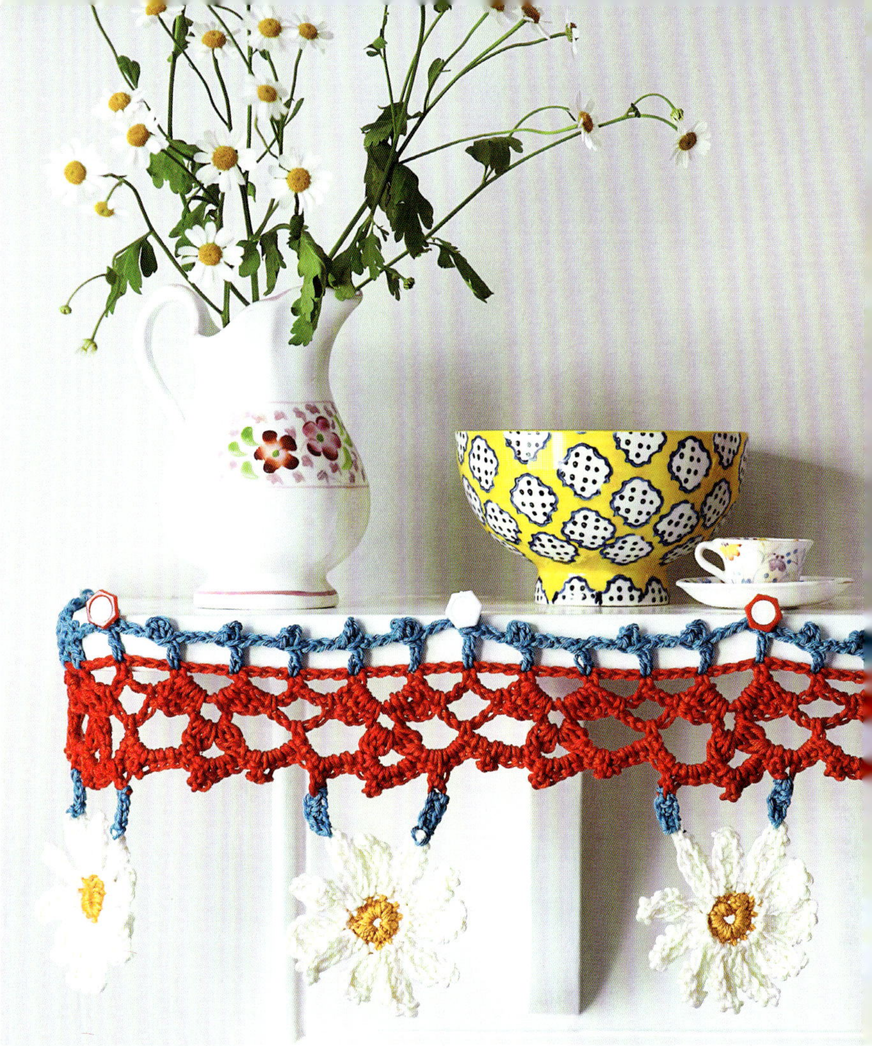

Länge anpassen

Die Anleitung ist für eine 81 cm lange Bordüre mit insgesamt sieben Blumen gedacht – je eine Blume an beiden Enden und fünf weitere in gleichmäßigen Abständen dazwischen. Die Länge der Bordüre können Sie ganz leicht verändern. Sie brauchen für das Muster ein Vielfaches von 12 Luftmaschen plus 4. Ein 12-Luftmaschen-Abschnitt ist 6,25 cm lang. Um am Anfang und am Ende je eine Blume zu platzieren, brauchen Sie eine ungerade Zahl von 12-Luftmaschen-Abschnitten.

Fertigkeiten

Maschenarten: feste Masche, Stäbchen, halbes Stäbchen

Büschelmaschen aus 2 und 3 Stäbchen häkeln

Bordüre als Zierelement häkeln

11-blättrige Blume häkeln

Maße

Die fertige Bordüre ist etwa 81 cm lang (Länge kann angepasst werden) und einschließlich der Blumen ca. 15 cm breit.

Garn

Rowan Cotton Glacé
(DK, 100 % Baumwolle)

1 x 50 g (ca. 115 m Lauflänge) in den folgenden 4 Farben:

HF 741 Poppy (Rot)
A 849 Winsor (Petrol)
B 856 Mineral (Goldgelb)
C 725 Ecru (Cremeweiß)

Häkelnadel

3 mm

Maschenprobe

Die Regalbordüre ist ohne Blumen 7 cm breit. 1 Musterwiederholung (= 12 Luftmaschen) ist 6,25 cm lang. Jede Blume misst 7,5 cm im Durchmesser (3-mm-Häkelnadel).

Abkürzungen

Lm	Luftmasche
fM	feste Masche
HF	Hauptfarbe
wdh	wiederholen
Km	Kettmasche
M	Masche
Stb	Stäbchen
R	Reihe
RS	rechte Seite

Spezial-Abkürzung

Bm2Stb (Büschelmasche aus 2 Stäbchen): [Faden umschlagen, in M oder Lm-Bogen einstechen, Faden holen und durchziehen, Faden holen und durch die ersten 2 Schlingen auf der Nadel ziehen] 2-mal in dieselbe M oder Lm-Bogen (3 Schlingen auf der Nadel), Faden holen und durch alle 3 Schlingen auf der Nadel ziehen.

Bm3Stb (Büschelmasche aus 3 Stäbchen): [Faden umschlagen, in M oder Lm-Bogen einstechen, Faden holen und durchziehen, Faden holen und durch die ersten 2 Schlingen auf der Nadel ziehen] 3-mal in dieselbe M oder Lm-Bogen (4 Schlingen auf der Nadel), Faden holen und durch alle 4 Schlingen auf der Nadel ziehen.

Laut Anleitung hat die Bordüre 13 Abschnitte zu je 12 Lm. Um die Bordüre um 12,5 cm zu verlängern (oder zu verkürzen), arbeiten Sie 24 Lm mehr (bzw. weniger). Für 24 zusätzliche Lm müssen Sie 1 Blume hinzufügen (wenn Sie um 24 Lm weniger häkeln, brauchen Sie 1 Blume weniger). Z. B. Länge 93,5 cm, 8 Blumen – 184 Lm; Länge 106 cm, 9 Blumen – 208 Lm; Länge 68,5 cm, 6 Blumen – 136 Lm; Länge 56 cm, 5 Blumen – 112 Lm usw.

Bordüre (unterer Teil)

Die Lm-Kette bildet den oberen, die 4. Reihe den unteren Rand der fertigen Bordüre.

Lm-Kette: In der HF 160 Lm häkeln.

1. R (Hin-R): 1 fM in 4. Lm von der Nadel aus, * 5 Lm, 3 Lm überspr, 1 fM in die nächste Lm; ab * bis zum Ende wdh.

2. R: 2 Lm, 1 fM in den ersten 5-Lm-Bogen, [Bm2Stb, 2 Lm, 1 fM, 5 Lm, 1 fM, 2 Lm, Bm2Stb] in den nächsten 5-Lm-Bogen, * 1 fM in den nächsten 5-Lm-Bogen, 5 Lm, 1 fM in den nächsten Lm-Bogen, [Bm2Stb, 2 Lm, 1 fM, 5 Lm, 1 fM, 2 Lm, Bm2Stb] in den nächsten 5-Lm-Bogen; ab * bis zum letzten 5-Lm-Bogen wdh, abschließen mit: 1 fM in den letzten 5-Lm-Bogen, 5 Lm, 1 fM in den 3-Lm-Bogen am Ende der R.

3. R: 1 fM in ersten 5-Lm-Bogen, 5 Lm, [Bm3Stb, 4 Lm, Bm3Stb] in den nächsten 5-Lm-Bogen (zwischen den Bm2Stb), * 5 Lm, 1 fM in den nächsten 5-Lm-Bogen (zwischen 2 fM), 5 Lm, [Bm3Stb, 4 Lm, Bm3Stb] in den nächsten 5-Lm-Bogen (zwischen den Bm2Stb); ab * wdh, abschließen mit: 5 Lm, 1 fM in 2-Lm-Bogen am Ende der R.

4. R: * 3 fM in den nächsten Lm-Bogen, [3 Lm, 1 Km in die 3. Lm von der Nadel aus (= Picot)], 2 fM in denselben Lm-Bogen; ab * wdh (in jeden Lm-Bogen bis zum Ende arbeiten), 1 Km in die fM am Ende der R.

Faden verwahren.

Bordüre (oberer Teil)

Die Arbeit drehen, sodass die Lm-Kette nach oben zeigt und die rechte Seite der Bordüre Ihnen zugewandt ist. Garn A mit einer Km in die erste M der Lm-Kette einhäkeln, 6 Lm, 1 Km in die 3. Lm von der Nadel aus (= Picot), * 3 Lm, 3 Lm überspr, 1 Stb in die nächste Lm (= in die Unterseite jener Lm, in die die nächste fM gearbeitet wurde), 3 Lm, 1 Km oben in das Stb (= Picot); ab * bis zum Ende der Lm-Kette wdh.

Faden verwahren.

Gänseblümchen

7-mal arbeiten; bei einer längeren oder kürzeren Bordüre die Anzahl der Blumen anpassen.

Lm-Ring: In Farbe B 6 Lm häkeln und mit Km in die erste Lm zu einem Ring schließen.

1. Rd (RS): 1 Lm (zählt als 1 fM), 10 fM in den Ring, Km in die erste Lm. *11 M*

Faden B verwahren.

2. Rd (RS): Mit der rechten Seite nach vorn in Farbe C immer nur in das vordere Glied der fM arbeiten. Faden mit Km in beliebiger M in 1. Rd einhäkeln, * 6 Lm, 1 hStb in 3. Lm von der Nadel aus, je 1 Stb in die nächsten 2 Lm, 1 fM in nächste Lm, 1 Km in das vordere Glied derselben M wie die letzte Km, 1 Km in vorderes Glied der nächsten fM der 1. Rd; ab * wdh, abschließen mit: 1 Km in dasselbe vordere Maschenglied wie die erste Km dieser Rd.

Faden verwahren.

Fertigstellung

Alle Fadenenden an der Bordüre und an den Blumen vernähen.

Die Blumen spannen und mit einem feuchten Tuch bügeln.

Jede Blume am unteren Rand der Bordüre unter 3 Picots platzieren, in deren Mitte sich jeweils eine Bm3Stb befindet (zwischen 2 Blumen befinden sich jeweils 3 Picots). Die Positionen aller Blumen markieren. Zum Anbringen der ersten Blume die Bordüre mit der rechten Seite nach vorn und mit der Unterkante nach oben halten. Garn A mit einer Km in das erste Picot am rechten Ende der Bordüre einhäkeln, * 3 Lm, die Blume mit der rechten Seite nach vorn halten und 1 Km in den Lm-Bogen an der Spitze eines Blütenblattes häkeln, 1 Lm, je 1 fM in jede Lm der 3-Lm-Gruppe, Km in dasselbe Picot.

Faden A verwahren.

Nächstes Picot (direkt unter der Bm3Stb) überspr, Garn A mit Km in das nächste Picot einhäkeln, * 3 Lm, nächstes Blütenblatt der Blume überspr, 1 Km in den Lm-Bogen an der Spitze des nächsten Blütenblattes, 1 Lm, je 1 fM in jede Lm der 3-Lm-Gruppe, Km in dasselbe Picot.

Faden A verwahren.

Die übrigen Blumen ebenso anbringen (zwischen den Blumen jeweils 3 Picots überspr), die letzte Blume unter den letzten 3 Picots anbringen.

Häkeldiagramm: Bordüre

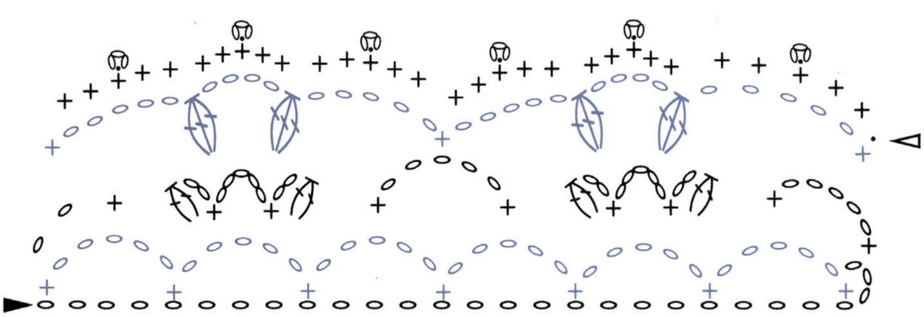

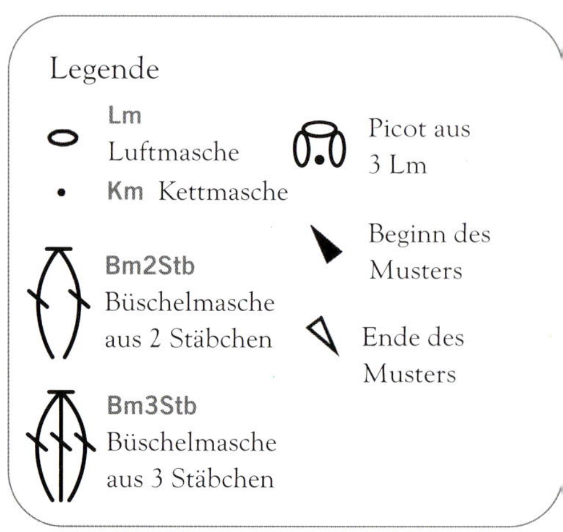

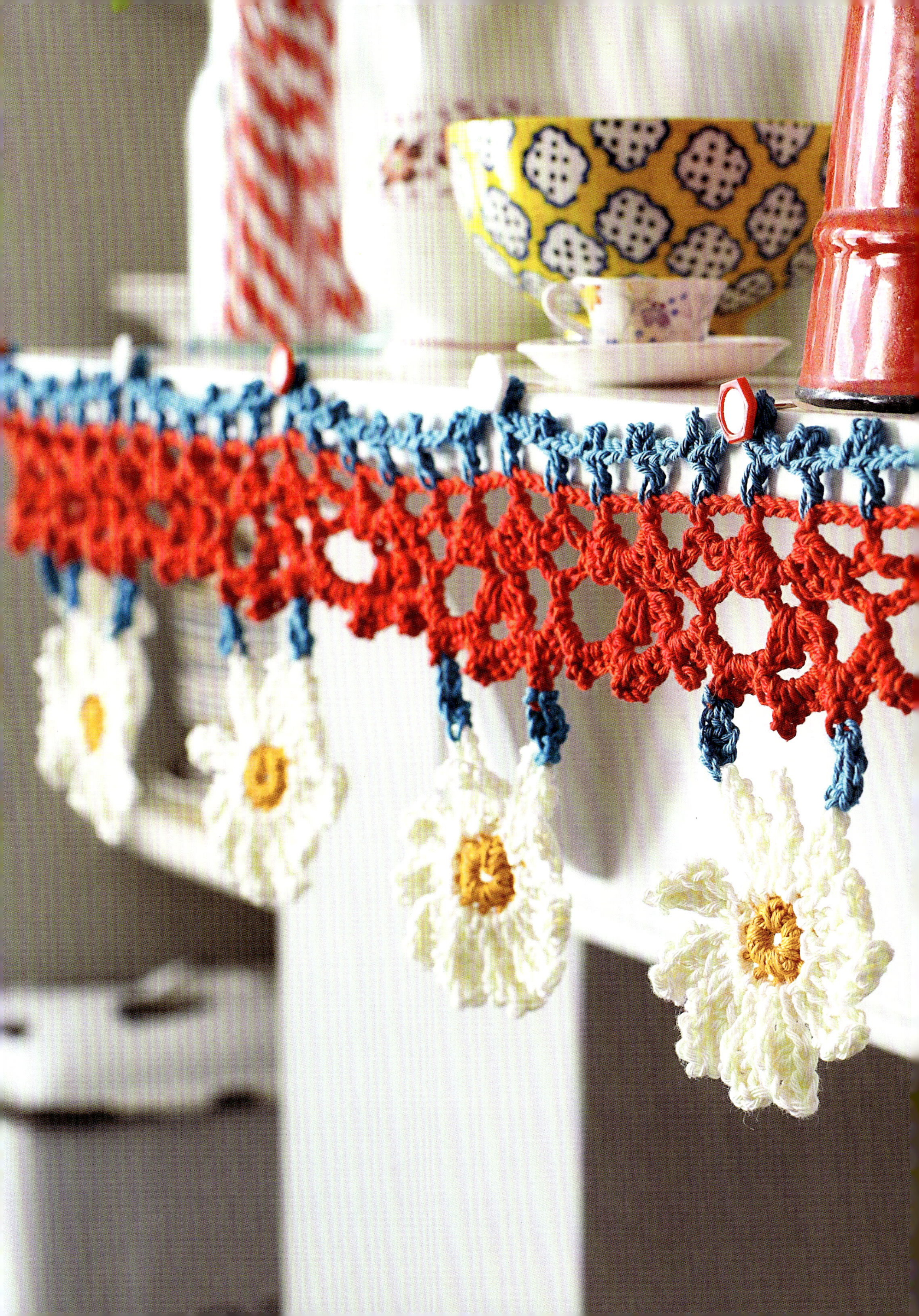

Häkel-Workshop 14

Häkeln mit Mohair

Das Häkeln mit diesem Flauschgarn ist nicht ganz einfach, weil die einzelnen Maschen schwer zu erkennen sind. Es gibt jedoch einige Tricks, die das Arbeiten mit diesem schönen Material erleichtern. Wenn Sie ein wenig Übung darin haben, können Sie sich an dem hauchzarten Mohair-Schal versuchen. Dieser Workshop bietet außerdem ein paar Tipps zur Farbauswahl und eine Anleitung zum Knüpfen von Fransen.

Mohair

Mohair wird aus dem Fell der Angoraziege gewonnen (Angora hingegen aus dem Fell des Angorakaninchens). Mohair wird oft mit Seide gemischt und zu einem besonders weichen Garn versponnen. Es lässt sich gut färben und ist in vielen wunderschönen Farben erhältlich.

Durch die Flauschfasern sind die einzelnen Maschen schwer zu erkennen. Die Flauschfasern machen es auch sehr schwierig, einen Teil der Arbeit wieder aufzutrennen, wenn Sie einen Fehler gemacht haben. Bevor Sie ein Muster in Mohair häkeln, üben Sie es unbedingt mit DK- oder Arangarn. Feine, detaillierte Muster bringt das flauschige Garn nicht gut zur Geltung. Wenn Sie jedoch eine größere Häkelnadel verwenden, erhält die Arbeit genügend Volumen. Wichtig: Häkeln Sie ganz locker, damit sich die Flauschfasern problemlos durchziehen lassen.

Fransen

Um ein Häkelprojekt mit Fransen zu verzieren, bringen Sie an der Kante in regelmäßigen Abständen Fransenbüschel in derselben Farbe wie das Projekt oder in einer Kontrastfarbe an.

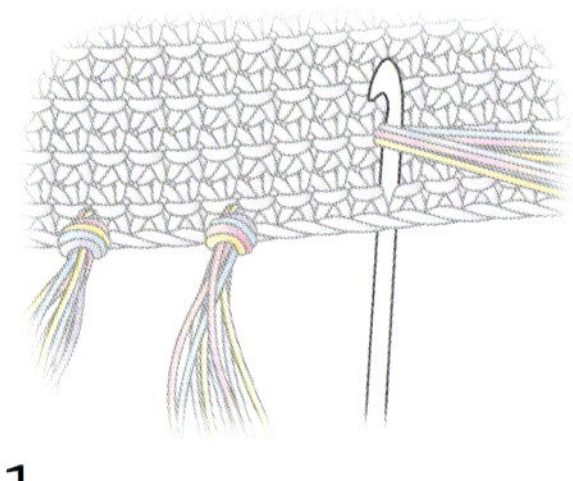

1 Schneiden Sie Garnfäden in der Länge ab, die in der Anleitung angegeben ist. Falten Sie eine oder mehrere Garnlängen zur Hälfte. Die rechte Seite der Arbeit zeigt nach vorn. Stechen Sie von der linken Seite mit der Häkelnadel durch eine Masche an der Kante und erfassen Sie das Garn(büschel) am Faltpunkt.

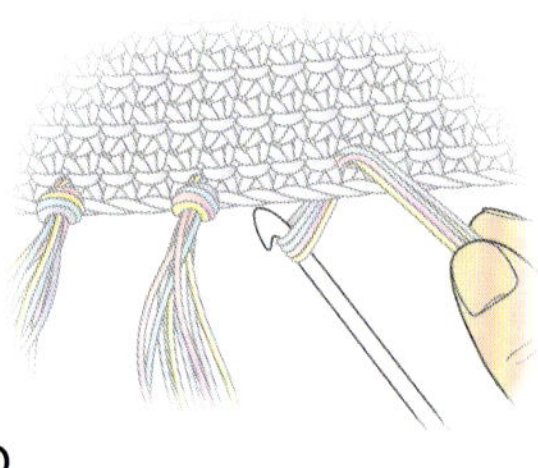

2 Ziehen Sie das Garn durch die Masche.

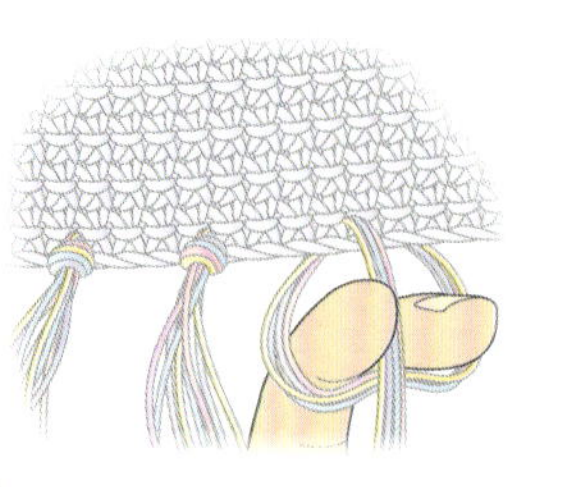

3 Ziehen Sie die Garnenden mit den Fingern durch die erweiterte Schlinge.

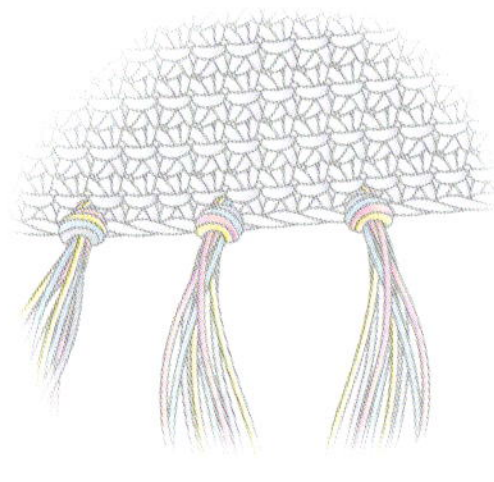

4 Ziehen Sie an den Garnenden, um die Schlinge festzuziehen und das Fransenbüschel gut zu befestigen.

TIPP

Beim Anbringen von Fransen an der Luftmaschenkette stechen Sie durch mindesten zwei Schlingen, nicht nur durch eine Schlinge an der Luftmaschenkette! Eine einzelne Schlinge lockert sich und hält das Fransenbüschel nicht fest genug.

Schal-Motiv: „Blume im Quadrat“

Aus solchen Motiven setzt sich der Mohairschal zusammen, der in diesem Workshop vorgestellt wird. Üben Sie das Muster zuerst mit DK- oder Arangarn, bevor Sie das Mohair-Projekt in Angriff nehmen.

Lm-Kette: In der 1. Farbe 4 Lm häkeln und mit Km in die erste Lm zum Ring schließen.

1. Rd (RS): 1 Lm, 8 fM in den Ring, Km in 1. fM. *8 fM*

Mit der rechten Seite nach vorn in Runden fortfahren.

2. Rd: 3 Lm, Bm2Stb in dieselbe M wie die letzte Km (zählt als Bm3Stb), [3 Lm, Bm3Stb in nächste fM] 7-mal, 3 Lm, Km in die oberste der ersten 3 Lm. *8 Büschelmaschen*

Faden in der ersten Farbe abschneiden.

3. Rd: Faden in der 2. Farbe durch die Schlinge auf der Nadel ziehen (einhäkeln), 3 Lm, 1 Stb in dieselbe M wie die Km (zählt als Bm2Stb), * 3 Lm überspr, [Bm2Stb, 5 Lm, Bm2Stb] oben in nächste Bm3Stb; ab * noch 6-mal wdh, Bm2Stb in dieselbe M wie das erste Stb der Runde, 5 Lm, Km in die oberste der ersten 3 Lm. *Acht 5-Lm-Bögen*

Faden in der 2. Farbe abschneiden.

4. Rd: Faden in der 3. Farbe durch die Schlinge auf der Nadel ziehen (einhäkeln), 7 Lm (zählt als 1 Stb und 4 Lm), [1 fM in nächsten 5-Lm-Bogen, 4 Lm, nächste Bm2Stb überspr, 1 Stb in nächste Bm2Stb, 4 Lm] 7-mal, 1 fM in nächsten 5-Lm-Bogen, 4 Lm, Km in die 3. der ersten 7 Lm. *Sechzehn 4-Lm-Bögen*

5. Rd: In der 3. Farbe weiterarbeiten, 1 Lm, 1 fM in dieselbe M wie die letzte Km, * 4 Lm, 4 Lm überspr, [1 DStb, 3 Lm, 1 DStb] in nächste fM, 4 Lm, 4 Lm überspr, 1 fM in nächstes Stb, 4 Lm, 4 Lm überspr, 1 hStb in nächste fM, 4 Lm, 4 Lm überspr, 1 fM in nächstes Stb; ab * noch 3-mal wdh, am Ende der letzten Wdh die fM weglassen, Km in 1. fM.

6. Rd: In der 3. Farbe weiterarbeiten, 1 Lm, 1 fM in dieselbe M wie die letzte Km, 4 fM in nächsten Lm-Bogen, * [1 Stb, 3 Lm, 1 Stb] in nächsten Lm-Bogen (= Ecke), 4 fM in nächsten Lm-Bogen, 1 fM in nächste fM, 4 fM in nächsten Lm-Bogen, 1 fM in nächstes hStb, 4 fM in nächsten Lm-Bogen, 1 fM in nächste fM, 4 fM in nächsten Lm-Bogen; ab * noch 2-mal wdh, [1 Stb, 3 Lm, 1 Stb] in nächsten Lm-Bogen (= Ecke), 4 fM in nächsten Lm-Bogen, 1 fM in nächste fM, 4 fM in nächsten Lm-Bogen, 1 fM in nächstes hStb, 4 fM in nächsten Lm-Bogen, Km in 1. fM.

Faden verwahren.

Häkeldiagramm: „Blume im Quadrat“

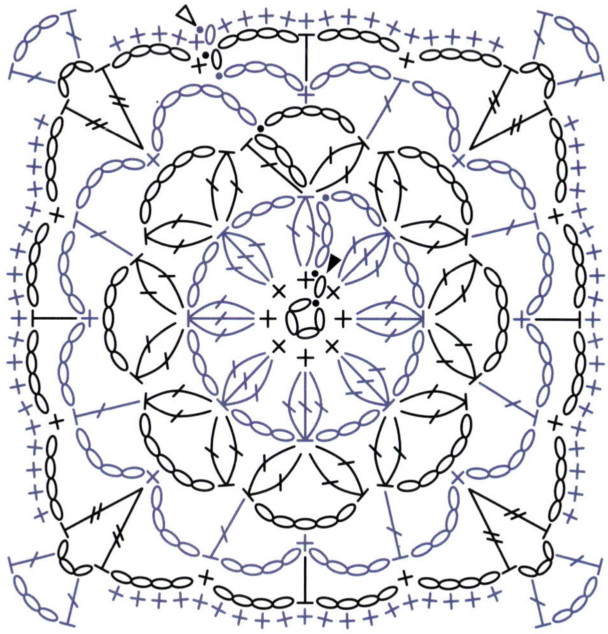

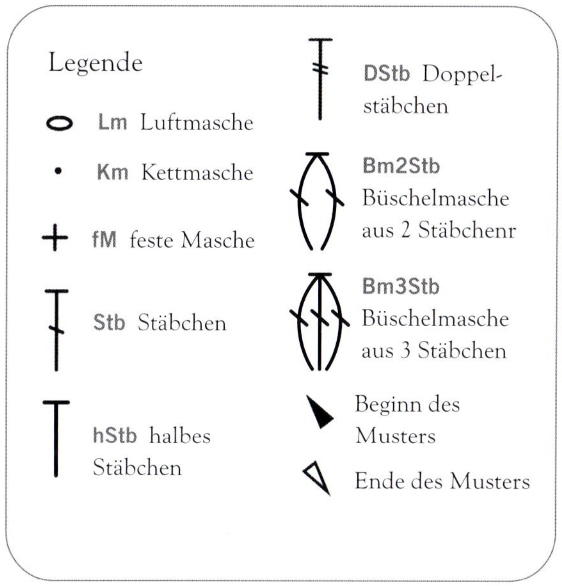

Farben auswählen

Was die Farben angeht, können Sie bei diesem Projekt und dem herrlichen Material aus dem Vollen schöpfen! Die Auswahl von Farben ist meiner Meinung nach eine ganz persönliche Angelegenheit, bei der es keine Regeln gibt und bei der man seinem Gefühl vertrauen sollte. Farbenlehre und Farbkreis tragen oft dazu bei, uns dieses Selbstvertrauen zu nehmen – daher empfehle ich, sie zu ignorieren. Es macht gar nichts aus, wenn Farben sich „schlagen“ – denken Sie nur an die orange, rot und rosa gemusterten Stoffe aus Indien. Der Theorie nach müssten diese Farbkombinationen furchtbar aussehen – sie wirken jedoch lebendig und intensiv. Bei einem mehrfarbigen Projekt gehe ich immer von ein bis zwei Farben aus, die ich besonders gern habe. Einen Tipp möchte ich Ihnen mitgeben: Wenn Sie gedämpfte Farben wählen, kombinieren Sie sie mit einem etwas intensiveren Gelb-, Rot- oder Grünton, der die zarten Farben besser zur Geltung bringt.

Schal aus Mohair

Für diesen Schal werden Sie viele Komplimente bekommen. Das hauchzarte Material ist besonders farbenprächtig. Es lohnt sich wirklich, Zeit und Mühe in dieses Projekt zu investieren.

Fertigkeiten

Maschenarten: feste Masche, halbes Stäbchen, Stäbchen, Doppelstäbchen

Quadrat im Spitzenmuster häkeln

Büschelmaschen häkeln

Quadrate mit festen Maschen zusammenhäkeln

Maße

Der fertige Schal ist etwa 183 cm lang und 40 cm breit.

Garn

Debbie Bliss Angel (Lacegarn, 76 % Mohair, 24 % Seide)
Je 1 x 25 g (ca. 200 m Lauflänge) in folgenden 11 Farben:

36 Heather (Hellviolett)
13 Coral (Koralle)
28 Basil (Dunkelgrün)
17 Plum (Dunkelviolett)
03 Charcoal (Dunkelgrau)
12 Lime (Hellgrün)
06 Ecru (Cremeweiß)
23 Kingfisher (Petrol)
19 Rose (Hellrosa)
14 Tangerine (Orange)
09 Aqua (Hellblau)

Häkelnadel

3,5 mm

Maschenprobe

Jedes Quadrat misst 13 x 13 cm (3,5-mm-Häkelnadel)

Abkürzungen

Lm	Luftmasche
wdh	wiederholen
R	Reihe
Stb	Stäbchen
hStb	halbes Stäbchen
DStb	Doppelstäbchen
M	Masche
überspr	überspringen
nä	nächste
RS	rechte Seite

Spezial-Abkürzung

Bm2Stb (Büschelmasche aus 2 Stäbchen): [Faden umschlagen, in M einstechen, Faden holen und durchziehen, Faden holen und durch die ersten 2 Schlingen auf der Nadel ziehen] 2-mal in dieselbe M (3 Schlingen auf der Nadel), Faden holen und durch alle 3 Schlingen auf der Nadel ziehen.

Bm3Stb (Büschelmasche aus 3 Stäbchen): [Faden umschlagen, in M einstechen, Faden holen und durchziehen, Faden holen und durch die ersten 2 Schlingen auf der Nadel ziehen] 3-mal in dieselbe M (4 Schlingen auf der Nadel), Faden holen und durch alle 4 Schlingen auf der Nadel ziehen.

Farbkombinationen

Der Schal besteht aus 42 Quadraten. Jedes Quadrat ist in drei beliebig zusammengestellten Farben gearbeitet.

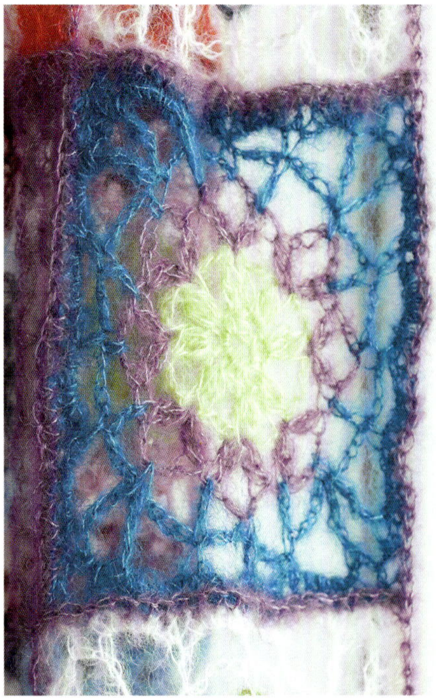

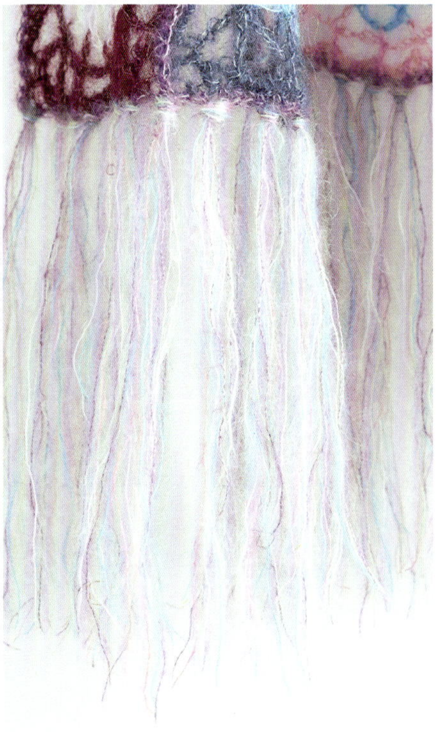

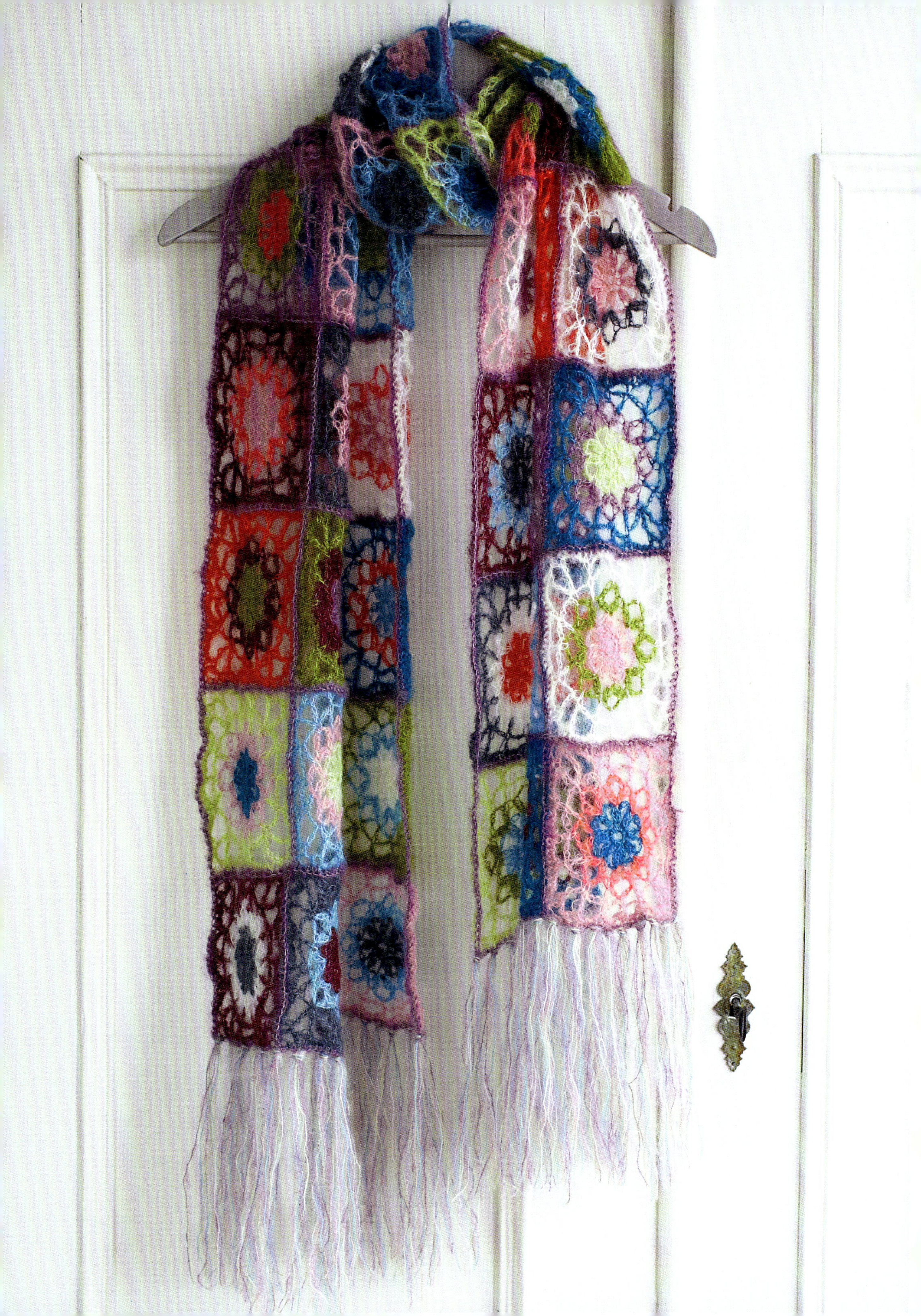

Häkeldiagramm: „Blume im Quadrat“

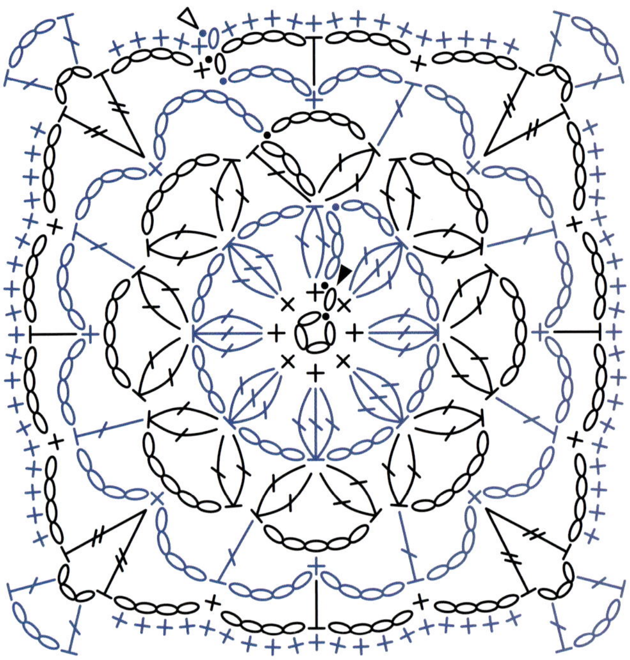

Legende

- Lm Luftmasche
- Km Kettmasche
- fM feste Masche
- Stb Stäbchen
- hStb halbes Stäbchen
- DStb Doppelstäbchen
- Bm2Stb Büschelmasche aus 2 Stäbchen
- Bm3Stb Büschelmasche aus 3 Stäbchen
- Beginn des Musters
- Ende des Musters

TIPPS

- Vernähen Sie bei jedem fertigen Quadrat sofort die Fadenenden.
- Beim Anbringen von Fransen an der Luftmaschenkette stechen Sie durch mindestens zwei Schlingen, nicht nur durch eine Schlinge an der Luftmaschenkette! Eine einzelne Schlinge könnte sich lockern und das Fransenbüschel nicht fest genug halten.

Quadrat

(42-mal arbeiten)

Lm-Kette: In der 1. Farbe 4 Lm häkeln und mit Km in die 1. Lm zum Ring schließen.

1. Rd (RS): 1 Lm, 8 fM in den Ring, Km in 1. fM. *8 fM*

Mit der rechten Seite nach vorn in Runden fortfahren.

2. Rd: 3 Lm, Bm2Stb in dieselbe M wie die letzte Km (zählt als Bm3Stb), [3 Lm, Bm3Stb in nä fM] 7-mal, 3 Lm, Km in die oberste der ersten 3 Lm. *8 Büschelmaschen*

Faden in der 1. Farbe abschneiden.

3. Rd: Faden in der 2. Farbe durch die Schlinge auf der Nadel ziehen (einhäkeln), 3 Lm, 1 Stb in dieselbe M wie die Km (zählt als Bm2Stb), * 3 Lm überspringen, [Bm2Stb, 5 Lm, Bm2Stb] oben in nä Bm3Stb; ab * noch 6-mal wdh, Bm2Stb in dieselbe M wie das erste Stb der Runde, 5 Lm, Km in die oberste der ersten 3 Lm. *Acht 5-Lm-Bögen*

Faden in der 2. Farbe abschneiden.

4. Rd: Faden in der 3. Farbe durch die Schlinge auf der Nadel ziehen (einhäkeln), 7 Lm (zählt als 1 Stb und 4 Lm), [1 fM in nä 5-Lm-Bogen, 4 Lm, nä Bm2Stb überspr, 1 Stb in nä Bm2Stb, 4 Lm] 7-mal, 1 fM in nä 5-Lm-Bogen, 4 Lm, Km in die 3. der ersten 7 Lm. *Sechzehn 4-Lm-Bögen*

5. Rd: In der 3. Farbe weiterarbeiten, 1 Lm, 1 fM in dieselbe M wie die letzte Km, * 4 Lm, 4 Lm überspr, [1 DStb, 3 Lm, 1 DStb] in nä fM, 4 Lm, 4 Lm überspr, 1 fM in nä Stb, 4 Lm, 4 Lm überspr, 1 hStb in nä fM, 4 Lm, 4 Lm überspr, 1 fM in nä Stb; ab * noch 3-mal wdh, am Ende der letzten Wdh die fM weglassen, Km in 1. fM.

6. Rd: In der 3. Farbe weiterarbeiten, 1 Lm, 1 fM in dieselbe M wie die letzte Km, 4 fM in nä Lm-Bogen, * [1 Stb, 3 Lm, 1 Stb] in nä Lm-Bogen (= Ecke), 4 fM in nä Lm-Bogen, 1 fM in nä fM, 4 fM in nä Lm-Bogen, 1 fM in nä hStb, 4 fM in nä Lm-Bogen, 1 fM in nä fM, 4 fM in nä Lm-Bogen; ab * noch 2-mal wdh, [1 Stb, 3 Lm, 1 Stb] in nä Lm-Bogen (= Ecke), 4 fM in nä Lm-Bogen, 1 fM in nä fM, 4 fM in nä Lm-Bogen, 1 fM in nä hStb, 4 fM in nä Lm-Bogen, Km in 1. fM.

Faden verwahren.

Fertigstellung

Die Quadrate in beliebiger farblicher Anordnung links auf links mit hellviolettem Garn (36 Heather) mit fM zu 3 Reihen mit je 14 Stück zusammenhäkeln, dann die Reihen ebenso zusammenhäkeln.

Bordüre

Mit der rechten Seite nach vorn einen hellvioletten Faden mit Km in die mittlere der 3 Lm an einer Ecke einhäkeln, 1 Lm, 2 fM in dieselbe M, 1 fM in jede M und 1 fM in jede Nahtstelle an der Außenkante bis zur mittleren der 3 Lm an der nä Ecke, * 2 fM in die mittlere Lm, 1 fM in jede M an der Kante bis zur mittleren Lm an der nä Ecke; ab * bis zum Ende wdh, Km in die 1. fM.

Faden verwahren.

Fransen

50 Fadenlängen zu je 43 cm in 5 Farben zuschneiden: Cremeweiß (06 Ecru), Hellgrün (12 Lime), Hellviolett (36 Heather), Hellrosa (19 Rose) und Hellblau (09 Aqua).

An jeder kurzen Kante 25 Fransenbüschel befestigen (siehe Seite 112): das erste in der fM an einer Ecke der Bordüre, dann 1 Büschel in jeder dritten fM bis zur nä Ecke, das letzte Büschel in der fM an der Ecke.

Häkel-Workshop 15

Ein Stofftier häkeln

Ein Stofftier wird meist aus mehreren Teilen zusammengesetzt. Die Häkelarbeit besteht in der Regel aus einfachen Maschen, z. B. festen Maschen und halben Stäbchen. Die Kunst liegt darin, aus den Teilen ein richtig „süßes", „kuscheliges" Etwas zu zaubern. Als Übungsprojekt für diesen Workshop habe ich zwei putzige Amigurumi-Bären entworfen. Amigurumi ist eine japanische Technik zum Häkeln oder Stricken von kleinen Püppchen oder Kuscheltieren, die sich aber genauso für größere Stofftiere eignet.

Amigurumis

Amigurumis werden in Spiralrunden gehäkelt (siehe Seite 62). Sie sollten dabei unbedingt einen Maschenmarkierer verwenden. Die Maschenprobe spielt beim Häkeln von Stofftieren keine Rolle. Die Festigkeit der Häkelarbeit ist ohnehin schwer zu beurteilen, denn bei der Fertigstellung werden die Maschen manchmal stärker und manchmal weniger stark gedehnt, je nachdem, wie fest das Stofftier ausgestopft wird.

Ein weiches Garn ist am besten geeignet – wer will schon ein kratziges Kuscheltier? Da man für ein Amigurumi nur ganz wenig Garn braucht, darf es auch etwas teurer sein.

Die Körperform

Die Form des Tierkörpers entsteht durch Zu- und Abnahmen. Bei einer Zunahme häkeln Sie zwei feste Maschen in eine Masche (siehe Seite 42), bei der Abnahme werden zwei feste Maschen zusammen abgemascht (siehe Seite 21).

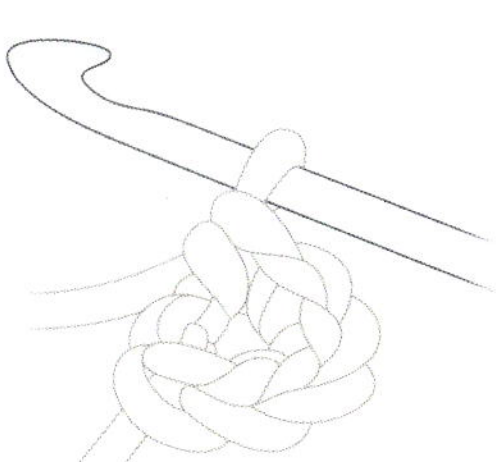

1. Rd (RS): 2 Lm, 6 fM in die 2. Lm von der Nadel aus.

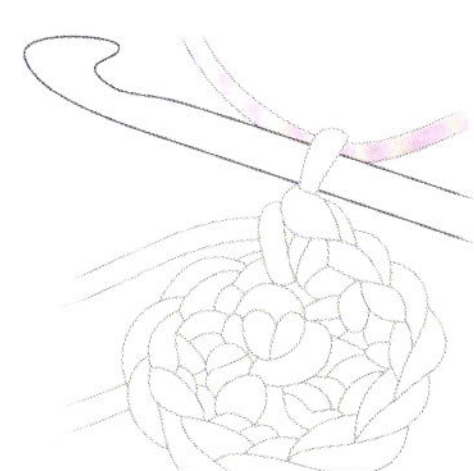

2. Rd: Erste fM überspr, 2 fM in jede fM bis zum Ende. *12 fM*
Die Schlinge auf der Nadel zählt bei dieser Technik als eine Masche. Daher ist die letzte Masche der Runde immer die Masche mit dem Maschenmarkierer. Denken Sie immer daran, den Markierer zu versetzen, um den Beginn jeder Runde zu markieren.

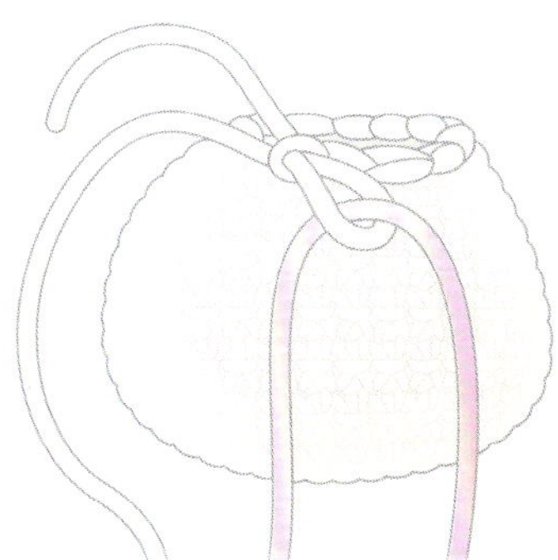

Folgen Sie der Anleitung und häkeln Sie zuerst in jeder Runde Zunahmen, später in jeder Runde Abnahmen. So entsteht eine schlauchförmige Häkelarbeit. Damit die Abfolge auch stimmt, zählen Sie unbedingt am Ende jeder Runde die Maschen.

Augen

Auch wenn das Stofftier als Geschenk für einen Erwachsenen gedacht ist, könnte es doch früher oder später als Kinderspielzeug verwendet werden. Ich nehme daher immer so genannte Sicherheitsaugen. Stattdessen können Sie die Augen auch auf das fertige Stofftier aufsticken. Verwenden Sie aber keine Glasperlen und andere Kleinteile, die abfallen und verschluckt werden können. Befestigen Sie die Sicherheitsaugen, solange die Öffnung Ihrer rundgehäkelten Arbeit noch groß genug ist. Nach der Anleitung in diesem Workshop sitzen die Augen im Abstand von etwa 9–11 Maschen voneinander entfernt zwischen der 4. und der 5. Runde.

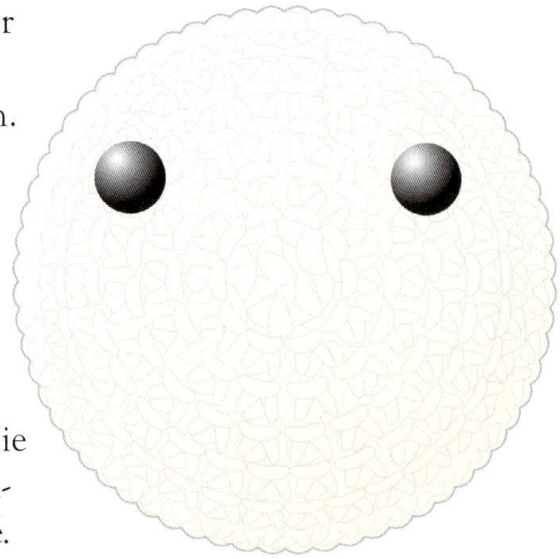

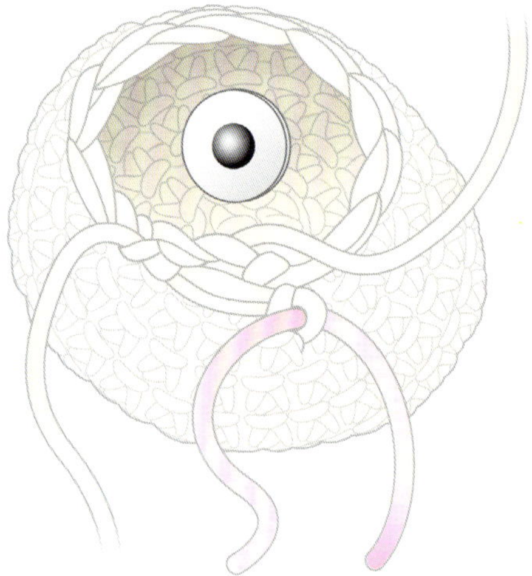

Stecken Sie die Augen von der Vorderseite aus mit dem Stiel durch die Häkelarbeit. Vergewissern Sie sich, dass beide Augen genau auf gleicher Höhe in derselben Runde sitzen, bevor Sie sie von der Rückseite aus fixieren. Zum Fixieren wird das flache Gegenstück von innen fest zur Häkelarbeit hin gedrückt.

Ausstopfen

Verwenden Sie zum Ausstopfen waschbare, schwer entflammbare Polyesterfüllwatte. Sie ist in den meisten Bastelbedarfsgeschäften erhältlich, und zwar meist in Weiß. Für ein dunkles Stofftier bekommen Sie vielleicht auch eine dunkle Füllung, die zwischen den Maschen nicht so stark durchscheint.

Bevor Sie den Kopf ausstopfen, vernähen Sie das Fadenende vom Anfang der Runde auf der Innenseite, weil dies nach dem Ausstopfen nicht mehr möglich ist. Stopfen Sie den Kopf locker aus, bevor Sie die letzte Runde häkeln.

Ich empfehle überhaupt, Stofftiere locker zu füllen, damit sie richtig weich und kuschelig werden. Wenn Sie zu viel Füllwatte hineinstopfen, wird das Stofftier hart und unelastisch und die Füllwatte schimmert durch die überdehnten Maschen durch.

Wenn der Kopf fertig ausgestopft ist, schließen Sie die Öffnung durch Abnahmen in der letzten Runde, entweder durch Zusammenhäkeln von je zwei festen Maschen (2 fM zus) oder durch Überspringen von Maschen:

13. Rd: * 1 fM überspr, 1 fM in die nächste fM; ab * bis zum Ende wdh. *6 fM*

Verwahren Sie den Faden und lassen Sie ein langes Fadenende stehen. Vernähen Sie es in der letzten Runde und schließen Sie dabei eine etwaige noch verbliebene Lücke.

Arbeiten Sie den Körper nach derselben Technik; folgen Sie dabei der Anleitung. Häkeln Sie ebenso die Ohren, vernähen Sie dabei zuletzt sorgfältig das Fadenende aus der ersten Runde und schließen Sie etwaige verbliebene Lücken.

Arme und Beine

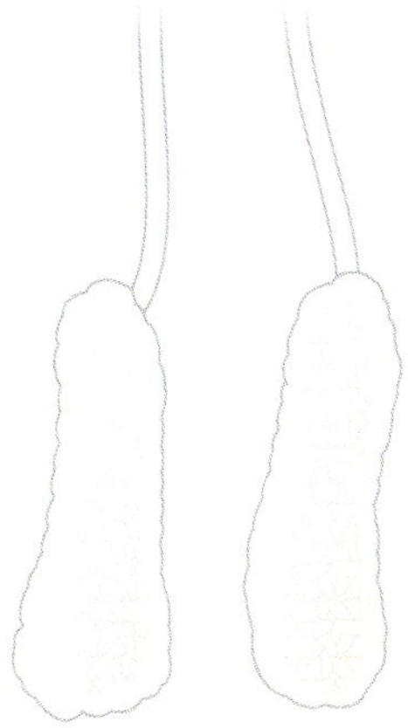

Bei den Armen und Beinen ist etwas umständliche Kleinarbeit zu leisten. Denken Sie immer daran, den Maschenmarkierer zu versetzen und die Maschen zu zählen, damit Sie einen gleichmäßigen „Stoffschlauch" erhalten. Nach dem Verwahren des Fadens sieht das Endstück des Armes oder Beines vielleicht ein bisschen unordentlich aus. Wenn Sie das Fadenende in eine Wollnadel einfädeln und in diesem Bereich vernähen, wirkt das Endstück oft schon allein dadurch wie eine Pfote.

Fertigstellung

Vernähen Sie mit einer Wollnadel die Fadenenden am Kopf und schließen Sie sorgfältig etwaige Lücken am Anfang und am Ende der Arbeit. Lassen Sie die langen Endfäden am Körper, an den Armen, Beinen und Ohren stehen – Sie brauchen sie später zum Zusammennähen. Vernähen Sie alle anderen Fadenenden am Körper, an den Armen und Beinen.

Teile zusammenstecken

Nehmen Sie zum Zusammenstecken der Teile lange Stecknadeln mit Plastikköpfen.

Kopf und Körper

Stecken Sie den Kopf am Körper fest. Achten Sie darauf, dass er mittig und gerade (nicht schief) auf dem Körper sitzt.

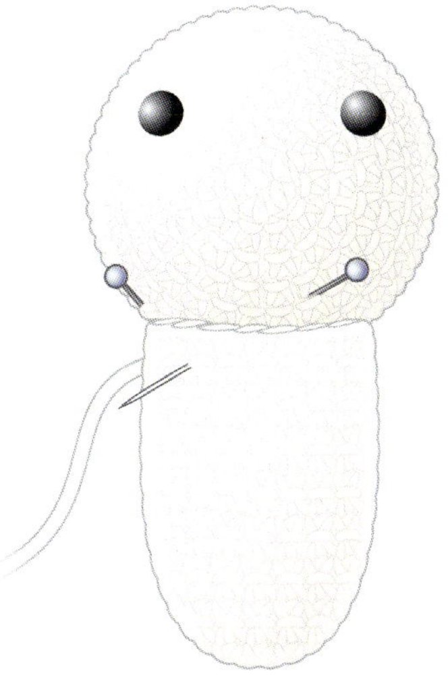

Nähen Sie den Körper mit dem langen Endfaden mit Überwendlingsstich an. Stechen Sie dabei in die Maschen in der letzten Reihe am Körper sowie in die entsprechenden, darüberliegenden Maschen am Kopf ein. Wenn der Kopf schief aussieht, nähen Sie ihn fester an, bis er sicher und gerade auf dem Körper sitzt.

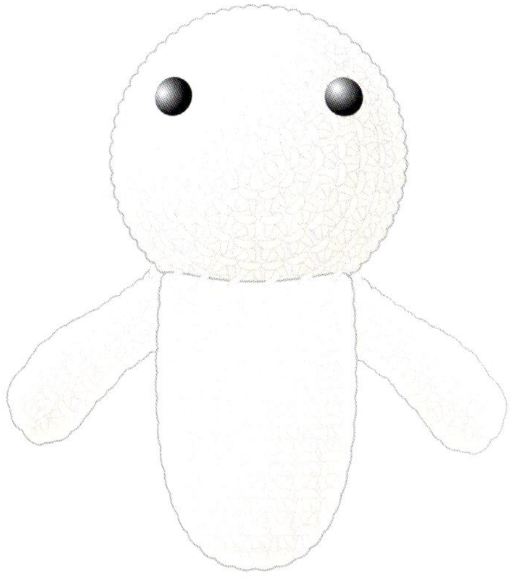

Stecken Sie die Arme an der Nahtstelle zwischen Körper und Kopf am Körper fest. Nähen Sie sie mit den langen Fadenenden oben am Körper an. Stechen Sie dabei nur an den Schultern und am oberen Ende der Arme ein.

Beine

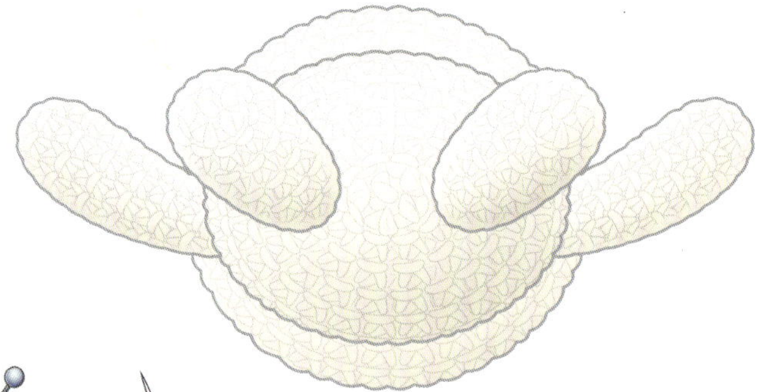

Halten Sie das Stofftier kopfunter. Platzieren Sie die Beine an beiden Seiten des Körpers an der zweiten Runde der Häkelarbeit. Stecken Sie sie fest und nähen Sie sie an.

Ohren

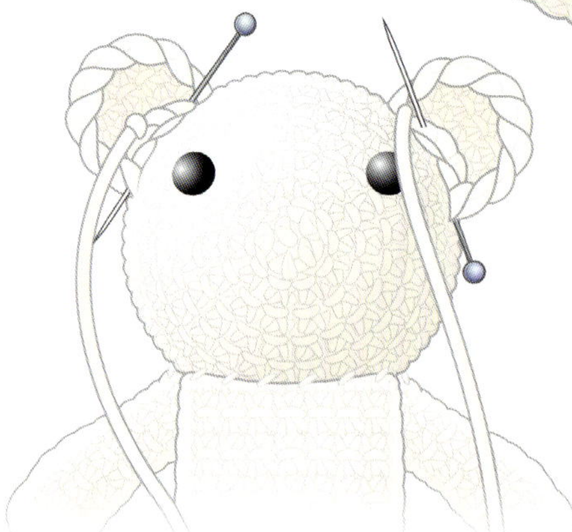

Stecken Sie die Ohren an beiden Seiten des Kopfes etwa 3 Reihen hinter den Augen fest, sodass zwischen den Ohren ein Abstand von etwa 8 Maschen bleibt und die Fadenenden der Ohren am Kopf anliegen.

Schnauze

Schneiden Sie aus Filz einen Kreis mit ca. 2,5 cm Durchmesser für die Schnauze und ein etwa 1 cm langes Oval für die Nase aus. Stecken Sie die Nase im oberen Bereich der Schnauze fest und nähen Sie sie mit einer Nähnadel und einem Baumwollfaden mit Überwendlingsstich an.

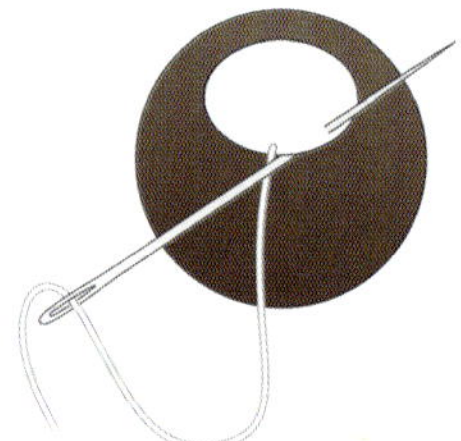

TIPP

Wenn Sie kein Baumwollstickgarn haben, ziehen Sie ein Stück Häkelgarn auseinander und verwenden Sie die Einzelfäden. Schneiden Sie dazu einen ca. 15–22 cm langen Faden ab, drehen Sie die Enden auf, halten Sie einen der Einzelfäden mit der rechten Hand und die anderen mit der linken Hand fest und ziehen Sie die Fäden auseinander. Ich mache es selbst oft so!

Deuten Sie auf der Schnauze den Mund mit einem langen horizontalen Stich oder einigen Rückstichen aus zwei oder drei Baumwollstickgarnfäden an. Nehmen Sie dazu entweder eine Nähnadel mit ausreichend großem Öhr oder eine spitze Wollnadel. Vernähen Sie den Faden.

Stecken Sie die Schnauze mittig auf dem Gesicht fest und nähen Sie sie mit farblich zur Schnauze passendem Nähgarn rundherum mit Überwendlingsstich an.

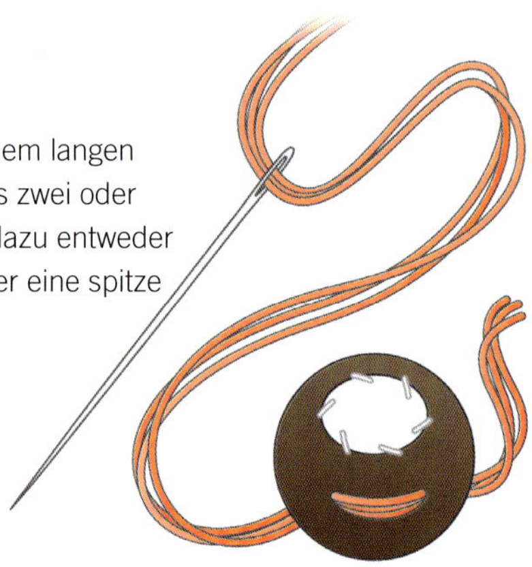

Sonstige Details

Sie können das Tierchen ganz nach Wunsch herausputzen – legen Sie ihm eine „Kette“ aus Glasperlen um den Hals oder binden Sie ihm eine bunte Masche um – erlaubt ist, was gefällt! Ich habe einmal einem Häkelpüppchen ein „Nicki-Trench-Outfit“ verpasst – ein Kleid in meiner damaligen Lieblingsfarbe und ein breites Band als Kopftuch, da ich damals gerne Kopftücher trug.

Will und Rebekka Bär

Stofftiere häkeln wird nie langweilig, denn jedes dieser drolligen Wesen hat eine unverwechselbare Persönlichkeit. Vorsicht: Bei dunklem Garn sind die einzelnen Maschen nur schwer zu erkennen! Achten Sie während der Arbeit unbedingt auf eine ausreichende Beleuchtung.

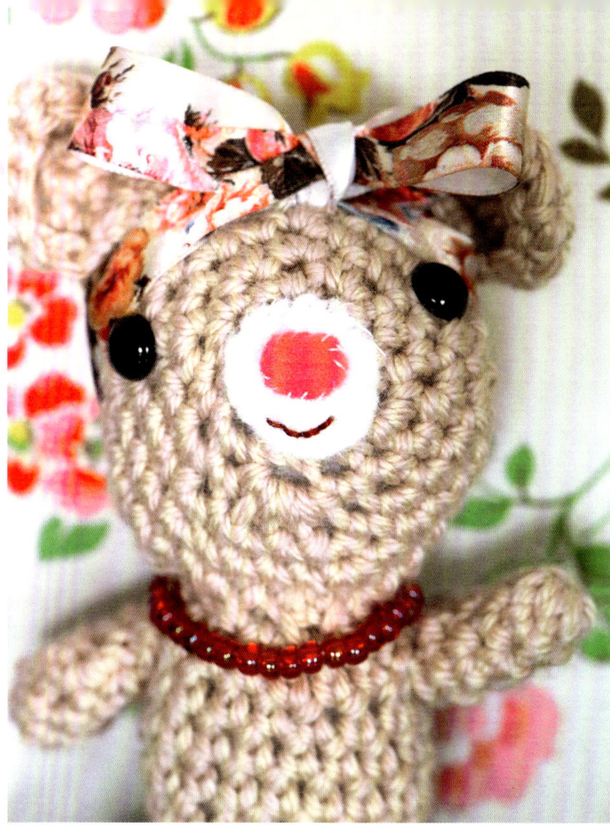

Fertigkeiten

Maschenart: feste Masche

Amigurumis häkeln

Zu- und Abnahmen mit festen Maschen häkeln

Stofftier ausstopfen

Sicherheitsaugen anbringen

Details aus Filz mit Überwendlingsstich annähen

Gesicht mit Rückstichen aufsticken

Teile fachgerecht zusammennähen

Maße

Die fertigen Stofftiere sind ca. 15 cm hoch.

Garn

Debbie Bliss Rialto DK (DK-Garn, 100 % Merino Extrafine Superwash)

Rebekka:
1 x 50 g (ca. 105 m Lauflänge) in der Farbe 42 Pink (Hellrosa) oder 66 Vintage Pink (Altrosa)

Will:
1 x 50 g (ca. 105 m Lauflänge) in der Farbe 05 Chocolate (Dunkelbraun)

Häkelnadel

4 mm

Sonstiges Material

Für beide Bären:
Schwer entflammbares Füllmaterial
2 schwarze Sicherheitsaugen, 9 mm Durchmesser

Rebekka:
Filz (weiß) für die Schnauze
Filz (pink) für die Nase
25 cm geblümtes Band, 1 cm breit, für die Masche
Farblich passendes Nähgarn für Filz und Band
Rotes Baumwollstickgarn für den Mund
Runde rote Saatperlen (Rocailles), 4 mm Durchmesser, für die Halskette

Will:
Filz (beige) für die Schnauze
Filz (hellrosa) für die Nase
Farblich passendes Nähgarn für den Filz
Schwarzes Baumwollstickgarn für den Mund

Maschenprobe

Eine Maschenprobe ist bei Stofftieren nicht notwendig.

Abkürzungen

Lm	Luftmasche
fM	feste Masche
wdh	wiederholen
Rd	Runde
RS	rechte Seite
überspr	überspringen

Spezial-Abkürzung

2 fM zus (2 zusammen abgemaschte feste Maschen): [In nächste M einstechen, Faden holen und durchziehen] 2-mal (3 Schlingen auf der Nadel), Faden holen und durch alle 3 Schlingen auf der Nadel ziehen.

Sicherheitshinweis

Vor allem bei der Verwendung von Glasperlen und Band ist das Spielzeug für Kinder unter 3 Jahren nicht geeignet.

Kopf

Mit rosa (für Rebekka) oder braunem Garn (für Will) in Spiralrunden eine Kugelform häkeln:

1. Rd (RS): 2 Lm, 6 fM in die 2. Lm von der Nadel aus.

Mit der rechten Seite nach vorn in Spiralrunden weiterarbeiten, den Beginn jeder Rd markieren.

2. Rd: 2 fM in jede fM bis zum Ende. *12 fM*

Den Maschenmarkierer nach jeder Rd versetzen!

3. Rd: * 1 fM in nächste fM, 2 fM in nächste fM; ab * bis zum Ende wdh. *18 fM*

4. Rd: * je 1 fM in die nächsten 2 fM, 2 fM in nächste fM; ab * bis zum Ende wdh. *24 fM*

5. Rd: * je 1 fM in die nächsten 3 fM, 2 fM in nächste fM; ab * bis zum Ende wdh. *30 fM*

6. Rd: * je 1 fM in die nächsten 4 fM, 2 fM in nächste fM; ab * bis zum Ende wdh. *36 fM*

7. Rd: 1 fM in jede fM bis zum Ende.

8. Rd: * je 1 fM in die nächsten 4 fM, 2 fM zus; ab * bis zum Ende wdh. *30 fM*

9. Rd: * je 1 fM in die nächsten 3 fM, 2 fM zus; ab * bis zum Ende wdh. *24 fM*

10. Rd: * je 1 fM in die nächsten 2 fM, 2 fM zus; ab * bis zum Ende wdh. *18 fM*

11. Rd: 1 fM in jede fM bis zum Ende.

12. Rd: * 1 fM in die nächste fM, 2 fM zus; ab * bis zum Ende wdh. *12 fM*

Solange die Öffnung groß genug ist, die Sicherheitsaugen im Abstand von etwa 9–11 Maschen voneinander zwischen der 4. und der 5. Runde anbringen und fixieren.

Bevor die letzte Rd gearbeitet wird, den Kopf locker ausstopfen.

13. Rd: * 1 fM überspr, 1 fM in nächste fM; ab * bis zum Ende wdh. *6 fM*

Faden verwahren.

Körper

Mit rosa (für Rebekka) oder braunem Garn (für Will) in Spiralrunden eine längliche Form häkeln:

1., 2. und 3. Rd: Wie 1., 2. und 3. Rd des Kopfes.

Den Maschenmarkierer nach jeder Rd versetzen, um den Beginn der jeweiligen Rd zu markieren!

4.–10. Rd: 1 fM in jede fM bis zum Ende. *18 fM*

Bevor die letzte Rd gearbeitet wird, den Körper ausstopfen.

11. Rd: 2 fM zus bis zum Ende. *9 fM*

Faden verwahren, langes Fadenende stehenlassen.

Arme

(2 x arbeiten)

Mit rosa (für Rebekka) oder braunem Garn (für Will) in Spiralrunden einen Schlauch häkeln:

1. Rd (RS): 2 Lm, 6 fM in die 2. Lm von der Nadel aus.

Mit der rechten Seite nach vorn in Spiralrunden weiterarbeiten, den Beginn jeder Rd markieren.

2. Rd: 1 fM in jede fM bis zum Ende. *6 fM*

Den Maschenmarkierer nach jeder Runde versetzen!

2. Rd wdh, bis der Arm 4 cm lang ist.

Faden verwahren und ein langes Fadenende stehenlassen.

Nicht ausstopfen.

Beine

(2 x arbeiten)

Mit rosa (für Rebekka) oder braunem Garn (für Will) in Spiralrunden einen Schlauch häkeln:

1. Rd (RS): 2 Lm, 6 fM in die 2. Lm von der Nadel aus.

Mit der rechten Seite nach vorn in Spiralrunden weiterarbeiten, den Beginn jeder Rd markieren.

2. Rd: 1 fM in jede fM bis zum Ende. *6 fM*

Den Maschenmarkierer nach jeder Runde versetzen!

2. Rd wdh, bis das Bein 3 cm lang ist.

Faden verwahren und ein langes Fadenende stehenlassen.

Nicht ausstopfen.

Ohren

(2 x arbeiten)

Mit rosa (für Rebekka) oder braunem Garn (für Will) in Spiralrunden einen Kreis häkeln:

1. Rd (RS): 2 Lm, 6 fM in die 2. Lm von der Nadel aus.

Mit der rechten Seite nach vorn in Spiralrunden weiterarbeiten, den Beginn jeder Rd markieren.

2. Rd: 2 fM in jede fM bis zum Ende. *12 fM*

Den Maschenmarkierer nach jeder Runde versetzen!

3. Rd: 1 fM in jede fM bis zum Ende.

Faden verwahren und ein langes Fadenende stehenlassen.

Das Fadenende aus der 1. Rd vernähen, um etwaige Lücken zu schließen.

Fertigstellung

Alle Fadenenden vernähen, die Teile zusammennähen und das Gesicht nach der Beschreibung auf Seite 120 gestalten.

Accessoires für Rebekka

Die Perlen auf einen langen, doppelten Nähfaden fädeln. Den Faden um den Hals binden, verknoten und hinten am Hals annähen.

Das Band vor den Ohren um den Kopf legen und auf der Stirn zu einer Masche binden. Die Enden zurechtschneiden, die Masche mit Stecknadeln fixieren und mit Nähgarn festnähen.

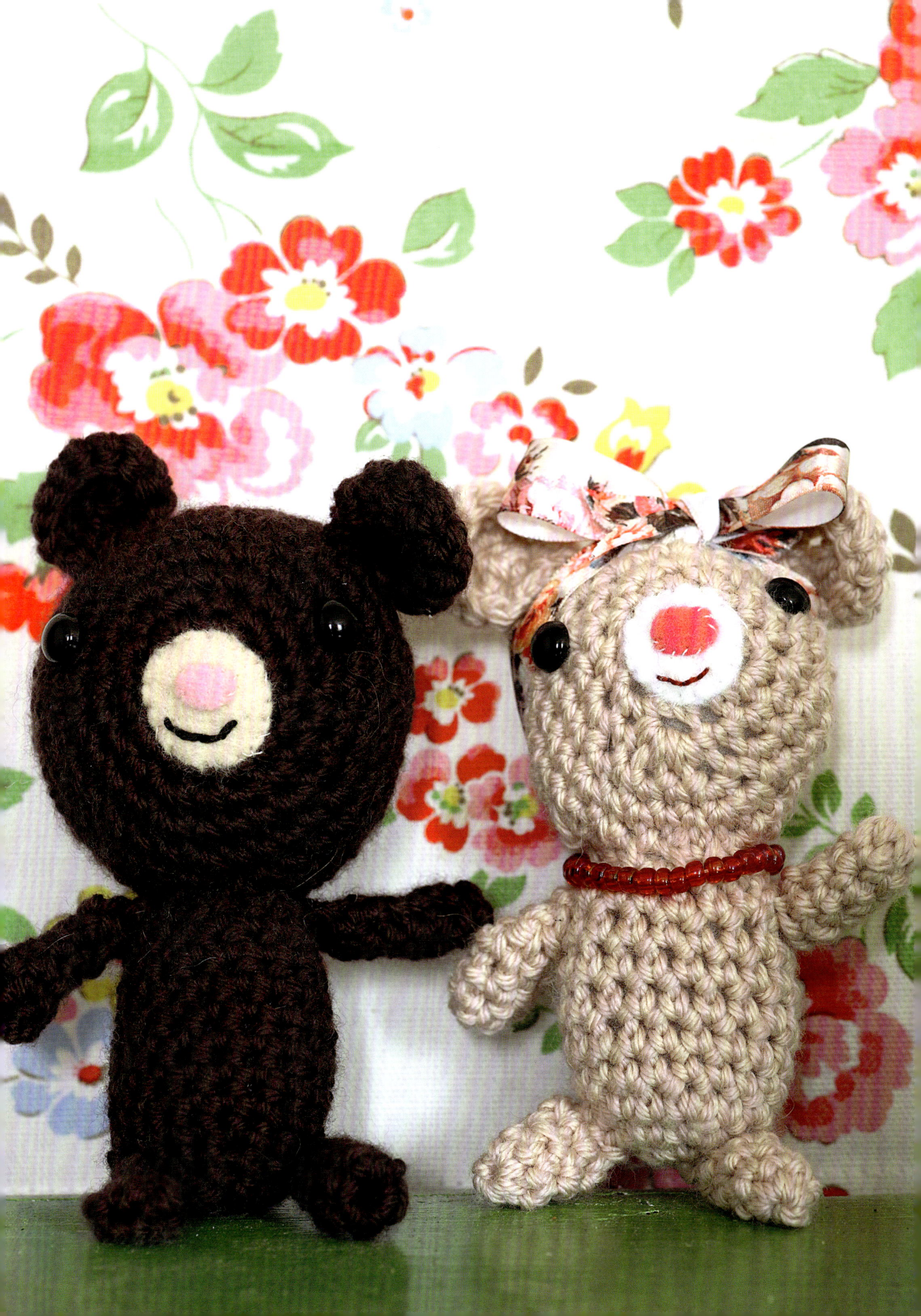

Häkel-Workshop 16

Intarsientechnik

Mit Hilfe der Intarsientechnik können Sie Ihre Häkelarbeit mit farbigen Motiven schmücken. Das Motiv ist auf beiden Seiten zu sehen, es gibt aber trotzdem eine rechte und eine linke Seite. Der andersfarbige Faden wird nicht abgeschnitten und auch nicht auf der Rückseite mitgeführt. Die fertige Arbeit ist nicht dicker als eine einfarbige Häkelarbeit und weist keine störenden Fäden auf der Rückseite auf. An einem Kissenbezug mit Herzmuster können Sie diese Technik ausprobieren.

Intarsien häkeln

Intarsienmuster werden oft mit festen Maschen gearbeitet, die ein besonders dichtes und gleichmäßiges Maschenbild ergeben. Am Ende der Reihe wird bei festen Maschen nur eine Wendeluftmasche gehäkelt – wenn Sie eine andere Maschenart wählen, häkeln Sie auch die entsprechende Anzahl an Wendeluftmaschen.
Bei dem hübschen Kissenbezug, der am Ende dieses Workshops vorgestellt wird, besteht die Vorderseite aus neun Quadraten mit je einem Herzmotiv in der Mitte. Für jedes Quadrat brauchen Sie zwei Knäuel in Farbe A und ein Knäuel in Farbe B für das Motiv. Beim Farbwechsel häkeln Sie wie gewohnt den ersten Teil der Masche in der alten Farbe und schließen sie in der neuen Farbe ab (siehe Seite 23).

Häkeldiagramm

So sieht das Häkeldiagramm für eine Intarsienarbeit aus: Jedes Quadrat bedeutet in horizontaler Richtung eine Masche und in vertikaler Richtung eine Reihe. Das Diagramm wird in der ersten Reihe von rechts nach links gelesen, in der zweiten Reihe von links nach rechts usw. Markieren Sie auf dem Diagramm die fertig gehäkelten Reihen. Am besten fotokopieren Sie dazu das Diagramm – auf der Kopie können Sie nach Herzenslust Markierungen anbringen und Notizen machen.

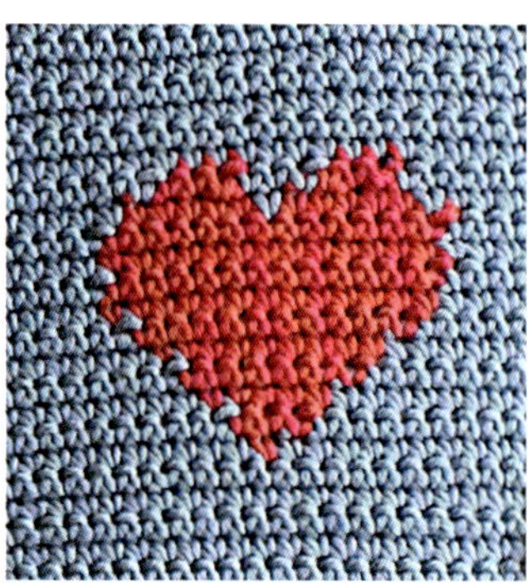

Häkeldiagramm: Herzmotiv

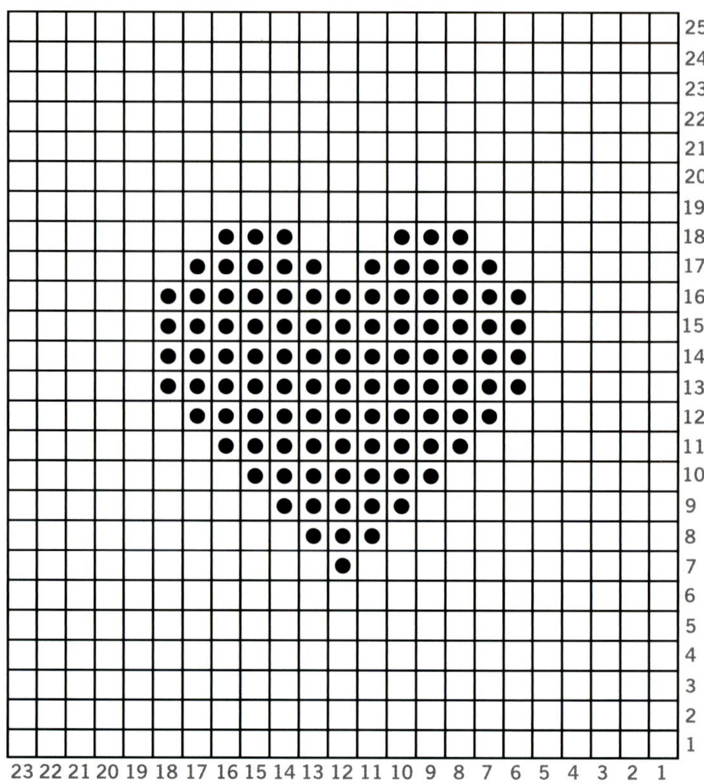

Herzmuster

Bevor Sie zu häkeln beginnen, kopieren Sie das Diagramm, wickeln Sie aus dem Garn A zwei kleinere Knäuel und schneiden Sie zusätzlich einen ca. 100 cm langen Faden in Farbe A für die Einkerbung an der Oberseite des Herzmotivs ab.

TIPP

Häkeln Sie die erste Masche des Herzmotivs (in Farbe B) möglichst locker – wenn sie zu fest angezogen wird, „verschwindet" sie oder sieht schief aus. Zählen Sie die Maschen auf beiden Seiten dieser Masche, um sicherzugehen, dass sich das Motiv in der Mitte befindet.

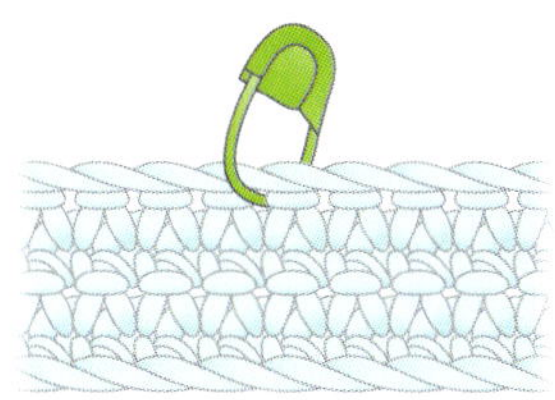

1 In Garn A (Knäuel 1) die Lm-Kette häkeln und nach dem Diagramm die einfarbigen Reihen bis zum Beginn des Motivs in fM arbeiten (1 Wendeluftmasche in jeder Reihe nicht vergessen!). Bevor Sie das Motiv zu häkeln beginnen, in der mittleren Masche der Reihe einen Maschenmarkierer setzen.

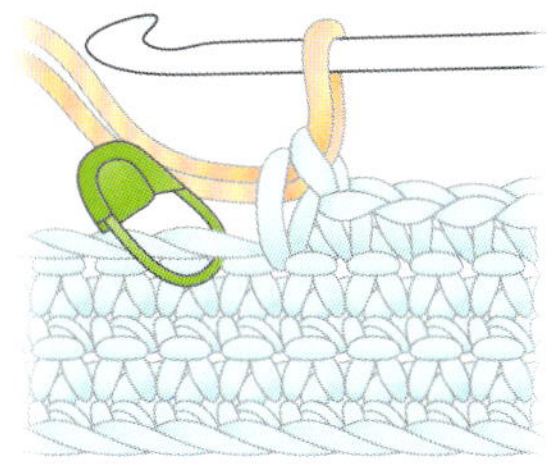

2 Den Anfang der Reihe bis zu der Masche vor dem Markierer in Garn A häkeln.
1. Motivreihe (Hin-R): In der Masche vor dem Markierer Garn B einhäkeln.

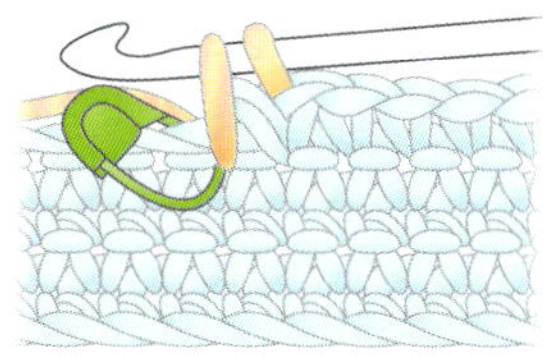

3 Garn A (Knäuel 1) fallenlassen, in die nächste Masche (= mit dem Maschenmarkierer) einstechen und Garn B durchziehen.

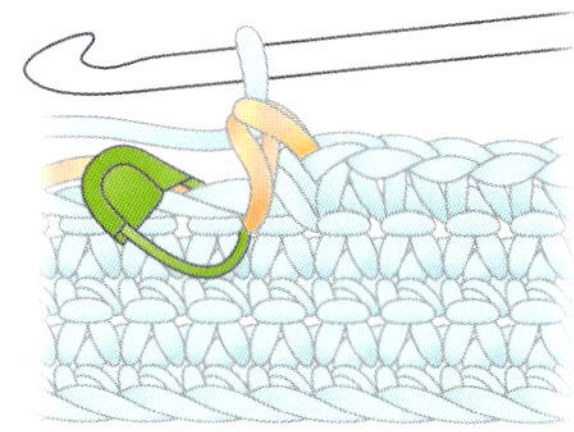

4 Garn B fallenlassen, Garn A (Knäuel 2) durch beide Schlingen ziehen, um die feste Masche abzuschließen.

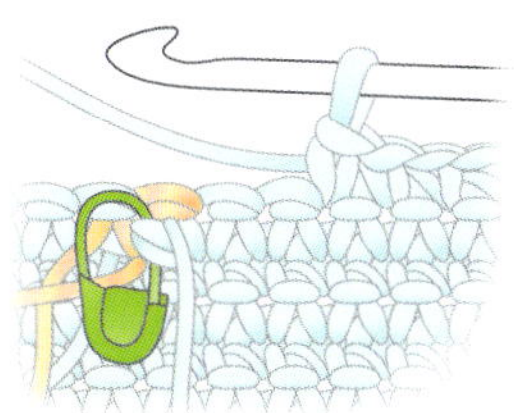

5 In Garn A (Knäuel 2) bis zum Ende der Reihe weiterarbeiten, Garn A (Knäuel 1) und Garn B hinter der Arbeit (auf der linken Seite) herunterhängen lassen.
2. Motivreihe (Rück-R): Die Wendeluftmasche häkeln, wenden und die nächste Reihe in Garn A (Knäuel 2) bis zur 2. Masche vor Farbe B (= mit dem Maschenmarkierer) häkeln.

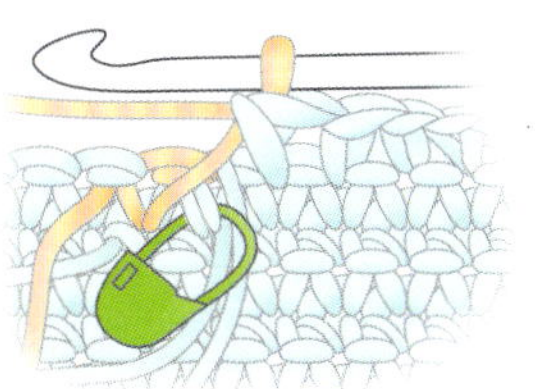

6 In die nächste Masche einstechen und Garn A (Knäuel 2) durchziehen. Garn A (Knäuel 2) fallenlassen, den Faden in Farbe A (Knäuel 2) über die Arbeit führen und nach vorne (auf der linken, Ihnen zugewandten Seite) herunterhängen lassen. Garn B locker aufnehmen und durch beide Schlingen auf der Nadel ziehen.

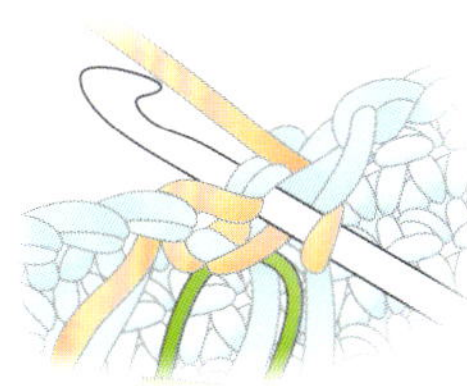

7 In die nächste Masche einstechen, den Faden in Farbe B vorsichtig beiseiteschieben.

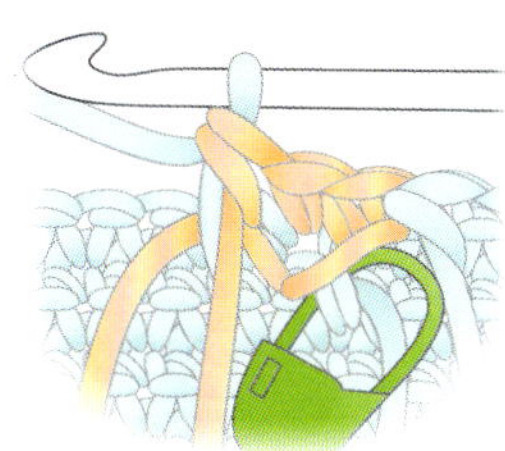

8 Die M in Garn B abschließen. In Garn B eine fM in die nächste M häkeln. In die nächste M einstechen (immer noch in Garn B) und den Faden durchziehen. Garn B fallenlassen, den Faden auf der linken (Ihnen zugewandten) Seite herunterhängen lassen, Garn A (Knäuel 1) aufnehmen und die M abschließen. Alle Fäden befinden sich auf der linken (Ihnen zugewandten) Seite.

Häkeln Sie bis zum Ende der Reihe mit demselben Knäuel in Farbe A; verwenden Sie auf einer Seite des Motivs Knäuel 1, auf der anderen Seite des Motivs Knäuel 2.

Arbeiten Sie nach dem Diagramm ebenso weiter. Der Wechsel zu Garn B erfolgt immer im oberen Teil der letzten Masche vor dem Motiv. Achten Sie darauf, dass alle Fäden auf der linken Seite der Arbeit herunterhängen, und häkeln Sie an den Rändern des Motivs locker.

In der 11. Reihe des Herzmotivs häkeln Sie den vorbereiteten zusätzlichen Faden in Farbe A ein, um in den letzten zwei Motiv-Reihen nach derselben Technik die Einkerbung zu häkeln. Stellen Sie das Quadrat nach dem Diagramm fertig.

Kissen mit Herzmotiven

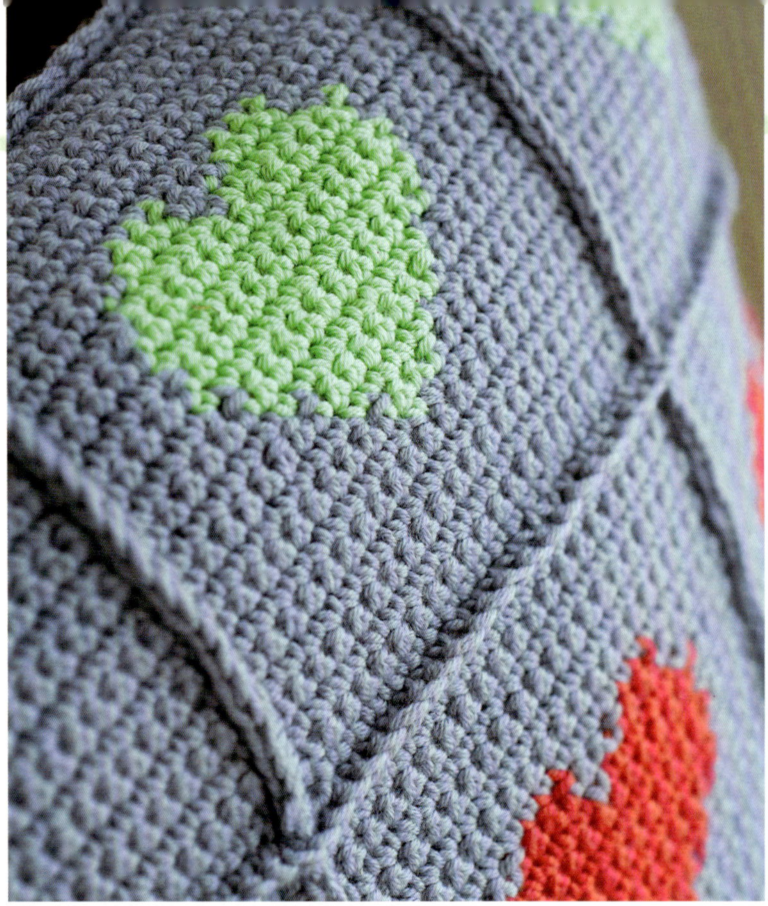

Keine Angst vor Intarsienmustern! Zum Üben der Intarsientechnik eignet sich das Herzmuster ideal. Das fertige Kissen ist auch ein perfektes „von Herzen kommendes" Geschenk für alle möglichen Gelegenheiten. Sie können verschiedene Farbkombinationen probieren oder auch alle Herzen in einer Farbe – zum Beispiel in Rot – arbeiten.

Fertigkeiten

Maschenart: feste Masche

Intarsienmuster häkeln

Farbwechsel beim Intarsienmuster

Nach einem Intarsien-Häkeldiagramm arbeiten

Quadrate mit festen Maschen zusammenhäkeln

Maße

Der fertige Kissenbezug ist für eine 40 x 40 cm große Kisseneinlage gedacht.

Garn

Debbie Bliss Rialto DK (DK-Garn, 100 % Merino Extrafine Superwash)

4 x 50 g (ca. 420 m Lauflänge) in der Hauptfarbe:

HF 04 Grau

Je 1 x 50 g (ca. 105 m Lauflänge) in drei Kontrastfarben:

A 58 Grass (Grün)

B 50 Deep Rose (Pink)

C 45 Gold (Gelb)

Häkelnadel

3,5 mm

Sonstiges Material

Kisseneinlage, 40 x 40 cm

Maschenprobe

17 M x 18 R feste Maschen mit 3,5-mm-Nadel = 10 x 10 cm

Abkürzungen

Lm	Luftmasche
fM	feste Masche
wdh	wiederholen
R	Reihe
M	Masche

Farbkombination

Der Vorderteil besteht aus insgesamt 9 Quadraten.

Die HF bildet die Hintergrundfarbe. Von den 9 Herzmotiven jeweils 3 in Farbe A, B und C arbeiten.

Herz-Quadrate

(9-mal arbeiten)

Lm-Kette: In der HF 24 Lm häkeln.

1. R (Hin-R): 1 fM in die 2. Lm von der Nadel aus, 1 fM in jede Lm bis zum Ende. *23 fM*

2. R: 1 Lm (zählt nicht als M), 1 fM in jede Lm bis zum Ende. *23 fM*

3.–6. R: 2. R wdh.

Durchgehend fM häkeln, in der 7.–18. R das Herzmotiv arbeiten, links und rechts vom Herzmotiv jeweils mit einem kleinen Knäuel in der HF arbeiten.

Weitere 7 R fM in der HF häkeln.

Faden verwahren.

Kissenbezug-Rückenteil (gestreift)

Lm-Kette: In der HF 70 Lm häkeln.

1. R (Hin-R): 1 fM in die 2. Lm von der Nadel aus, 1 fM in jede M bis zum Ende. *69 fM*

2. R: 1 Lm (zählt nicht als M), 1 fM in jede fM bis zum Ende. *69 fM*

2. R noch 4-mal wdh.

Faden in der HF abschneiden, nicht verwahren.

In fM weitere 67 R in beliebigem Streifenmuster in den Farben HF, A, B und C häkeln (insgesamt 73 R) oder die restlichen 67 R wie folgt arbeiten: 6 Reihen A, 6 Reihen B, 5 Reihen C, 4 Reihen HF, 6 Reihen A, 5 Reihen C, 5 Reihen HF, 6 Reihen B, 5 Reihen C, 4 Reihen HF, 5 Reihen A, 6 Reihen B, 4 Reihen HF.

Faden verwahren.

Quadrate zusammenhäkeln

Mit einer Wollnadel alle Fadenenden am Rückenteil und an den Herz-Quadraten vernähen. Die Herz-Quadrate in der HF (Grau) mit fM links auf links zusammenhäkeln (siehe Seite 43), sodass die Häkelnaht auf der rechten Seite sichtbar ist. Zuerst die 3 Quadrate mit Herzmotiven in Farbe A (Grün) zu einer waagrechten Reihe zusammenhäkeln, ebenso die 3 Quadrate mit Herzmotiven in Farbe B (Pink) und die 3 Quadrate mit Herzen in Farbe C (Gelb). Dann die 3 waagrechten Reihen zu einem Quadrat zusammenhäkeln (Herzen in Farbe A oben, in Farbe B in der Mitte, in Farbe C unten).

Fertigstellung

Vorder- und Rückenteil mit Stecknadeln links auf links zusammenstecken, die Oberkante offen lassen. Faden in der HF mit Km in der linken oberen Ecke einhäkeln, mit der Häkelnadel durch beide Teile stechen, 1 Lm, 3 fM in die Eck-M, 23 fM gleichmäßig an der Seitenkante jedes der 3 Quadrate verteilen (Nahtstellen zwischen den Quadraten überspr), 3 fM in die Eck-M, 23 fM gleichmäßig an der Unterkante jedes der 3 Quadrate verteilen (Nahtstellen zwischen den Quadraten überspr), 3 fM in die Eck-M, 23 fM gleichmäßig an der Seitenkante jedes der 3 Quadrate verteilen (Nahtstellen zwischen den Quadraten überspr). Faden nicht verwahren.

Die Kisseneinlage in die Öffnung schieben, 23 fM gleichmäßig an der Oberkante jedes der 3 Quadrate verteilen (Nahtstellen zwischen den Quadraten überspr), Km oben in die erste fM der Runde. Faden verwahren.

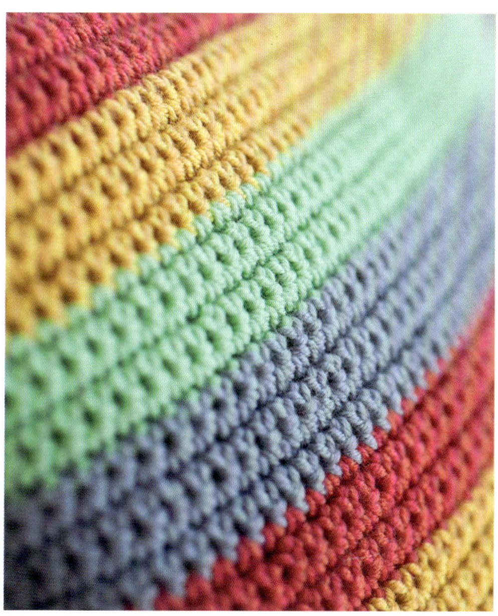

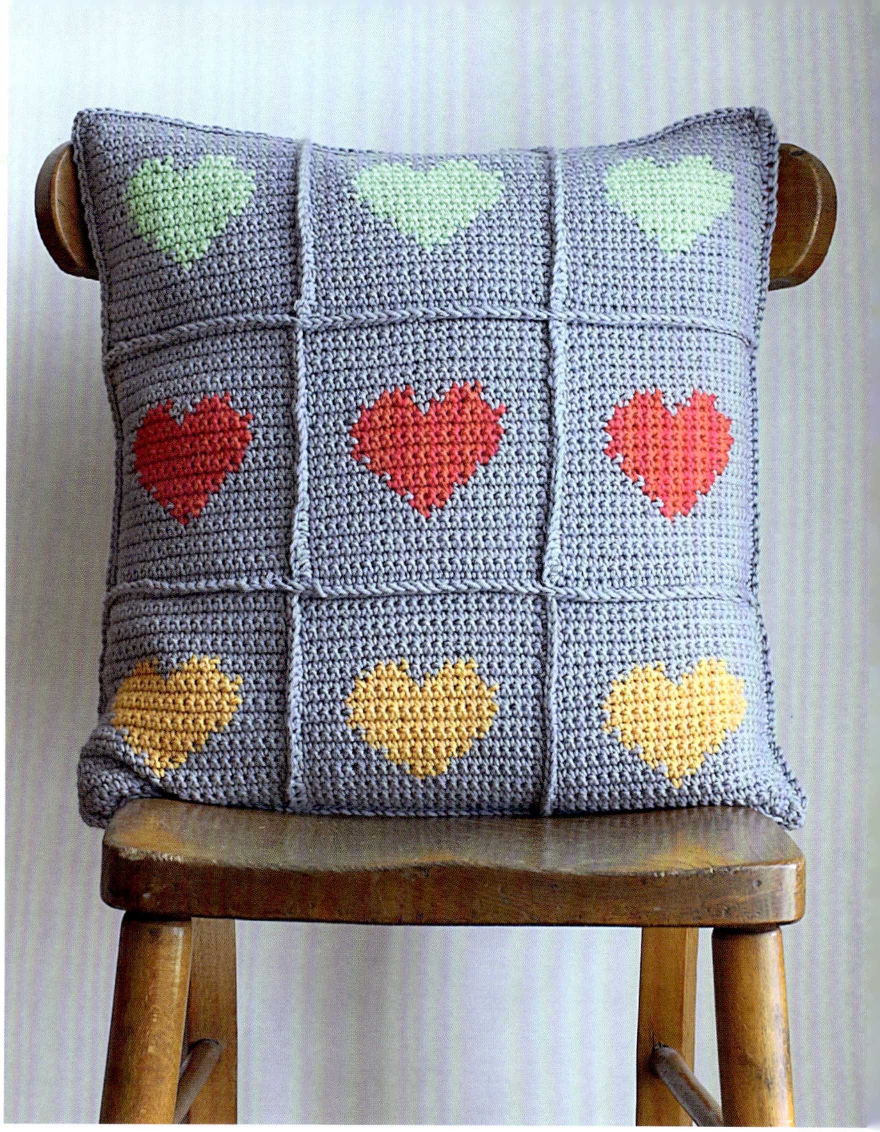

Häkeldiagramm: Herzmotiv

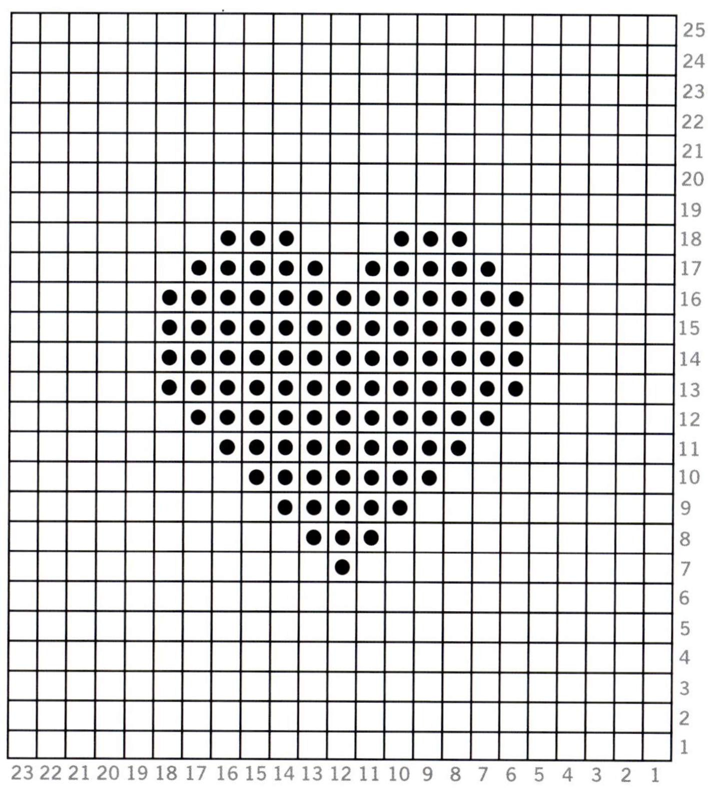

Häkel-Workshop 17

Für Profis: Anleitungen lesen, Zu- und Abnahmen

Sie kennen nun die wichtigsten Häkel-Abkürzungen und Symbole. Jetzt brauchen Sie nur etwas Übung, um jede Anleitung lesen zu können. Bei komplizierteren Projekten müssen Sie Schritt für Schritt ganz genau arbeiten und in der Anleitung immer genau wissen, wo Sie gerade sind. Jeder Fehler kann im weiteren Verlauf zu einem größeren Problem werden. Das Übungsprojekt ist diesmal ein Paar Handschuhe. Am Bündchen der Handschuhe kommt ein neues Rippenmuster zum Einsatz, als Schmuckelement eine einfache gehäkelte Schleife.

Anleitungen für Fortgeschrittene

Sie haben bereits Erfahrung mit Häkelanleitungen – nun können wir einen Schritt weiter gehen. Die Handschuhe, die in diesem Workshop gehäkelt werden, bestehen nur aus festen Maschen – Sie müssen also kein kompliziertes Muster arbeiten. Trotzdem ist es wichtig, die Anleitung Zeile für Zeile zu lesen und jede Runde darin „abzuhaken".

Die Handschuhe werden in einer Spirale gehäkelt. Ganz wichtig: Wenden Sie die Arbeit nach jeder Runde und häkeln Sie in die Maschen der Vorreihe, aber in die andere Richtung. So entsteht am fertigen Handschuh eine Linie, an der alle Runden beginnen und enden. Ein Maschenmarkierer ist unbedingt notwendig, Sie brauchen auch Routine im Maschenzählen. Dieses Projekt erfordert Genauigkeit: Achten Sie darauf, dass Sie immer genau die angegebene Maschenanzahl aufnehmen und häkeln.

Die Handschuhe werden aus feinem Garn gearbeitet. Die Größe passt für eine durchschnittliche Frauenhand. Wenn die Handschuhe größer sein sollen, können Sie entweder die Finger verlängern, indem Sie vor den Abnahmen an den Fingerspitzen eine größere Zahl von Runden häkeln, oder eine größere Häkelnadel und stärkeres Garn verwenden.

Fotokopieren Sie die Anleitung, damit Sie darauf Markierungen und Anmerkungen anbringen können. Markieren Sie die Runde, an der Sie gerade arbeiten, mit einer Stecknadel mit einem großen bunten Plastikkopf oder auch mit Bleistift, Kugelschreiber oder Markierstift – Hauptsache, Sie „verlieren nicht den Faden"!

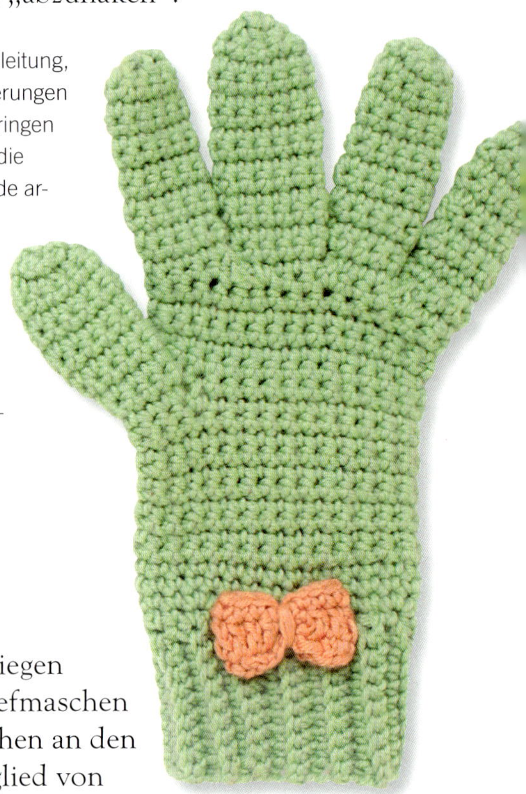

Bündchen im Rippenmuster

Rippenmuster sind sehr zweckmäßig, wenn die Häkelarbeit eng anliegen und trotzdem dehnbar sein soll. Diesen Effekt können Sie mit Reliefmaschen (Seite 63) oder auch mit der Technik erzielen, die ich für die Bündchen an den Handschuhen verwendet habe. Dabei wird in das hintere Maschenglied von festen Maschen gehäkelt. Wenn die Arbeit die richtige Länge hat, wird sie zu einem Schlauch zusammengehäkelt. Der eigentliche Handschuh wird an der Kante des Schlauches angesetzt und bis zu den Fingerspitzen fertiggehäkelt.

Bündchen im Rippenmuster

Häkeln Sie eine Luftmaschenkette, die bequem um Ihr Handgelenk passt. In unserer Anleitung sind 11 Luftmaschen angegeben.

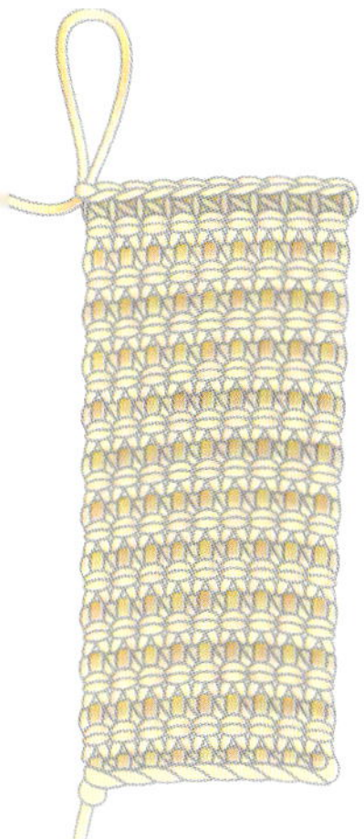

1 Häkeln Sie das Bündchen in festen Maschen (1 Wendeluftmasche in jeder Reihe) und stechen Sie dabei nicht in beide Maschenglieder, sondern immer nur ins hintere Maschenglied ein. So entstehen die „Rippen".

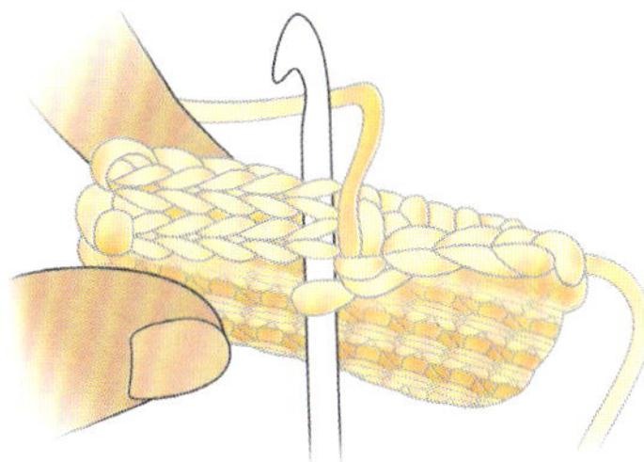

2 Nun häkeln Sie das Bündchen an den kurzen Kanten mit festen Maschen zusammen (siehe Seite 43).

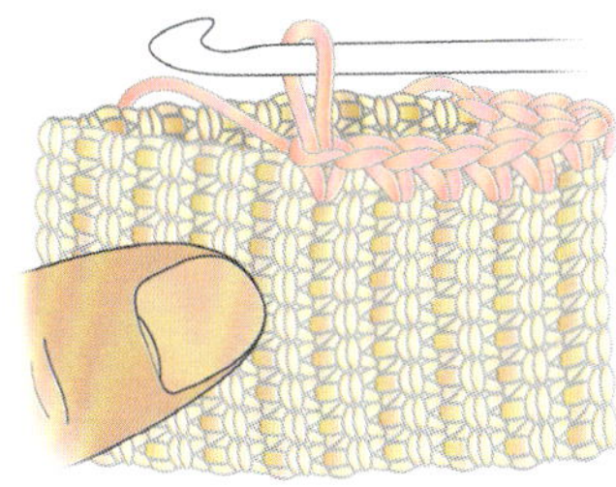

3 Für den restlichen Handschuh häkeln Sie feste Maschen in Runden an der Oberkante des Bündchens entlang.

Eine Schleife häkeln

Mit dieser kleinen, aber feinen Schleife können Sie alle möglichen Projekte verzieren.

Lm-Kette: Mit einer 3-mm-Häkelnadel in Farbe A 16 Lm häkeln und mit einer Km in die erste Lm zum Ring schließen.
1. Rd (RS): 1 Lm (zählt nicht als M), 1 fM in jede Lm bis zum Ende, Km in die erste Lm. *16 M*
Am Ende einer Runde die Arbeit nicht wenden, die rechte Seite bleibt immer Ihnen zugewandt.
2. Rd: 3 Lm (zählt als erstes Stb), 1 Stb in jede M bis zum Ende; Km in die oberste der ersten 3 Lm. *16 M*
3. Rd: 1 Lm, 1 fM in jede M bis zum Ende, Km in die erste fM. Faden verwahren und ein ca. 45 cm langes Fadenende stehenlassen.

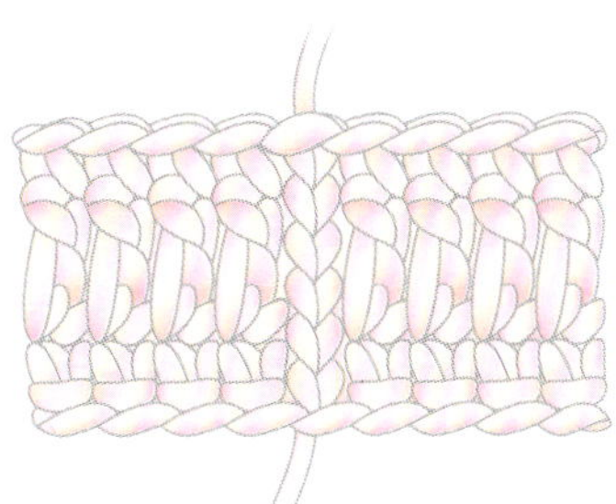

1 Die Arbeit auf rechts wenden, flach drücken und die letzte Masche mit dem Fadenende an der Oberkante vorne mittig ausrichten.

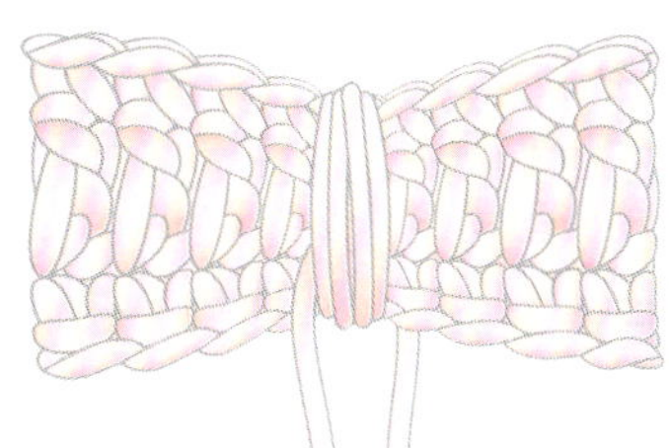

2 Das Fadenende fest um die Mitte wickeln, sodass eine „Schleife" entsteht.

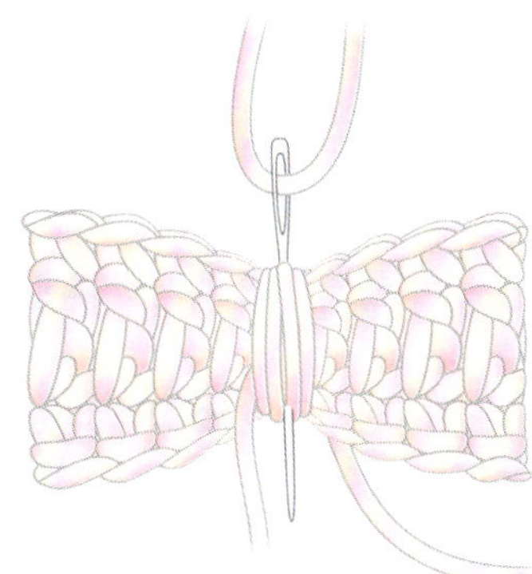

3 Das Fadenende in eine Wollnadel einfädeln und auf der Rückseite einige Sicherungsstiche nähen.

Wärmende Handschuhe

Diese Handschuhe sind ein ganz besonderes, hoch geschätztes Geschenk – und Sie brauchen nicht einmal viel Garn dazu. Ich habe ein Mischgarn mit Kaschmir- und Merino-Anteilen verwendet, das in einer Fülle wunderschöner Farben erhältlich ist. Die Technik des Rundhäkelns eignet sich perfekt für die Finger von Handschuhen. Wenn Sie größere Handschuhe häkeln wollen, greifen Sie zu etwas stärkerem Garn wie DK oder Aran. Vorsicht: Wenn Sie zu dickes Garn nehmen, werden die Handschuhe oft etwas unhandlich.

Rechter Handschuh

Das Bündchen wird in Reihen gearbeitet und an den kurzen Kanten zusammengehäkelt, sodass es um das Handgelenk passt. Der (eigentliche) Handschuh wird an der Kante des Bündchens angesetzt und in Runden gehäkelt.

Bündchen (Rippenmuster)

Beim Rippenmuster immer in das hintere Maschenglied häkeln.

Lm-Kette: Mit einer 4-mm-Häkelnadel in der HF 11 Lm häkeln.

1. R (Hin-R): 1 fM in die 2. Lm von der Nadel aus, je 1 fM in die nächsten 9 Lm. *10 M*

2. R: 1 Lm (zählt nicht als M), 1 fM in jede fM bis zum Ende, dabei nur ins hintere Maschenglied einstechen. *10 M*

3.–25 R: 2. R wdh.

Faden nicht abschneiden.

Bündchen zusammenhäkeln

26. R: Das Bündchen der Breite nach rechts auf rechts zur Hälfte falten, die kurzen Kanten ausrichten, sodass die 25. Reihe über der Lm-Kette liegt. An den kurzen Kanten mit Km zusammenhäkeln, dazu jede M der 25. Reihe mit der entsprechenden M der Lm-Kette mit einer Km verbinden.

Das Bündchen auf rechts wenden, sodass sich die Naht innen befindet.

Mittelhand

Anmerkung: Am Ende jeder Runde wenden, sodass eine gerade „Nahtlinie" entsteht. Ab jetzt immer in beide Maschenglieder einstechen. In die Lm am Beginn jeder neuen Runde einen Maschenmarkierer setzen.

1. Rd (Hin-Rd): Mit einer 4-mm-Häkelnadel in der HF 1 Lm (zählt nicht als M), 1 fM in die Randmasche jeder Reihe des Rippenmusters (26 M), Km in die erste Lm, wenden.

Fertigkeiten

Maschenarten: feste Masche, Stäbchen

Rippenmuster häkeln

Ins hintere Maschenglied häkeln

Am Ende der Runde die Arbeit wenden

Teile mit Kettmaschen zusammenhäkeln

Schwierigere Zu- und Abnahmen häkeln

Maße

Der fertige Handschuh passt für eine durchschnittliche Frauenhand. Er ist ca. 23 cm lang und an der Mittelhand ca. 9 cm breit.

Garn

Debbie Bliss Baby Cashmerino (Fine, 55 % Merino, 33 % Mikrofaser, 12 % Kaschmir)

Handschuhe:
2 x 50 g (ca. 250 m Lauflänge) in der Hauptfarbe:
HF 002 Apple (Hellgrün)
Schleife:
1 x 50 g (ca. 125 m Lauflänge) in einer Farbe:
A 068 Peach Melba (Pfirsich)

Häkelnadeln

3 mm

4 mm

Maschenprobe

18 M x 20 R feste Maschen mit 4-mm-Nadel = 10 x 10 cm

Abkürzungen

Lm	Luftmasche
fM	feste Masche
HF	Hauptfarbe
wdh	wiederholen
R	Reihe
M	Masche
MM	Maschenmarkierer
nä	nächste
überspr	überspringen
RS	rechte Seite

Spezial-Abkürzung

2 fM zus (2 zusammen abgemaschte feste Maschen): [In nächste Masche einstechen, Faden holen und durchziehen] 2-mal (3 Schlingen auf der Nadel), Faden holen und durch alle 3 Schlingen auf der Nadel ziehen.

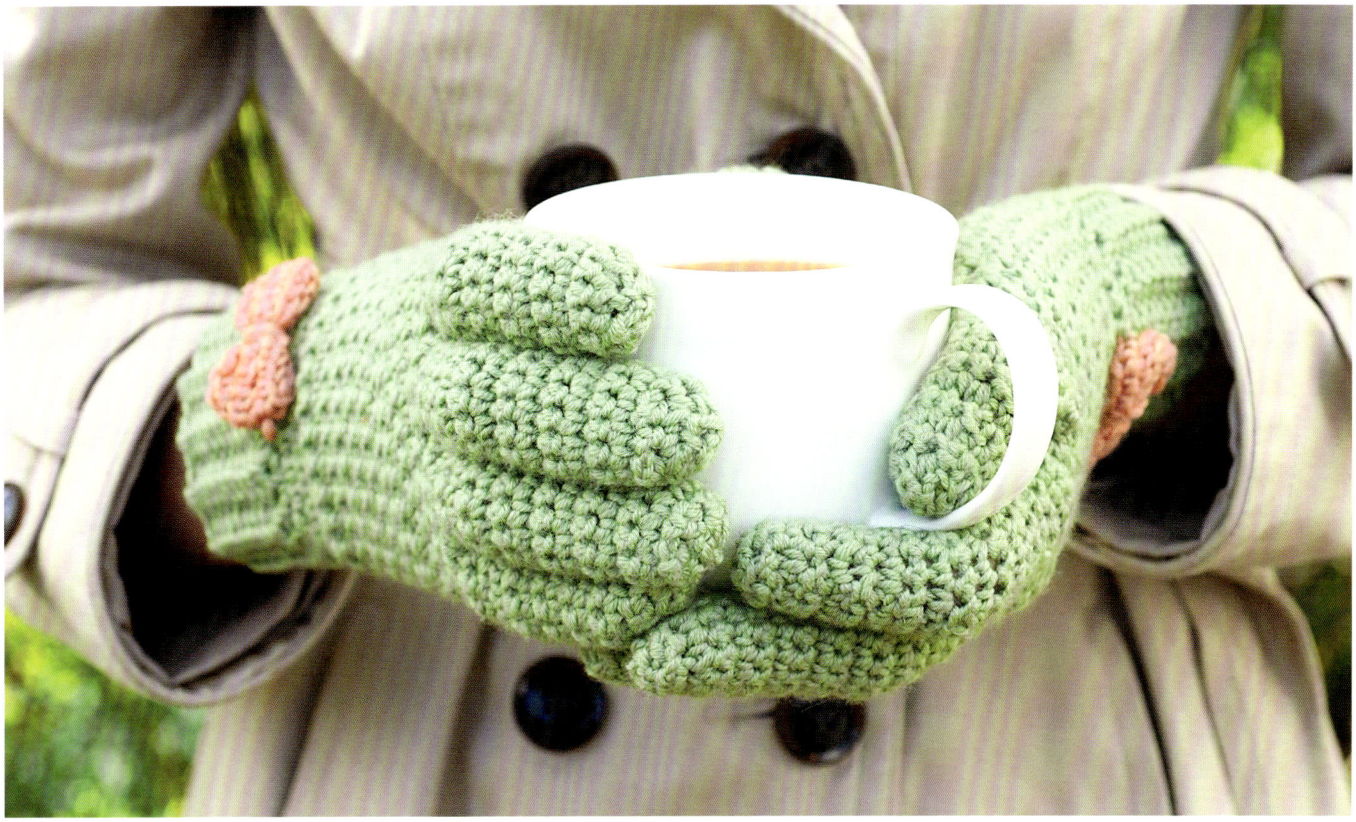

TIPP

Zählen Sie am Ende jeder Runde oder während der Arbeit die Maschen, um sicherzugehen, dass es immer 29 Maschen sind.

2. Rd (Rück-Rd): 1 Lm, je 1 fM in die nä 4 M, 2 fM in die nä M, je 1 fM in die nä 8 M, 2 fM in die nächste M, je 1 fM in die nä 8 M, 2 fM in die nä M, je 1 fM in die nä 3 M, Km in die erste Lm (= mit dem MM), wenden. *29 M*
3. Rd: 1 Lm (MM setzen), je 1 fM in die nä 29 M, Km in die erste Lm, wenden. *29 M*
4.–14. Rd: 3. Rd wdh, am Ende jeder Rd wenden.
15. Rd (Hin-Rd): 1 Lm, je 1 fM in die nä 15 M, 5 Lm, nä 5 M überspr (= Daumenöffnung), je 1 fM in die nä 9 M, Km in die erste Lm, wenden.
16. Rd: 1 Lm, je 1 fM in die nä 9 M, je 1 fM in die nä 5 M, je 1 fM in die nä 15 M, Km in die erste Lm, wenden. *29 M*
17.–21. Rd: 3. Rd wdh. *29 M*
Am Ende der 21. Rd (= Hin-Rd) nicht wenden.

Finger

In die erste Lm jeder Rd einen MM setzen.

Kleiner Finger

1. Rd (Hin-Rd): 1 Lm (zählt nicht als M), je 1 fM in nä 7 M, 2 Lm, Km in die erste fM dieser Rd, wenden.
Nur in die M der 1. Rd häkeln:
2. Rd: 1 Lm, je 1 fM in die 2 Lm der Vorrunde, je 1 fM in die nä 7 M, Km in die erste Lm, wenden. *9 M*
3. Rd: 1 Lm, je 1 fM in die nächsten 9 M, Km in die erste Lm, wenden. *9 M*
4.–12. Rd: 3. Rd wdh. *9 M*
13. Rd: 1 Lm, 1 fM in die erste M, [2 fM zus] 4-mal, Km in die erste Lm. *5 M*
Faden verwahren, langes Fadenende stehenlassen.

Ringfinger

Mit der Daumenöffnung links und dem kleinen Finger rechts an der hinteren Maschenreihe des Handschuhs weiterarbeiten (= Rück-R an der Innenseite der Finger), Faden mit Km in die nächste M nach der 7. fM der 1. Rd des kleinen Fingers einhäkeln.
1. Rd (Rück-Rd): 1 Lm, 1 fM in dieselbe M, je 1 fM in die nä 2 M, 2 Lm, 1 fM in die 3. M vom Ansatz des kleinen Fingers auf der anderen Seite des Handschuhs, je 1 fM in die nä 2 M, 2 fM am Ansatz des kleinen Fingers, Km in die 1. fM dieser Rd, wenden.
2. Rd (Hin-Rd): 1 Lm, je 1 fM in die nä 5 M, je 1 fM in die nä 2 Lm, je 1 fM in die nä 3 M, Km in die 1. Lm, wenden. *10 M*

3. Rd: 1 Lm, je 1 fM in nä 10 M, Km in die erste Lm, wenden. *10 M*
4.–13. Rd: 3. Rd wdh. *10 M*
14. Rd: 1 Lm, [2 fM zus] 5-mal, Km in die 1. Lm. *5 M*
Faden verwahren und ein langes Fadenende stehenlassen.

Mittelfinger

Mit der Daumenöffnung links und den Fingern rechts an der hinteren Maschenreihe des Handschuhs weiterarbeiten, Faden mit Km in die nä M nach den ersten 3 fM der 1. Rd des Ringfingers einhäkeln.

1. Rd (Rück-Rd): 1 Lm, 1 fM in dieselbe M, je 1 fM in die nächsten 3 M, 2 Lm.
Den Handschuh umdrehen, sodass die eben gehäkelten M vorne sind.
1 fM in die 4. fM vom Ansatz des Ringfingers auf der anderen Seite des Handschuhs, je 1 fM in die nächsten 3 M, 2 fM am Ansatz des Ringfingers, Km in die 1. fM, wenden.
2. Rd (Hin-Rd): 1 Lm, je 1 fM in nä 6 M, je 1 fM in die nächsten 2 Lm, je 1 fM in die nächsten 4 M, Km in die 1. Lm, wenden. *12 M*
3. Rd: 1 Lm, je 1 fM in nä 12 M, Km in die erste Lm, wenden. *12 M*
4.–14. Rd: 3. Rd wdh. *12 M*
15. Rd: 1 Lm, * 1 fM in die nä M, 2 fM zus; ab * noch 3-mal wdh, Km in die erste Lm, wenden. *8 M*
16. Rd: 1 Lm, [2 fM zus] 4-mal, Km in die erste Lm. *4 M*
Faden verwahren, langes Fadenende stehenlassen.

Zeigefinger

Mit der Daumenöffnung links und den Fingern rechts an der hinteren Maschenreihe des Handschuhs weiterarbeiten, Faden in die nä M nach den ersten 4 fM der 1. Rd des Mittelfingers einhäkeln.
1. Rd (Rück-Rd): 1 Lm, 1 fM in dieselbe M, je 1 fM in die nächsten 7 M, 2 fM am Ansatz des Mittelfingers, Km in die 1. Lm, wenden. *10 M*
2. Rd: 1 Lm, je 1 fM in die nä 10 M, Km in die 1. Lm, wenden. *10 M*
3.–12. Rd: 2. Rd wdh. *10 M*
13. Rd: 1 Lm, [2 fM zus] 5-mal, Km in die erste Lm. *5 M*
Faden verwahren und ein langes Fadenende stehenlassen.

Daumen

Mit der rechten Seite der Daumenöffnung nach vorne den Faden mit einer Km unten an der ersten Lm am oberen Rand der Daumenöffnung einhäkeln.
1. Rd (Hin-Rd): 1 Lm, 1 fM in dieselbe M, je 1 fM in die nächsten 4 M entlang der Oberseite der Daumenöffnung, 7 fM gleichmäßig an der Unterseite der Daumenöffnung verteilen, Km in 1. fM, wenden. *12 M*
2. Rd: 1 Lm, je 1 fM in die nä 12 M, Km in 1. Lm, wenden. *12 M*
3.–10. Rd: 2. Rd wdh. *12 M*
11. Rd: 1 Lm, * 1 fM in die nä M, 2 fM zus; ab * noch 3-mal wdh, Km in die erste Lm, wenden. *8 M*
12. Rd: 1 Lm, [2 fM zus] 4-mal, Km in die erste Lm. *4 M*
Faden verwahren und ein langes Fadenende stehenlassen.

Linker Handschuh

Ebenso wie den rechten Handschuh arbeiten. AUSNAHME: Bündchen nicht auf rechts wenden, bevor die Hand gearbeitet wird, sodass die Naht außen bleibt. Der Handschuh wird mit der linken Seite nach außen gearbeitet und nach dem Vernähen der Fäden auf rechts gewendet.

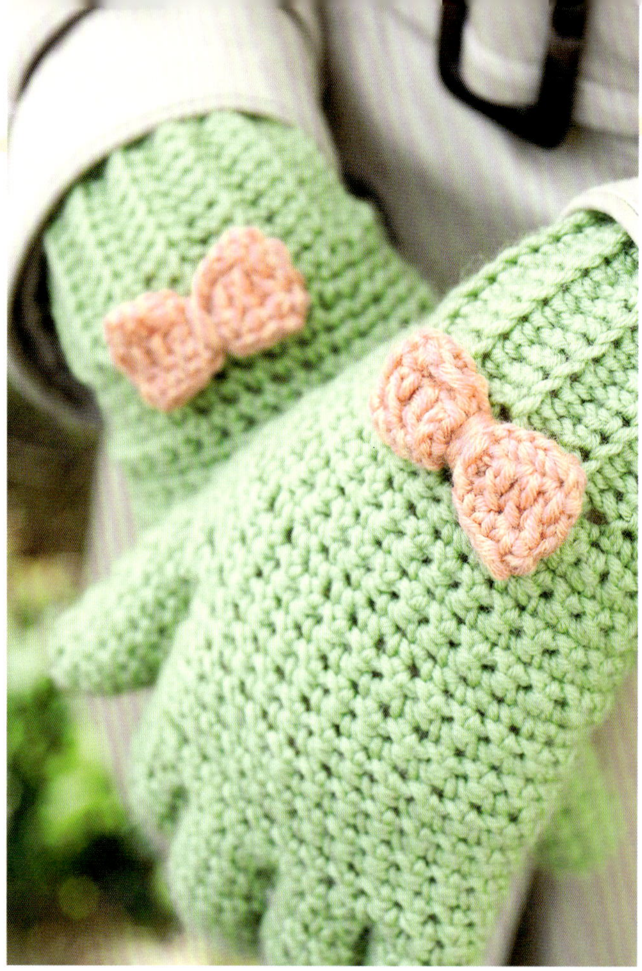

Fertigstellung

Den rechten Handschuh auf links wenden, die Fadenenden auf die linke Seite durchziehen. Nun sind beide Handschuhe auf links gewendet. **Anm.:** Die senkrechte „Nahtlinie" befindet sich bei beiden Handschuhen auf der Handflächenseite.
Mit einer Wollnadel an jedem Finger das Fadenende in der letzten Reihe vernähen und fest anziehen, um die Lücke an der Spitze zu schließen. Alle Fadenenden vernähen, dann beide Handschuhe auf rechts wenden.

Schleife

(2 x arbeiten)
Lm-Kette: Mit einer 3-mm-Häkelnadel in Farbe A 16 Lm häkeln und mit einer Km in die 1. Lm zum Ring schließen.
1. Rd (RS): 1 Lm (zählt nicht als M), 1 fM in jede Lm bis zum Ende, Km in die erste Lm. *16 M*
Am Ende einer Runde die Arbeit nicht wenden, die rechte Seite bleibt immer Ihnen zugewandt.
2. Rd: 3 Lm (zählt als erstes Stb), 1 Stb in jede M bis zum Ende; Km in die oberste der 3 Lm. *16 M*
3. Rd: 1 Lm, 1 fM in jede M bis zum Ende, Km in die erste fM.
Faden verwahren und ein ca. 45 cm langes Fadenende stehenlassen.
Die Arbeit auf rechts wenden, flach drücken und die letzte Masche mit dem Fadenende an der Oberkante vorne mittig ausrichten. Das Fadenende fest um die Mitte wickeln, sodass eine „Schleife" entsteht, den Faden in eine Wollnadel einfädeln und die Schleifenform mit einigen Stichen fixieren.
An jedem Handschuh eine Masche am Handrücken oberhalb des Bündchens mittig annähen.

Häkel-Workshop 18

Dreieckige Häkelmotive

Ebenso wie bei Häkelquadraten beginnt man bei gehäkelten Dreiecken mit einem kreisrunden Motiv. Erst in einer äußeren Runde erhält es seine Dreiecksform. Um aus Dreiecken eine größere Häkelarbeit zu gestalten, ist jedoch ein bisschen mehr Überlegung und Geschick erforderlich. Für die Häkeldecke, die in diesem Workshop gearbeitet wird, habe ich mich für ein exquisites 4-fädiges Garn mit hohem Seidenanteil entschieden. Die Mitte der Häkelmotive bilden Dreifachstäbchen, die einen besonders schönen, spitzenartigen Effekt ergeben. Reliefmaschen sorgen für eine interessante Oberflächenstruktur. Außerdem lernen Sie eine neue Abnahmetechnik kennen – drei zusammen abgemaschte Dreifachstäbchen (3 DreifStb zus).

Dreifachstäbchen (DreifStb)

Dreifachstäbchen sind verlängerte Stäbchen, die noch höher sind als Doppelstäbchen. Bei Dreifachstäbchen müssen 5 Wendeluftmaschen gehäkelt werden.

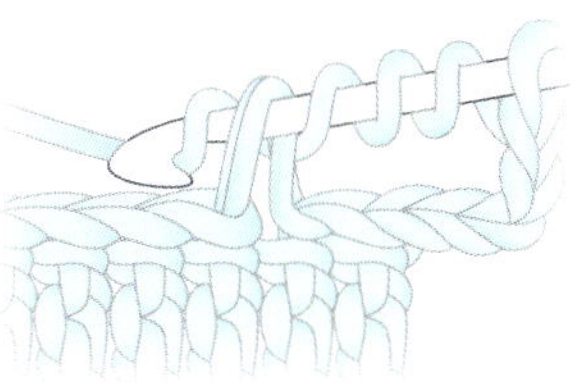

1 Faden dreimal umschlagen und in die Masche einstechen.

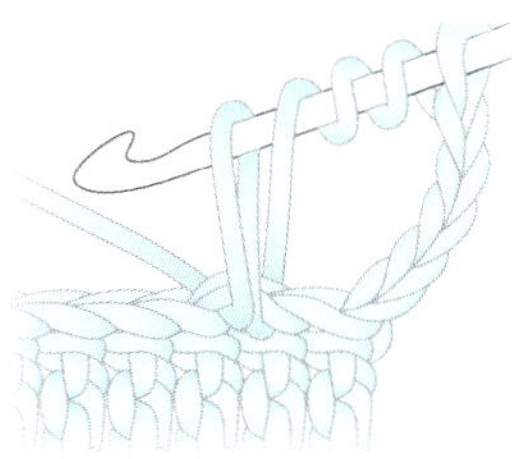

2 Faden holen und durchziehen (5 Schlingen auf der Nadel).

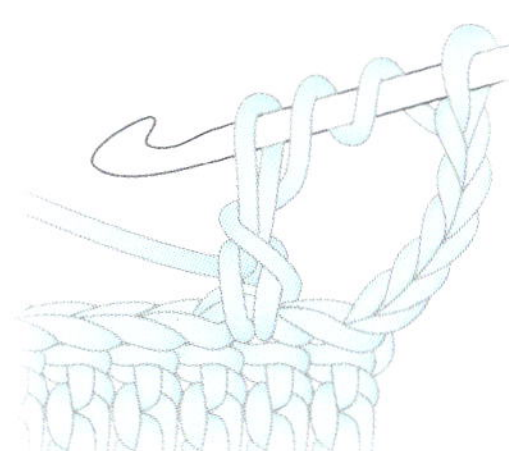

3 Faden holen und durch die ersten 2 Schlingen auf der Nadel ziehen (4 Schlingen auf der Nadel).

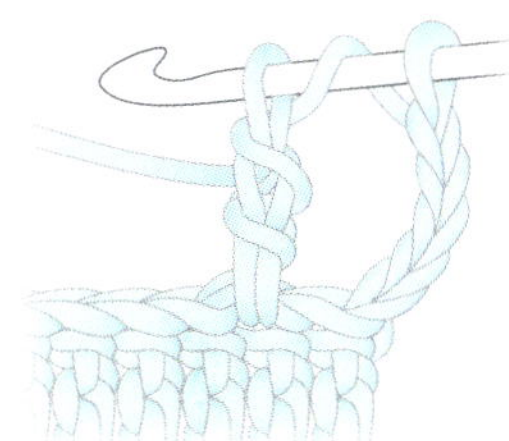

4 Faden holen und durch die ersten 2 Schlingen auf der Nadel ziehen (3 Schlingen auf der Nadel).

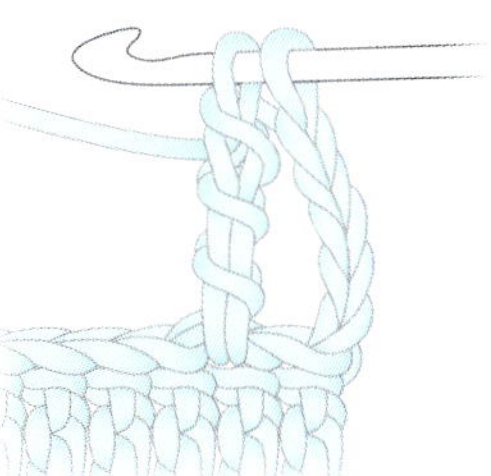

5 Faden holen und durch die ersten 2 Schlingen auf der Nadel ziehen (2 Schlingen auf der Nadel).

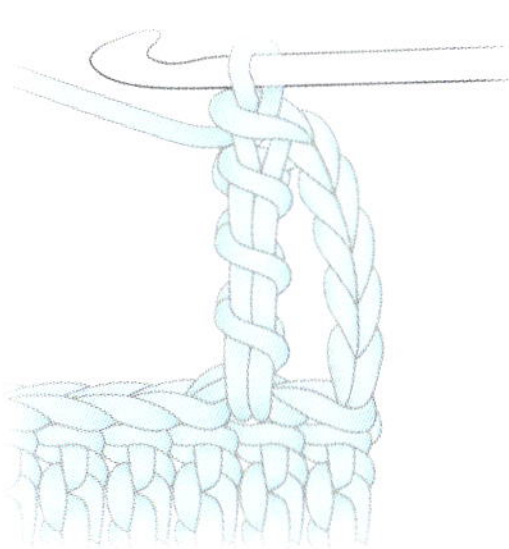

6 Faden holen und durch die 2 Schlingen auf der Nadel ziehen (1 Schlinge auf der Nadel).

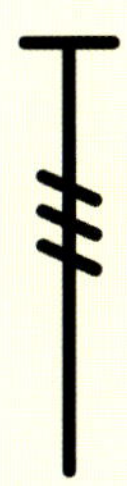

Dreifachstäbchen (DreifStb) in der Häkelschrift

Büschelmasche aus 3 Dreifachstäbchen (Bm3DreifStb)

Wieder ein Muster mit vielen Umschlägen.
Hier empfiehlt sich eine Häkelnadel mit langem Schaft.

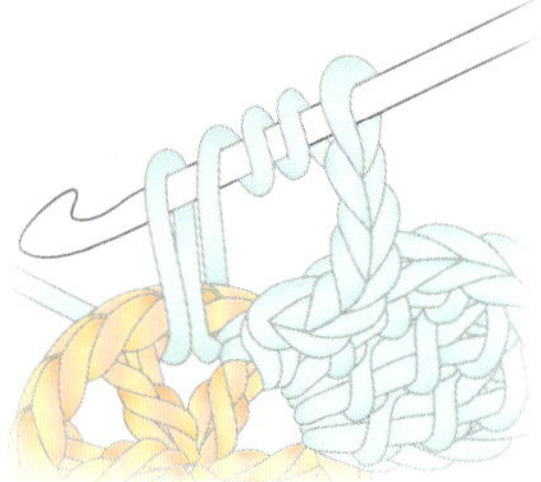

1 * Faden dreimal umschlagen und an der gewünschten Stelle einstechen. Faden holen und durchziehen (5 Schlingen auf der Nadel).

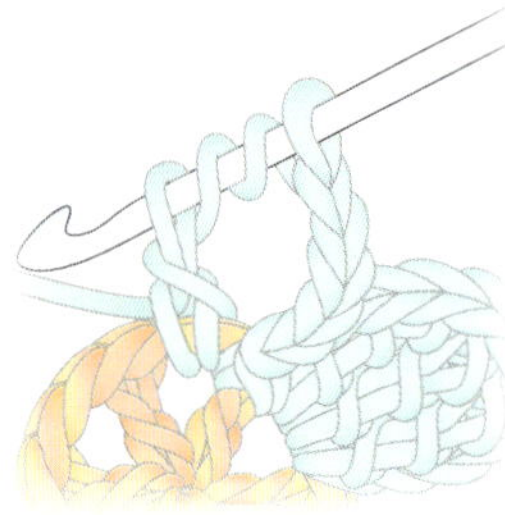

2 Faden holen und durch die ersten 2 Schlingen auf der Nadel ziehen (4 Schlingen auf der Nadel).

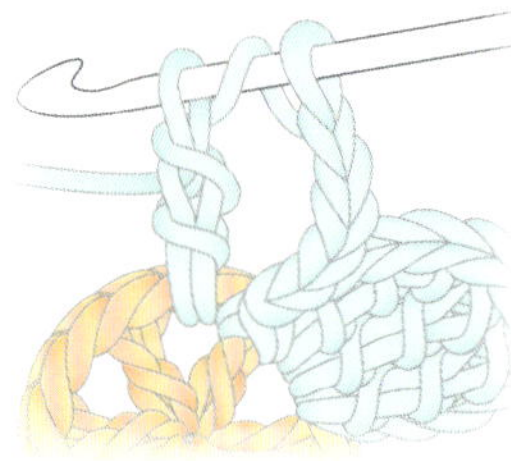

3 Faden holen und durch die ersten 2 Schlingen auf der Nadel ziehen (3 Schlingen auf der Nadel).

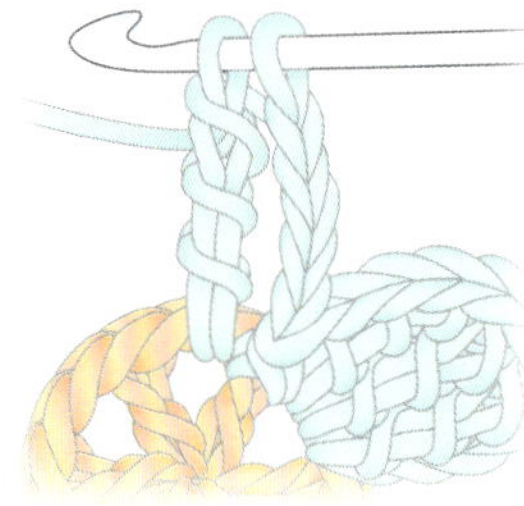

4 Faden holen und durch die ersten 2 Schlingen auf der Nadel ziehen (2 Schlingen auf der Nadel).

Büschelmasche aus 3 Dreifachstäbchen (Bm3DreifStb) in der Häkelschrift

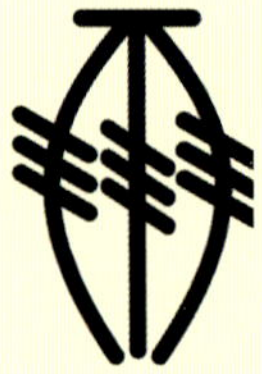

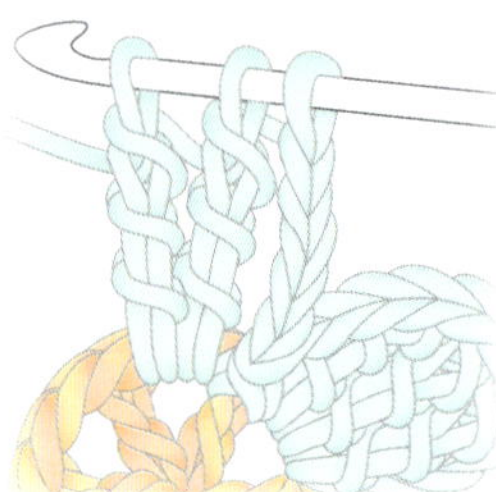

5 Ab * nochmals wiederholen (3 Schlingen auf der Nadel).

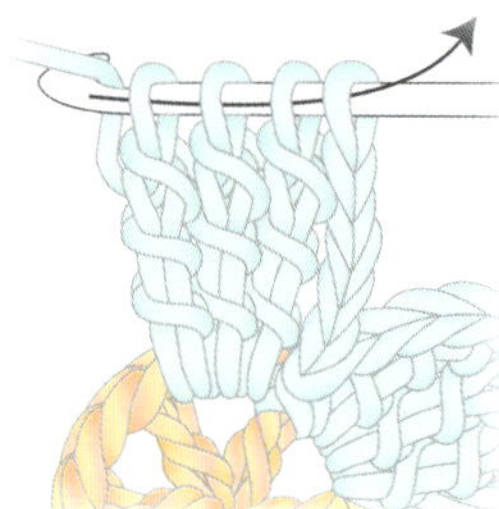

6 Ab * nochmals wiederholen (4 Schlingen auf der Nadel).

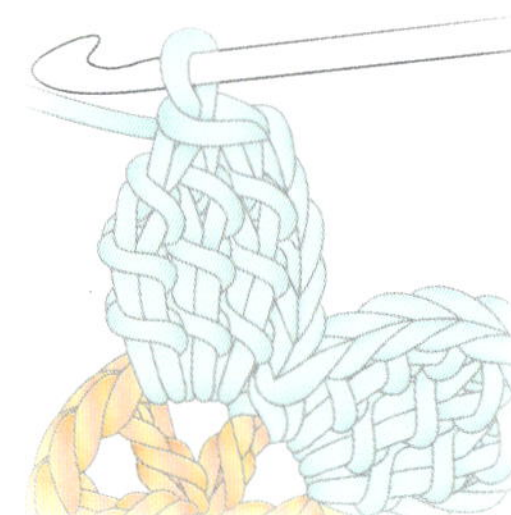

7 Faden holen und durch alle 4 Schlingen auf der Nadel ziehen (1 Schlinge auf der Nadel).

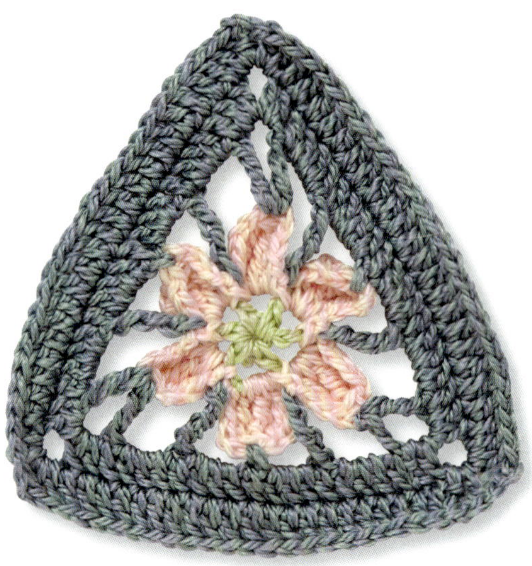

Feste Reliefmaschen vorne (RfMv)

Feste Reliefmaschen werden nach demselben Prinzip gehäkelt wie Reliefstäbchen (siehe Seite 63). Bei dieser Technik wird um die Masche in der Vorreihe herumgestochen, in unserem Fall von vorne.

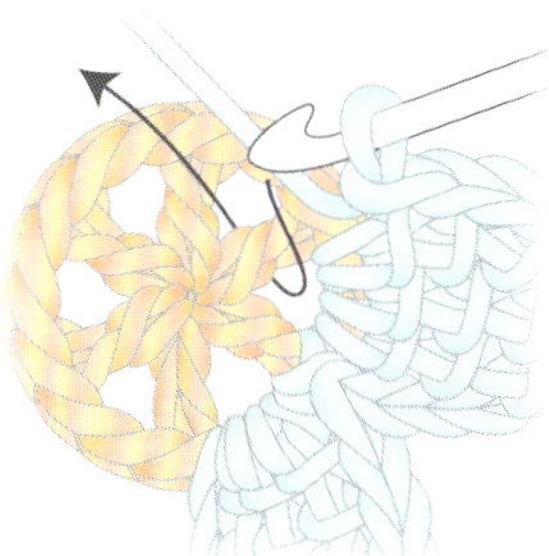

1 Von vorne um die nächste Masche herum von rechts nach links einstechen.

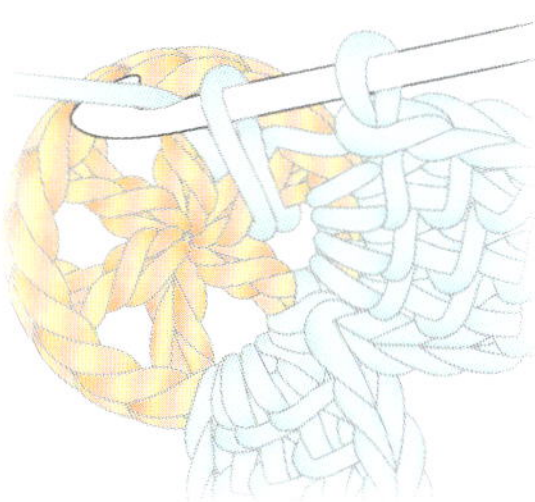

2 Faden holen und durchziehen, nochmals Faden holen.

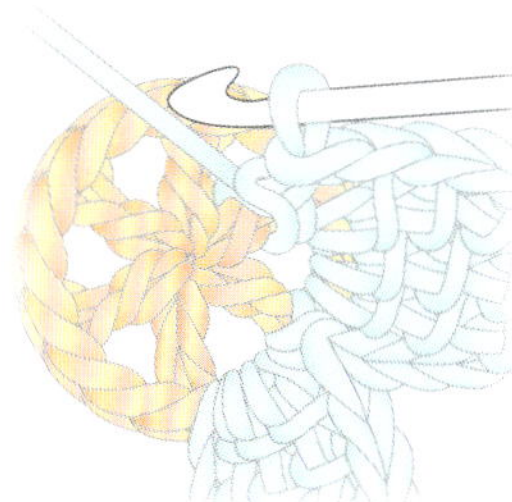

3 Faden durch die 2 Schlingen auf der Nadel ziehen (1 Schlinge auf der Nadel).

Feste Reliefmasche vorne (RfMv) in der Häkelschrift

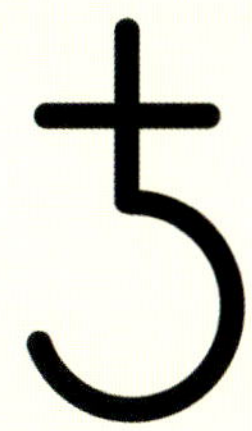

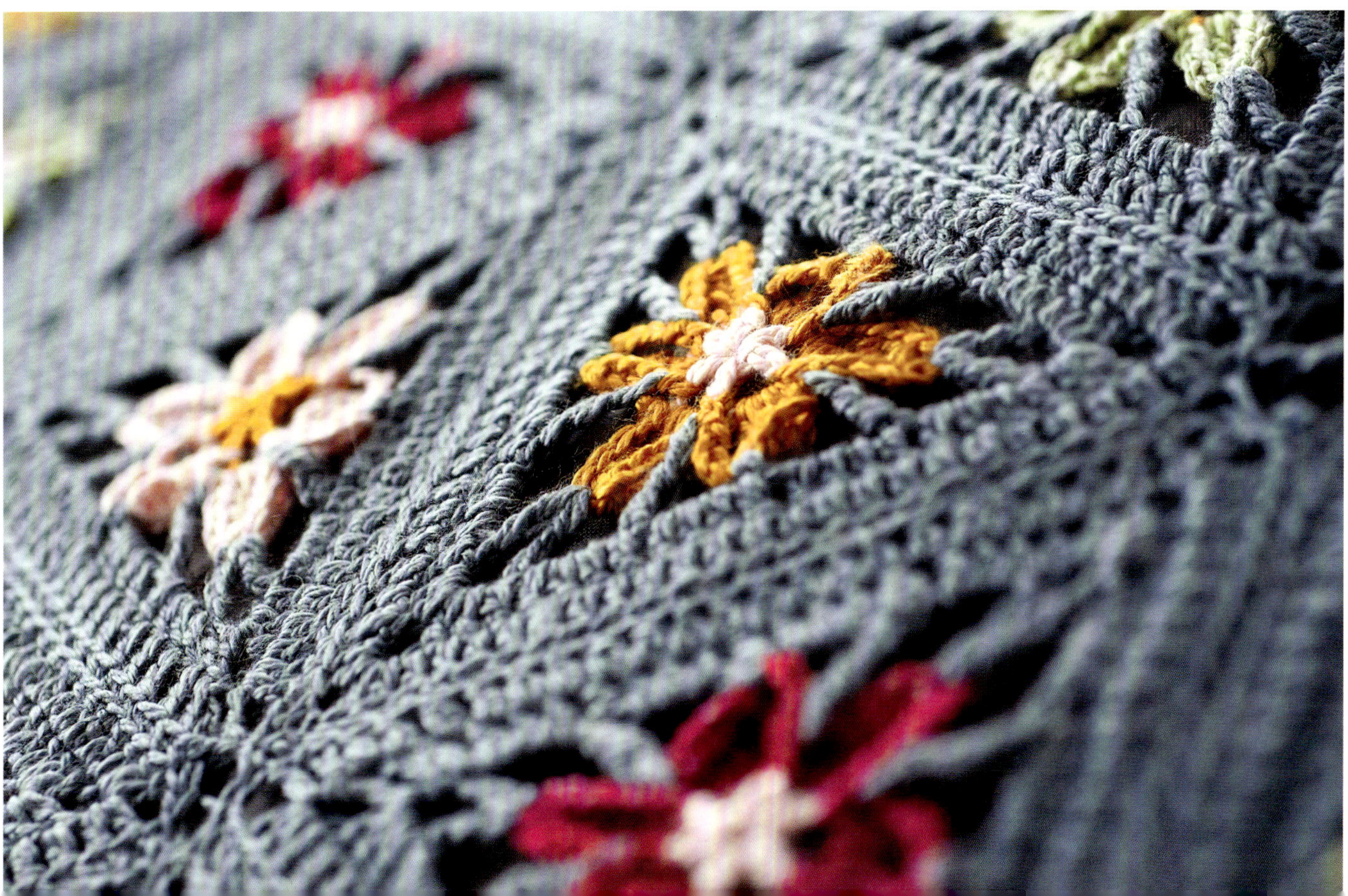

Dreieckiges Motiv

Achten Sie bei diesem gleichseitigen Dreieck auf die Maschenzahl an allen drei Seiten, damit das Motiv nicht aus der Form gerät.

Lm-Ring: In Garn A 4 Lm häkeln und mit Km in die 1. Lm zu einem Ring schließen.

1. Rd (RS): 5 Lm (zählt als 1 Stb und 3 Lm), * [1 Stb in den Ring, 2 Lm] 5-mal, Km in die 3. der 5 Lm am Anfang der Rd. Faden in Garn A verwahren.

Mit der rechten Seite nach vorn in Runden weiterarbeiten.

2. Rd: Garn B mit einer Km oben in ein beliebiges Stb einhäkeln, * 5 Lm, Bm3DreifStb in den nä 2-Lm-Bogen, 5 Lm, 1 RfMv um das nächste Stb aus der Vorrunde; ab * noch 5-mal wdh, Km in dieselbe M wie die letzte Km. Faden in Garn B verwahren.

3. Rd: Garn in HF mit einer Km oben in beliebige Bm3DreifStb aus der Vorrunde einhäkeln, 7 Lm (zählt als 1 DStb und 3 Lm), 1 DStb in dieselbe M (= Ecke), * 3 Lm, 1 DreifStb in nä RfMv, 3 Lm, 1 fM in nä Bm3DreifStb, 3 Lm, 1 DreifStb in nä RfMv, 3 Lm, [1 DStb, 3 Lm, 1 DStb] in nä Bm3DreifStb (= Ecke); ab * nochmals wdh, 3 Lm, 1 DreifStb in nä RfMv, 3 Lm, 1 fM in nä Bm3DreifStb, 3 Lm, 1 DreifStb in nä RfMv, 3 Lm, Km in die 4. der ersten 7 Lm.

4. Rd: Km in nä 3-Lm-Bogen, 6 Lm (zählt als 1 Stb und 3 Lm), 2 Stb in denselben Lm-Bogen (= Ecke), * [1 Stb in nä M, 3 Stb in nä Lm-Bogen] 4-mal**, 1 Stb in nä M, [2 Stb, 3 Lm, 2 Stb] in Lm-Bogen an der Ecke*; von * bis * nochmals wdh, dann von * bis ** arbeiten, 1 Stb in dieselbe M wie die Km am Ende der 3. Rd, 1 Stb in denselben Lm-Bogen wie die Km am Anfang der Rd, Km in die 3. der ersten 6 Lm. *21 Stb pro Seite*

5. Rd: Km in nä 3-Lm-Bogen, 6 Lm (zählt als 1 Stb und 3 Lm), 2 Stb in denselben Lm-Bogen (= Ecke), * 1 Stb in jedes Stb bis zum Lm-Bogen an der nä Ecke, [2 Stb, 3 Lm, 2 Stb] in Lm-Bogen an der Ecke; ab * nochmals wdh, 1 Stb in jedes Stb bis zur nä Ecke, 1 Stb in dieselbe M wie die Km am Ende der 4. Rd, 1 Stb in denselben Lm-Bogen wie die Km am Anfang der Rd, Km in die 3. der ersten 6 Lm. *25 Stb pro Seite*

Faden verwahren.

Häkeldiagramm: Dreieck

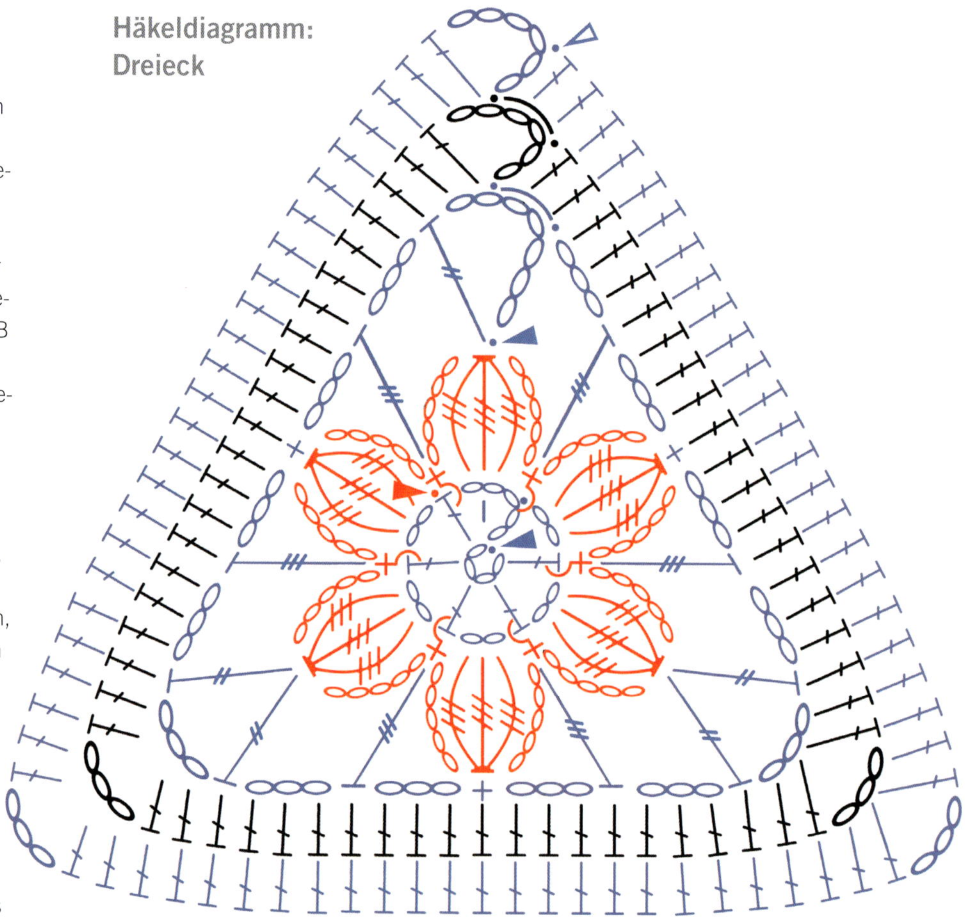

Legende

- **Lm** Luftmasche
- **Km** Kettmasche
- **fM** feste Masche
- **Stb** Stäbchen
- **DStb** Doppelstäbchen
- **DreifStb** Dreifachstäbchen
- **RfMv** feste Reliefmasche vorn
- **Bm3DreifStb** Büschelmasche aus 3 Dreifachstäbchen
- Beginn des Musters
- Ende des Musters

Dreiecke zusammenfügen

Wenn alle Dreiecke für die Häkeldecke fertig sind, vernähen Sie alle Fäden, spannen Sie alle Dreiecke und dämpfen Sie sie auf der linken Seite (das Zusammenfügen geht dann viel leichter!). Am besten fügen Sie sie zu Streifen zusammen, wie unten abgebildet. Zum Schluss fügen Sie die Streifen aneinander.

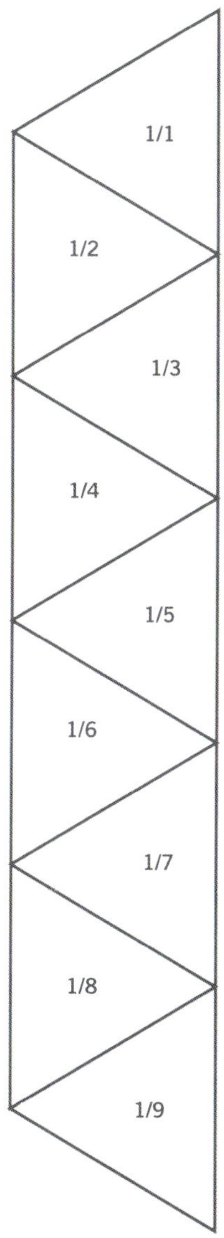

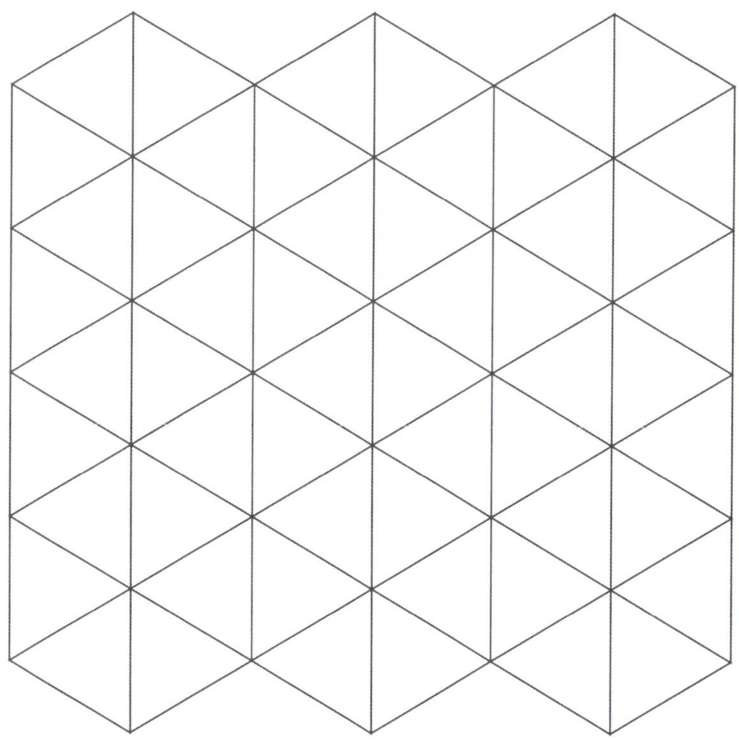

1 Legen Sie alle Dreiecke auf einer ebenen Oberfläche auf. Verteilen Sie dabei die Farben gleichmäßig. Stellen Sie Streifen zusammen, wie oben abgebildet, und nähen Sie die Dreiecke rechts auf rechts mit Überwendlingsstich zusammen (siehe Seite 37). Nummerieren und etikettieren Sie die einzelnen Dreiecke (siehe Abbildung: z. B. Nr. 1/9 = das 9. Dreieck im 1. Streifen).

2 Fügen Sie die fertigen Streifen aneinander. Achten Sie darauf, dass sich die Spitzen von jeweils 6 Dreiecken in einem Punkt treffen.

Decke aus Dreiecken

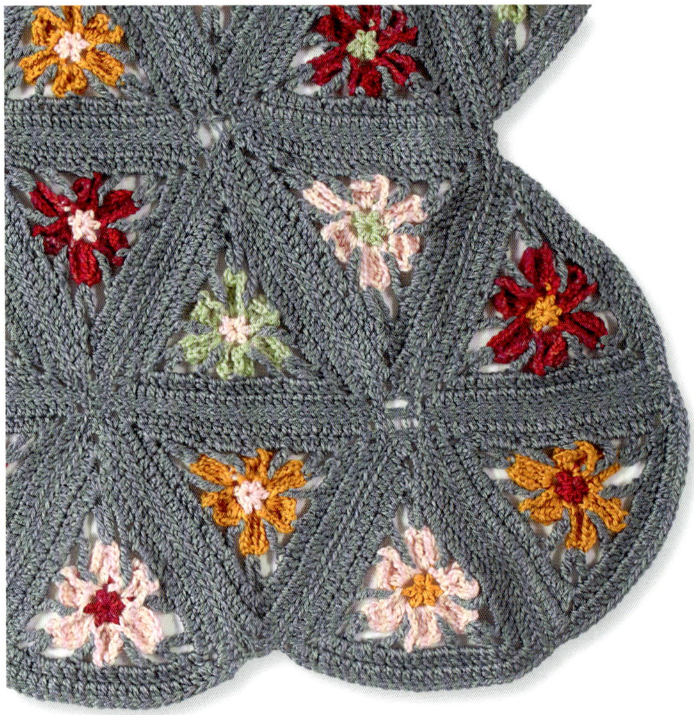

Diese Arbeit ist ein richtiges Kunstwerk. Sie eignet sich als Langzeitprojekt, das Sie immer wieder gern zur Hand nehmen. Jedes Motiv ist nach demselben Muster gearbeitet, nur die Farbkombinationen für die Blumen in der Mitte unterscheiden sich. Ich habe dafür ein Seidenmischgarn ausgesucht, das ich besonders liebe. Wenn Sie ein anderes Garn wählen, sollte es nicht stärker als DK sein.

Fertigkeiten

Maschenarten: feste Masche, Stäbchen, Doppelstäbchen, Dreifachstäbchen

Dreiecke häkeln

Maße

Die fertige Decke ist etwa 110 x 144 cm groß.

Garn

Fyberspates Scrumptious 4-fädiges Sportgarn (Super Fine, 55 % Merino, 45 % Seide) 6 x 100 g (ca. 2.190 m Lauflänge) in der Hauptfarbe:
HF 304 Water (Graublau)

Je 1 x 100 g (ca. 365 m Lauflänge) in 4 kontrastierenden Farben (A und B):
314 Magenta (Pink)
306 Baby Pink (Hellrosa)
302 Gold (Gold)
311 Flying Saucer (Hellgrün)

Häkelnadel

3,5 mm

Maschenprobe

Jedes Dreieck hat eine Seitenlänge von 16 cm (3,5-mm-Häkelnadel)

Abkürzungen

Lm	Luftmasche
wdh	wiederholen
R	Reihe
fM	Stäbchen
DStb	Doppelstäbchen
DreifStb	Dreifachstäbchen
M	Masche
überspr	überspringen
RS	rechte Seite

Spezial-Abkürzung

RfMv (feste Reliefmasche vorne): Von vorne um die nächste Masche herum einstechen und 1 fM häkeln.

Bm3DreifStb (Büschelmasche aus 3 Dreifachstäbchen): * Faden 3-mal umschlagen und an der gewünschten Stelle einstechen, Faden holen und durchziehen (5 Schlingen auf der Nadel), [Faden holen und durch die ersten 2 Schlingen auf der Nadel ziehen] 3-mal; ab * noch 2-mal wdh (4 Schlingen auf der Nadel), Faden holen und durch alle 4 Schlingen auf der Nadel ziehen.

Farbkombinationen

Die Decke besteht aus insgesamt 136 Dreiecken.

Die 3., 4. und 5. Rd immer in der HF arbeiten. Für die 1. und 2. Rd werden verschiedene Kombinationen verwendet. Im Folgenden sind die Kombinationen von Farbe A (Blütenmitte) und B (Blütenblätter) sowie die Anzahl der Dreiecke aufgelistet, die in jeder Kombination gehäkelt werden.

Blütenblätter pink (B), Mitte hellrosa (A): 14
Blütenblätter pink (B), Mitte gold (A): 15
Blütenblätter pink (B), Mitte hellgrün (A): 10
Blütenblätter hellrosa (B), Mitte pink (A): 10
Blütenblätter hellrosa (B), Mitte gold (A): 11
Blütenblätter hellrosa (B), Mitte hellgrün (A): 12
Blütenblätter gold (B), Mitte pink (A): 9
Blütenblätter gold (B), Mitte hellrosa (A): 10
Blütenblätter gold (B), Mitte hellgrün (A): 11
Blütenblätter hellgrün (B), Mitte pink (A): 11
Blütenblätter hellgrün (B), Mitte hellrosa (A): 12
Blütenblätter hellgrün (B), Mitte gold (A): 11

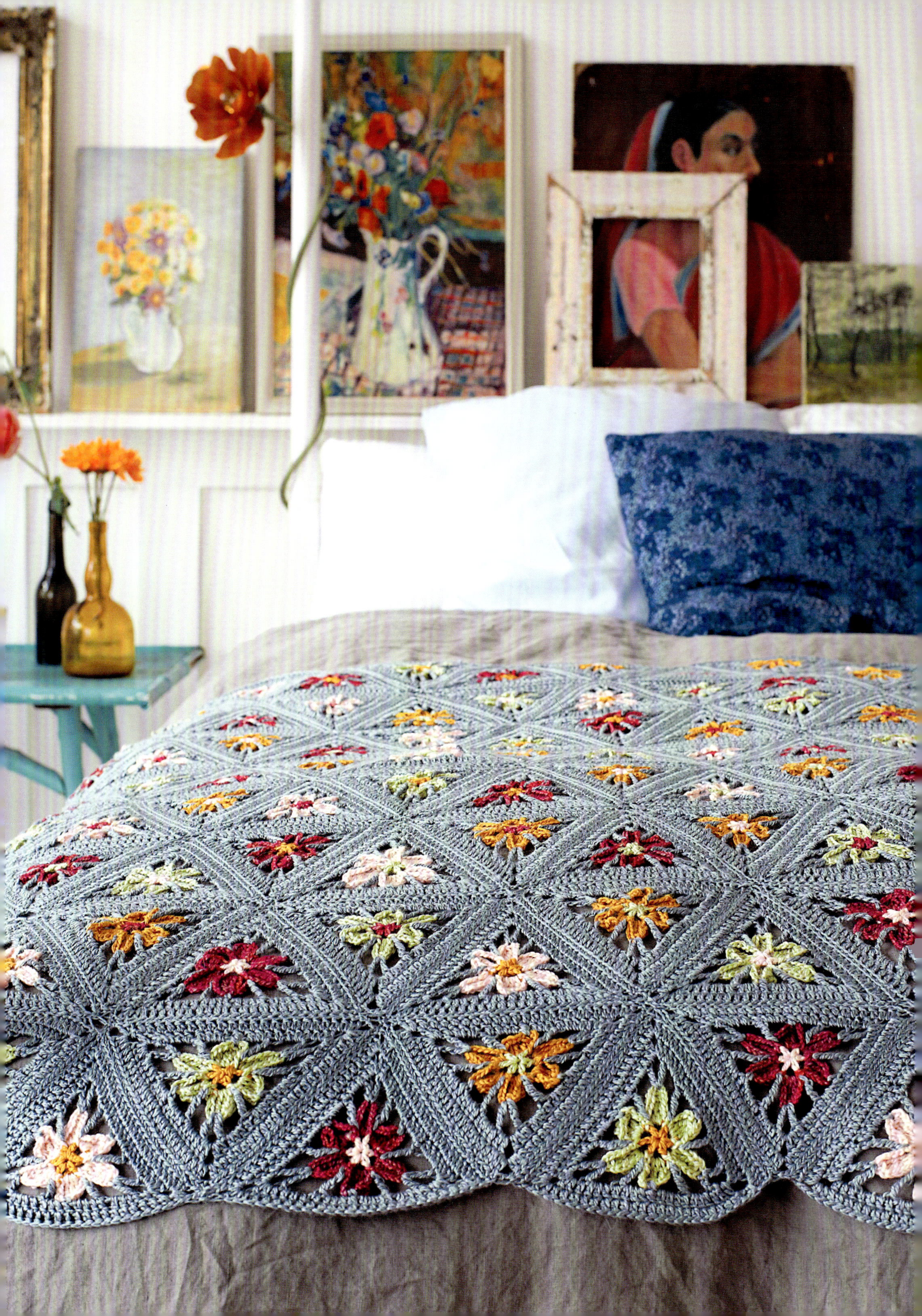

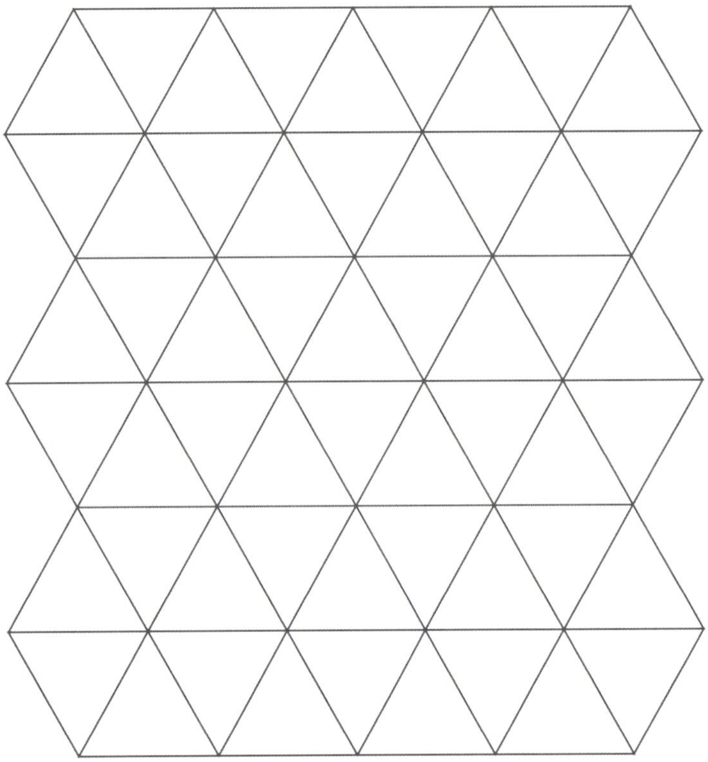

Anordnung der Dreiecke

TIPP

Oft sind einzelne Dreiecke etwas verzogen (das verwendete Seidengarn trägt dazu bei). Auch wenn Sie schon ungeduldig darauf brennen, die Teile zusammenzufügen: Nehmen Sie sich vorher Zeit, alle Fadenenden zu vernähen, die Dreiecke zu spannen und auf der linken Seite zu dämpfen.

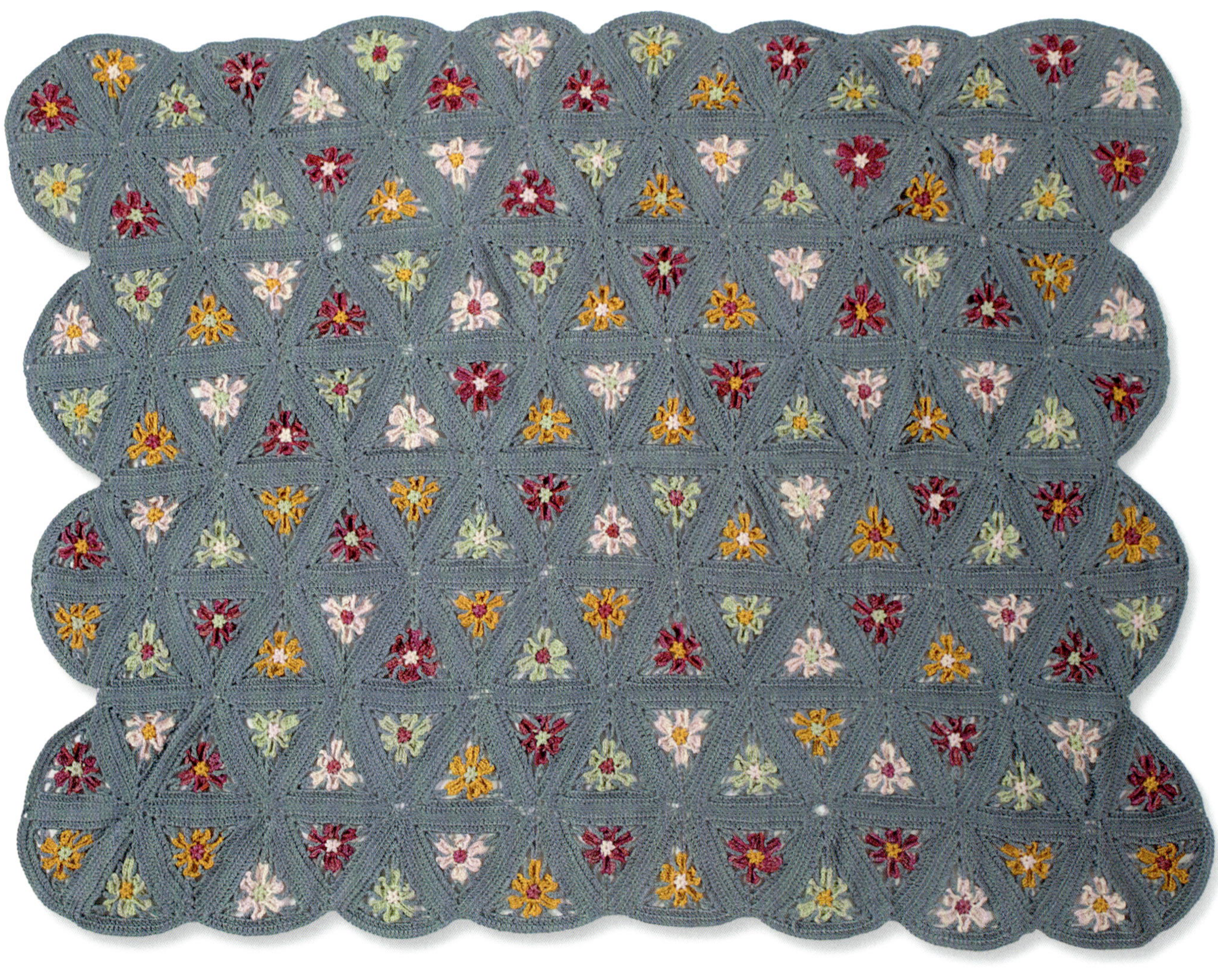

Decke

Insgesamt 136 Dreiecke arbeiten.

Lm-Ring: In Garn A 4 Lm häkeln und mit Km in die 1. Lm zu einem Ring schließen.

1. Rd (RS): 5 Lm (zählt als 1 Stb und 3 Lm), * [1 Stb in den Ring, 2 Lm] 5-mal, Km in die 3. der 5 Lm am Anfang der Runde.

Faden in Garn A verwahren.

Mit der rechten Seite nach vorn in Runden weiterarbeiten.

2. Rd: Garn B mit einer Km oben in ein beliebiges Stb einhäkeln, * 5 Lm, Bm3DreifStb in den nächsten 2-Lm-Bogen, 5 Lm, 1 RfMv um das nächste Stb aus der Vorrunde; ab * noch 5-mal wdh, Km in dieselbe M wie die letzte Km. Faden in Garn B verwahren.

3. Rd: Garn in HF mit einer Km oben in beliebige Bm3DreifStb aus der Vorrunde einhäkeln, 7 Lm (zählt als 1 DStb und 3 Lm), 1 DStb in dieselbe M (= Ecke), * 3 Lm, 1 DreifStb in nächste RfMv, 3 Lm, 1 fM in nächste Bm3DreifStb, 3 Lm, 1 DreifStb in nächste RfMv, 3 Lm, [1 DStb, 3 Lm, 1 DStb] in nächste Bm3DreifStb (= Ecke); ab * nochmals wdh, 3 Lm, 1 DreifStb in nächste RfMv, 3 Lm, 1 fM in nächste Bm3DreifStb, 3 Lm, 1 DreifStb in nächste RfMv, 3 Lm, Km in die 4. der ersten 7 Lm.

4. Rd: Km in den nächsten 3-Lm-Bogen, 6 Lm (zählt als 1 Stb und 3 Lm), 2 Stb in denselben Lm-Bogen (= Ecke), * [1 Stb in nächste M, 3 Stb in nächsten Lm-Bogen] 4-mal **, 1 Stb in nächste M, [2 Stb, 3 Lm, 2 Stb] in Lm-Bogen an der Ecke *; von * bis * nochmals wdh, dann von * bis ** arbeiten, 1 Stb in dieselbe M wie die Km am Ende der 3. Rd, 1 Stb in denselben Lm-Bogen wie die Km am Anfang der Rd, Km in die 3. der ersten 6 Lm. *21 Stb an jeder Seite des Dreiecks*

5. Rd: Km in nächsten 3-Lm-Bogen, 6 Lm (zählt als 1 Stb und 3 Lm), 2 Stb in denselben Lm-Bogen (= Ecke), * 1 Stb in jedes Stb bis zum Lm-Bogen an der nächsten Ecke, [2 Stb, 3 Lm, 2 Stb] in Lm-Bogen an der Ecke; ab * nochmals wdh, 1 Stb in jedes Stb bis zur nächsten Ecke, 1 Stb in dieselbe M wie die Km am Ende der 4. Rd, 1 Stb in denselben Lm-Bogen wie die Km am Anfang der Rd, Km in die 3. der ersten 6 Lm. *25 Stb an jeder Seite des Dreiecks*

Faden verwahren.

Fertigstellung

Die Dreiecke auf einer ebenen Unterlage auflegen, dabei die einzelnen Farben beliebig, aber gleichmäßig verteilen. Die Dreiecke in Streifen anordnen (siehe Abbildung) und rechts auf rechts mit Überwendlingsstich (siehe Seite 37) zu Streifen zusammennähen, dann die Streifen ebenso zusammennähen.

Häkeldiagramm: Dreieck

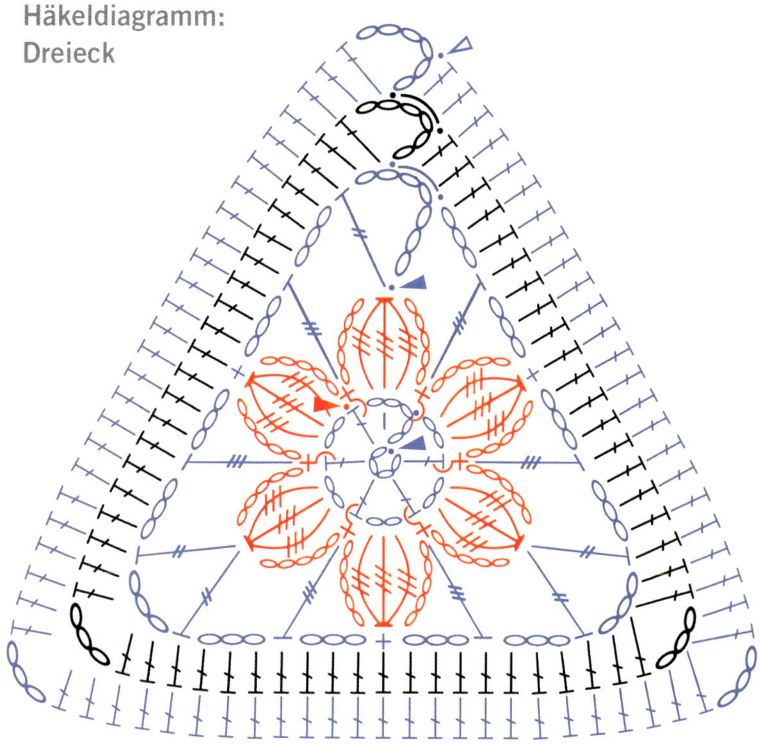

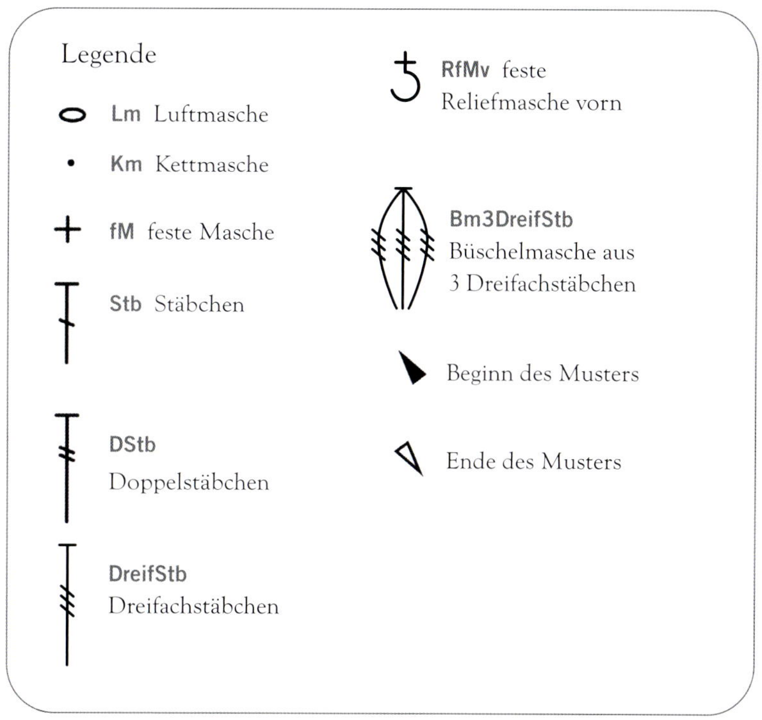

Häkel-Workshop 19

Plastische Häkelblumen

Diese besonders dekorativen Häkelblumen heben sich plastisch von der ebenen textilen Fläche ab. Zunächst werden Luftmaschenbögen von hinten in den Ansatz der ersten Blütenblätter-Reihe gehäkelt. Die nächste Blütenblätter-Reihe wird in die Luftmaschenbögen gehäkelt. Als Übungsprojekt können Sie nach dieser Technik eine Ansteckblume arbeiten. Außerdem wird in diesem Workshop der Unterschied zwischen Büschelmaschen, Noppen und Popcorns erklärt.

Eine plastische Blume häkeln

In der Hauptfarbe 5 Lm häkeln und mit einer Km in die 1. Lm zum Ring schließen.

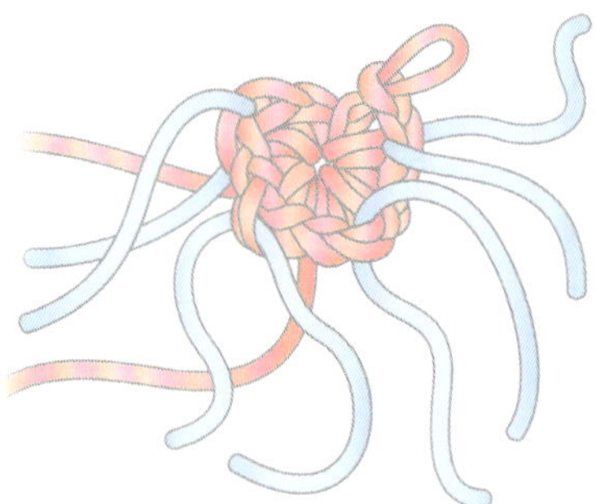

1. Rd (RS): * 1 fM, 1 Stb, 1 fM in den Ring; ab * noch 3-mal wdh.
4 Blütenblätter
Am Anfang der Arbeit (auch noch am Ende der ersten Runde) sind die Blütenblätter sehr schwer zu erkennen. Zur besseren Übersicht setzen Sie oben in alle 4 Stäbchen Maschenmarkierer. Am Ende dieser Runde (= Blütenmitte) keine Km häkeln.

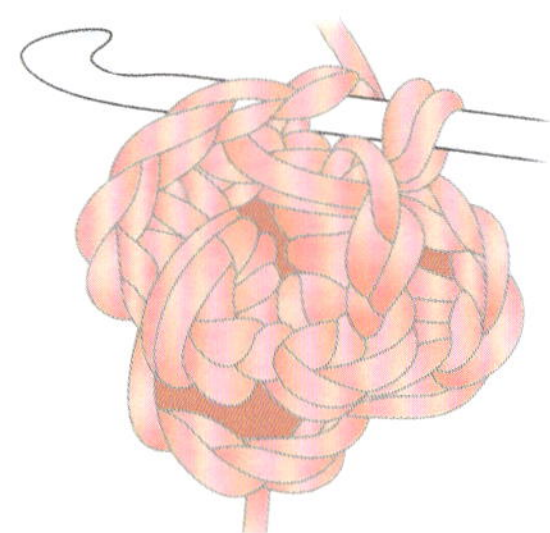

Halten Sie die Arbeit so, dass die rechte Seite Ihnen zugewandt ist. Nun drehen Sie die Hand, die die Arbeit hält, und stechen Sie in die hinteren Schlingen der festen Masche nach dem (markierten) Stäbchen ein.
2. Rd: * 2 Lm, von der linken Seite 1 Km unten in die zweite fM des nächsten Blütenblatts häkeln (2 Schlingen auffassen); ab * noch 3-mal wdh (= 4 Lm-Bögen).

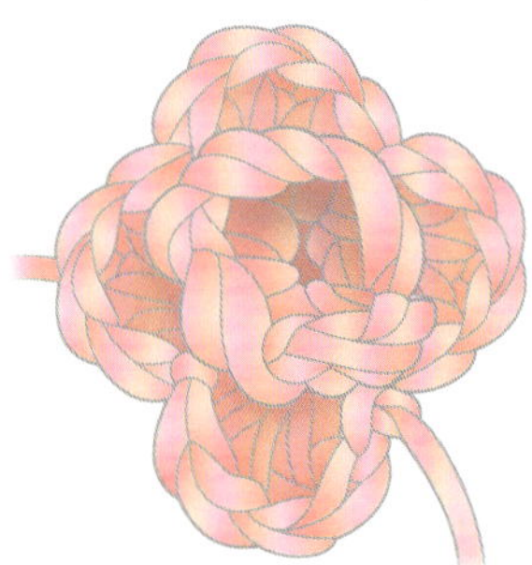

2 Lm häkeln und ab * nochmals wdh (= 3 Lm-Bögen); nochmals 2 Lm und eine Km in die Rückseite der letzten fM der 1. Rd häkeln.

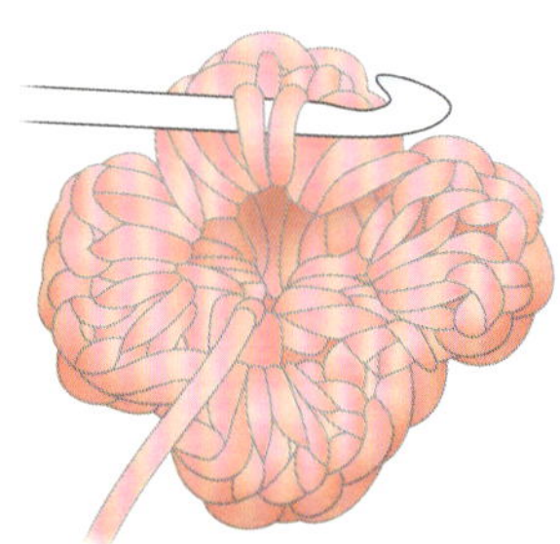

Faden umschlagen und durch die Schlingen der fM und die Schlinge auf der Nadel ziehen (= Kettmasche).

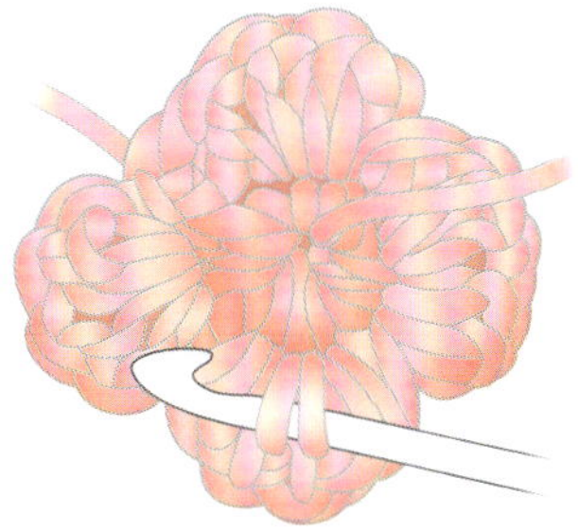

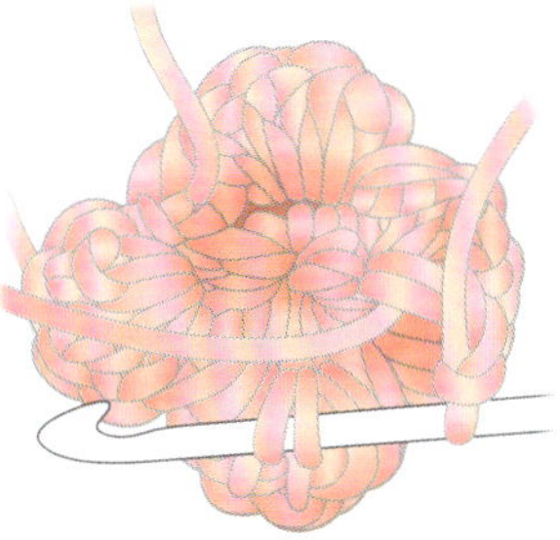

3. Rd: * 4 Stb in den nächsten 2-Lm-Bogen (auf der Rückseite), 1 Km in denselben Lm-Bogen; ab * noch 3-mal wdh. Faden verwahren. In der HF weiterarbeiten, in die Rückseite der Blütenblätter häkeln, jeweils 2 Schlingen auffassen.
HF mit einer Km unten in der Mitte (= höchste Stelle) des 1. Blütenblattes der Vorrunde einhäkeln.
In der 3. Rd werden die Blütenblätter in die Lm-Bögen gearbeitet, die Sie in der 2. Rd gehäkelt haben. In dieser Rd wird der Faden verwahrt, Sie arbeiten in der nächsten Rd in derselben Farbe eine versetzte Reihe von Blütenblättern.

* 3 Lm, 1 Km unten in die Mitte des nächsten Blütenblattes; ab * noch 2-mal wdh, 3 Lm, Km in die Km am Anfang der Rd.
4. Rd: In der HF in die Rückseite der Blütenblätter häkeln, jeweils 2 Schlingen auffassen. Faden in der HF mit einer Km unten in der Mitte (= höchste Stelle) des ersten Blütenblattes der Vorrunde einhäkeln.

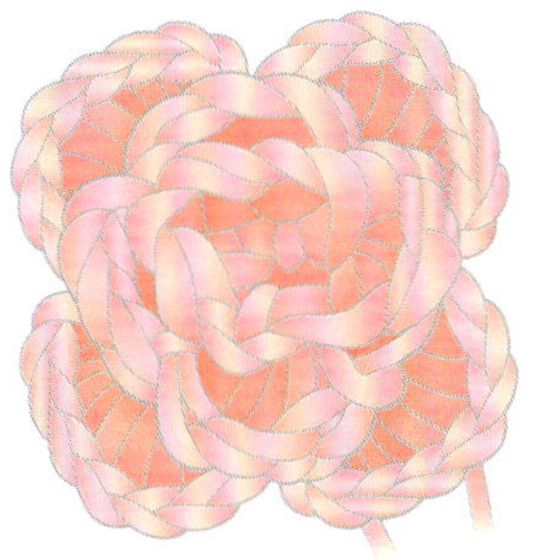

* 3 Lm, 1 Km unten in die Mitte des nächsten Blütenblattes; ab * noch 2-mal wdh, 3 Lm, Km in die Km am Anfang der Rd.
5. Rd: * 8 Stb in den nächsten 3-Lm-Bogen, 1 Km in denselben 3-Lm-Bogen; ab * noch 3-mal wdh.
Faden verwahren.

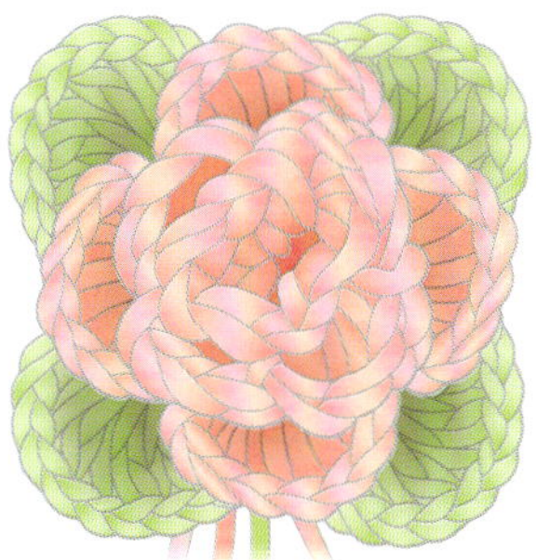

Ebenso wie die Blütenblätter werden auch die Laubblätter gearbeitet (zuerst die Lm-Bögen, in der nächsten Runde wird in die Lm-Bögen gehäkelt).
Zu Farbe A wechseln, in die Rückseite der Blütenblätter häkeln, jeweils 2 Schlingen auffassen. Neuen Faden mit einer Km unten in die Mitte des ersten Blütenblattes der Vorrunde (= nächste 8-Stb-Gruppe) einhäkeln.
6. Rd: * 3 Lm, 1 Km unten in die Mitte des nächsten Blütenblattes; ab * noch 2-mal wdh, 3 Lm, Km in die Km am Anfang der Rd.
7. Rd: In Farbe A weiterarbeiten, * 10 Stb in ersten 3-Lm-Bogen, 1 Km in denselben 3-Lm-Bogen; ab * noch 3-mal wdh.
Faden verwahren.

Häkeldiagramm: Plastische Blume

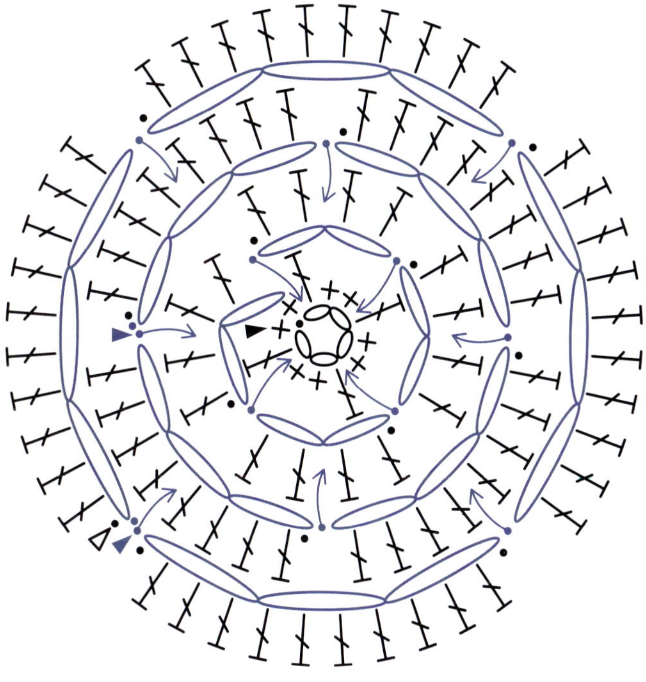

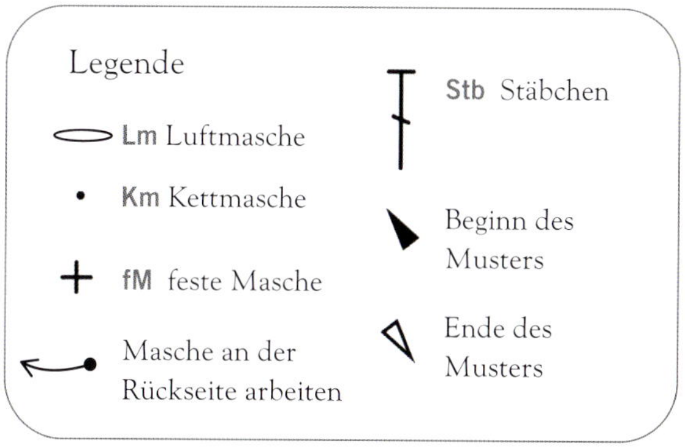

Büschelmaschen, Noppen und Popcorns

Es gibt verschiedene Häkeltechniken, mit denen Sie hübsche Struktureffekte erzielen können. Büschelmaschen sind Gruppen von unvollständigen Maschen, die alle in dieselbe Masche oder denselben Luftmaschenbogen gehäkelt und zusammen abgemascht werden.

Noppen sind unvollständige Maschen, die in dieselbe Masche oder denselben Luftmaschenbogen gehäkelt und zusammen abgemascht werden, wobei nach manchen Anleitungen zum Abschluss eine Luftmasche gehäkelt wird.

Beim Popcorn wird eine Gruppe vollständiger Maschen in dieselbe Masche oder denselben Luftmaschenbogen gehäkelt und dann oben zusammengezogen: Dazu wird die Nadel aus der Schlinge der letzten Masche herausgezogen und am Anfang der Gruppe wieder eingestochen. Dann wird die Schlinge der letzten Masche wieder auf die Nadel genommen und der Faden durch beide Schlingen gezogen (genaue Anleitung siehe unten).

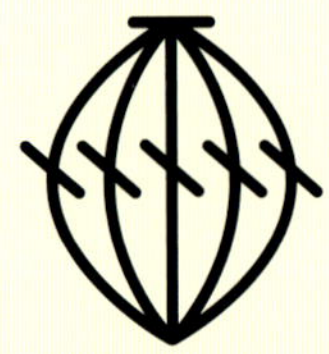

Büschelmasche aus 5 Stäbchen (Bm5Stb) in der Häkelschrift

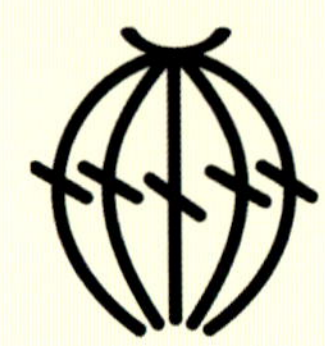

Popcorn aus 5 Stäbchen (Pc5Stb) in der Häkelschrift

Popcorn

Das hier gezeigte Popcorn besteht aus vier Stäbchen, die in eine Luftmaschenkette gearbeitet werden. Ein Popcorn kann jedoch aus mehr oder weniger Maschen bestehen und in jede beliebige Masche oder in einen Luftmaschenbogen gearbeitet werden.

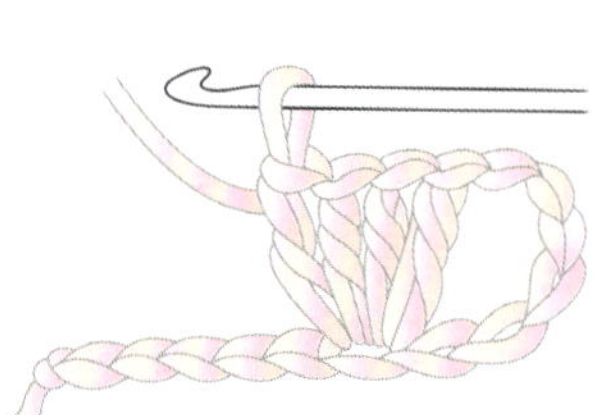

1 Vier vollständige Stäbchen häkeln, dabei immer in dieselbe Masche einstechen.

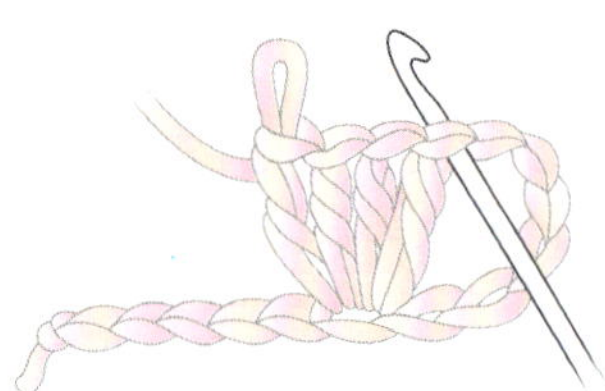

2 Die Nadel aus der letzten Schlinge ziehen und oben in das erste Stäbchen einstechen.

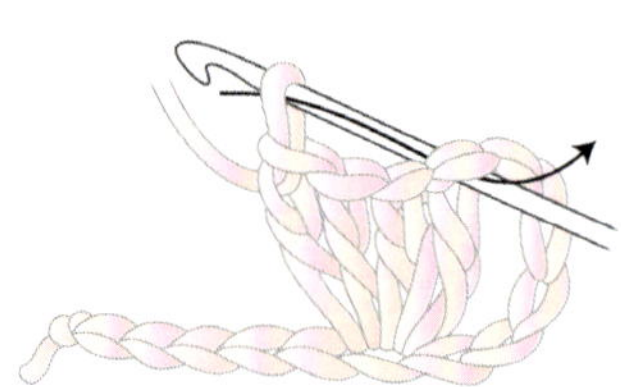

3 Die letzte Schlinge wieder auf die Nadel nehmen, Faden holen und durch beide Schlingen ziehen.

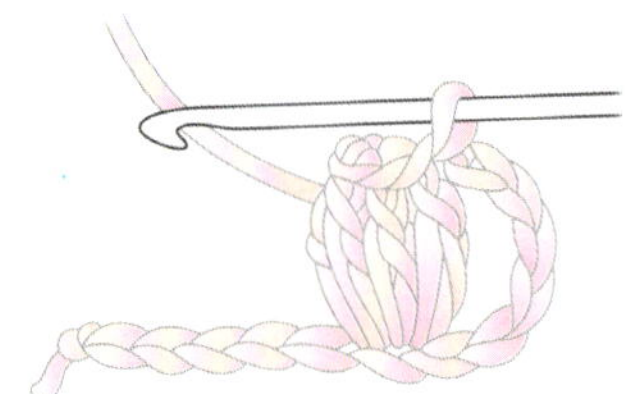

4 So sieht das fertige Popcorn aus.

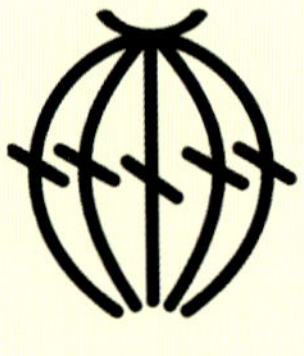

Popcorn aus 5 Stäbchen (Pc5Stb) in der Häkelschrift

Ansteck-blumen

Diese Blumen können Sie aus Resten von DK- und Arangarn häkeln. Das schmückende Accessoire kann als Brosche getragen werden, aber auch als Aufputz für ein Kissen oder ein Geschenkpäckchen dienen.

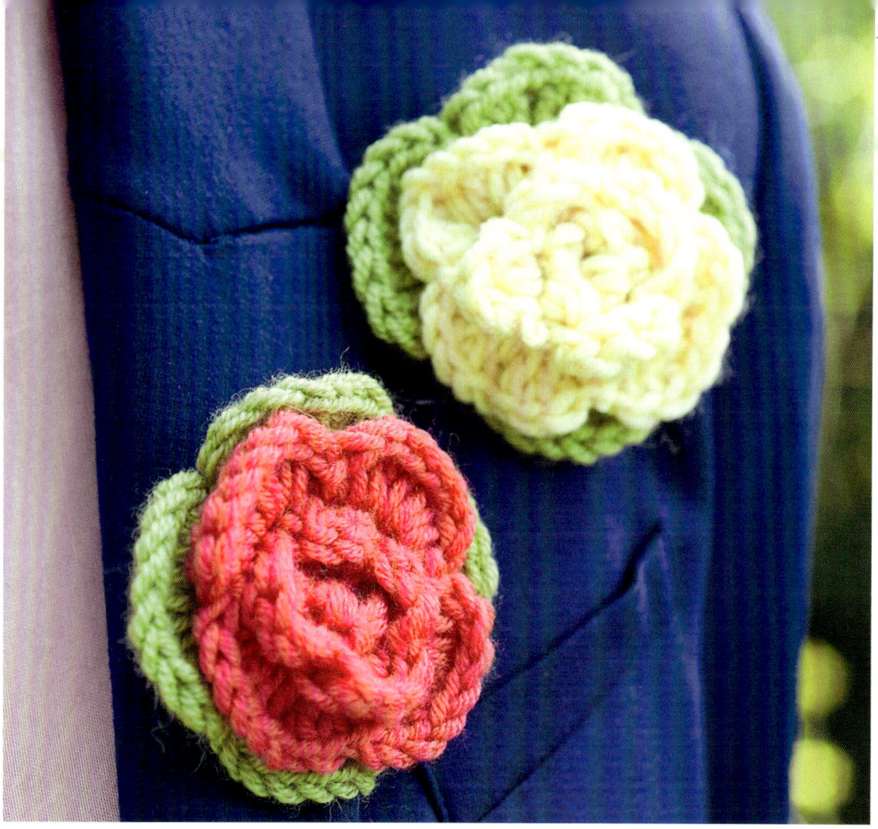

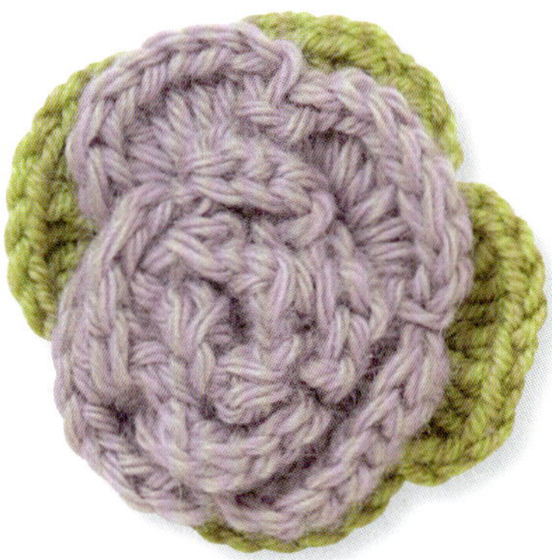

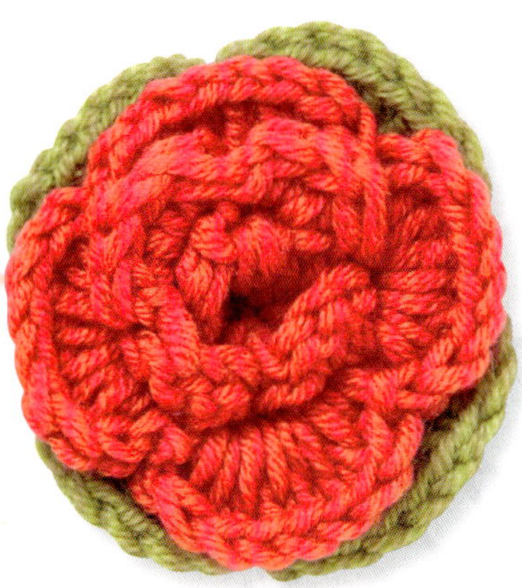

Fertigkeiten

Maschenarten: feste Masche, Stäbchen

Eine Ansteckblume häkeln

Garn

Rooster Almerino Aran (Aran, 50 % Baby-Alpaka, 50 % Merino)

Debbie Bliss Rialto DK (DK-Garn, 100 % Merino Extrafine Superwash)

Violette Blume:
Kleine Menge Rooster Almerino Aran in der Hauptfarbe:
HF 319 Lilac Sky (Violett)

Rosa Blume:
Kleine Menge Debbie Bliss Rialto DK in der Hauptfarbe:
HF 50 Deep Rose (Pink)

Hellrosa Blume:
Kleine Menge Debbie Bliss Rialto DK in der Hauptfarbe:
HF 42 Pink (Hellrosa)

Gelbe Blume:
Kleine Menge Debbie Bliss Rialto DK in der Hauptfarbe:
HF 57 Banana (Gelb)

Orangefarbene Blume:
Kleine Menge Rooster Almerino Aran in der Hauptfarbe:
HF 318 Coral (Koralle)

Blätter:
Kleine Menge Debbie Bliss Rialto DK in Grün:
A 09 Apple (Hellgrün)

Häkelnadel

4,5 mm

Sonstiges Material

Kreis aus Filz, ca. 4 cm Durchmesser, für jede Ansteckblume; farblich passendes Nähgarn
Broschennadel, ca. 2,5 cm lang

Maschenprobe

Eine Maschenprobe ist bei diesem Projekt nicht notwendig

Abkürzungen

Lm	Luftmasche
fM	feste Masche
wdh	wiederholen
Rd	Runde
Km	Kettmasche
M	Masche
nä	nächste
HF	Hauptfarbe
RS	rechte Seite

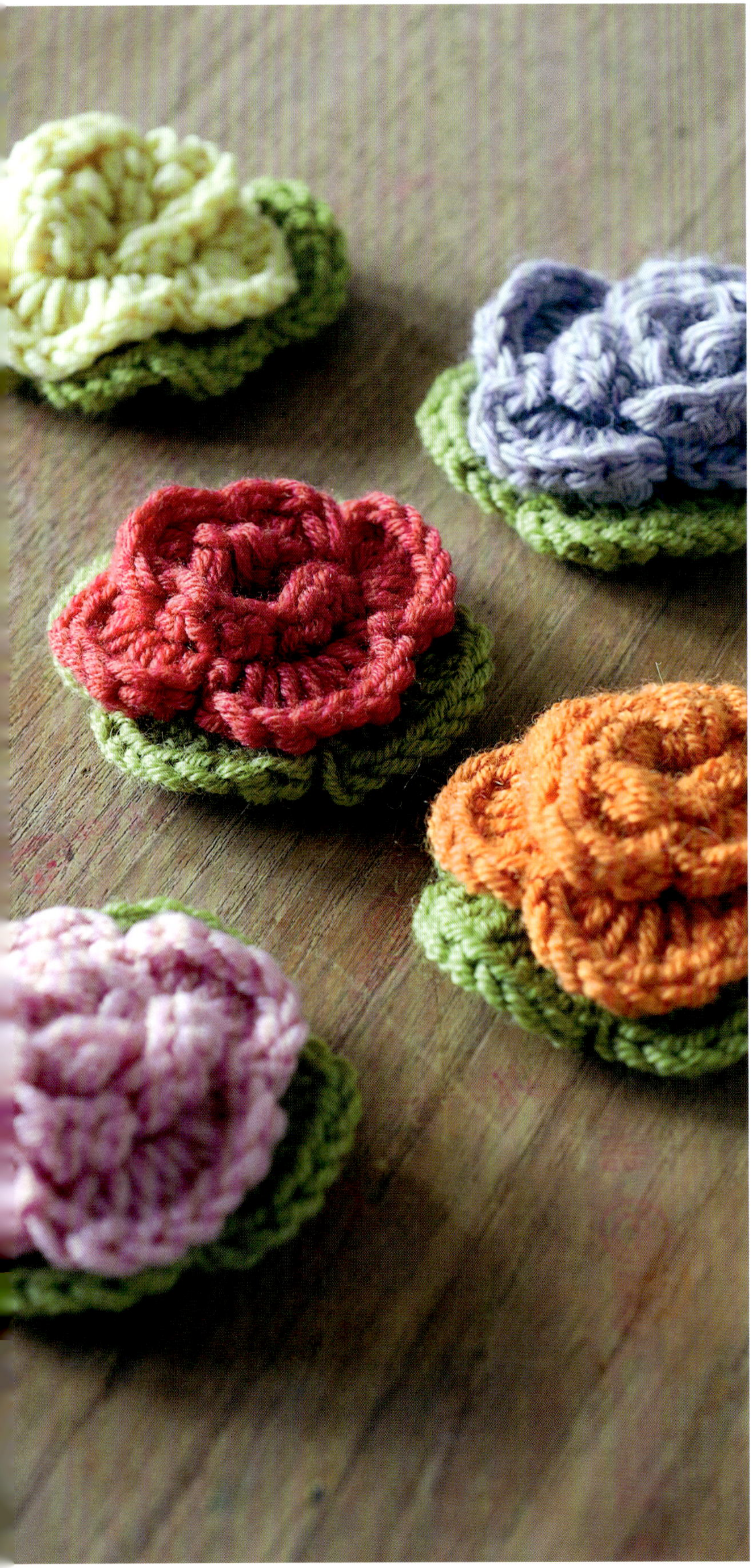

Ansteckblume

Alle Blumen werden gleich gehäkelt; die Blätter (= 6. und 7. Rd) in Farbe A, die Blüte (= 1.–5. Rd) in einer der Hauptfarben (HF).

Lm-Kette: In der HF 5 Lm häkeln und mit einer Km in die 1. Lm zum Ring schließen.

1. Rd (RS): * 1 fM, 1 Stb, 1 fM in den Ring; ab * noch 3-mal wdh. *4 Blütenblätter*

Mit der rechten Seite nach vorn in Rd weiterarbeiten, immer hinter den Blütenblättern der Vorrunde einstechen.

2. Rd: * 2 Lm, von der linken Seite 1 Km unten in die zweite fM des nächsten Blütenblatts häkeln (2 Schlingen auffassen); ab * noch 3-mal wdh (= 4 Lm-Bögen).

3. Rd: * 4 Stb in den nä 2-Lm-Bogen (auf der Rückseite), 1 Km in denselben Lm-Bogen; ab * noch 3-mal wdh. Faden verwahren.

In der HF weiterarbeiten.

4. Rd: In die Rückseite der Blütenblätter häkeln, jeweils 2 Schlingen an der Rückseite der M auffassen: HF mit einer Km unten in der Mitte (= höchste Stelle) des 1. Blütenblattes der Vorrunde einhäkeln, * 3 Lm, 1 Km unten in die Mitte des nä Blütenblattes; ab * noch 2-mal wdh, 3 Lm, Km in die Km am Anfang der Rd.

5. Rd: * 8 Stb in den nä 3-Lm-Bogen, 1 Km in denselben 3-Lm-Bogen; ab * noch 3-mal wdh.

Faden verwahren.

In Farbe A an der Rückseite der Blütenblätter häkeln, jeweils 2 Schlingen auffassen; Garn A mit einer Km unten in die Mitte des Blütenblattes der Vorrunde (= nächste 8-Stb-Gruppe) einhäkeln.

6. Rd: * 3 Lm, 1 Km unten in die Mitte des nä Blütenblattes; ab * noch 2-mal wdh, 3 Lm, Km in die Km am Anfang der Rd.

In Farbe A weiterarbeiten.

7. Rd: * 10 Stb in ersten 3-Lm-Bogen, 1 Km in denselben 3-Lm-Bogen; ab * noch 3-mal wdh.

Faden verwahren.

Fertigstellung

Alle Fadenenden vernähen. Einen Kreis aus Filz an der Rückseite der Blume mit Stecknadeln fixieren und mit einer Nähnadel und Nähgarn mit Überwendlingsstich annähen. Auf dem Filz eine Broschennadel annähen.

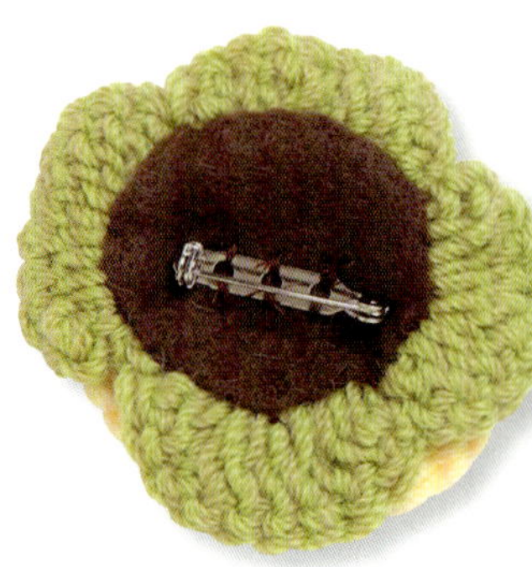

Häkeldiagramm:
Plastische Blume

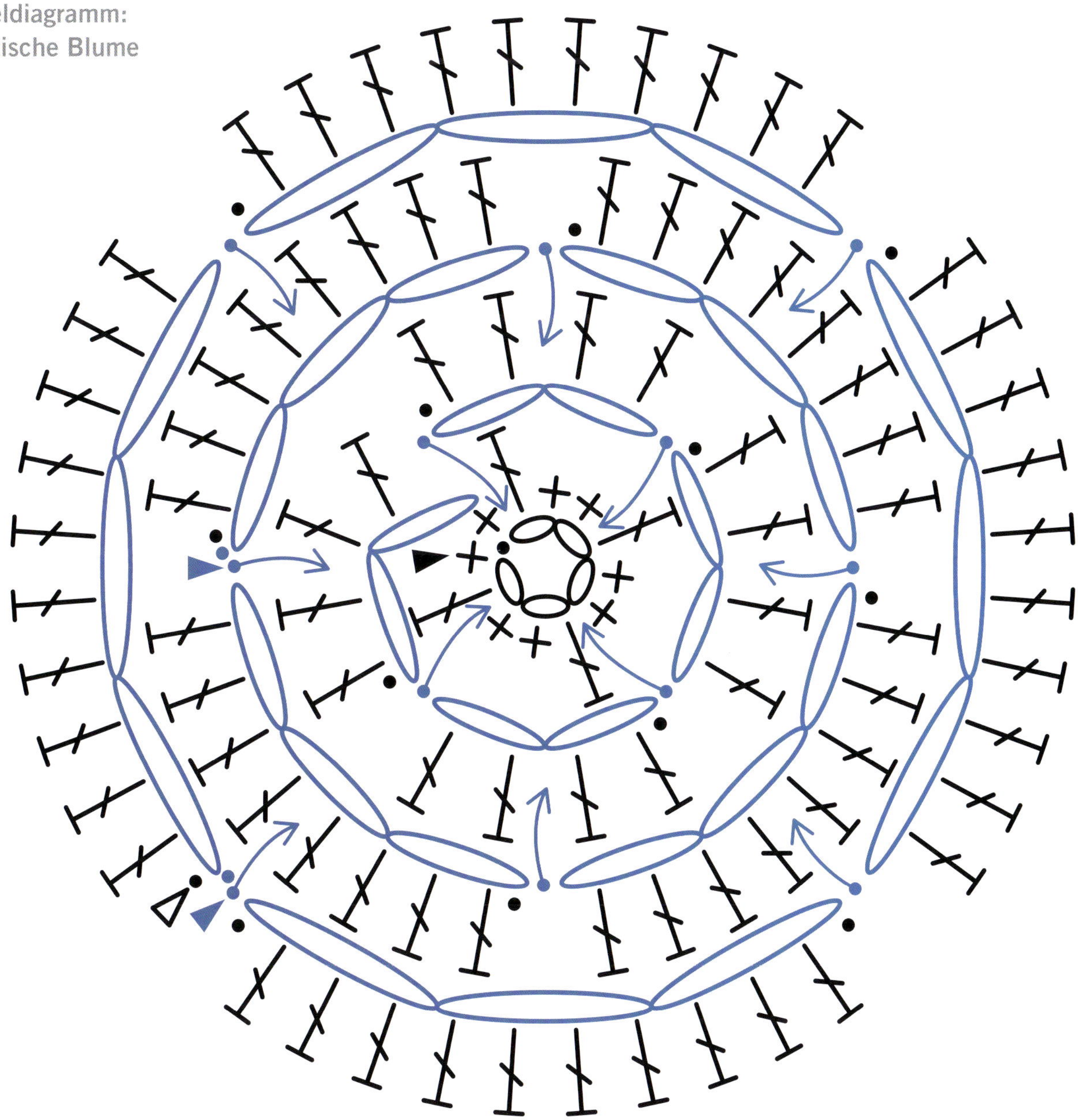

Legende

- Lm Luftmasche
- Km Kettmasche
- fM feste Masche
- Masche an der Rückseite arbeiten
- Stb Stäbchen
- Beginn des Musters
- Ende des Musters

TIPP

Bevor Sie den Filzkreis annähen, können Sie ihn mit Garnresten ausstopfen, damit die Rückseite der Blume kompakter wird.

Häkel-Workshop 20

Häkelanleitungen: Nach der Pflicht kommt die Kür

Übung macht den Meister: Nicht jede Anleitung ist gleich detailliert, nicht alle sind gleich formuliert. Das gilt vor allem für ältere Anleitungen. Vielleicht wollen Sie einmal nach einer Anleitung von anno dazumal arbeiten – mit etwas Routine werden Sie auch das schaffen. In diesem Workshop erfahren Sie einiges über Zunahmen und Abnahmen, zum Beispiel, wie man 3 feste Maschen zusammen abmascht (3 fM zus). Sie lernen auch ein versetztes Muschelmuster kennen, das bei einem zarten Trägertop zum Einsatz kommt.

Eine Anleitung für Fortgeschrittene

Das Trägertop wird in einem feinen Lacegarn gehäkelt – eine schöne, aber herausfordernde Arbeit. Sie dürfen nicht erwarten, dass die Arbeit mit Lacegarn und einer kleinen Häkelnadelgröße schnell vorangeht. Lacegarn wird meist in Strängen verkauft – am besten planen Sie einen Abend zum Aufwickeln der Knäuel ein.

Wählen Sie zunächst die Größe, die Sie arbeiten wollen. Machen Sie nach Möglichkeit eine Fotokopie von der Anleitung. Lesen Sie sie zur Gänze durch und markieren Sie auf der Kopie die Anweisungen, die sich auf die gewählte Größe beziehen. Halten Sie sich an die angegebene Reihenfolge der Arbeitsschritte. Überprüfen Sie, ob Sie alle verwendeten Techniken und Fachausdrücke kennen. Im Zweifel üben Sie die Technik mit einem dickeren Garn und einer größeren Häkelnadel.

Das Top ist zum Großteil mit normalen festen Maschen gearbeitet. Für den Brustbereich habe ich ein feines Muschelmuster gewählt, die Oberkante ist mit einer zarten Bordüre mit Picots aus 4 Luftmaschen verziert. Die Picot-Bordüre wird auf Seite 149 im Detail erklärt; mehr zu Picots erfahren Sie auf Seite 98. Ansonsten halten Sie sich an die Arbeitsanleitung. Sie enthält einfache und doppelte Sterne (*, **) sowie Klammern. Zunahmereihen sind mit „Zun“, Abnahmereihen mit „Abn“ markiert.

3 zusammen abgemaschte feste Maschen (3 fM zus)

Aus 3 mach 1: Mit dieser Technik nehmen Sie 2 Maschen auf einmal ab.

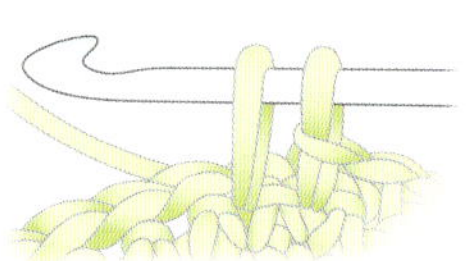

1 Einstechen, Faden holen und durchziehen (2 Schlingen auf der Nadel).

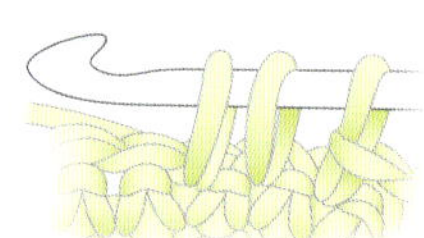

2 In die nächste Masche einstechen, Faden holen und durchziehen (3 Schlingen auf der Nadel).

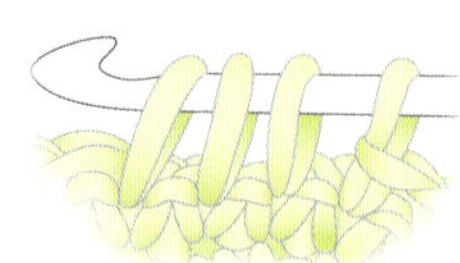

3 In die nächste Masche einstechen, Faden holen und durchziehen (4 Schlingen auf der Nadel).

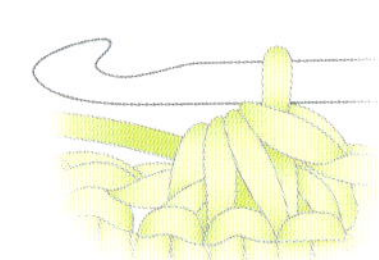

4 Nochmals Faden holen und durch alle 4 Schlingen auf der Nadel ziehen. Sie haben nun 1 Schlinge auf der Nadel.

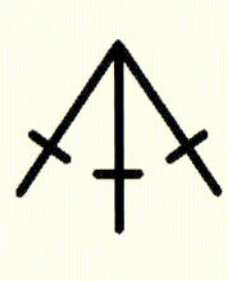

3 zusammen abgemaschte feste Maschen (3 fM zus) in der Häkelschrift

Picot aus vier Luftmaschen

Die meisten Picots bestehen aus drei Luftmaschen. Für eine Bordüre mit größeren „Knötchen“ (oder „Mausezähnchen“) kann man mit derselben Technik Picots aus vier Luftmaschen häkeln.

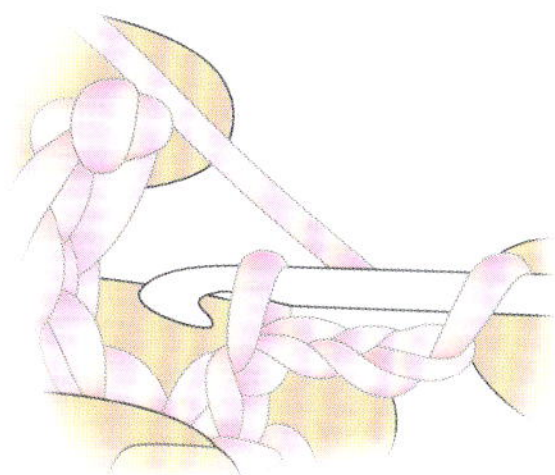

15 Lm, 1 fM in die 2. Lm von der Nadel aus, 1 fM in jede Lm bis zum Ende.
Nächste R: 1 Lm, 1 fM in die erste fM, * 4 Lm, Km in die 4. Lm von der Häkelnadel aus.

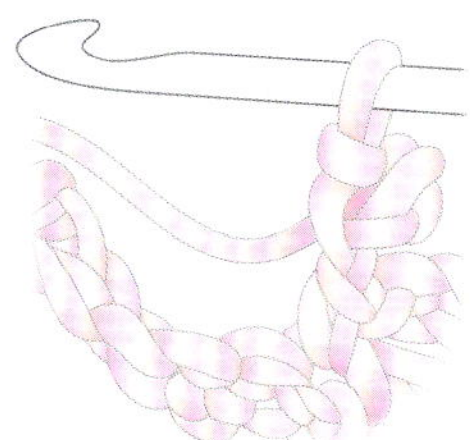

1 Picot ist fertig.

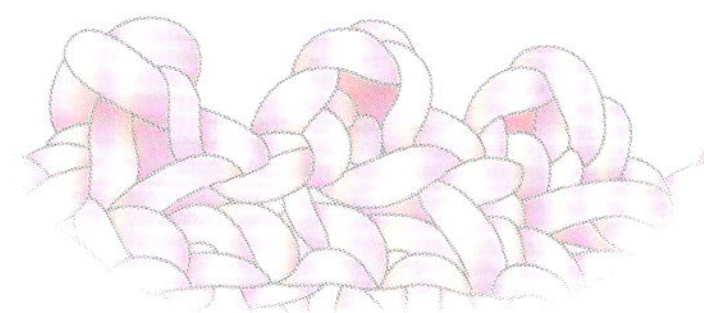

1 fM überspringen, 1 fM in die nächste fM; ab * bis zum Ende wiederholen.
Faden verwahren.

Versetztes Muschelmuster

Bei einem Muschelmuster werden mehrere Maschen in dieselbe Stelle gearbeitet. Dieses einfache Muster lässt sich mit einem Häkeldiagramm besonders gut darstellen.

Vielfaches von 6 Maschen + 1.

Lm-Kette: 20 Lm.
1. R (Hin-R): 1 Lm, 1 fM in die erste M, * 2 M überspr, 5 Stb in die nächste M, 2 M überspr, 1 fM in die nächste M (= 1 Muschel); ab * noch 2-mal wdh, letzte Wdh abschließen mit 1 fM oben in die Wende-Lm, wenden.
2. R: 3 Lm (zählt als 1 Stb), 2 Stb in erste M, * 2 Stb überspr, 1 fM in nächstes Stb, 2 Stb überspr, 5 Stb in nächste fM; ab * bis zu den letzten 6 M wdh, 2 Stb überspr, 1 fM in nächstes Stb, 2 Stb überspr, 3 Stb in letzte fM, wenden.
Die letzten 2 R fortlaufend wdh.

Häkeldiagramm: Versetztes Muschelmuster

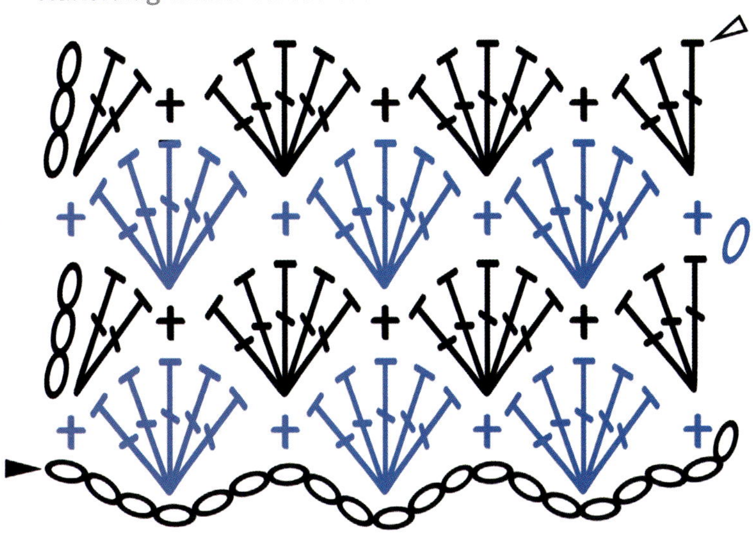

Legende

- **Lm** Luftmasche
- **fM** feste Masche
- **Stb** Stäbchen
- Beginn des Musters
- Ende des Musters

Seidenweiches Trägertop

Was ist besser als ein edles Trägertop für den Sommer? Richtig: zwei – oder mehrere – in verschiedenen Farben! Ein weiches Seidengarn ist die perfekte Wahl dafür.

Trägertop-Vorderteil

** **Lm-Kette:** Mit einer 2,5-mm-Häkelnadel in der HF 107 (115, 121, 129, 137, 143) Lm häkeln.

Grundreihe

1. R (Hin-R): 1 fM in die 2. Lm von der Nadel aus, 1 fM in jede Lm bis zum Ende. *106 (114, 120, 128, 136, 142) fM*

Hauptteil

Nä R: 1 Lm (zählt nicht als M), 1 fM in jede fM bis zum Ende.

Diese R fortlaufend wdh.

Faden abschneiden.

Garn A einhäkeln.

Nä R: 1 Lm, 1 fM in jede fM bis zum Ende.

Diese R nochmals wdh.

Faden abschneiden.

Faden in der HF einhäkeln.

Nä R: 1 Lm, 1 fM in jede fM bis zum Ende.

Diese R noch 31 (31, 35, 35, 43, 43) Mal wiederholen.

Nä R (Abn; Hin-R): 1 Lm, je 1 fM in die ersten 12 fM, 2 fM zus in nä 2 M, 1 fM in jede fM bis zu den letzten 14 fM, 2 fM zus in nä 2 M, 1 fM in jede fM bis zum Ende.

5 R fM arbeiten.

Die letzten 6 R noch 2-mal wdh, dann die Abn-R nochmals wdh.

98 (106, 112, 120, 128, 134) fM

13 R gerade weiterhäkeln.

Fertigkeiten

Maschenarten: feste Masche, Stäbchen

Mit Lacegarn arbeiten

Zu- und Abnahmen an einem figurbetonten Top sowie an den Armlöchern und am Halsausschnitt arbeiten

Picot-Bordüre häkeln

Größen

Damengrößen:

36	38	40	42	44	46

Brustweite (cm):

81	86	91	97	102	107

Maße (Top)

Brustweite (cm):

76	81	86	91	97	102

Länge inkl. Träger (cm):

53	53	59	60	63	63

Garn

Fyberspates Scrumptious Lace (Lace, 55 % Merino, 45 % Seide) 1 (1, 2, 2, 2, 2) x 100 g/ca. 1.000 (1.000, 2.000, 2.000, 2.000, 2.000) m Lauflänge in der Hauptfarbe: HF 509 Rose Pink (Rosa)

9 (9, 10, 10, 11, 11) g/ca. 90 (90, 100, 100, 110, 110) m Lauflänge in einer Kontrastfarbe:

A 503 Oyster (Perlweiß)

Häkelnadeln

2 mm
2,5 mm

Maschenprobe

28 M x 44 R feste Maschen mit 2,5-mm-Nadel = 10 x 10 cm
6 Musterwiederholungen + 1 M (= 37 M) x 22 R Muschelmuster (Brustbereich) mit 2-mm-Nadel = 10 x 10 cm

Abkürzungen

Lm	Luftmasche
fM	feste Masche
hStb	halbes Stäbchen
Stb	Stäbchen
wdh	wiederholen
R	Reihe
Km	Kettmasche
M	Masche
überspr	überspringen
Zun	Zunahme
Abn	Abnahme
nä	nächste

Spezial-Abkürzung

2 fM zus (2 zusammen abgemaschte feste Maschen): [In nächste M einstechen, Faden holen und durchziehen] 2-mal (3 Schlingen auf der Nadel), Faden holen und durch alle 3 Schlingen auf der Nadel ziehen.

3 fM zus (3 zusammen abgemaschte feste Maschen): [In nächste M einstechen, Faden holen und durchziehen] 3-mal (4 Schlingen auf der Nadel), Faden holen und durch alle 4 Schlingen auf der Nadel ziehen (2 M abgenommen).

2 Stb zus (2 zusammen abgemaschte Stäbchen): Faden umschlagen, in nächste M einstechen, Faden holen und durchziehen, Faden holen und durch die ersten 2 Schlingen auf der Nadel ziehen (2 Schlingen auf der Nadel), Faden umschlagen, in nächste M einstechen, Faden holen und durchziehen, Faden holen und durch die ersten 2 Schlingen auf der Nadel ziehen (3 Schlingen auf der Nadel), Faden holen und durch alle 3 Schlingen auf der Nadel ziehen.

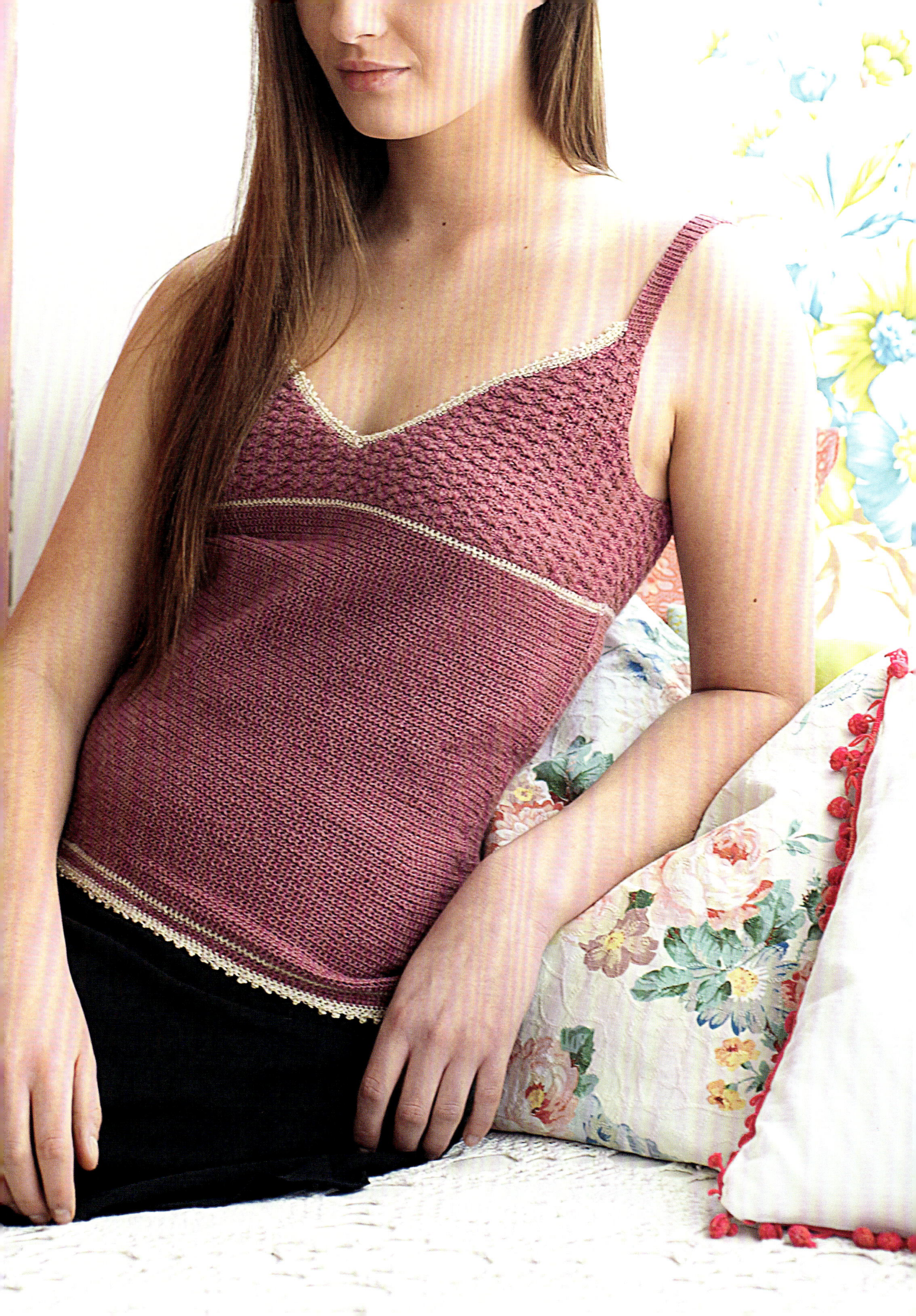

Nä R (Zun; Hin-R): 1 Lm, je 1 fM in die ersten 12 fM, 2 fM in die nä fM, 1 fM in jede fM bis zu den letzten 13 fM, 2 fM in nä fM, 1 fM in jede fM bis zum Ende.

5 R fM arbeiten.

Die letzten 6 R noch 2-mal wdh, dann die Zun-R nochmals wdh.

106 (114, 120, 128, 136, 142) fM

Gerade weiterhäkeln, bis die Arbeit 28 (28, 31, 31, 33, 33) cm misst.

Faden abschneiden.

Garn A einhäkeln.

Nä R: 1 Lm, 1 fM in jede fM bis zum Ende.

Die letzte R nochmals wdh.

Faden abschneiden.

HF einhäkeln.

Nä R: 1 Lm, 1 fM in jede fM bis zum Ende.

Zu einer 2-mm-Nadel wechseln.

Nä R (Zun; Hin-R): 1 Lm, je 1 fM in die ersten 13 (11, 6, 4, 2, 21) fM, * 2 fM in die nächste fM, je 1 fM in die nä 2 (2, 2, 2, 2, 1) fM; ab * noch 25 (29, 35, 39, 43, 49) Mal wdh, 2 fM in die nä fM, je 1 fM in die letzten 14 (12, 5, 3, 1, 20) fM. *133 (145, 157, 169, 181, 193) fM*

Brustbereich

1. R (Hin-R): 1 Lm, 1 fM in die erste M, * 2 M überspr, 5 Stb in die nächste M, 2 M überspr, 1 fM in die nächste M (= 1 Muschel); ab * wdh, letzte Wdh mit 1 fM oben in die Wende-Lm abschließen, wenden. *22 (24, 26, 28, 30, 32) Muscheln*

2. R: 3 Lm (zählt als 1 Stb), 2 Stb in die erste M, * 2 Stb überspr, 1 fM in nä Stb, 2 Stb überspr, 5 Stb in die nä fM; ab * bis zu den letzten 6 M wdh, 2 Stb überspr, 1 fM in nä Stb, 2 Stb überspr, 3 Stb in letzte fM, wenden.

Die letzten 2 R (= Muschelmuster) fortlaufend wdh. 4 (4, 6, 6, 8, 8) R arbeiten, mit einer Rück-R abschließen. **

Anm.: 3 Stb am Ende der Reihe = ½ Muschel.

Häkeldiagramm: Versetztes Muschelmuster

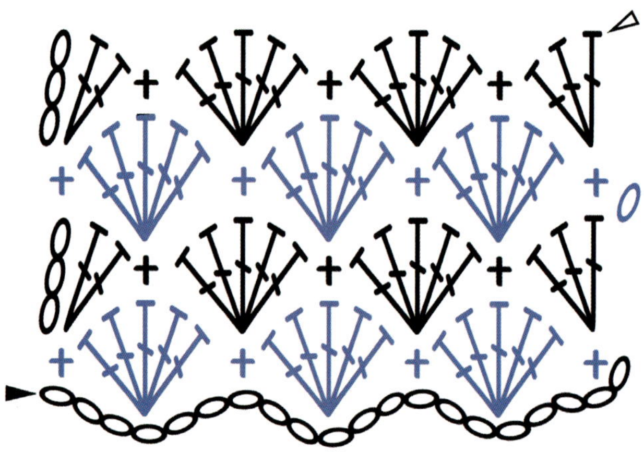

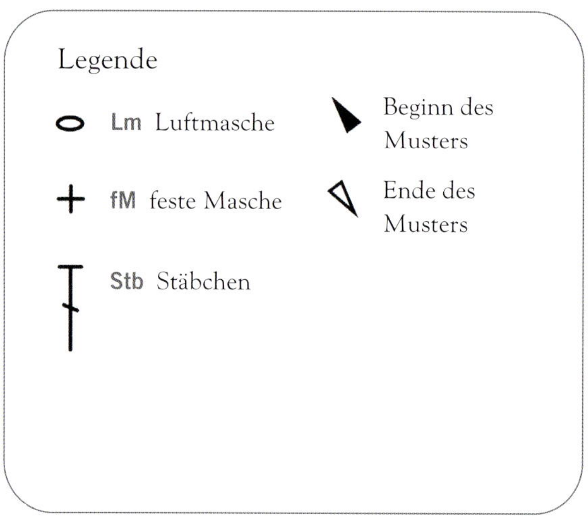

Ausschnitt links – Zu- und Abnahmen

1. R (Abn; Hin-R): 1 Lm, 1 fM in die erste M, * 2 Stb überspr, 5 Stb in nä fM, 2 Stb überspr, 1 fM in nächstes Stb; ab * 9 (10, 11, 12, 13, 14) Mal wdh, 2 Stb überspr, 2 Stb in die nächste fM, 2 M überspr, 1 Stb in nä Stb, wenden.

10 ½ (11 ½, 12 ½, 13 ½, 14 ½, 15 ½) Muscheln

2. R: 3 Lm (zählt als 1 Stb), 4 Stb in die erste fM, * 2 Stb überspr, 1 fM in nä Stb, 2 Stb überspr, 5 Stb in die nä fM; ab * wdh, letzte Wdh mit 3 Stb in letzte fM abschließen.

3. R (Abn): 1 Lm, 1 fM in die erste M, * 2 Stb überspr, 5 Stb in nächste fM, 2 Stb überspr, 1 fM in nä M; ab * bis zu den letzten 8 M wdh, 2 Stb überspr, 5 Stb in nächste fM, 4 M überspr, 1 fM oben in die Wende-Lm der Vorreihe. *10 (11, 12, 13, 14, 15) Muscheln*

4. R: 3 Lm (zählt als 1 Stb), 2 Stb in die erste fM, * 2 Stb überspr, 1 fM in nä Stb, 2 Stb überspr, 5 Stb in die nächste fM; ab * wdh, letzte Wdh mit 3 Stb in letzte fM abschließen.

5. R (Abn): 1 Lm, 1 fM in die erste M, * 2 Stb überspr, 5 Stb in nä fM, 2 Stb überspr, 1 fM in nächstes Stb; ab * bis zu den letzten 6 M wdh, 2 Stb überspr, 2 Stb in die nä fM, 2 Stb überspr, 1 Stb oben in Wende-Lm der Vorreihe.

9 ½ (10 ½, 11 ½, 12 ½, 13 ½, 14 ½) Muscheln

6. R: 1 Lm, 1 fM in die erste M, 2 Stb überspr, 5 Stb in nä fM, * 2 Stb überspr, 1 fM in nä Stb, 2 Stb überspr, 5 Stb in die nä fM; ab * wdh, letzte Wdh mit 3 Stb in die letzte fM abschließen.

7. R (Abn): 1 Lm, 1 fM in die erste M, * 2 Stb überspr, 5 Stb in nä fM, 2 Stb überspr, 1 fM in nä Stb; ab * bis zu den letzten 3 M wdh, 2 Stb überspr, 1 Stb in die nä fM. *9 (10, 11, 12, 13, 14) Muscheln*

8.–10. R: 4.–6. R wdh. *8 ½ (9 ½, 10 ½, 11 ½, 12 ½, 13 ½) Muscheln*

Ausschnitt und Armloch – Zu- und Abnahmen

Nä R (Hin-R): je 1 Km in die ersten 6 M, 1 fM in nä Stb, im Muschelmuster bis zu den letzten 3 M arbeiten, 1 Stb in nä fM.

7 (8, 9, 10, 11, 12) Muscheln

Nä R: 3 Lm (zählt als 1 Stb), 2 Stb in erste fM, 2 Stb überspr, 1 fM in nächste fM, im Muschelmuster bis zu den letzten 3 M arbeiten, wenden. *6 ½ (7 ½, 8 ½, 9 ½, 10 ½, 11 ½) Muscheln*

NUR FÜR GRÖSSE 36, 38, 40 und 42

Nä R (Hin-R): je 1 Km in die ersten 3 M, 1 fM in nä Stb, im Muschelmuster bis zu den letzten 6 M arbeiten, 2 Stb überspr, 2 Stb in nä fM, 1 Stb oben in Wende-Lm der Vorreihe. *5 ½ (6 ½, 7 ½, 8 ½, –, –) Muscheln*

Nä R: 1 Lm, 1 fM in erste M, 2 Stb überspr, 5 Stb in die nä fM, 2 Stb überspr, 1 fM in nä Stb, im Muschelmuster bis zu den letzten 3 M arbeiten, wenden. *5 (6, 7, 8, –, –) Muscheln*

Nä R: je 1 Km in die ersten 3 M, 1 fM in nä Stb, 2 Stb überspr, 5 Stb in die nä fM, 2 Stb überspr, 1 fM in nä Stb, im Muschelmuster bis zu den letzten 3 M arbeiten, 1 Stb in nä fM. *4 (5, 6, 7, –, –) Muscheln*

NUR FÜR GRÖSSE 36 und 40

An der Kante des Armlochs gerade weiterarbeiten, mit der 4. Ausschnitt-R beginnend an der Kante des Ausschnitts weiter 3 M abnehmen, dazu die 4.–7. Ausschnitt-Reihe wdh, bis 3 (–, 5, –, –, –) Muscheln übrigbleiben.

NUR FÜR GRÖSSE 44 und 46

Nä R (Hin-R): je 1 Km in die ersten 3 M, 1 fM in nächstes Stb, im Muschelmuster bis zu den letzten 6 M weiterarbeiten, 2 M überspr, 2 Stb zus, dabei erstes Stb in nächste M, 1 M überspr, zweites Stb in nächste M (diese Maschen nicht mitzählen). *– (–, –, –, 9, 10) Muscheln*

Nä R: 1 Lm, 2 Stb zus der Vorreihe überspr, im Muschelmuster bis zu den letzten 3 M arbeiten. *– (–, –, –, 8 ½, 9½) Muscheln*

Nä R: je 1 Km in die ersten 3 M, im Muschelmuster bis zu den letzten 6 M arbeiten, 2 M überspr, 2 Stb zus, dabei erstes Stb in nächste M, 1 M überspr, zweites Stb in nächste M (diese Maschen nicht mitzählen). *– (–, –, –, 7, 8) Muscheln*

FÜR ALLE GRÖSSEN

Nä R (Rück-R): 4. R wdh.

Nä R: 1 Lm, 1 fM in erste M, im Muschelmuster bis zu den letzten 6 M arbeiten, 2 M überspr, 2 Stb zus, dabei erstes Stb in nächste M, 1 M überspr, zweites Stb in nächste M (diese Maschen nicht mitzählen). *2 (4, 4, 6, 6, 7) Muscheln*

Die letzten 2 R noch 1 (3, 3, 5, 5, 6) Mal wdh. *1 Muschel (gilt für alle Größen)*

Nä R: 3 Lm (zählt als 1 Stb), 2 Stb in erste fM, 2 Stb überspr, 1 fM in nä Stb, 2 Stb überspr, 3 Stb in letzte fM.

Träger

Nä R (Hin-R): 1 Lm (zählt nicht als M), 1 fM in jede M bis zum Ende. *7 fM*

Diese R wdh, bis der Träger 11 (11, 11, 12, 12, 12) cm misst, oder bis zur gewünschten Länge. Mit einer Hin-R abschließen.

Faden verwahren.

Ausschnitt rechts – Zu- und Abnahmen

Mit der rechten Seite nach vorn und mit einer 2-mm-Häkelnadel den Faden in der HF mit einer Km in das mittlere Stb der mittleren Muschel einhäkeln (in dieselbe M wie die letzte M der 1. R auf der linken Ausschnittseite).

1. R (Abn; Hin-R): 3 Lm, 2 Stb überspr, 2 Stb in die nä fM, 2 Stb überspr, 1 fM in nä Stb, * 2 Stb überspr, 5 Stb in nächste fM, 2 Stb überspr, 1 fM in nä Stb; ab * wdh, letzte Wdh mit 1 fM oben in die Wende-Lm abschließen.
10 ½ (11 ½, 12 ½, 13 ½, 14 ½, 15 ½) Muscheln

2. R: 3 Lm (zählt als 1 Stb), 2 Stb in die erste fM, * 2 Stb überspr, 1 fM in nä Stb, 2 Stb überspr, 5 Stb in nächste fM; ab * bis zu den letzten 6 M wdh, 2 M überspr, 3 Stb in nächste fM, 1 Stb oben in die Wende-Lm.

3. R (Abn): 1 Lm, 1 fM in erstes Stb, 3 M überspr, 5 Stb in nä fM, 2 Stb überspr, 1 fM in nä Stb, * 2 Stb überspr, 5 Stb in nä fM, 2 Stb überspr, 1 fM in nä Stb; ab * wdh, letzte Wdh mit 1 fM oben in die Wende-Lm abschließen.
10 (11, 12, 13, 14, 15) Muscheln

4. R: 3 Lm (zählt als 1 Stb), 2 Stb in die erste M, * 2 Stb überspr, 1 fM in nä Stb, 2 Stb überspr, 5 Stb in nä fM; ab * bis zu den letzten 6 M wdh, 2 Stb überspr, 1 fM in nä Stb, 2 Stb überspr, 3 Stb in die letzte fM.

5. R (Abn): 3 Lm (zählt als 1 Stb), 3 Stb überspr, 2 Stb in die nä fM, 2 Stb überspr, 1 fM in nä Stb, * 2 Stb überspr, 5 Stb in nä fM, 2 Stb überspr, 1 fM in nä Stb; ab * wdh, letzte Wdh mit 1 fM oben in die Wende-Lm abschließen.
9 ½ (10 ½, 11 ½, 12 ½, 13 ½, 14 ½) Muscheln

6. R: 3 Lm (zählt als 1 Stb), 2 Stb in erste M, * 2 Stb überspr, 1 fM in nä Stb, 2 Stb überspr, 5 Stb in nächste fM; ab * bis zu den letzten 3 M wdh, 1 fM oben in die Wende-Lm der Vorreihe.

7. R (Abn): 3 Lm (zählt nicht als M), 2 Stb überspr, 1 fM in nächstes Stb, * 2 Stb überspr, 5 Stb in nä fM, 2 Stb überspr, 1 fM in nä Stb; ab * wdh, letzte Wdh mit 1 fM oben in die Wende-Lm abschließen.
9 (10, 11, 12, 13, 14) Muscheln

8.–10. Rd: 4.–6. Rd wdh. *8 ½ (9 ½, 10 ½, 11 ½, 12 ½, 13 ½) Muscheln*

Ausschnitt und Armloch – Zu- und Abnahmen

Nä R (Hin-R): 3 Lm (zählt nicht als M), 2 Stb überspr, 1 fM in nä Stb, * 2 Stb überspr, 5 Stb in nächste fM, 2 Stb überspr, 1 fM in nä Stb; ab * bis zu den letzten 6 M wdh, wenden. *7 (8, 9, 10, 11, 12) Muscheln*

Nä R: je 1 Km in die ersten 3 M, 1 fM in nächste M, * 2 Stb überspr, 5 Stb in nächste fM, 2 Stb überspr, 1 fM in nächstes Stb; ab * bis zu den letzten 3 M wdh, 2 Stb überspr, 3 Stb in die letzte fM. *6 ½ (7 ½, 8 ½, 9 ½, 10 ½, 11 ½) Muscheln*

NUR FÜR GRÖSSE 36, 38, 40 und 42

Nä R (Hin-R): 3 Lm (zählt als 1 Stb), 3 Stb überspr, 2 Stb in die nächste fM, 2 Stb überspr, 1 fM in nächstes Stb, * 2 Stb überspr, 5 Stb in nächste fM, 2 Stb überspr, 1 fM in nächstes Stb; ab * bis zu den letzten 3 M wdh, wenden. *5 ½ (6 ½, 7 ½, 8 ½, –, –) Muscheln*

Nä R: je 1 Km in die ersten 3 M, 1 fM in nächste M, 2 Stb überspr, 5 Stb in nä fM, 2 Stb überspr, im Muschelmuster bis zum Ende weiterarbeiten, letzte Wdh mit 1 fM oben in die Wende-Lm abschließen.
5 (6, 7, 8, –, –) Muscheln

Nä R: 3 Lm (zählt nicht als M), 2 Stb überspr, 1 fM in nä Stb, * 2 Stb überspr, 5 Stb in nächste fM, 2 Stb überspr, 1 fM in nächstes Stb; ab * bis zu den letzten 3 M wdh, wenden. *4 (5, 6, 7, –, –) Muscheln*

NUR FÜR GRÖSSE 36 und 40

An der Kante des Armlochs gerade weiterarbeiten, mit der 4. Ausschnitt-R beginnend an der Kante des Ausschnitts weiter 3 M abnehmen, dazu die 4.–7. Ausschnitt-R wdh, bis 3 (–, 5, –, –, –) Muscheln übrigbleiben.

NUR FÜR GRÖSSE 44 und 46

Nä R (Hin-R): [3 Lm (zählt als 1 Stb), 3 Stb überspr, 1 Stb in die nä fM] (diese Maschen nicht mitzählen), 2 Stb überspr, 1 fM in nä Stb, 2 Stb überspr, 5 Stb in nä fM, im Muschelmuster bis zu den letzten 3 M weiterarbeiten, wenden. *– (–, –, –, 9, 10) Muscheln*

Nä R: Im Muschelmuster bis zu den letzten 3 M arbeiten, wenden. *– (–, –, –, 8 ½, 9 ½) Muscheln*

Nä R: [3 Lm (zählt als 1 Stb), 1 Stb in die nä fM] (diese Maschen nicht mitzählen), 2 Stb überspr, 1 fM in nä Stb, 2 Stb überspr, 5 Stb in nä fM, im Muschelmuster bis zu den letzten 3 M weiterarbeiten, wenden. *– (–, –, –, 7, 8) Muscheln*

FÜR ALLE GRÖSSEN

Nä R (Rück-R): 4. R wdh, abschließen mit 2 Stb in die letzte fM, 1 Stb in oberste Wende-Lm der Vorreihe.

Nä R: [3 Lm (zählt als 1 Stb), 3 Stb überspr, 1 Stb in nä fM] (diese Maschen nicht mitzählen), 2 Stb überspr, 1 fM in nächstes Stb, 2 Stb überspr, 5 Stb in nä fM, im Muschelmuster bis zum Ende arbeiten. *2 (4, 4, 6, 6, 7) Muscheln*

Die letzten 2 R noch 1 (3, 3, 5, 5, 6) Mal wdh. *1 Muschel (gilt für alle Größen)*

Nä R: 3 Lm (gilt als 1 Stb), 2 Stb in die erste fM, 2 Stb überspr, 1 fM in nä Stb, 2 Stb überspr, 3 Stb in die letzte fM.

Träger

Nä R (Hin-R): 1 Lm (zählt nicht als M), 1 fM in jede M bis zum Ende. *7 fM*

Diese R wdh, bis der Träger 11 (11, 11, 12, 12, 12) cm misst, oder bis zur gewünschten Länge. Mit einer Hin-R abschließen.

Faden verwahren.

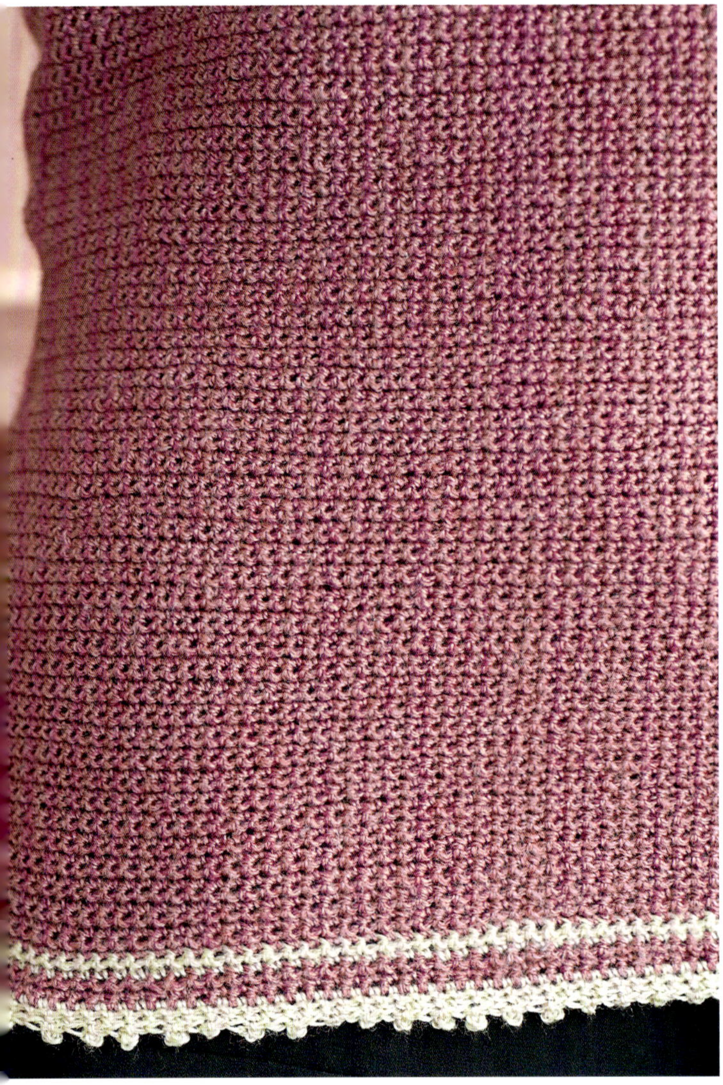

Trägertop-Rückenteil

Von ** bis ** ebenso wie Vorderteil arbeiten.
Weitere 10 R gerade arbeiten, mit einer Rück-R abschließen.

Armloch – Zu- und Abnahmen

1. R (Hin-R): je 1 Km in die ersten 6 M, 1 fM in nä M, 2 Stb überspr, 5 Stb in nä fM, im Muschelmuster bis zu den letzten 6 M arbeiten, wenden. *20 (22, 24, 26, 28, 30) Muscheln*

2. R: je 1 Km in die ersten 3 M, 1 fM in die nä M, 2 Stb überspr, 5 Stb in die nä fM, 2 Stb überspr, 1 fM in nä Stb, im Muschelmuster bis zu den letzten 3 M arbeiten, wenden. *19 (21, 23, 25, 27, 29) Muscheln*

Diese R noch 3-mal wdh. *16 (18, 20, 22, 24, 26) Muscheln*

Im Muschelmuster weiterhäkeln, bis insgesamt ebenso viele R wie beim Vorderteil bis zum Beginn des Trägers gearbeitet sind, mit einer Rück-R abschließen.

Nä R (Hin-R): 1 Lm, je 1 fM in erste 2 Stb, * 1 hStb in nä Stb, 1 Stb in die nä fM, 1 hStb in nächstes Stb, je 1 fM in nä 3 Stb; ab * wdh, letzte Wdh abschließen mit je 1 fM in die letzten 2 M.

Faden verwahren.

Träger (hinten rechts)

Mit der rechten Seite nach vorn und mit einer 2-mm-Häkelnadel den Faden in der HF mit einer Km in die 1. M einhäkeln, 1 Lm, 1 fM in dieselbe M wie die Km, je 1 fM in die nächsten 6 M, wenden. *7 fM*

* **Nä R:** 1 Lm, 1 fM in jede fM bis zum Ende. *7 fM*

Diese R wdh, bis der Träger 11 (11, 11, 12, 12, 12) cm misst, oder bis zur gewünschten Länge. Mit einer Hin-R abschließen.

Faden verwahren. *

Träger (hinten links)

Mit der rechten Seite nach vorn und mit einer 2-mm-Häkelnadel den Faden in der HF mit einer Km in die 7. M von der linken Seitenkante des Rückenteils einhäkeln, 1 Lm, 1 fM in dieselbe M wie die Km, 1 fM in jede M bis zum Ende, wenden. *7 fM*

Wie den Träger hinten rechts von * bis * arbeiten.

Vorder- und Rückenteil zusammenfügen

Rechten vorderen und rechten hinteren Träger rechts auf rechts aufeinanderlegen, Faden in der HF mit einer 2-mm-Häkelnadel an der rechten Ecke einhäkeln, die Träger an der kurzen Kante mit fM zusammenhäkeln (von vorn nach hinten einstechen).

Faden verwahren.

Mit dem linken vorderen und dem linken hinteren Träger wdh.

Vorder- und Rückenteil an den Seiten mit einer Wollnadel zusammennähen.

Bordüre an der Unterkante

Mit der rechten Seite nach vorn und mit einer 2-mm-Häkelnadel den Faden in Farbe A an der linken hinteren Seitenkante einhäkeln, 1 Lm, 1 R fM gleichmäßig an der Unterkante verteilen (insg. ein Vielfaches von 2), Km in die 1. fM der Rd, wenden.

Nä Rd: 1 Lm, 1 fM in jede fM bis zum Ende, Km in die 1. fM der Rd, wenden.

Nä Rd (Picot-Bordüre): 1 Lm, 1 fM in die 1. fM, * 4 Lm, 1 Km in die 4. Lm von der Nadel aus (= Picot), 1 fM überspr, 1 fM in die nä fM; ab * wdh, bei der letzten Wdh die letzte fM weglassen, Km in die 1. fM der Rd.

Faden verwahren.

Bordüre an der Oberkante (vorne)

Mit der rechten Seite nach vorn und mit einer 2-mm-Häkelnadel den Faden in Farbe A am Ansatz des linken vorderen Trägers einhäkeln, 1 Lm, 1 R fM an der linken Seite des Ausschnitts entlang arbeiten, am Mittelpunkt des Ausschnitts 3 fM zus häkeln, dabei 1 fM in die linke Seite des Ausschnitts, 1 fM in den Mittelpunkt und 1 fM in die rechte Seite des Ausschnitts arbeiten, an der rechten Seite des Ausschnitts bis zum Trägeransatz mit den fM fortfahren (insg. Vielfaches von 2 + 1), wenden.

Nä R: 1 Lm, 2 fM in die 1. fM, 1 fM in jede fM, über den 3 mittleren M 3 fM zus häkeln, abschließen mit: 2 fM in die letzte fM, wenden.

Nä R (Picot-Bordüre): 1 Lm, 1 fM in die 1. fM, * 4 Lm, 1 Km in die 4. Lm von der Nadel aus (= Picot), 1 fM überspr, 1 fM in die nä fM; ab * bis zum Ende wdh, über den 3 mittleren M 3 fM zus häkeln.

Faden verwahren.

Die Enden der Bordüre an den Seitenkanten der Träger annähen.

Bordüre an der Oberkante (hinten)

Mit der rechten Seite nach vorn und mit einer 2-mm-Häkelnadel den Faden in Farbe A am Ansatz des rechten hinteren Trägers einhäkeln, 1 Lm, 1 R fM an der Oberkante entlang bis zum Ansatz des linken Trägers arbeiten (insg. Vielfaches von 2 + 1), wenden.

Nä R: 1 Lm, 1 fM in jede fM bis zum Ende, wenden.

Nä R (Picot-Bordüre): 1 Lm, 1 fM in die 1. fM, * 4 Lm, 1 Km in die 4. Lm von der Nadel aus (= Picot), 1 fM überspr, 1 fM in die nä fM; ab * bis zum Ende wdh.

Faden verwahren.

Die Enden der Bordüre an den Seitenkanten der Träger annähen.

Bezugsquellen

Designer Yarns
(Debbie-Bliss-Garne)
www.designeryarns.uk.co

Knitting Fever
(Debbie-Bliss-, Noro- und Sirdar -Garne)
www.knittingfever.com

The Knitting Garden
(Debbie-Bliss-, Noro- und Sirdar-Garne)
www.theknittinggarden.com

Buttinette
(Garne, Nadeln, Zubehör, Accessoires)
www.buttinette.com

Drops Design
(Garne, Anleitungen, Nadeln)
www.garnstudio.com

Fischer Wolle
(Garne, Nadeln, Zubehör, Accessoires)
www.fischer-wolle.de

Junghans Wolle – Creativ Shop
(Garne, Nadeln, Zubehör, Accessoires)
www.junghanswolle.at

Scherzer
(Garne)
www.wolle.at

Love Knitting
(Garne, Nadeln, Anleitungen, Zubehör, Bücher)
www.loveknitting.com/de/

Woolmarket.at
(Garne, Nadeln, Zubehör, Anleitungen, Bücher)
www.woolmarket.at

Handarbeitswaren.de
(Garne)
www.handarbeitswaren.de

Coats GmbH
(Garne, Zubehör, Anleitungen)
http://www.makeitcoats.com/de-de/

Addi
(Strick- und Häkelnadeln)
www.addi.de

Knit Pro
(Strick- und Häkelnadeln)
www.knitpro.eu

Nicki Trench …

… ist nicht nur Expertin im Häkeln, Stricken und Nähen, sondern hat auch den führenden britischen Online-Garnversand Laughing Hens und die Luxusgarn-Herstellerfirma Rooster Yarns gegründet.

Besuchen Sie Nicki Trench auf ihrer Homepage unter www.nickitrench.com, ihren Blog finden Sie unter nickitrench.blogspot.co.uk und kontaktieren können Sie sie unter nicki@nickitrench.com.

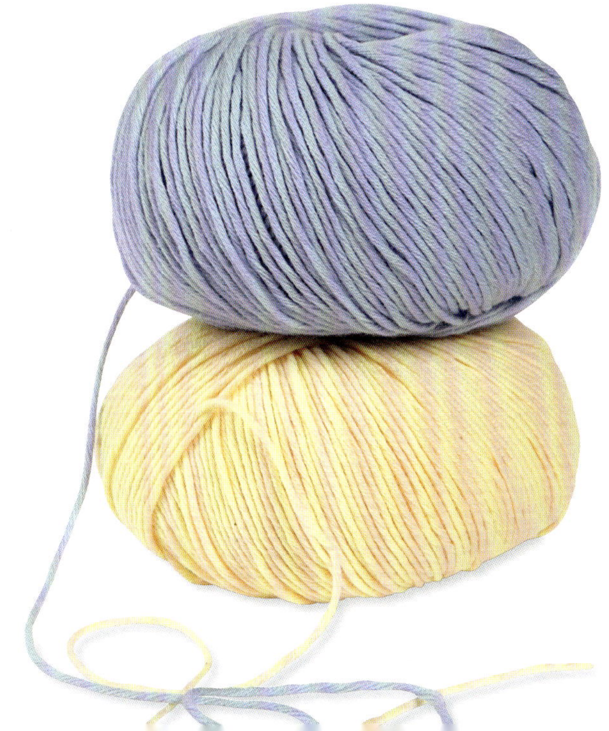

Stichwortverzeichnis

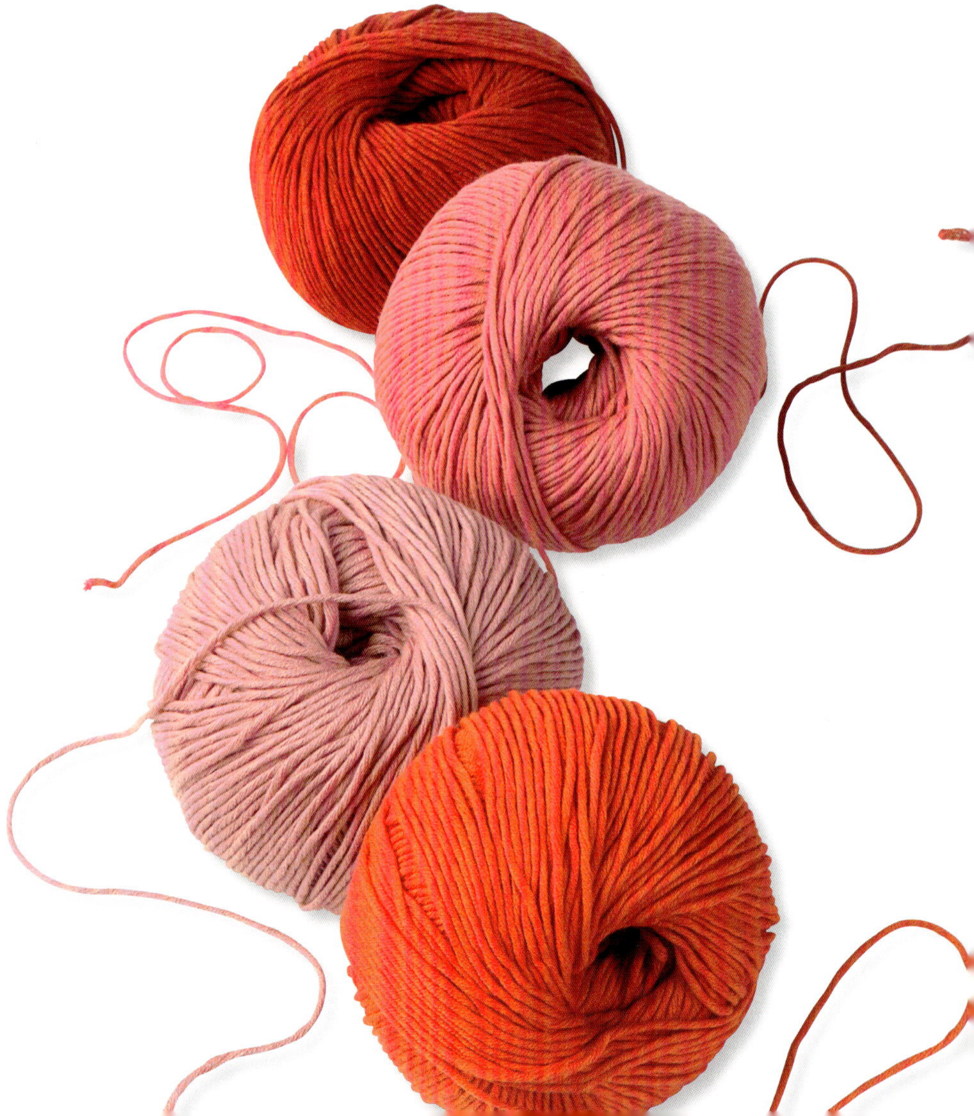

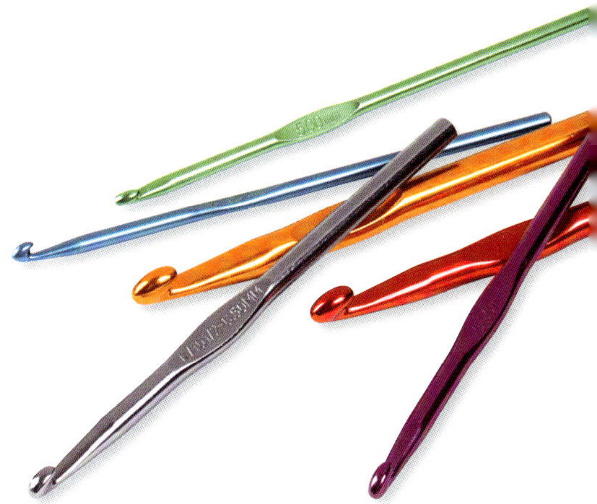

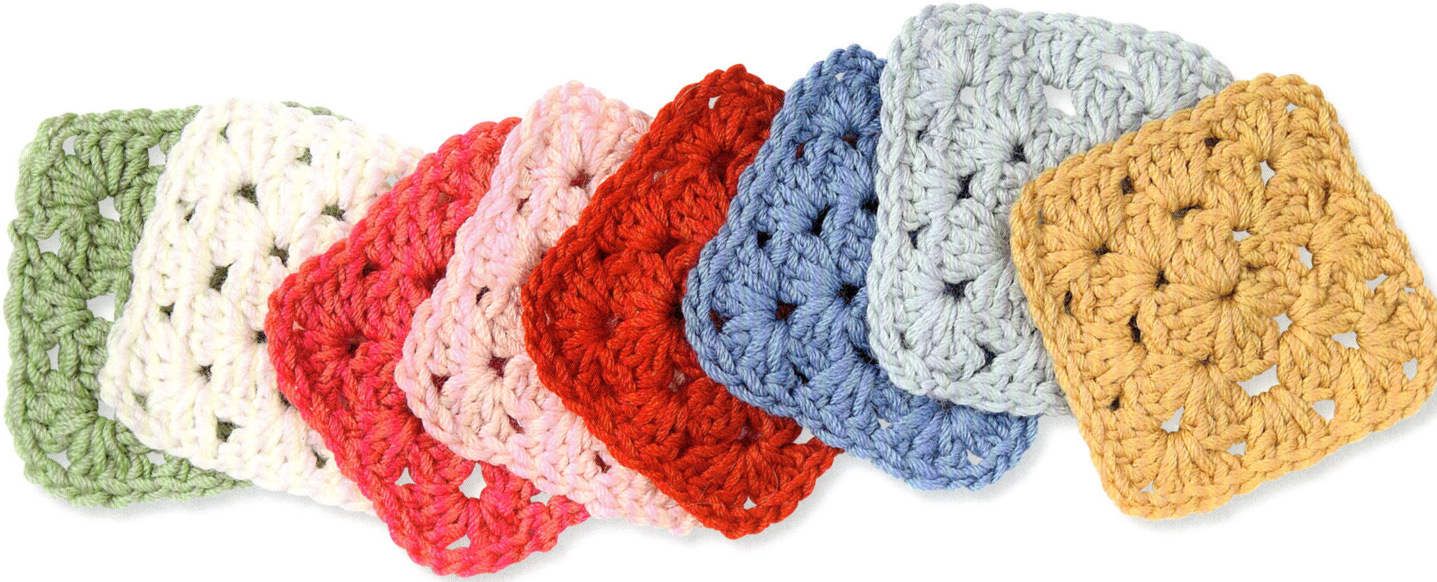

Danksagung

Die Arbeit an diesem Buch hat mir viel Freude gemacht. Zum großen Teil ist es in Teamarbeit entstanden.
Mein Dank gilt allen, die durch ihre Kreativität und ihre hervorragenden Leistungen zu unserem Erfolg beigetragen haben:

Meinem phantastischen Häkelteam – Carolyn Meggison, Jenny Shore, Mitch Bull, Duriye Aydin, Tracey Elks, Emma Lightfoot, Zara Poole und – wie immer – meiner Mutter Beryl Oakes …

… weiters dem großartigen Lektoratsteam des Verlages und allen, die mit Adleraugen sämtliche Häkelanleitungen überprüft haben – Marie Clayton, Jane Czaja, Sally Harding, Susan Horan und Emily Davies –, unseren Illustratoren Stephen Dew, Emily Breen und Kuo Kang Chen sowie dem Team, das für Styling und Design und die wunderbaren Fotos zuständig war – James Gardiner, Jo Thornhill und Barbara Zuniga.

Insbesondere möchte ich Gillian Haslam von Cico Books erwähnen, der es in unermüdlichem Einsatz gelungen ist, die Einzelaspekte dieses umfassenden und ins Detail gehenden Buches zu koordinieren und uns alle „bei der Stange zu halten“. Ein großes Dankeschön auch an Sally Powell, die für das Layout verantwortlich war. Cindy Richards danke ich für den Auftrag, zu einem Thema zu schreiben, das wirklich und wahrhaftig „mein Thema“ ist. Ich glaube, uns ist wirklich das tollste Häkelbuch aller Zeiten geglückt!

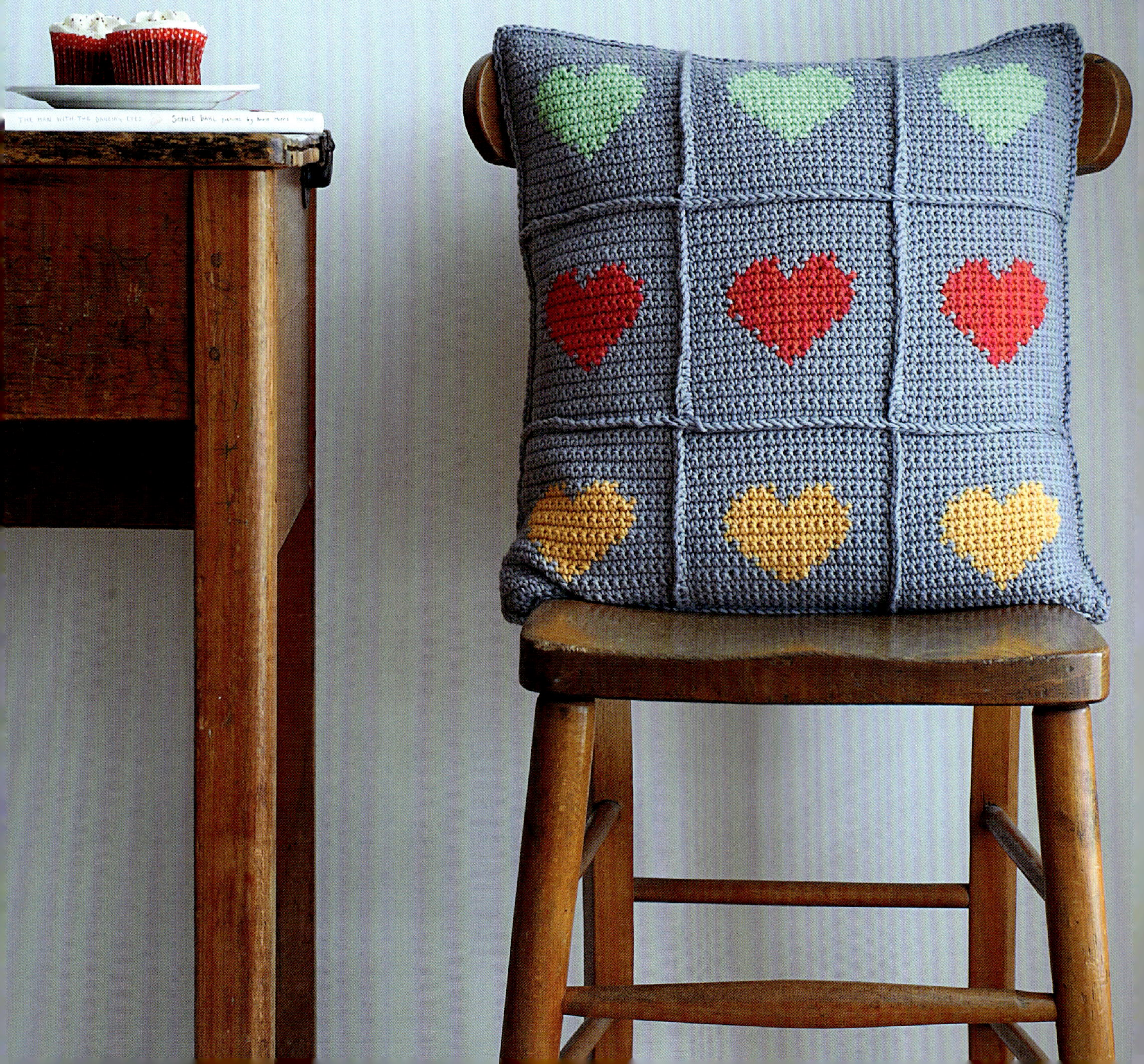